DESIGN METHODS AND CALCULATION EXAMPLES OF
ROAD RETAINING ENGINEERING

道路支挡工程设计方法与算例

李安洪　王占盛　李　炼　等　编著

人民交通出版社股份有限公司

北京

内 容 提 要

支挡结构是道路工程中极为常用且重要的一类结构,其设计方法对于保证结构的安全、适用和耐久至关重要。近些年来,一方面出于我国工程结构设计方法由传统的安全系数法转向分项系数法趋势的需要,另一方面出于我国工程结构设计标准"走出去"及与国际标准接轨的需要,我国对交通领域支挡结构设计规范进行了全面的修订。作者基于修订过程中开展的相关调查、设计及研究工作,对支挡结构设计思想、理论与方法进行了系统的阐述,对中欧标准设计方法与规定的差异进行了全面的梳理,并以算例的方式进行了较完整的呈现。

本书可供从事道路工程设计、施工、科研等工作的专业技术人员参考,也可供高等院校相关专业师生学习使用。

图书在版编目(CIP)数据

道路支挡工程设计方法与算例 / 李安洪等编著. —北京:人民交通出版社股份有限公司,2024.1
ISBN 978-7-114-19319-4

Ⅰ. ①道… Ⅱ. ①李… Ⅲ. ①道路工程—支挡结构—结构设计 Ⅳ. ①U417.1

中国国家版本馆 CIP 数据核字(2024)第 012503 号

Daolu Zhidang Gongcheng Sheji Fangfa yu Suanli

书　　　名:	道路支挡工程设计方法与算例
著 作 者:	李安洪　王占盛　李　炼　等
责任编辑:	李　梦
责任校对:	孙国靖　卢　弦
责任印制:	刘高彤
出版发行:	人民交通出版社股份有限公司
地　　　址:	(100011)北京市朝阳区安定门外外馆斜街 3 号
网　　　址:	http://www.ccpcl.com.cn
销售电话:	(010)59757973
总 经 销:	人民交通出版社股份有限公司发行部
经　　　销:	各地新华书店
印　　　刷:	北京印匠彩色印刷有限公司
开　　　本:	787×1092　1/16
印　　　张:	19.5
字　　　数:	470 千
版　　　次:	2024 年 1 月　第 1 版
印　　　次:	2024 年 1 月　第 1 次印刷
书　　　号:	ISBN 978-7-114-19319-4
定　　　价:	98.00 元

(有印刷、装订质量问题的图书,由本公司负责调换)

前言

支挡结构作为道路工程中的重要基础设施,其安全可靠性对于道路工程总体风险的控制具有重要意义。为保证工程结构在设计使用年限内的可靠性,并为使工程结构设计标准与国际主流设计标准相接轨,我国各行业工程结构可靠性设计规范已逐步由传统的安全系数法向极限状态法转变。我国铁路行业自2011年以来陆续开展了相关规范的修订或编制工作,已于2015年发布了《铁路路基极限状态法设计暂行规范》(Q/CR 9127—2015),于2018年发布了《铁路路基设计规范(极限状态法)》(Q/CR 9127—2018),并于2019年发布了《铁路路基支挡结构设计规范》(TB 10025—2019)。我国公路行业已于2015年发布了《公路路基设计规范》(JTG D30—2015),并明确规定"挡土墙设计应采用以极限状态分项系数法为主的设计方法"。另一个不可忽视的重要事实是,随着我国基建实力的不断提升,承建的海外工程越来越多,我国工程领域勘察设计、工程施工、装备制造、运营管理等标准规范体系也开始逐步"走出去",在此形势下,对国际主流标准开展对比研究不仅十分必要,而且具有紧迫性。

在《铁路路基支挡结构设计规范》(TB 10025—2019)的修订过程中,中铁二院工程集团有限责任公司(简称"中铁二院")先后组织骨干力量对铁路路基支挡结构的设计形式、可靠指标、分项系数等展开了专题研究。为配合海外工程的顺利开展,中铁二院先后组织开展了中欧设计标准对比、具体支挡结构中欧标准设计差异等专题研究。通过以上研究,对铁路路基支挡结构极限状态可靠性设计思想、设计理论与方法有了系统、全面的认识。为进一步推广研究成果,研究团队以我国铁路、公路以及欧洲标准中支挡结构设计方法的异同为主线,并辅以算例,撰写了本书。

本书由李安洪、王占盛、李炼等编著,并由李安洪负责统稿。全书共分10章,从内容构成上可分为支挡结构形式与发展、极限状态原理方法及荷载(作用)规定、不同类型支挡结构设计方法对比及算例分析等3个部分,各章编写人员名单如下:

第1章:李安洪、王占盛、杨淑梅。

第2章:李安洪、罗一农、王占盛。

第3章:王占盛、罗一农、李炼、王蓉、甘善杰、杨淑梅。

第4章:罗一农、李炼、王蓉、王占盛、郭海强。

第5章:罗一农、李炼、郭海强、张东卿、王占盛、周川滨。

第6章:张东卿、李安洪、周川滨、杨祥蓉。

第7章:王智猛、李安洪、张东卿、付正道。

第8章:李安洪、王占盛、吴沛沛、徐骏、杨淑梅。

第9章:邱永平、李安洪、郭海强、李炼、王智猛。

第10章:胡会星、李安洪、吴沛沛、姚裕春。

本书能够顺利出版,得益于编写团队的共同努力,也与单位领导和各位同事的支持密不可分。在此,谨向研究团队全体成员,向给予我们关心、支持与帮助的各位领导、同事和朋友,表示衷心的感谢!本书在编写过程中,中铁二院多位专家提供了宝贵的咨询意见;同时,本书的出版得到了中铁二院学术著作出版基金的支持,在此一并表示感谢!本书在编写过程中,参考和引用了大量文献资料,在此向有关文献作者一并致谢。

由于作者水平有限,书中不妥之处在所难免,敬请各位读者批评指正。

作 者

2023年10月

目录

第1章 绪论 ········· 001
1.1 支挡结构形式的发展 ········· 001
1.2 支挡结构设计思想与方法的发展 ········· 001
1.3 国内外支挡结构设计方法简介 ········· 005
1.4 我国支挡结构设计标准演变及其"走出去" ········· 005

第2章 支挡结构主要形式及设计选型 ········· 007
2.1 主要支挡结构形式 ········· 007
2.2 支挡结构的设计选型 ········· 018
2.3 支挡结构设计流程 ········· 024

第3章 支挡结构设计原理与方法 ········· 026
3.1 工程结构设计方法原理 ········· 026
3.2 国内外工程结构设计规范的发展 ········· 030
3.3 国内外标准支挡结构设计方法 ········· 035
3.4 国内外标准支挡结构设计方法主要差异 ········· 043

第4章 荷载(作用)类型与计算方法 ········· 051
4.1 荷载(作用)分类与组合 ········· 051
4.2 土压力计算 ········· 055
4.3 地面超载计算 ········· 070

4.4 侧向岩石压力计算 …………………………………………… 073
4.5 滑坡推力计算 ………………………………………………… 075
4.6 其他荷载计算 ………………………………………………… 080

第5章 重力式挡土墙设计方法与算例 …………………………… 086
5.1 概述 …………………………………………………………… 086
5.2 中国铁路标准的重力式挡土墙设计 ………………………… 088
5.3 欧洲标准的重力式挡土墙设计 ……………………………… 096
5.4 设计算例 ……………………………………………………… 102
5.5 对比分析 ……………………………………………………… 112

第6章 钢筋混凝土挡土墙设计方法与算例 ……………………… 118
6.1 概述 …………………………………………………………… 118
6.2 基于中国铁路标准总安全系数法的钢筋混凝土挡土墙设计 …… 119
6.3 基于中国铁路标准分项系数法的钢筋混凝土挡土墙设计 …… 127
6.4 基于欧洲标准的钢筋混凝土挡土墙设计 …………………… 133
6.5 基于欧洲标准的配筋设计 …………………………………… 136
6.6 设计算例 ……………………………………………………… 146
6.7 对比分析 ……………………………………………………… 158

第7章 加筋类挡土墙设计方法与算例 …………………………… 161
7.1 概述 …………………………………………………………… 161
7.2 加筋土挡土墙结构设计 ……………………………………… 172
7.3 设计算例 ……………………………………………………… 201
7.4 对比分析 ……………………………………………………… 211

第8章 锚杆(索)支挡结构设计方法与算例 ……………………… 217
8.1 概述 …………………………………………………………… 217
8.2 外锚结构设计 ………………………………………………… 220
8.3 锚杆(索)设计 ………………………………………………… 226
8.4 设计算例 ……………………………………………………… 232
8.5 对比分析 ……………………………………………………… 234

第9章 桩及桩墙组合结构设计方法与算例 ········· 239
9.1 概述 ········· 239
9.2 桩间挡土墙和挡土板设计 ········· 241
9.3 基于铁路标准的桩结构设计 ········· 243
9.4 基于欧洲标准的桩类挡土墙设计 ········· 254
9.5 设计算例 ········· 261
9.6 对比分析 ········· 274

第10章 桩基挡土墙设计方法与算例 ········· 277
10.1 概述 ········· 277
10.2 桩基托梁重力式(衡重式)挡土墙设计 ········· 278
10.3 桩基悬臂式挡土墙设计 ········· 285
10.4 设计算例 ········· 295

参考文献 ········· 300

第1章 绪 论

支挡结构是一种用来支撑和加固填方边坡、挖方边坡或自然边坡,以保持其稳定防止坍滑的建筑结构。支挡结构在众多基建行业中发挥着重要的作用。在道路工程中,无论是铁路工程还是公路工程,支挡结构都是不可或缺的基础性工程。因此,支挡结构不论其结构形式,还是其设计方法颇受研究者与设计者的关注。

1.1 支挡结构形式的发展

支挡结构在长期的发展过程中,其形式从早期的圬工类重力式挡土墙逐步演化出许多新的形式,如半刚性挡土墙、加筋类挡土墙、锚杆(索)挡土墙、组合式挡土墙等。其发展过程的推力可归结为以下几个方面:

(1) 结构环境适应性的提高

一般而言,每种支挡结构均有其特定的适用范围,但由于新建道路工程中,常遇到一些非常规工程环境,在缺乏选择的情况下就需要提高支挡结构的环境适应性。比如早期的重力式挡土墙,在用到西南山区时,考虑到地形条件的限制,衍生出了衡重式挡土墙。

(2) 结构使用安全性的提高

结构使用安全性是最根本的性能需求,随着国民经济的不断发展,对于工程结构安全性的预期逐步提高,同时伴随新建铁路运营速度的提升,对于结构安全性的要求也不断提高。因此,支挡结构的安全性日益增强,减少了干砌片石挡土墙等安全性指标较低的支挡结构的工程应用。

(3) 结构功能需求的扩大

早期支挡结构的设计以结构稳定安全为主。近些年来,基于环境协调、生态保护、绿色建造等新要求,衍生出绿色生态挡土墙、组合式挡土墙、拼装式挡土墙等。

(4) 材料及施工技术进步的推动

材料性能是结构设计的基础,是推动支挡结构形式发展的最重要因素。早期所用的自然材料抗压性能较好,但抗拉、抗剪性能较差,极大限制了支挡结构的应用场景;钢材出现后,不仅结构抗拉、抗剪的性能有了大幅提升,而且还衍生出了锚杆挡土墙、土钉挡土墙等新的形式。此外,施工技术水平提升也是推动支挡结构形式发展的重要因素。

1.2 支挡结构设计思想与方法的发展

支挡结构属于岩土工程和结构工程,作为工程结构设计的一部分,其设计思想与方法的发展也必然与工程结构设计的发展密切相关。目前,工程结构领域主流的设计思想由基本设计准则与可靠性设计两大内容构成,对应到支挡结构方面两者的发展历程如下。

1.2.1 支挡结构基本设计准则发展历程

基本设计准则是工程结构设计的准绳,其发展历程体现了人类在材料力学、结构力学以及数学计算能力等方面的发展成果在工程结构设计领域的应用。支挡结构基本设计准则的发展可分为以下几个阶段。

(1)经验(几何)设计

在数学和科学被应用于工程设计之前,设计准则主要是在不断尝试过程中形成的传统性经验,如古代建筑设计领域广泛存在的几何设计法。西方古代建筑主要采用比较笨重的承重墙和拱式体系,由于砌体结构的应力一般较低,故结构的强度常取决于几何形状而不是材料性能,因此几何设计准则与这类结构符合得较好。中国古代建筑多采用梁柱体系,梁柱尺寸往往根据经验按建筑物的比例来确定,比如古代中国的宫殿、寺庙建筑等。古代的支挡结构设计,尚没有理论计算作支撑,采用经验(几何)设计也是普遍的做法。

(2)容许应力设计

随着材料科学的发展,人类在19世纪逐步掌握了描述结构材料力学性能的方法,以及获知复杂结构内部应力的分析方法。在此背景下,工程师们意识到可规定由名义或特征设计荷载引起的应力不超过一个特征值,从而达到预防材料永久变形发展的目的,此即容许应力法,其一般设计表达式为:

$$\sigma \leqslant [\sigma] \tag{1-1}$$

式中:σ——构件某一点的应力;

$[\sigma]$——构件的容许应力,一般取考虑一定安全储备的弹性极限。

采用容许应力法设计时,一般假定材料为均质连续弹性材料,应力计算采用线弹性理论。该方法计算较为简便,且用该方法设计的结构,一般整体处于低应力状态,因此结构的变形和裂缝宽度等也很少会达到临界点。该方法也存在一定的缺陷,从理论上讲,该方法没有考虑材料的塑性,此外还有以下几点缺陷:①没有对使用阶段给出明确的定义,也就是使用阶段荷载的取值原则规定得不明确;②把影响结构可靠性的各种因素都归结到反映材料性质的容许应力上,实际上是一个不合理的处置方式;③容许应力的取值往往会带有一定的经验性;④按容许应力法设计的结构构件是否安全可靠,无法量化,也无法用试验验证。在早期支挡结构的设计中,特别是重力式挡土墙的设计中,截面抗剪、地基承载力检算即属于此方法。

(3)破损阶段设计

随着对材料性能认知的进一步清晰,特别是对材料破坏时应力状态的掌握,促使工程师们在具体设计时可以不具体研究构件在使用时的情况,而是直接根据结构最终破坏时的应力状态进行设计,即按极限强度进行设计,此即为破损阶段设计。以截面上弯矩设计为例,其一般设计表达式为:

$$M \leqslant \frac{M_u}{K} \tag{1-2}$$

式中:M——截面弯矩;

M_u——截面极限弯矩；

K——设计安全系数。

相比于容许应力设计，破损阶段设计将材料的塑性性能纳入了结构设计之中；采用的安全系数是一个整体的安全系数，使结构设计有了总的安全度的概念；其设计以最终的承载能力为依据，因此可由试验进行验证。该方法存在以下几方面不足：

①能保证结构的强度，但无法了解结构是否满足正常使用的要求。

②安全系数的取值仍然是带有经验性的，并无严格的科学依据。

③采用笼统的单一安全系数，无法就不同荷载、不同材料对结构安全的影响进行区别对待。

④荷载的取值仍带有经验性，材料强度采用平均值，不能正确反映材料强度的变异程度。

在支挡结构设计中，随着钢筋、锚杆、锚索等材料的大量运用，在设计中考虑材料塑性性能成为趋势，采用破损阶段设计也是必然的做法。

(4)极限状态设计

随着研究的不断深入，将材料强度极限与荷载极限统筹考虑逐渐可行，极限状态设计法正是在此状况下应运而生，该设计法也客观上满足了结构工程发展对结构整体性能预测精度的高要求。所谓"极限状态"，可定义为结构或结构构件超过某一特定状态就不能满足某一功能要求的状态。极限状态设计的一般设计表达式为：

$$R \geqslant S \qquad (1-3)$$

式中：R——抗力；

S——作用(效应)。

根据上式可进一步给出承载能力、变形、裂缝、疲劳等多种极限状态的具体表达式，能比较全面地考虑结构可能存在的不同工作状态。极限状态给定了结构稳定性分析的临界状态，便于定量分析结构的安全性，以全面的视角去审视工程设计的有效性。极限状态设计能较全面地考虑诸多因素，可更好地根据使用要求和特点划分、选择安全等级并进行横向比较。

在支挡结构设计中，需要考虑的功能项比较多，只有采用极限状态法才能综合考虑这些功能，对结构进行最优设计，因此其逐渐成为主流的设计方法，目前大部分工程结构的设计也采用此方法。

1.2.2 支挡结构可靠性设计发展历程

不确定性是自然界中普遍存在的客观现象，在工程结构设计领域，该现象之多，且对工程结构安全的影响之大，使得可靠性设计极为必要。在支挡结构设计中，岩土参数的不确定性、外部作用的不确定性、结构本身性能的变异性也都要求采用可靠性设计。

与基本设计准则采用精确力学计算相反的是，在很长一段时间内，对于可靠性的计算是很粗糙的，两者之间不匹配的状况以及设计安全性要求不断提高的现实性，促使工程师们在设计中引入概率论和数理统计方法以分析和确定结构的可靠性。根据可靠度计算的水平，可靠性设计的发展可分为以下三个阶段。

(1)模糊概率设计

在可靠性设计的初期，考虑到对于因素不确定性定性定量分析的粗糙性，因此支挡结构设计中常采用一个整体的系数以笼统包含所有的不确定性,并在长期的设计实践中,形成了适合地域特性的支挡结构设计经验系数。这类系数最典型的就是安全系数,从广义上讲,强度折减系数与荷载放大系数也属此类系数。

(2)近似概率设计

在概率论及数理统计方法引入工程可靠性设计之后,由于直接计算失效概率极为困难,因此支挡结构设计中引入了在近似概率水平上评价支挡结构可靠性的方法。比如常用到的可靠指标法,在一般设计条件下,可靠指标与工程真实有效概率是近似相等关系。

(3)精确概率设计

精确概率设计是可靠性研究人员和设计人员不断追求的目标,如前所述,由于直接计算结构功能的失效概率极为困难,因此精确概率设计目前未见具体的实施方案,属于需继续研究以期未来能实用化的设计方法。

欧洲标准按概率的考虑程度将工程结构设计方法划分为确定性设计方法与概率设计方法两大类,其中概率设计又分为一次可靠度方法与全概率方法,各方法之间的关系如图1-1所示。根据该图可知,可靠性设计方法有以下4种:

(1)安全系数法。该方法视设计基本变量为定值,设计指标采用安全系数,安全系数的确定靠经验值,有些文献也称该方法为定值设计法。

(2)半概率设计法(水准Ⅰ)。该方法视作用和抗力为不确定量,设计指标采用分项系数,作用和抗力的分项系数分别基于其分布函数校准确定。

(3)一次可靠性设计法(水准Ⅱ)。该方法视作用和抗力为不确定量,设计指标采用分项系数或目标可靠指标,作用和抗力的分项系数基于两者的联合分布函数校准确定,目标可靠指标基于目标安全概率确定。

(4)全概率设计法(水准Ⅲ)。该方法视作用和抗力为不确定量,设计指标采用目标安全概率或目标失效概率,目标安全概率或目标失效概率基于结构可靠性等级要求确定。

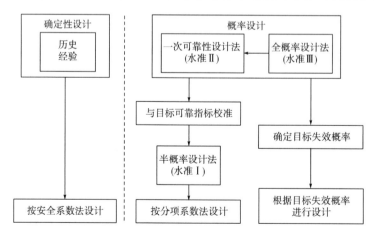

图1-1 结构设计方法的类别

可以看到:安全系数法属于模糊概率设计;半概率设计法、一次可靠性设计法属于近似概率设计,且精确度不断提高;全概率设计法为精确概率设计。目前国内外工程结构设计主要采用安全系数法和半概率设计法,少数规范采用一次可靠性设计法。

1.2.3 支挡结构设计手段发展历程

早期,由于缺乏科学的理论依据,支挡结构设计主要依赖于人们长期积累的工程经验,因此多采用类比的设计手段,主要借助于经验几何图形等工具。

随着材料力学与结构力学等相关科学的发展,基于理论计算的结构设计变得可行,出现了许多简便易行的设计计算方法,如铁路路基设计手册中的大量公式等。而伴随着设计条件和结构形式的复杂化,单纯依靠理论简化公式的计算方法已不能适应设计工作的要求,设计师们开始更多地将有限元分析与概率分析等数学手段应用到设计计算中,这在结构工程的外力和内力计算、结构工程整体可靠性计算等方面体现得尤为明显。特别是在以有限元、离散元为代表的数值计算技术日益成熟和计算机软硬件不断发展的今天,基于数值计算的结构设计软件日益增多,极大地方便了工程师们的设计工作。

1.3 国内外支挡结构设计方法简介

从基本设计准则来讲,国内外支挡结构设计规范已普遍采用极限状态设计法。从可靠性设计角度来讲,国内外支挡结构设计采用的方法主要有总安全系数法和分项系数法两类。目前,总安全系数法仍在很多国家的标准中使用,分项系数法在欧洲、日本、美国等国家和地区的标准中也普遍采用,特别是欧洲标准中,分项系数法是最主要的设计方法。

欧洲标准中的分项系数法包含了 DA1、DA2 和 DA3 三种具体的方法,其中,DA1 为材料分项系数法,即分项系数应用于材料性能参数上;DA2 为荷载抗力分项系数法,即分项系数应用于作用和抗力上;DA3 也为材料分项系数法,该方法中荷载项也配有相应的分项系数。

目前,欧洲各国根据自身情况使用不同的设计方法,如英国和丹麦使用 DA1;德国在基础设计中使用 DA2,而边坡设计中使用 DA3;法国采用 DA2,有些情况下也采用 DA3,其他一些国家(如爱尔兰)允许使用所有的方法。

我国《铁路路基支挡结构设计规范》(TB 10025—2019)中结构外部稳定性检算采用总安全系数法,结构内部稳定性检算采用分项系数法。我国《公路路基设计规范》(JTG D30—2015)在采用分项系数法的同时,保留了总安全系数法以便于两者校准。两本规范所采用的分项系数都是应用在抗力项和作用项上,因此在形式上与传统的使用全局安全系数的方法相似,也与欧洲标准中给出的 DA2 方法相似。

本书将结合国内外相关设计标准与规范,并在辅以算例形式的基础上,阐述铁路与公路工程中支挡结构两类设计方法的原理与流程,以及中欧标准的差异。

1.4 我国支挡结构设计标准演变及其"走出去"

在铁路与公路工程中,支挡结构都是一类极为重要的结构,因此支挡结构设计标准也是极为重要的标准。在我国早期的铁路工程设计标准体系中,支挡结构设计列在《铁路路基设计规范》(TB 10001)中,无专门的设计标准。后来,随着支挡结构的重要性越来越突出,原铁道部发布了《铁路路基支挡结构设计规范》(TB 10025),早期的支挡结构设计标准采用安全系数法,最新修订的2019版规范,虽然主体仍采用安全系数法,但也加入了很多极限状态设计的概念和思想。在我国公路工程设计标准体系中,支挡结构设计一直未发布单独的设计标准,其设计方法早期采用安全系数法,目前安全系数法与极限状态法并用。

此外,我国作为一个道路大国,通过持久的道路工程建设,不仅建成了规模庞大的铁路、公路网络,还形成了集勘察设计、工程施工、装备制造、运营管理等诸方面的标准体系。我国铁路标准是以科技创新为支撑,系统总结铁路建设和运营实践经验形成的,具有很强的系统完备性,是我国铁路承揽"走出去"项目的主要竞争优势之一,是我国铁路"走出去"的重要内容之一。

同时应看到,由于诸方面原因,目前我国标准的国际影响力还不够显著,对我国交通行业基建能力整体"走出去"的支撑作用还不够强,这主要是因为我国技术标准是在符合我国法律法规,适应我国地理、环境、资源等特点,并基于我国交通市场需求制定的,这就必然导致我国标准"走出去"会存在一定的"水土不服"。以铁路为例,这种"水土不服"主要但不限于体现在以下几个方面:

(1)地形地质、气候气象等自然环境因素的差异。
(2)政治经济、宗教信仰、出行习惯等人文环境因素的差异。
(3)与铁路相关的行业法律法规的差异。
(4)铁路技术制式的差异。
(5)铁路技术体系的差异。
(6)铁路标准中具体理论、方法以及规定上的差异等。

为进一步推动我国铁路标准"走出去",国内学者提出了不少有益的措施建议,其中,中铁二院工程集团有限责任公司就曾提出了"编制中国铁路工程建设技术标准导读,编制国际、国内技术标准兼容互通性系列手册,调整中国铁路工程建设技术标准体系,与国外标准互认证,参编国际标准,建设技术标准信息平台"等系列举措。在此形势下,《铁路路基支挡结构设计规范》(TB 10025—2019)作为铁路工程设计领域的一本重要标准,要实行以上举措,充分理解国内外标准的实质与差异无疑是最基础性的工作。本书作为一本道路工程领域支挡结构设计方法的专著,对铁路、公路等行业相关的国际标准与中国标准进行了对比分析,具有一定的参考价值。

第 2 章　支挡结构主要形式及设计选型

支挡结构从力学作用上讲主要承受来自岩土体的侧向压力。在铁路工程、公路工程、房屋基础工程、水利工程等有关岩土工程中,支挡结构主要用于加固山坡、基坑边坡、地基基础或河流岸壁。当遇到不良地质灾害时,支挡结构主要用于加固不良地质体,如加固滑坡、崩塌、岩堆,或用于拦挡不良地质体,如落石、泥石流等。

在具体的道路工程中,支挡结构广泛应用于稳定路堤、路堑、隧道洞口、桥梁两端的路基边坡以及车站内边坡。随着支挡结构设计理论和技术水平的不断提高,减少环境破坏、节约用地观念的逐渐加强,以及铁路及高速公路网、大型水利工程、西气东输、西电东送等基础设施建设的蓬勃发展,支挡结构在发挥着越来越重要的作用的同时,也不断推动着结构自身的发展。本章将着重对主要的支挡结构形式作介绍,并对支挡结构设计选型原则作简要说明。

2.1　主要支挡结构形式

当前,支挡结构的主要形式有重力式挡土墙、钢筋混凝土类(半刚性)挡土墙、加筋类挡土墙、锚杆(索)类支挡结构、桩及桩墙组合支挡结构等。

2.1.1　重力式挡土墙

重力式挡土墙是依靠墙体自重抵抗土压力以防止土体坍滑的支挡结构,由于其自身几乎不产生形变,故属于刚性挡土墙。如图 2-1 所示为这类挡土墙的几种墙背形式,主要变化是墙背由单一的直线变化为多段折线。在设计中,重力式挡土墙土压力计算一般采用库仑理论,当墙体向外移动或转动,墙后土体达到主动土压力状态时,假定土中主动土压滑动面为平面并按滑动土楔的极限平衡条件来求算主动土压力。重力式挡土墙具体设计项包括外部稳定性检算和内部墙身的承载能力计算。

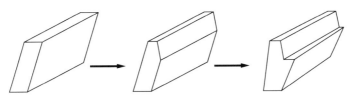

图 2-1　重力式挡土墙

早期的重力式挡土墙墙身一般采用浆砌片石来砌筑,近二十年国内铁路工程中主要采用混凝土灌注。20 世纪 50 年代为适应西南山区地形陡峻的特点,原铁道部第二勘测设计院首次提出设计了衡重式挡土墙,并在铁路路基工程中逐步推广,后经科研攻关,完善了衡重式挡土墙按第二破裂面计算的理论,编制了有关的标准图集。衡重式挡土墙是我国山区铁路应用较广泛的一种挡土墙形式,在公路等其他行业中也得到了推广运用。

在过去很长一段时间内,由于在石料来源丰富的地区取材方便,加之施工简单,因此重力式挡土墙在很长一段时间内是最为主要的支挡结构类型。但由于其属于刚性结构,同时具有截面大、施工进度慢、地形困难地区应用不便等劣势,因此在经济性、适用性和质量方面的缺点也较为明显。

2.1.2 钢筋混凝土类(半刚性)挡土墙

与刚性挡土墙对应的是柔性挡土墙,受力后墙身有一定的变形,如加筋土挡土墙。变形的程度介于刚性和柔性挡土墙之间的挡土墙为半刚性挡土墙。本书中常用的半刚性挡土墙是指悬臂式挡土墙、扶壁式挡土墙和槽形挡土墙,如图 2-2 所示。

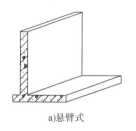

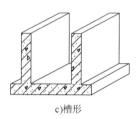

a)悬臂式　　　　　　b)扶臂式　　　　　　c)槽形

图 2-2　钢筋混凝土挡土墙

(1)悬臂式挡土墙和扶壁式挡土墙

早期挡土墙的设计中,已经出现了在混凝土中加钢筋以减小截面尺寸的钢筋混凝土挡土墙,但钢筋不多,挡土墙还是归为重力式。悬臂式挡土墙可以看成将侧向挡土和竖向稳定的功能分化于不同的钢筋混凝土构件上,充分利用钢筋混凝土构件的弹性,以置换结构的圬工。悬臂式挡土墙是由立臂式面板、墙趾板、墙踵板三部分组成,以墙体和踵板以上土体的重力抵抗土压力的支挡结构,其墙高一般不超过 7m。当悬臂式挡土墙高度超过 7m 时,变形增大,为了改善墙面受力以减小变形,衍生了扶壁式挡土墙。扶壁式挡土墙是在悬臂式挡土墙上沿墙长度方向每隔一定距离加一道扶壁,将立臂式面板与墙踵板连接起来的支挡结构。悬臂式和扶壁式挡土墙也称为 L 形挡土墙。

悬臂式和扶壁式挡土墙除了与重力式挡土墙一样要进行相同项目的外部稳定性检算外,还应进行钢筋混凝土构件的承载能力和正常使用状态设计。悬臂式和扶壁式挡土墙是对钢筋混凝土重力式挡土墙优化而得的半刚性挡土墙,在国内外广泛使用。与悬臂式挡土墙相比,扶壁式挡土墙由于扶壁的存在,施工碾压非常不方便,给该种墙型的应用带来了困难。

(2)槽形挡土墙

槽形挡土墙又称为 U 形挡土墙,是由边墙和底板组成,承受土压力、水压力、水浮力,并阻止地表水或地下水浸入至路基面的支挡结构。槽形挡土墙可看成是由两个悬臂式挡土墙在横断面上将趾板延长并对接而成。槽形挡土墙的外部稳定性检算和重力式挡土墙的不同之处是多了一个抗浮稳定性检算,和悬臂式挡土墙一样,还应进行钢筋混凝土构件的承载能力和正常使用状态设计。

槽形挡土墙早期应用于建筑基坑、地道引桥和隧道出口,现在成为道路路基的常用支挡结构。其适用于地下水丰富、地下水位较高、降排水或放坡条件受限制的挖方地段,也适用于需要快速收坡的填方地段。在陡峻山坡地区,当路基靠山一侧需设置路堑挡土墙,而路基外侧也需设置路肩挡土墙,但地基软弱、稳定性差时,可考虑采用槽形挡土墙。槽形挡土墙一侧为下挡、另一侧上挡时,下挡顶端可设置人行道,若上挡承受的土压力较大,连接底板可做成变截面,由上挡一端逐渐向下挡一端减薄。

槽形挡土墙通过底板、边墙防水层阻止路基本体外地表水或地下水浸入路基面。槽形挡土墙稳定性好,收坡、支挡、防水效果优良,常应用于城市地铁以及高速铁路、高速公路建设中。

2.1.3 加筋类挡土墙

加筋是指在岩土中埋入柔性的筋材形成加筋岩土,从而改善岩土的力学性能。所谓加筋类挡土墙是指由加筋后的岩土和墙面系共同组成的挡土结构。用于填方地段的代表类型是加筋土挡土墙,用于挖方地段的代表类型是土钉墙,如图 2-3 所示。

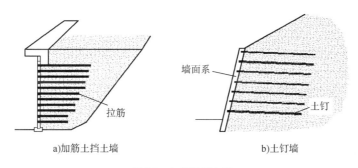

图 2-3 加筋类挡土墙

(1)加筋土挡土墙

法国的亨利·维特尔于 1963 年提出加筋土结构新概念,1965 年在法国建起了世界上第一座加筋土挡土墙。加筋土挡土墙在世界各国发展迅速。我国从 20 世纪 70 年代初,开始了加筋土挡土墙的研究工作。1979 年云南省煤矿设计院在云南田坝矿区建成了我国第一座加筋土挡土墙。20 世纪 80 年代以来,先后在公路、水运、铁路、水利、市政、煤矿、林业等部门运用加筋土技术。

我国早期多采用预制板块式面板加筋土挡土墙,面板厚 8~15cm,面板之间采用企口或短钢筋连接,筋材与面板直接相连,实际应用中发现部分工程存在墙体变形大、面板开裂、脱落,甚至垮塌等问题。之后,随着加筋土挡土墙技术的发展,公路、普速铁路逐步采用了预制模块式面板加筋土挡土墙,面板厚 20~40cm,面板整体刚度有一定提高,筋材与面板直接相连,实际应用中发现部分工程存在一定的水平位移、局部拱起等问题。近几年,随着我国高速铁路的发展,路基变形控制的要求更为严格,遂逐步发展出了新型的整体刚性面板包裹式加筋土挡土墙,包裹式加筋体自稳性好,面板整体性好、刚度大,抗震性能优越,有利于限制加筋体的局部变形;在施工工法上,包裹式加筋土挡土墙一般先施工包裹式加筋体,后施工刚性面板,通过这种分序施工,可显著减小挡土墙的工后变形。在包裹式结构基础上,又进一步发展出了复合式刚性面板包裹式加筋土挡土墙(图2-4),复合式刚性面板由预制板和现浇混凝土构成,预制板位于现浇混凝土外侧,兼作混凝土浇筑模板,施工效率显著提高。在加筋土挡土墙筋材方面,随着土工合成材料技术的发展,已由早期的钢筋混凝土拉筋、钢塑复合土工带逐步过渡到高强土工格栅等土工合成材料。

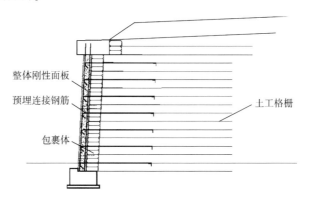

图 2-4　刚性面板包裹式加筋类挡土墙

(2)土钉墙

土钉加固原状围岩起源于20世纪50年代新奥地利隧道开挖法。1972年,法国瓦尔赛市铁路边坡开挖工程中首次成功地应用了土钉墙加固边坡。此后,土钉墙在法国、联邦德国、美国、西班牙、巴西、匈牙利、日本几乎同时展开研究和应用,在世界各地迅速推广。

我国20世纪80年代初期开始引进这项技术,1980年山西柳湾煤矿的边坡稳定工程中首次运用土钉墙来加固边坡。1987年,总参工程兵科研所在洛阳王城公园首次采用注浆式土钉墙和钢筋混凝土梁板护壁结构相结合的措施成功加固了30m高的护岸。冶金、建筑、铁路、公路等行业也将这项技术运用于基坑边坡加固及道路工程中。20世纪90年代基坑采用土钉加固防护的深度为10~18m,如北京新亚综合楼工程深达15.2m的地下基坑就采用了土钉支护。

在南宁至昆明铁路的设计施工中,原铁道部第二勘测设计院等单位,为解决软弱松散岩质高边坡的稳定问题,结合工程开展了分层开挖分层稳定新技术的研究,采用高达27m的土钉墙作为路堑边坡的支挡结构,属国内路堑土钉墙之最,并根据试验成果,提出了土钉墙设计计算建议公式,纳入《铁路路基支挡结构设计规范》(TB 10025—2006)中,并于2009年进行了局部修编和完善。其后,土钉墙在内昆铁路、株六铁路复线工程、渝怀铁路等路堑边坡支挡工程中大量使用。目前,土钉墙广泛用作铁路边坡桩间挡土墙。

2.1.4　锚杆(索)类支挡结构

锚杆(索)类支挡结构是指由墙面系(外锚)和灌浆锚杆(索)组成,靠锚杆(索)拉力维持稳定,并可通过施加预应力改善结构受力状况的支挡结构,如图2-5所示。杆材采用钢筋时,一般称为锚杆,采用钢绞线或钢丝时,称为锚索。锚杆钢筋可采用普通钢筋或预应力钢筋。锚索则为预应力锚索。

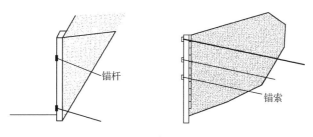

图 2-5　锚杆(索)类支挡结构

(1) 锚杆挡土墙

20 世纪 40～50 年代,美国、法国、联邦德国等国家就开始利用锚杆加固水电站边坡、隧道及洞口边坡等;1945 年,法国采用锚杆加固边坡以控制悬崖移动。我国 20 世纪 50 年代开始引进锚杆技术,1966 年铁路行业在成昆铁路上首次将锚杆挡土墙用来加固边坡,成昆铁路共修建小锚杆(锚孔直径为 40～50mm)挡土墙 14 处、大锚杆(锚孔直径为 100～150mm)挡土墙 3 处,总长度为 1029m。锚杆类型为灌浆楔缝式、灌浆钢筋束等,最大墙高为 16m。继而在川黔、湘黔、太焦、京九、南昆、内昆、株六复线等铁路上推广运用锚杆挡土墙。

锚杆挡土墙按墙面形式分为肋板式、板壁式、格构式和柱板式锚杆挡土墙,按锚杆类型分为非预应力和低应力锚杆挡土墙。地层自稳性较差时,一般采用逆作法施工。

(2) 预应力锚索

1933 年阿尔及利亚首次用锚索加固水电工程坝体。我国于 1964 年梅山水库右岸坝基加固中首次使用锚索技术。20 世纪 80 年代以来,预应力锚索广泛应用于岩土工程中。原铁道部第二勘测设计院 1988 年在四川阿坝州草坡水电厂马岭山隧洞滑坡整治工程中,采用预应力锚索稳定滑体取得成功,岩石预应力锚索技术研究和应用的科研成果获国家科技进步三等奖。进入 90 年代后,预应力锚索理论研究不断深入,国内预应力锚索技术所需的高强度低松弛钢绞线材料及施工机械迅速发展,大大促进了预应力锚索技术的运用。由于预应力锚索具有施工机动灵活、消耗材料少、施工快、造价低等特点,20 世纪 90 年代中期,在南昆铁路工程建设中,广泛应用于整治滑坡、加固顺层边坡、加固危岩,以及与抗滑桩相结合组成锚索桩等,在加固软质岩路堑高边坡等工程中发挥了巨大作用,锚索加固技术得到较大发展。进入 21 世纪,随着高速铁路和公路的迅猛发展,预应力锚索在全国道路工程中成为常用的支挡结构。

根据锚固段的灌浆体受力不同,锚索主要分为拉力型、压力型、荷载分散型(拉力分散型与压力分散型)等。拉力型锚索锚固段灌浆体受拉、浆体易开裂,耐久性能差,但易于施工;压力型锚索锚固段浆体受压,浆体不易开裂,耐久性能好,承载力高。分散型可减小锚固段长度,提高锚固能力。

2.1.5 桩及桩墙组合支挡结构

桩及桩墙组合支挡结构来源于抗滑桩,桩系指由钢筋混凝土桩的锚固段侧向地基抗力来抵抗悬臂段的侧向推力的横向受力结构,如图 2-6 所示。若为埋式桩,桩间不需要其他构件或结构。若为悬臂桩,桩间设置挡土板则称为桩板墙,桩间设置重力式挡土墙或土钉墙,习惯上称作预加固桩,即先施工桩,对边坡进行预加固,再行开挖,然后施作桩间墙,桩和桩间墙共同抵抗侧向土压力。桩板墙和预加固桩结构统称为桩墙结构。桩与锚索的组合一般称为锚索桩,由于桩板墙仅靠桩来承担土压力,当侧向土压力较大时,一般会在桩上设置锚索以改善桩的受力状况,达到加固边坡、减小桩体截面和锚固段长度的目的。

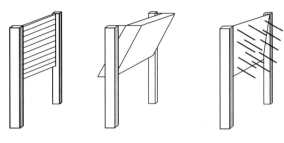

图 2-6　桩墙组合结构

1)抗滑桩

抗滑桩是我国铁路部门 20 世纪 60 年代开发研究的一种抗滑支挡结构,1966 年原铁道部第二勘测设计院在成昆铁路沙北 1 号滑坡及甘洛车站 2 号滑坡中首次采用钢筋混凝土挖孔桩来加固滑坡,桩截面尺寸采用 2.0m×2.0m、2.5m×4.0m、2.5m×3.1m,桩长在 9～17m 之间,桩间距为 4～8m,锚固深度约为桩长之半。成昆线在 6 处滑坡中采用了 120 根抗滑桩,累计长度 1364m,抗滑效果良好。该结构在铁路路基工程中迅速推广,20 世纪 70 年代湘黔线贵州境内全段采用抗滑桩 31 处,共 340 根桩,总长 3342m。襄(樊)渝线位于汉江边的赵家塘滑坡,主轴长 250m、宽 500m、厚度约 50m、体积约 250 万 m³,滑坡月平均位移最大 30mm。如果改线则出现高桥、长隧,且延误工期,后采用了 63 根抗滑桩(桩身总长 1681m,最大桩截面 3.5m×7.0m,最大桩长 46.7m)稳定了滑坡。襄渝线共采用 408 根抗滑桩,总长 7796m。其后,枝柳、阳安、太焦等线均积极采用抗滑桩整治滑坡,并在岩土工程的各个领域得到推广运用。原铁道部第二勘测设计院和西南交通大学等单位对抗滑桩的设计及计算理论进行了深入的研究。1977 年,原铁道部第二勘测设计院、西南交通大学和成都铁路局等单位在成昆线狮子山滑坡工点进行了抗滑桩的破坏性试验,实测桩的弹性曲线、位移、转角、弯矩、土压力等资料,为理论研究提供了基础数据,有关成果纳入了《铁路路基支挡结构物设计规则》(TBJ 25—1990)。20 世纪 90 年代抗滑桩在南昆铁路大规模应用,成为防止铁路滑坡和加固边坡的重要手段。目前,国内滑坡治理中,广泛地采用抗滑桩。

2)桩墙组合结构

20 世纪 70 年代初,在枝柳线上首先将桩板式挡土墙应用在路堑边坡中;20 世纪 90 年代,原铁道部第二勘测设计院在南昆铁路开展了软弱松散岩质深路堑高边坡工程试验,在稳定性差的路堑边坡中大量采用了抗滑桩与挡土板、桩间挡土墙、土钉墙等结构结合的桩墙组合结构。目前桩墙组合结构已广泛应用于铁路、公路等边坡加固中。

(1)桩板式挡土墙

当路基边坡采用悬臂式桩支挡侧向土压力时,桩间挂板或搭板就形成了桩板墙。桩板式挡土墙可用于一般地区、浸水地区和地震区的路堑和路堤地段,也可用于滑坡等特殊路基地段。

当桩的自由悬臂达到或超过 15m 时,曾发生过因桩顶位移过大,导致桩断墙倒的事故。

为了解决高悬臂桩板墙的设计施工问题,工程实践中开始使用预应力锚拉式桩板墙和锚索(杆)桩板墙。

(2)桩+桩间重力式挡土墙和桩+桩间土钉墙

早期路堑地段的重力式挡土墙在设计施工注意事项中,均会强调施工必须跳槽分段开挖,及时砌筑或浇筑重力式挡土墙,以免施工期间墙背临时边坡垮塌或溜坍。但随着铁路土石方开挖机械化施工的推进,难以做到跳槽分段开挖。此时,出现了预加固桩的概念,即把抗滑桩先设置于边坡上,对边坡预加固,再进行拉槽式路堑开挖,开挖完毕,再施工桩间挡土墙。20世纪90年代,南昆铁路预加固桩的大量使用,解决了路堑高挡土墙地段在开挖时临时边坡大量垮塌的问题。

3)墙和桩基组合结构

当重力式(含衡重式)挡土墙或半刚性挡土墙的外部稳定性不满足要求时,基础部分可采用锚固桩,将上部不稳定力系产生的作用效应传入更深的地基中,以桩周岩土抗力和桩顶以上挡土墙及填土的自重共同抵抗土压力,这样的结构称为墙和桩基的组合结构,如图2-7所示。

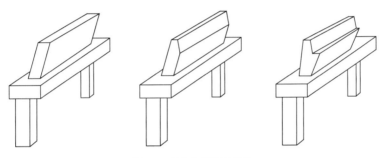

图2-7　墙和桩基组合结构

桩基托梁重力式挡土墙是重力式和衡重式挡土墙与桩的组合,由托梁(承台)连接。桩基托梁与建筑桩基和桥梁桩基,作为房屋和桥梁墩台基础,区别在于道路支挡结构的此类结构主要承受侧向土压力。桩基托梁应用于挡土墙基础,则开始于20世纪60~70年代的成昆铁路,主要用来解决承载力较低的问题,一般在路肩或路堤地段使用,挡土墙一般为衡重式。后来在山区陡坡地段和既有线改扩建工程中大量使用。

桩基悬臂式和扶壁式挡土墙,由钢筋混凝土挡土墙和桩基组成,如图2-8所示。该类型支挡结构不仅能解决地基竖向承载力不足的问题,还能解决地基不均匀沉降,避免传统支挡结构变形不协调问题,近年来在铁路车站高填方直立收坡中广泛应用。

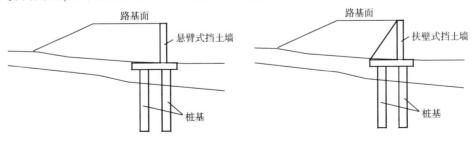

图2-8　桩基悬臂式和扶壁式挡土墙示意图

2.1.6 其他支挡结构

支挡结构类型是随着道路工程的需求而不断发展的。除满足稳定基本功能外,对景观、环境有特殊需求时,往往要将传统支挡结构的某些功能扩大,根据需求进行组合或创新,这样的结构形式比较多,这里简要介绍几种。

(1) 卸荷板式挡土墙

短卸荷板挡土墙由衡重式挡土墙的衡重台变形而得,在衡重台处增加一个钢筋混凝土短卸荷板,如图 2-9 所示,以延伸衡重台的作用,又不至于增大下墙体积。由于短卸荷板的作用,在增大板上的填料作为墙体重量的同时,又减少了衡重式挡土墙下墙的土压力,增加了全墙的抗倾覆稳定性,可节省墙体圬工,从而节省工程投资,但由于墙身截面减小,短卸荷板挡土墙要求的地基承载力较高。苏联、日本等国家在港工建筑物中对有卸荷板或卸荷平台的挡土结构研究较多,国内在港工建筑工程方面的应用也较早,主要用在重力式码头、坞墙及岸壁结构中。交通部设计院、天津大学等单位对具有卸荷板或卸荷平台的港工结构受力状态和计算方法进行过一些研究。铁路部门从 20 世纪 60 年代起曾对带卸荷板的挡土墙进行过一系列的研究,80 年代末又对卸荷板挡土墙特别是短卸荷板式挡土墙的受力状态进行了系统的分析。1990 年由原铁道部第一勘测设计院主持并与西南交通大学、原铁道部第四工程局合作,在侯(马)月(山)铁路上进行了结合工程的科学试验,总结出了短卸荷板挡土墙的设计计算方法,有关内容已纳入《铁路路基支挡结构设计规范》(TB 10025—2001)。1996 年,由原铁道部第二勘测设计院设计、第二工程局施工,在南昆铁路成功修建我国第一座高托盘与卸荷板相结合的高托盘卸荷板式铁路路肩挡土墙(图 2-10)。短卸荷板与墙身结合处是薄弱环节,加之墙身截面比衡重式挡土墙小,和一般的刚性挡土墙不同,挡土墙自身的强度更容易成为控制设计的因素,故该墙型不宜用在土压力较大的地方。

(2) 竖向预应力锚杆挡土墙

竖向预应力锚杆挡土墙由圬工墙身和预应力锚杆(索)组成,如图 2-11 所示。竖向预应力锚杆挡土墙借助锚杆(索)的预拉应力对墙身施加竖向力,增加了墙身抗倾覆、抗滑能力和自身的强度,以预应力代替部分墙身圬工重量,从而减少了墙身的断面尺寸。竖向预应力锚杆挡土墙适用于岩石地基,能承受较大侧向推力,例如铁道部 1975 年首次在成昆铁路狮子山滑坡应用了竖向预应力锚杆挡土墙。

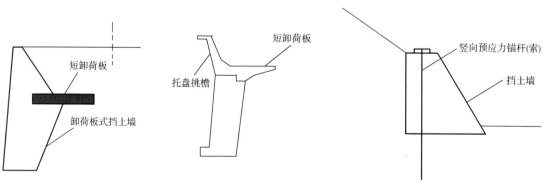

图 2-9 短卸荷板式挡土墙　　图 2-10 短卸荷板-高托盘挡土墙　　图 2-11 竖向预应力锚杆挡土墙

(3) 托盘式挡土墙

托盘式挡土墙(图2-12)是在挡土墙顶部设置钢筋混凝土的托盘及道渣槽,以保障路基面宽度。该结构的横断面相当于带洞路基墙的一半,承受线路上部建筑和列车的重量以及侧向土压力。在山区地面陡峻地带或受既有线建筑物影响横向空间受限制时,设置托盘式挡土墙可降低墙高、缩短横向占地宽度。该结构要求挡土墙的地基承载力较高。

(4) 檐式挡土墙

檐式挡土墙(图2-13)常用在山势陡峻的路堑边坡或隧道洞口,当边坡上方有小量的塌方落石,而路基外侧堆积层厚,基岩埋藏较深时,一般设置长腿明洞,施工复杂,造价较高。在成昆线上采用檐式挡土墙,与长腿明洞比较,其施工简便,投资较低,效果比较好,但檐式挡土墙的钢筋混凝土挑檐比较单薄,其抵挡危岩落石的能力较低。

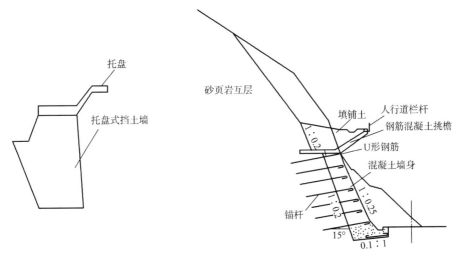

图2-12 托盘式挡土墙　　　　图2-13 檐式挡土墙

(5) 锚定板挡土墙

锚定板在港口码头护岸工程中用来锚定岸壁钢板桩或混凝土板桩的顶部,已有很久的历史,一般要求锚定板埋设在被动土压区,大多数只用单层。20世纪70年代,铁路系统首先把锚定板结构作为支挡结构运用于铁路路基工程,这种结构由墙面系、钢拉杆、锚定板和填土共同组成。填土的侧压力通过墙面传至钢拉杆,钢拉杆则依靠锚定板在填土中的抗拔力而维持平衡。1974年,原铁道部科学研究院、第三工程局、中铁三院共同试验研究在太焦铁路稍院首次建成了一座12m高的多层锚定板挡土墙。后来铁路、公路、建筑、航运等在不同线路和边坡工程上修建了一些锚定板桥台、锚定板挡土墙。近20年由于加筋土挡土墙的应用,逐渐取代了锚定板挡土墙,如图2-14所示。

(6) 对拉式挡土墙

对拉式挡土墙由墙面系、拉杆和基础组成(图2-15),拉杆将两侧墙面系连成一个整体。填土对墙面的侧向压力由拉杆抗力平衡。该结构适用于地形受限且两侧需修筑挡土墙的地段,如市政道路桥头路堤、公路互通立交匝道、穿越良田的铁路和公路等。对拉式挡土墙墙背土压力的计算方法以及填土对拉杆的次应力对拉杆自身的不利影响,是大家争论和关注的问题,目前工程实例不多。20 世纪 80 年代,陕西省千(阳)陇(县)南线上采用了这一结构形式,采用对拉式双墙面,路堤高 10m、长 62m、宽 8m,拉杆为 φ10mm 圆钢及 25×6mm、23×6mm 工业废钢带。20 世纪 90 年代,原铁道部第二勘测设计院在广通至大理铁路设计了一座铁路路肩对拉式挡土墙。

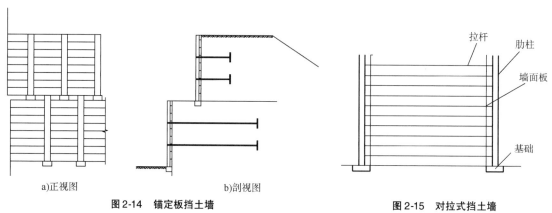

图 2-14 锚定板挡土墙　　　　图 2-15 对拉式挡土墙

(7)椅式桩和框架桩

椅式桩(H 形桩)和框架桩由钢筋混凝土桩与横梁刚性连接而成,如图 2-16 所示。该类支挡结构整体刚度大,受力性能好。椅式桩适用于高路堤或深路堑的收坡,框架桩适用于大型岩堆、滑坡体内深路堑的收坡。

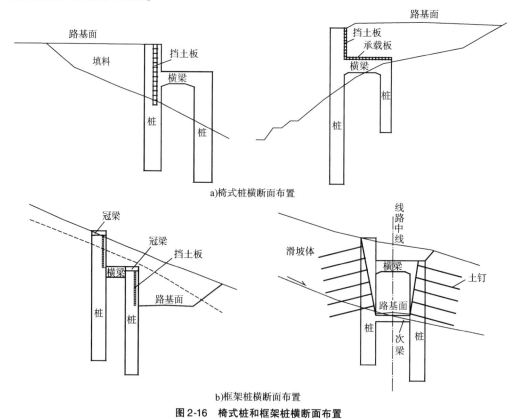

图 2-16 椅式桩和框架桩横断面布置

（8）微型桩支挡结构

微型桩与钢筋混凝土顶板组合而成的结构称为微型桩支挡结构。其桩径小于400mm，长细比大于30，采用钻孔、强配筋和压力注浆施工工艺。该结构适用于山丘、陡坡上的中小型滑坡治理，尤其是应急抢修工程，也可用于边坡坡脚的预加固、临时支护、路堤稳定修复和基坑支护等。典型的微型桩支挡结构如图2-17所示。

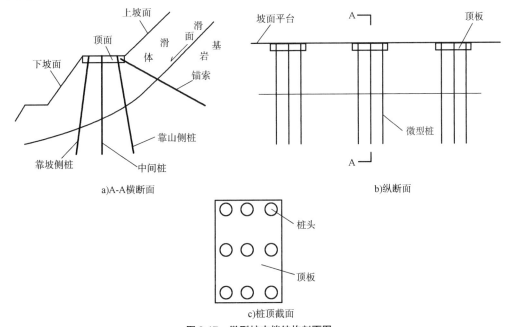

图2-17 微型桩支挡结构剖面图

微型桩是近年才兴起的新型支挡结构。它基本上采用机械化施工作业，施工所需场地小、用少量设备就可安装施工，施工进度快。能够充分调动岩土自身的强度。通常应用于复杂山区、交通不便、施工场地困难的地方。

（9）生态类挡土墙

支挡结构的绿化较边坡绿化难度更大，随着景观需求的增加，逐步出现了多种类型的生态挡土墙，主要是在挡土墙的墙顶和墙面上进行绿化。例如，中空式重力式生态挡土墙、预制拼装式生态挡土墙等，如图2-18所示。

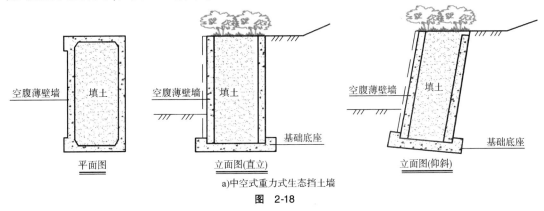

图 2-18

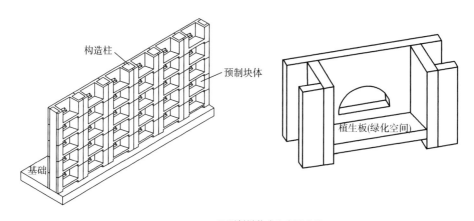

b)预制拼装式生态挡土墙

图 2-18　几种生态挡土墙类型

2.2　支挡结构的设计选型

2.2.1　支挡结构形式选择

面对众多的支挡结构形式,设计中一般应根据地形、工程地质、水文地质、环境条件及占地限制等条件综合确定选用。一般而言,首先应考虑支挡结构的设置是否有特殊要求,如为保护生态环境而设置的挡土墙应选择生态类挡土墙,在狭窄路段设置的挡土墙应选择占地较小的挡土墙等。此外,挡土墙的选择还应根据各类型挡土墙的适用范围、设置位置情况、墙背岩土性质、地基性质、地面坡度情况、墙高限值等条件进行综合选用,表 2-1 为《铁路路基支挡结构设计规范》(TB 10025—2019)附录 A 所总结的支挡结构常用类型及适用条件,设计人员可参考此表进行支挡结构的形式选择。

当地质和环境条件复杂、荷载作用或结构变形大时,可选择两种或两种以上的支挡结构组合使用。邻近既有线或重要建筑物时,支挡结构的选择应考虑施工对行车的干扰,以及施工对建筑物的影响等。城市及风景区的支挡结构形式宜与周边环境协调。

2.2.2　支挡结构设计方案比选

支挡结构设计方案比选除了采用传统定性的安全分析和定量的经济比选外,还要考虑技术条件、施工条件、环境和社会影响、工期、建设投资与运营养护等因素进行综合分析。

(1)不同支挡结构之间的比选

在确定支挡结构设计方案时,应考虑支挡结构的自身特点(表 2-2),根据工程需要达到的目的,确定采用哪种支挡结构。

常用支挡结构选型参考表

表 2-1

支挡结构类型		重力式挡土墙	衡重式挡土墙	悬臂式挡土墙	扶壁式挡土墙	槽型挡土墙	加筋土挡土墙	土钉墙	锚杆挡土墙	预应力锚索	抗滑桩	桩墙结构	桩基托梁挡土墙	组合桩-桩基悬臂式或扶壁式挡土墙	组合桩-格构式桩或框架桩等	短卸荷板挡土墙	锚定板挡土墙
适用范围	一般地区	☆	☆	○	○	○	○	○	○	○	○	○	○	○	○	○	○
	浸水地区	☆	☆	○	○	☆	△	○	×	△	○	○	○	○	○	△	×
	地震地区	○	△	○	△	△	☆	○	×	○	○	○	○	○	○	×	×
设置位置	路肩	☆	☆	○	○	△	○	×	×	△	○	○	○	○	○	○	○
	路堤	○	×	○	△	○	○	○	×	○	○	○	○	△	○	×	○
	路堑	☆	△	△	△	×	×	○	○	○	○	○	△	△	○	×	×
	滑坡	△	×	×	×	×	×	△	×	△	☆	○	△	△	○	×	×
墙背岩土	土质	○	○	○	○	○	○	○	△	○	○	○	○	○	○	○	○
	岩质	○	○	○	○	○	×	○	○	○	○	○	△	△	○	○	×
地基性质	土质	○	○	○	○	△	○	—	—	—	○	○	○	○	○	○	○
	岩质	○	○	○	☆	○	×	—	—	—	○	○	☆	○	☆	○	○
地面坡度	平缓	○	○	○	○	○	○	○	○	○	○	○	○	○	○	○	○
	较陡	△	☆	○	○	△	△	○	○	△	○	○	△	△	△	○	×
单级最大墙高/单根最大长度参考值(m)		12/—	10/—	6/—	10/—	8/—	10/—	10/—	10/15	—/70	—/50	15/—	12/—	10/—	10/—	12/—	6/—

注:☆-优先选用;○-适用;△-有条件适用;×-不适用。

支挡结构的特点及适用范围 表 2-2

结构类型	图示	特点	适用范围
重力式挡土墙	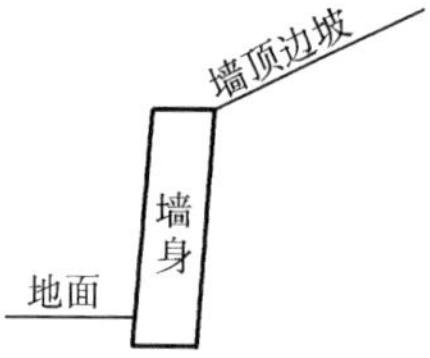	体积较大，刚度大，结构简单。以稳定性检算控制截面设计。施工工艺成熟。主要依靠自重发挥支挡作用，适用于所有工况，墙高一般不超过12m	用于收坡、防冲刷等。可设置于路肩、路堤和路堑等部位
衡重式挡土墙	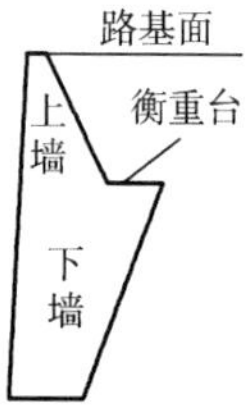	依靠自重和衡重台上的土体提供支挡能力，比重力式挡土墙收坡块，墙高一般不超过12m。上下墙之间是薄弱环节，特别是地震烈度较高时可能发生剪切破坏	用于收坡、防冲刷等。一般设置于路肩地段
短卸荷板挡土墙	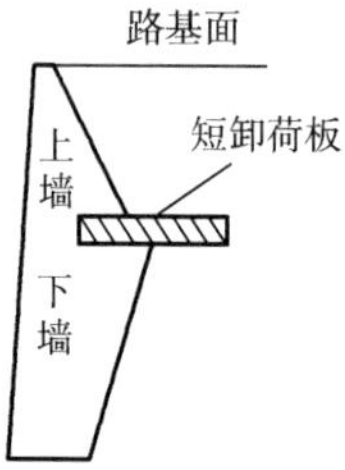	短卸荷板大大减小了下墙土压力，达到节省圬工的目的，但上下墙连接处为薄弱环节	用于地基承载力较高的路肩地段
短卸荷板托盘挡土墙	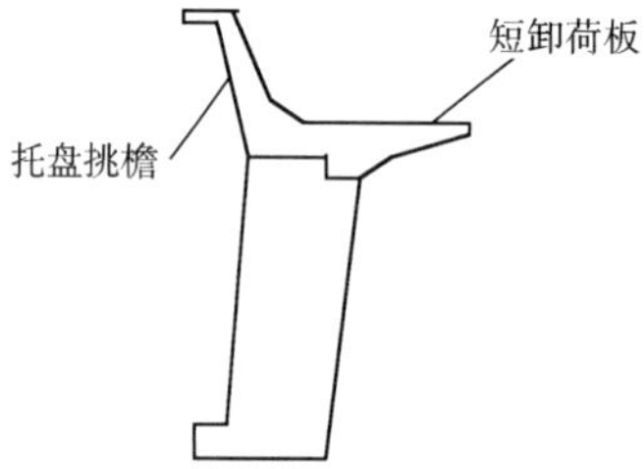	短卸荷板托盘挡土墙是将卸荷板挡土墙及托盘路肩挡土墙两者融合在一起，将衡重式路肩挡土墙上墙改为钢筋混凝土高托盘，用于陡坡地区可降低墙高，大幅节省投资	适用于陡坡地段或场地受限地段
悬臂式挡土墙	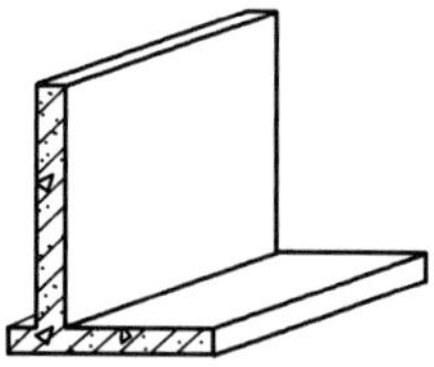	较实体圬工墙体积大大减小，各构件与重力式挡土墙相比，为弹性构件，依靠自重和趾板上的填土提供支挡作用。以整体的稳定性和构件的承载能力、正常使用要求确定截面尺寸和钢筋的尺寸及布置。需要较宽的平坦地基，一般悬臂式挡土墙不超过6m，扶壁式挡土墙不超过10m，扶壁式挡土墙施工时填料碾压不方便	用于收坡和顺接桥等。可设置于路肩和路堤
扶壁式挡土墙	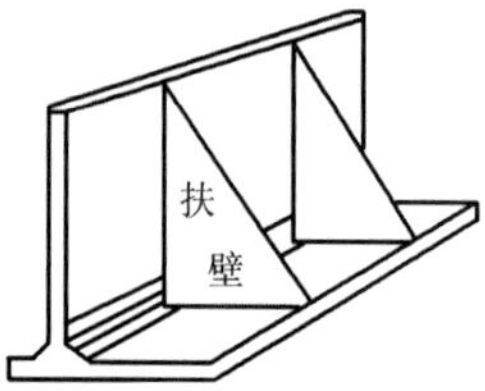		

续上表

结构类型	图示	特点	适用范围
槽形挡土墙	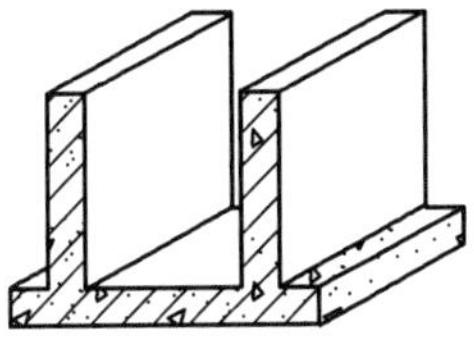	相当于两个悬臂式挡土墙趾板延长后对接,外部稳定性检算主要是抗浮,此外,防排水设计比其他结构要求更多,墙高一般不超过8m	一般用于地下水位较高或放坡条件受到限制的路堑地段
加筋土挡土墙	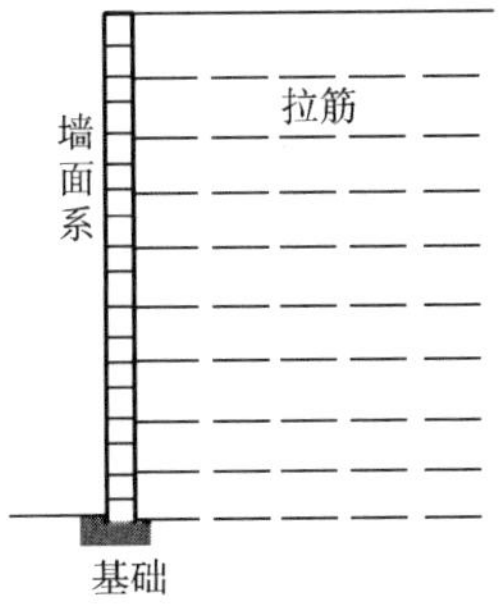	以筋材和填料共同组成柔性重力式挡土墙,主要材料拉筋为柔性构件,以拉拔设计保证结构的内部稳定性。一般由内部稳定性检算控制设计,单级墙高不超过10m	用于收坡,可设置于路肩或路堤边坡,单级墙高不宜大于10m。车站和景区使用较多
土钉墙	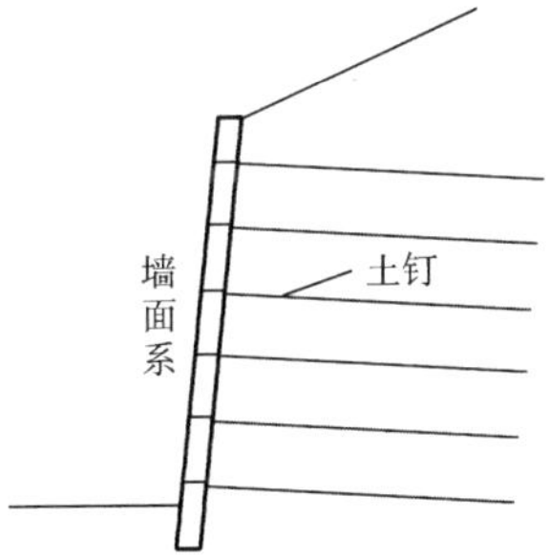	以筋材和原状土共同组成的重力式挡土墙,主要构件锚杆为弹性构件,以拉拔设计保证结构的内部稳定性,一般由外部稳定性检算控制设计,墙高一般与桩的悬臂长度一样	用于土质及破碎软弱岩质路堑地段,可独立使用,或与锚索联合使用,也可用作桩间墙
锚定板挡土墙	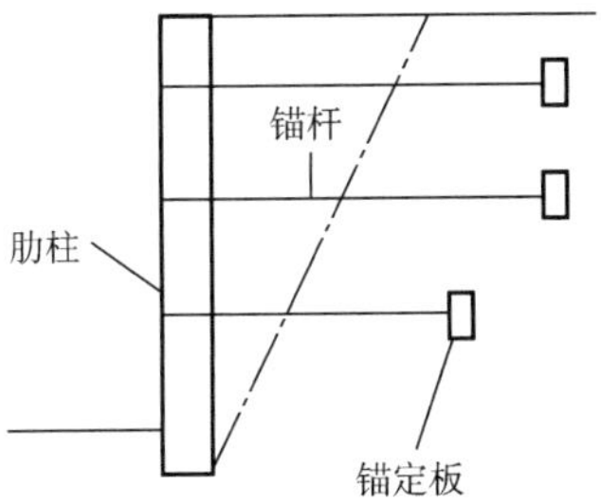	面板和锚定板为钢筋混凝土,拉杆为钢筋,类似于锚杆墙,但土压力通过拉杆传递于锚定板上,而不是像锚杆挡土墙那样传递于锚固段稳定的岩土中	用于路肩墙或路堤墙地段
锚杆挡土墙	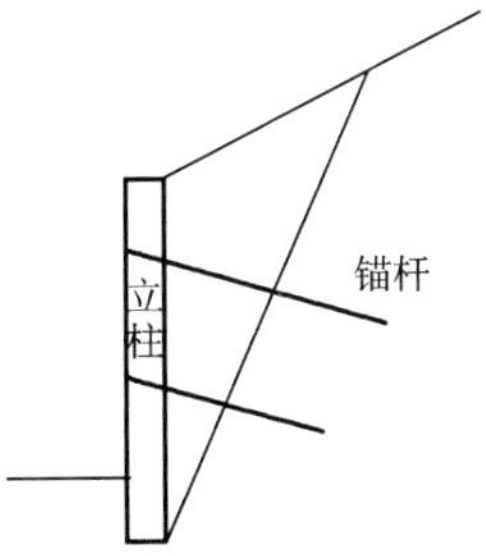	由钢筋混凝土墙面系和锚杆组成,锚杆间距大于或等于2m,因此不是群锚机制。土压力首先传递于墙面,再与拉力或锚杆锚固段抗拔力平衡。锚杆挡土墙的锚杆可采用全长注浆锚杆、预应力锚杆或预应力锚索	用于较高的边坡加固。锚索可与桩墙组合使用,抵挡顺层或滑坡等较大的侧向力

续上表

结构类型	图示	特点	适用范围
预应力锚索	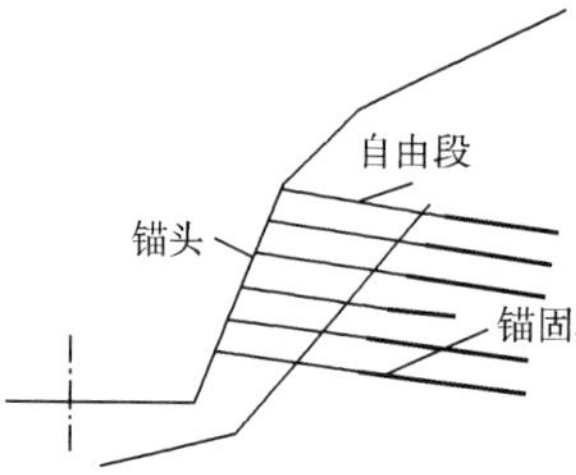	预应力锚索是通过对锚索施加张拉力以加固岩土体使其达到稳定状态或改善内部应力状况的支挡结构。其最大的特点是能够充分利用岩土体自身强度和自承能力,大大减轻结构自重,节省工程材料,是高效和经济的加固技术	用于加固滑坡或边坡。锚索可与桩组合使用,抵挡顺层或滑坡等较大的侧向力
锚索桩	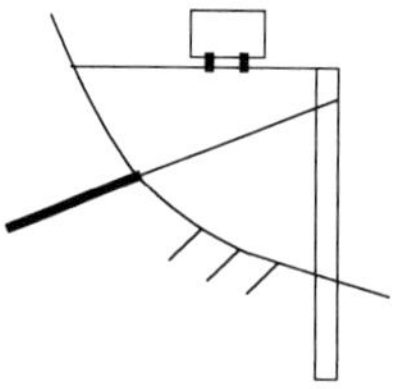	由锚索与桩组合形成的支挡结构,锚索具有强度高、抗拉性能好的特点,通过其对桩体本身的位移约束来提升整体的支挡能力	用于高边坡地段
埋式桩	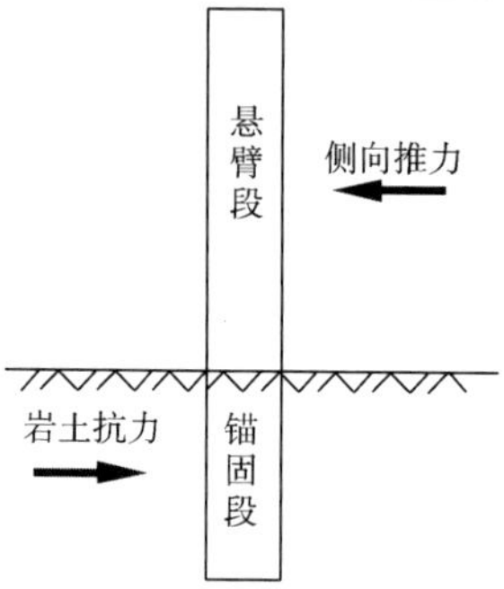	整个构件埋于滑坡或埋于软弱的地基。滑坡推力或土压力仅由桩承受,土压力通过锚固点以上桩长传递于锚固段,再传递至锚固段桩间岩土。总桩长不超过50m,材料为钢筋混凝土,桩位布置灵活,桩井开挖不易	用于稳定滑坡或加固斜坡软土
悬臂桩	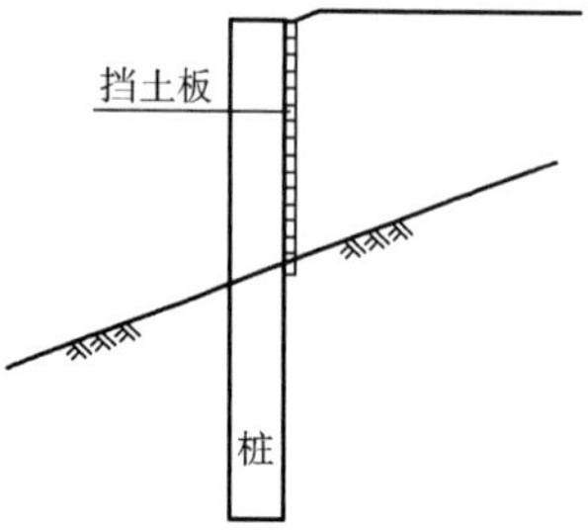	悬臂段外侧岩土需挖除,桩间设置挡土板、重力式挡土墙或土钉墙。桩的其他特点和埋式桩相同。挡土板只传力,不能单独抵挡桩间土体,而土钉墙和重力式挡土墙是和桩一起共同承担侧向推力	用于高边坡地段。桩板式挡土墙可设置于路堤和路堑地段,预加固桩式挡土墙可设置于路堑地段
桩基托梁挡土墙	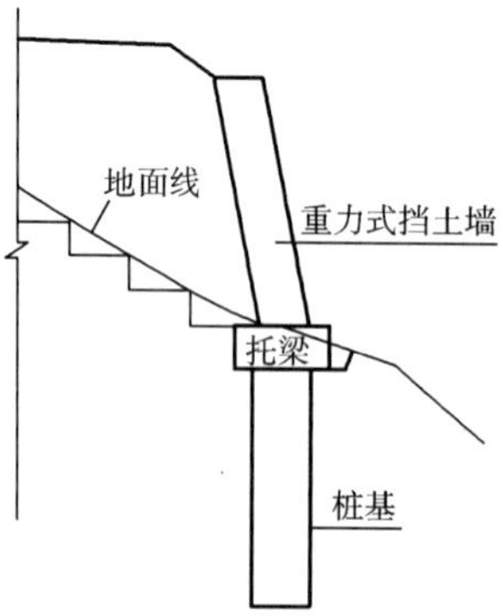	由实体挡土墙和钢筋混凝土托梁及桩组成,和桩板墙相比,由于挡土墙重力抵消了部分水平弯矩,故传递于桩顶的弯矩很小,桩基较短。承台的位置有一定的要求,不能悬空,也不能埋得太深,基础开挖量增加	用于重力式或衡重式挡土墙高度不够或基底承载力不足或地基不稳定的地段

续上表

结构类型	图示	特点	适用范围
桩基L形挡土墙	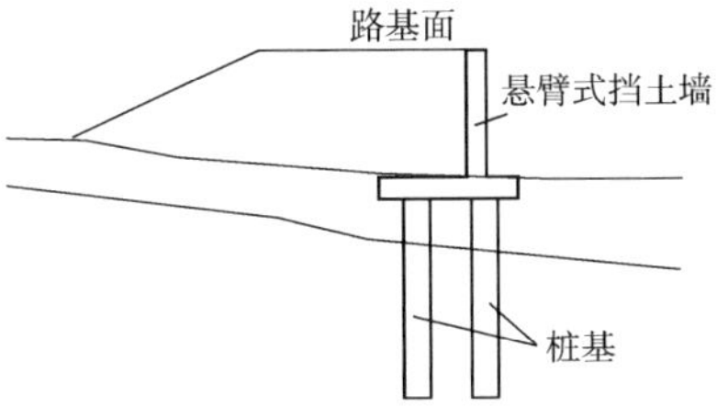	相对于桩基托梁挡土墙，基础平坦，桩基仅仅是为了提高承载力和保证地基稳定。由于踵板长且构件均为钢筋混凝土，受力较桩基托梁挡土墙更合理，但计算模型不易简化，要采用有限元分析	用于地基承载力不足或不均匀沉降的路堤地段
椅式桩或框架桩	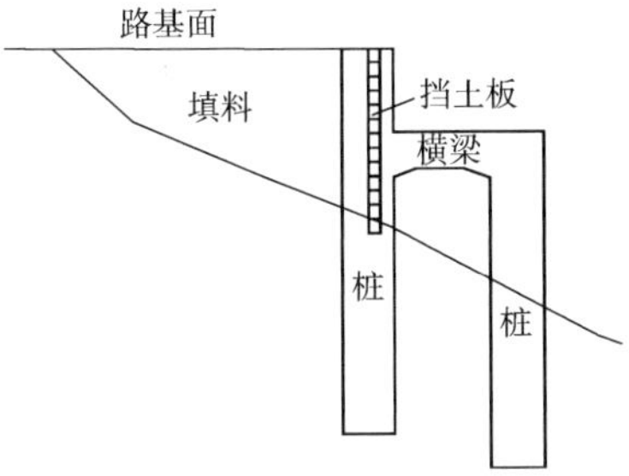	材料采用钢筋混凝土，结构兼有承重、阻滑、减少沉降和变形协调的功能，受力模式和计算模型较复杂	用于较大面积的高填方地段，以及路基对沉降要求较高的地段
预制拼装式生态挡土墙	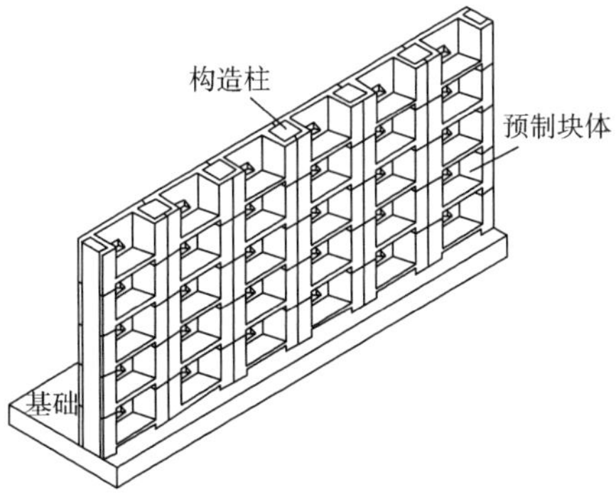	在墙面或墙顶实现绿化和外观的美化，施工较一般支挡结构复杂，设计时要注意兼顾生态养护与安全之间的要求	用于邻近城镇建设区、风景区等对景观要求较高的地段
微型桩	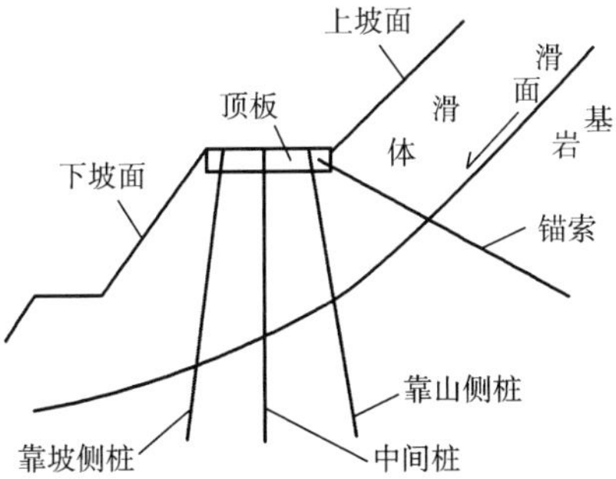	群桩加承台，桩为钻孔桩，比挖孔桩施工方便，但桩不长	用于中小型滑坡的应急抢险以及边坡的预加固

表 2-2 中的支挡结构可归纳为重力式类、半重力式类、锚固类、加筋类以及这几种类型的组合形式。支挡结构主要用于承受土体侧向土压力,被广泛应用于稳定路堤、路堑、隧道洞口以及桥梁两端的路基边坡,加固基坑边坡,稳定河流岸壁,加固或拦挡不良地质体等。根据支挡结构的适用范围、设置位置、墙背岩土参数、地基情况、地形情况、结构特点等,可判断支挡结构的选择顺序。与一般地区相比,地震地区宜选择结构简单的类型。例如,重力式挡土墙比衡重式挡土墙在地震时受力更好;浸水地区宜选择抗冲刷和耐腐蚀的结构;滑坡等外力较大的路基地段,宜选择能抵抗较大外力的桩锚结构;城市及风景区,宜选择较轻型的、占地较少的、与其他结构物容易顺接的支挡结构。

(2)与桥梁和隧道比选

当填方高度大于规范要求时,高填方地段要进行支挡结构和桥梁方案的经济对比和安全分析;当挖方高度大于规范要求时,深挖地段的路基支挡结构要与隧道方案进行对比。

(3)不良地质和特殊岩土地段的方案比选

对于规模大、性质复杂、处理困难的不良地质和特殊岩土地段以及河流水文条件复杂、冲刷严重地段,要进行特殊设计。此时支挡结构的类型一般是两种以上,应对多种支挡结构的组合方案进行比选。

(4)施工条件受限的方案比选

例如,在增建第二线并行不等高地段,一般当第二线高于既有线时,需要设置支挡结构,此时首先要选择基础埋置较浅、基础开挖对既有线影响较小的支挡结构,若地基承载力不够,则考虑加固地基或采用桩基等方法。

既有的需要加固的支挡结构一般是构件出现了损伤、材料劣化、结构的使用功能增加、外荷载增大、外部环境变化、排水措施失效等问题,其安全性、适用性和耐久性不能满足设计要求,因此需要选择合适的加固方案。由于既有支挡结构周边的施工条件有限,选择加固方案时,需考虑合理的施工工艺和施工措施,以减小对既有线的破坏和行车干扰。

(5)对景观有要求的方案比选

支挡结构一般是混凝土和钢筋混凝土结构,设计时往往注意了其安全性、适用性和耐久性,但美观性比较欠缺。在有美观要求的城市和风景区,一般选择直立的支挡结构以便与相邻建筑物协调,墙面一般需要进行绿化设计或美化设计。外观设计的方案除满足美化和绿化要求外,还应注意所选方案不能影响结构的安全性。比如,墙面的绿化既要满足植物给水,又要注意墙体的排水,既要保证植物的生长,又要避免植物根系破坏墙体。

2.3 支挡结构设计流程

支挡结构设计的一般流程如图 2-19 所示。

为了使以上设计流程顺利进行、提高设计效率、减少设计的审图环节并保证设计质量,设计单位习惯把常用的支挡结构制作成标准图集,供设计人员选用。制作标准图包括设计意见书和施工图两个阶段。设计意见书阶段主要是通过比较和分析,确定出图规模,编写设计意见书,为标准图编制提供依据,设计意见书一般包括任务来源、适用范围、编制依据、设计原则和设计方法、主要设计参数、编制施工图说明的主要内容、标准图组成内容等。标准图编制阶段主要根据设计意见书提出的设计参数表,设计计算支挡结构的尺寸表和结构图。标准图一般由封面、目录、设计说明、平面图、正面图、代表性断面、需要展示的各种细部详图和结构图组成。设计说明的主要内容包括编制依据与运用范围、符号说明、主要设计参数、设计原则、构造要求、设计及施工注意事项、算例等。

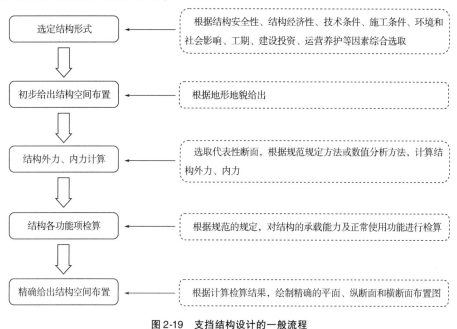

图 2-19 支挡结构设计的一般流程

第3章 支挡结构设计原理与方法

目前,国内外工程结构设计普遍采用基于极限状态的安全系数法与分项系数法,本章将介绍这两种方法的原理、国内外相关标准的发展情况以及我国铁路、公路标准与欧洲标准之间的主要差异。

3.1 工程结构设计方法原理

3.1.1 安全系数法原理

(1)基本原理

安全系数法采用单一系数指标,将设计变量视为定值,将安全储备反映在安全系数中,其通用设计表达式有以下几种形式:

$$K = \frac{R}{S} \geq [K] \tag{3-1}$$

$$\sigma \leq [\sigma] = \frac{\sigma_{\max}}{[K]} \tag{3-2}$$

$$[K]S \leq R \tag{3-3}$$

式中:R——抗力;

S——作用;

K——安全系数;

$[K]$——目标安全系数;

$[\sigma]$——容许应力;

$\sigma_{\max}$——屈服应力或破坏应力。

式(3-1)为平衡设计安全系数法表达式,式(3-2)为容许应力设计安全系数法表达式,式(3-3)为破坏阶段设计安全系数法表达式。

安全系数法设计抗力和作用不考虑随机性,目标安全系数采用经验值,因此这种设计方法属于定值设计法。例如,支挡结构的抗滑动和抗倾覆稳定性检算,长期以来采用的就是该方法,其代表规范为《铁路路基支挡结构设计规范》(TB 10025—2006)及与之类似的其他行业规范。

(2)安全系数法在国内外标准中的使用情况

目前,在我国工程结构设计领域,安全系数法仍具有十分重要的地位,其因有二,一是该方法曾在我国各行业工程结构设计标准中长期占据主导地位,影响极为深远,目前仍有少数规范采用此方法;二是在我国各行业工程结构设计标准由安全系数法向分项系数法转轨的过程中,基本采用校准法,故而安全系数是分项系数确定的依据,具有参考使用的价值。

在我国铁路工程领域,从 2011 年以来,路基、桥梁、隧道、轨道设计规范先后完成了修订或修编工作。在这期间,安全系数法仍有所保留,比如路基支挡结构设计规范中结构外部稳定性设计。在我国公路工程领域,挡土墙设计采用以分项系数为主的设计方法,但安全系数法仍保留。

从各国工程结构设计标准的实际情况来看,除了欧洲标准整体转向分项系数设计法之外,其他国家工程结构设计标准或多或少地保留有安全系数法。如北美地区的结构设计规范多由行业协会制定,因此容许应力设计法、荷载与抗力系数设计法、极限状态设计法在不同的领域中分别有所采用;韩国混凝土结构和钢结构采用极限状态设计,而土工结构(如基础和挡土墙)也多使用容许应力设计法等。

3.1.2 分项系数法原理

(1)基本原理

安全系数法是将影响结构可靠性的因素笼统由一个安全系数 K 来反映,经过长期的实践积累形成了固定的设计模式,但安全系数法不能考虑设计参数的随机性和计算模型的不确定性,很难反映结构真实的可靠性,因此难以有效平衡结构设计的安全性与经济性。

相比之下,分项系数法是针对结构功能丧失的极限状态,通过概率统计将影响结构安全的各种因素考虑进去,以多个分项系数代替总安全系数进行显性表达的设计方法。由于该方法能够跟踪反映影响结构安全的各个环节,因此克服了安全系数法无法反映复杂设计因素的不足,具有双向调整安全和经济的特点。

对于工程结构一般功能函数 $R-S \geq 0$,其分项系数设计采用如下设计通式:

$$\gamma_R \mu_R - \gamma_S \mu_S \geq 0 \tag{3-4}$$

式中:R——抗力;

S——作用;

μ_R、μ_S——分别为抗力与作用均值;

γ_R、γ_S——分别为抗力与作用分项系数。

在设计通式形式上,分项系数设计法较安全系数设计法采用了更多的系数,有些文献中将分项系数称为分项安全系数即反映了此意,国外文献中分项系数一般表达为"partial safety factors"也反映了此意。但分项系数的实质意义又不仅仅如此,这可从其推导过程中得以窥见。

对于极限状态 $R-S=0$,如果假设 R、S 为相互独立的正态分布变量,则其可靠指标 β 计算如下:

$$\beta = \frac{\mu_R - \mu_S}{\sqrt{\sigma_R^2 + \sigma_S^2}} \tag{3-5}$$

式中:μ_R、μ_S——分别为抗力与作用均值;

σ_R、σ_S——分别为抗力与作用标准差。

上式可表达为：

$$\mu_R - \mu_S = \beta\sqrt{\sigma_R^2+\sigma_S^2} = \beta\frac{\sigma_R^2+\sigma_S^2}{\sqrt{\sigma_R^2+\sigma_S^2}} = \beta\frac{\sigma_R\sigma_R+\sigma_S\sigma_S}{\sqrt{\sigma_R^2+\sigma_S^2}}$$

对上式移项合并有：

$$\mu_R - \beta\frac{\sigma_R}{\sqrt{\sigma_R^2+\sigma_S^2}}\sigma_R - \mu_S - \beta\frac{\sigma_S}{\sqrt{\sigma_R^2+\sigma_S^2}}\sigma_S = 0$$

令 $\varPhi_R = \dfrac{\sigma_R}{\sqrt{\sigma_R^2+\sigma_S^2}}$，$\varPhi_S = \dfrac{\sigma_S}{\sqrt{\sigma_R^2+\sigma_S^2}}$，$\delta_R = \dfrac{\sigma_R}{\mu_R}$，$\delta_S = \dfrac{\sigma_S}{\mu_S}$，则上式化为：

$$\mu_R - \beta\varPhi_R\delta_R\mu_R - \mu_S - \beta\varPhi_S\delta_S\mu_S = 0$$

则分项系数表达式如下：

$$\begin{cases}\gamma_R = 1 - \beta\varPhi_R\delta_R \\ \gamma_S = 1 + \beta\varPhi_S\delta_S\end{cases} \quad (3\text{-}6)$$

对于极限状态函数有多项的情况，可同理求得其分项系数。例如，当荷载有两项时，其分项系数为：

$$\begin{cases}\gamma_R = 1 - \beta\varPhi_R\delta_R \\ \gamma_{S_1} = 1 + \beta\varPhi_{S_1}\delta_{S_1} \\ \gamma_{S_2} = 1 + \beta\varPhi_{S_2}\delta_{S_2}\end{cases}$$

当抗力有两项时，其分项系数为：

$$\begin{cases}\gamma_{R_1} = 1 - \beta\varPhi_{R_1}\delta_{R_1} \\ \gamma_{R_2} = 1 - \beta\varPhi_{R_2}\delta_{R_2} \\ \gamma_S = 1 + \beta\varPhi_S\delta_S\end{cases}$$

当有多个抗力（m 项）和作用（n 项）时，其分项系数为：

$$\begin{cases}\gamma_{R_1} = 1 - \beta\varPhi_{R_1}\delta_{R_1} \\ \vdots \\ \gamma_{R_m} = 1 - \beta\varPhi_{R_m}\delta_{R_m} \\ \gamma_{S_1} = 1 + \beta\varPhi_{S_1}\delta_{S_1} \\ \vdots \\ \gamma_{S_n} = 1 + \beta\varPhi_{S_n}\delta_{S_n}\end{cases}$$

由此可见，分项系数与可靠指标、抗力与作用的均值、标准差等密切相关，因此与概率有一定程度的关联。比如，可靠指标与失效概率之间的对应关系如式(3-7)和图3-1所示。

$$P_f = \varPhi(-\beta) \text{ 或 } \beta = \varPhi^{-1}(1-P_f) \quad (3\text{-}7)$$

式中：$\varPhi(\cdot)$——标准正态分布函数；
P_f——失效概率。

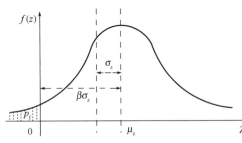

图3-1 可靠指标与失效概率的关系

(2) 分项系数法在国内外标准中的使用情况

分项系数法是目前工程结构设计标准使用的最主要方法。在我国铁路工程领域,从2011年以来,路基、桥梁、隧道、轨道设计规范先后完成了修订或修编的工作。各具体结构设计基本由以总安全系数设计法为主转向了以分项系数设计法为主。在这期间,支挡结构设计规范除结构外部稳定性设计仍采用总安全系数设计法之外,其余结构功能的设计检算均转向了分项系数设计法。由于各结构的分项系数具体取值是基于安全系数校准得到的,即结构的总安全度通过分项系数分配到了各设计项上,因此各具体结构的分项系数不尽相同,设计人员可查阅具体结构设计章节获得具体数值。

相比于我国铁路工程结构设计标准,我国公路工程结构设计标准更早地转向了分项系数设计法。公路支挡结构的分项系数根据作用(荷载)的分类取统一的数值,这与铁路规范分项系数根据结构类型不同而取不同数值具有显著的差异。比如,在公路规范中,结构根据一级、二级、三级的安全等级,结构重要性系数分别取1.10、1.00、0.90;对于永久荷载,如结构及附加物自重,分项系数取1.20;对于主可变荷载,如汽车荷载,根据作用效应组合情况分项系数可取1.40或1.10;对于偶然作用取标准值效应,分项系数取1.00;当永久作用效应的增大对结构的承载能力有利时,其分项系数应不大于1.0,对由结构及附加物自重组成的恒载,可取0.90。

国外发达国家(地区)工程结构设计标准大部分转向了分项系数法,其中最典型的是欧洲标准。欧洲标准确立了可靠性设计基本原则,各成员国在立足于本国国情基础上,通过欧洲标准给定的基本原则建立自己的极限状态设计体系。此外,欧洲标准给定的分项系数设计方法有三种(DA1、DA2、DA3),欧洲各国根据自身国情选择适合的设计方法,而不同的设计方法,分项系数取值是有差异的。因此,在采用欧洲标准进行设计时,需要根据国别与设计方法的不同,查阅各国的具体结构设计标准以获得分项系数的具体取值。

3.1.3 概率法原理

概率法是以极限状态方程中的每一个设计变量的概率分布为基础,精确计算功能函数的失效概率,并与目标失效概率比较得出结构的真实状态,其设计表达式如下:

$$P_f(S_1 + S_2 + S_3 + \cdots + S_n \leq R_1 + R_2 + R_3 + \cdots + R_n) \leq [P_f] \tag{3-8}$$

式中:P_f——失效概率;

$[P_f]$——目标失效概率。

与概率法相比,分项系数法设计结果所对应的失效概率是一个近似值,因此概率法对于可靠度的计算精度更高。但需要说明的是,由于极限状态设计涉及的变量较多,加之概率计算方法本身的复杂性,该方法目前只在少数工程领域采用。

3.1.4 设计方法间的关系

安全系数、分项系数、概率三者在本质上都是衡量设计可靠度的指标,差异在于衡量的精准程度,因此三者并不是孤立存在的,具有宏观上的联系。如前所述,对于抗力与作用均只有一项的极限状态函数,其分项系数可表达为:

$$\begin{cases} \gamma_R = 1 - \beta \Phi_R \delta_R \\ \gamma_S = 1 + \beta \Phi_S \delta_S \end{cases}$$

从上式可以看到,分项系数与可靠指标密切相关,如果从可靠指标的基本定义出发,可以得到以下关系:

$$\beta = \frac{\mu_R - \mu_S}{\sqrt{\sigma_R^2 + \sigma_S^2}} = \frac{\dfrac{\mu_R}{\mu_S} - 1}{\sqrt{\left(\dfrac{\mu_R}{\mu_S}\right)^2 \delta_R^2 + \delta_S^2}} = \frac{K - 1}{\sqrt{K^2 \delta_R^2 + \delta_S^2}} \tag{3-9}$$

上式表明,可靠指标与安全系数具有一定的对应关系,这个对应关系与变量变异程度相关。如果对作用与抗力分项系数做进一步推演,可得以下关系:

$$\frac{\gamma_S}{\gamma_R} = \frac{1 + \beta \Phi_S \delta_S}{1 - \beta \Phi_R \delta_R} = \frac{1 + \dfrac{\mu_R - \mu_S}{\sqrt{\sigma_R^2 + \sigma_S^2}} \dfrac{\sigma_S}{\sqrt{\sigma_R^2 + \sigma_S^2}} \dfrac{\sigma_S}{\mu_S}}{1 - \dfrac{\mu_R - \mu_S}{\sqrt{\sigma_R^2 + \sigma_S^2}} \dfrac{\sigma_R}{\sqrt{\sigma_R^2 + \sigma_S^2}} \dfrac{\sigma_R}{\mu_R}}$$

$$= \frac{1 + \dfrac{(\mu_R - \mu_S) \sigma_S \sigma_S}{\sigma_R^2 + \sigma_S^2} \dfrac{1}{\mu_S}}{1 - \dfrac{(\mu_R - \mu_S) \sigma_R \sigma_R}{\sigma_R^2 + \sigma_S^2} \dfrac{1}{\mu_R}} = \frac{\dfrac{\sigma_R^2 \mu_S + \mu_R \sigma_S^2}{\mu_S}}{\dfrac{\sigma_S^2 \mu_R + \mu_S \sigma_R^2}{\mu_R}} \tag{3-10}$$

$$= \frac{\mu_R}{\mu_S} = K$$

由上式可知,分项系数与安全系数具有完全对应关系。因此从安全系数到分项系数,在理论上具有相通性。由前文可知可靠指标与失效概率是关联的,因此从安全系数、分项系数到可靠指标再到安全(失效)概率在理论上紧密相关,具体数值上有一定对应关系。

既然如此,为何安全系数法、分项系数法和概率法三者又分属于模糊概率、近似概率和精确概率呢?产生这个问题的根本在于以上推导过程中,隐含了变量为正态分布,且变量间相互独立这一假设前提,由此导致了计算误差的或大或小。可靠性设计方法的发展,其实质也是在寻找彻底解决计算精度问题的方法。

3.2 国内外工程结构设计规范的发展

3.2.1 国内外可靠性设计规范关系

国内外标准体系包括国际可靠性设计推荐性标准、地区可靠性设计统一标准、国家可靠性设计统一标准、行业可靠性设计统一标准与行业设计施工规范等。国内外主要的标准体系见表3-1。

国内外标准体系 表3-1

标准分类1	标准分类2	标准分类3	备注
国际性标准		《结构可靠性总原则》(ISO 2394—2015)	一般由国际上比较知名的专家组成的委员会编写
地区标准	欧洲标准	Eurocode 0:基础结构设计 Eurocode 1:结构的行为 Eurocode 2:混凝土结构设计 ……	目前世界上影响力最大的地区标准体系
国家标准	日本标准	国家标准 省级标准 公司标准	
	中国标准	国家标准 行业标准	行业标准遵循国家标准,行业标准指导下一层次标准的编写

(1)国际标准化组织《结构可靠性总原则》(ISO 2394)

国际标准化组织(ISO)于1996年正式发布《结构可靠性总原则》(ISO 2394),并于2015年发布最新版本。相比于老版本,新版增加了基于岩土工程特点的可靠性设计内容,并在结构整体可靠性设计上加入了新的内容。如在偶然荷载的作用下,一些复杂的结构工程,已经从单个构件功能的可靠性研究转入对整个系统的可靠性研究中,工程风险贯穿其中,提到了鲁棒性和全生命周期等概念。

《结构可靠性总原则》(ISO 2394—2015)基本内容见表3-2,这些内容给出了极限状态设计的通用原则,因此该规范是一本关于结构可靠性设计方法的国际性标准,是指导结构工程师应用概率极限状态设计法的国际文件,同时是欧洲工程界设计统一规范的基础。

《结构可靠性总原则》(ISO 2394—2015)基本内容 表3-2

章号	章名	基本内容
0	引言	介绍编写者、规范地位、取代标准、适用国家
1	总则	适用范围、下属标准、基本假定、原理和规则的定义、术语和符号
2	要求和概念	基本要求、可靠性管理、设计使用寿命、耐久性、质量管理
3	极限状态设计原则	概述、设计状况、承载能力极限状态、正常使用极限状态、极限状态设计
4	基本作用	作用分类、作用标准值、可变作用和其他代表值、疲劳作用、动态作用、土工作用、环境影响、材料性能、几何参数
5	结构分析和试验辅助设计	结构建模、静态作用、动态作用、防火设计、试验辅助设计
6	基于概率设计的原则	安全概率、失效概率、可靠指标、分项系数
7	分项系数模式	设计值(作用、作用效应、材料性能、几何参数、抗力)、承载能力极限状态(静力平衡和抗力平衡检算、基本组合、偶然组合、地震组合、作用分项系数和组合系数、材料分项系数)、正常使用极限状态(检算、标准、作用组合及系数、材料分项系数)

续上表

章号	章名	基本内容
8	现存结构的评定	
附录 A	质量管理和质量保证	
附录 B	永久、可变和偶然作用示例	
附录 C	疲劳模型	略
附录 D	基于实验模型的设计	
附录 E	基于可靠性设计的原则	
附录 F	作用组合	

(2) 欧洲标准

欧洲标准是由欧洲标准化委员会制定的一系列关于建筑设计、土木工程设计和建筑产品的标准。它们凝聚了各国的经验和研究成果,以及欧洲标准化委员会技术委员会 250 (CEN/TC250) 和国际科技与科学组织的专家意见,代表了具有世界水准的结构设计标准。整个欧洲标准体系由 10 种结构设计的欧洲标准组成。每项欧洲标准由许多涉及特定技术领域的部分组成,例如防火、桥梁设计等。其中欧洲标准 7 (Eurocode 7: Geotechnical design) 为岩土工程设计。

欧洲标准(Eurocode)是目前世界上影响力最大的国家(地区)标准,尤其是在非洲、大洋洲、拉美等地区,欧洲标准拥有极高的认可度。

(3) 中国标准

欧洲标准的编制是以《结构可靠性总原则》(ISO 2394—2015)为依据的,我国工程结构可靠性标准的编制也以此为依据,并参考了欧洲标准的写法。同时,我国铁路领域可靠性统一标准的编写既参考了我国工程结构设计统标,也参考了欧洲标准。三者之间的关系如图 3-2 所示。

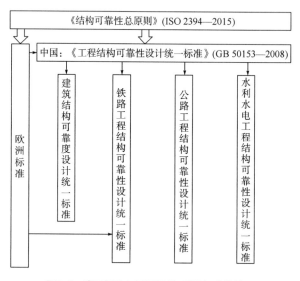

图 3-2 我国标准与国际标准、欧洲标准的关系

需指出的是，我国工程结构设计统一标准、铁路行标的编写虽然是以国外标准作为参考的，但在具体执行过程中，对内容进行了细化，以便更好反映我国各行业的特点。

3.2.2 国内外可靠性设计规范的发展

在工程结构极限状态设计方面，欧洲混凝土委员会等组成的"有关结构物安全的联合委员会"设定了以下三个级别的设计水准，各设计水准对应的设计方法与目标值见表3-3。

极限状态设计规范水准 表3-3

水准	方法	目标值
水准一（Level 1）	近似概率论的简便法	分项系数
水准二（Level 2）	近似概率论方法	可靠指标
水准三（Level 3）	严密概率论方法	破坏概率

欧洲标准普遍采用分项系数的设计方法，其在制定分项系数时，一般采用通过经验校准将传统的安全系数进行直接反算的方法，故欧洲标准目前的设计层次属于 Level 1，而全概率方法是今后欧洲标准发展的可能方向。

日本标准也普遍采用分项系数的设计方法，其在制定分项系数时，较欧洲标准在理论上更严密，与概率论方法结合的程度更高。如为了考虑材料的非均质性和荷载的不确定性等引入了材料系数、构件系数、结构分析系数、荷载系数以及构造物系数 5 个安全系数。

其他主要国家行业规范基本情况分别如下：

①俄罗斯的公路、铁路、城市道路桥涵等的设计规范都采用基于可靠度理论的极限状态法。

②美国与加拿大在可靠度设计理论与方法上较早展开研究，在结构可靠性设计上，容许应力设计法、荷载与抗力系数设计法、极限状态设计法在不同的领域中分别有所采用。

③韩国大多数混凝土结构和钢结构采用了极限状态设计原理，而土工结构（如基础和挡土墙）之前多使用容许应力设计法，新修订的《结构基础设计规范》既采用了极限状态设计法，也允许使用容许应力设计法。

我国可靠性设计规范根据使用范围的不同可分为三个层次，分别为工程结构可靠度设计统一标准、各行业工程结构可靠度设计统一标准、各行业工程结构设计与施工规范等。早年普遍采用安全系数法，目前已先后向极限状态法进行了转轨，各层次的可靠度设计水准及其基本情况见表3-4。

我国可靠性设计规范基本情况 表3-4

层次	规范名称及编号	设计水准等情况说明
一	《工程结构可靠性设计统一标准》（GB 50153—2008）	Level 2
		统一规定了土木工程相关领域结构设计基本原则、要求和方法
二	《建筑结构可靠性设计统一标准》（GB 50068—2018）	规定建筑结构可靠度设计采用以概率理论为基础的极限状态设计方法分析
		目前进入用可靠指标对分项系数进行调整的阶段

续上表

层次	规范名称及编号	设计水准等情况说明
二	《公路工程结构可靠度设计统一标准》(GB/T 50283—1999)	规定极限状态设计表达式可根据各类结构的设计要求采用分项系数模式或可靠度模式
		表达式中各分项系数,应根据基本变量的概率分布类型和统计参数,以及规定的目标可靠指标,按优化原则,通过计算分析并结合工程经验确定
	《水利水电工程结构可靠性设计统一标准》(GB 50199—2013)	采用概率极限状态设计原则,以分项系数极限状态设计为实用设计方法
		在极限状态设计中,以分项系数和基本变量的代表值反映功能函数中基本变量的不确定性,并与规定的目标可靠指标相联系
	《港口工程结构可靠性设计统一标准》(GB 50158—2010)	统一规定港口工程结构设计的基本原则和方法,采用以分项系数表达的极限状态设计方法进行设计
		对某些工程,有条件时可直接采用概率极限状态方法设计
	《铁路工程结构可靠性设计统一标准》(QC/R 9007—2014)	采用以概率理论为基础、以分项系数表达的极限状态设计方法。适用于铁路桥涵、隧道、轨道、路基等结构及构件的设计和既有结构的可靠性评定等
		当缺乏统计资料时,可根据可靠的工程经验或必要的试验研究,采用其他(如容许应力法)设计方法进行设计
三	建筑工程 《混凝土结构设计规范》(GB 50010—2010)	采用极限状态设计法,以可靠指标度量结构构件的可靠度,采用分项系数的设计表达式进行设计
	建筑工程 《建筑地基基础设计规范》(GB 50007—2011)	给出了地基承载力特征值的计算方式,并给出了抗剪强度指标 c、φ 的标准值及变异系数的计算公式
	建筑工程 《建筑桩基技术规范》(JGJ 94—2008)	规定按概率极限状态法进行设计时,应考虑承载力和正常使用两种极限状态,并采用分项系数和标准值的实用设计式。分项系数和标准值结合试桩资料进行评定和校核
	港口工程 《码头结构设计规范》(JTS 167—2009)	规范内的重力式码头基础稳定性设计部分采用了极限状态分项系数设计方法和可靠指标设计方法
	水利工程 《水工混凝土结构设计规范》(SL 191—2008)	采用可靠度理论的极限状态设计方法
	水利工程 《混凝土重力坝设计规范》(SL 319—2005)	规定用安全系数法检算重力坝体的稳定性

续上表

层次	规范名称及编号	设计水准等情况说明
三	公路工程 《公路路基设计规范》（JTG D30—2015）	规定极限状态设计方法与容许应力法并用。极限状态设计的挡土墙尺寸大于容许应力法设计的尺寸，且偏差较大
	铁路工程 《铁路桥涵设计规范（极限状态法）》（Q/CR 9300—2018）《铁路路基设计规范（极限状态法）》（Q/CR 9127—2018）《铁路隧道设计规范（极限状态）》（Q/CR 9129—2018）《铁路轨道设计规范（极限状态法）》（Q/CR 9130—2018）	采用以分项系数表达的极限状态式进行设计，初期转轨阶段，分项系数的合理性有待试设计验证

由表 3-4 可知，我国相关行业标准的设计水准也多为水准一或水准二，且其中绝大部分标准采用了基于分项系数的可靠性设计方法。

3.3 国内外标准支挡结构设计方法

3.3.1 我国铁路标准支挡结构设计方法

在《铁路路基支挡结构设计规范》（TB 10025—2019）中，支挡结构外部稳定性检算采用总安全系数法，地基承载力检算采用容许应力法，钢-混凝土结构检算采用分项系数法，设计通式分别如下。

（1）抗滑动稳定性采用总安全系数法检算，其通式如下：

$$\frac{R}{T} \geqslant K_c \tag{3-11}$$

式中：K_c——抗滑动安全系数，应按表 3-5 采用；
　　R——总的抗滑力（kN）；
　　T——总的滑动力（kN）。

（2）抗倾覆稳定性采用总安全系数法检算，其通式如下：

$$\frac{M_y}{M_o} \geqslant K_o \tag{3-12}$$

式中：K_o——抗倾覆安全系数，应按表 3-5 采用；
　　M_y——总的抗倾覆力矩（kN·m）；
　　M_o——总的倾覆力矩（kN·m）。

挡土墙稳定性安全系数　　　　　　　　　　　表 3-5

项目名称	一般及常水位工况	洪水位工况	地震工况	临时工况
抗滑动安全系数K_c	1.3	1.2	1.1	1.1
抗倾覆安全系数K_o	1.6	1.4	1.3	1.2

注：临时荷载主要指架桥机等运架设备及其他施工临时荷载；高速铁路路堤地段可适当提高安全系数。

(3) 地基承载力检算采用容许应力法，其通式如下：

$$\sigma \leqslant [\sigma] \tag{3-13}$$

式中：σ——基础检算点的压应力(kPa)；

$[\sigma]$——地基容许承载力或容许承载力调整值(kPa)。

(4) 钢筋混凝土结构的抗弯、抗剪、抗拉、抗压采用承载能力极限状态设计，其通式如下：

$$S_d \leqslant R_d \tag{3-14}$$

式中：S_d——结构作用效应设计值，包括弯矩、剪力、拉力、压力等；

R_d——结构抗力设计值，包括抗弯力、抗剪力、抗拉力、抗拔力、承压力等。

(5) 钢筋混凝土结构的裂缝、挠度、位移采用正常使用极限状态设计，其通式如下：

$$S_d \leqslant C_d \tag{3-15}$$

式中：S_d——正常使用极限状态的作用效应，包括裂缝宽度、挠度、位移等；

C_d——设计对结构达到正常使用所规定的相应限定值，包括最大裂缝限定值、挠度或位移限定值等。

3.3.2　我国铁路标准极限状态转轨设计方法

根据国家铁路局的统一部署，中铁二院进行了《铁路路基支挡结构设计规范》(TB 10025)的极限状态设计转轨研究工作，相关研究成果已纳入《铁路路基设计规范(极限状态法)》(Q/CR 9127—2018)。支挡结构设计采用分项系数法，具体包括结构稳定性检算、构件强度承载能力设计以及正常使用检算，设计通式分别如下。

(1) 支挡结构的抗滑、抗倾等外部稳定性采用平衡设计，所谓平衡设计是指支挡结构或其一部分作为刚体失去静力平衡作为极限状态进行设计，因此其属于承载能力极限状态设计范畴，其设计通式为：

$$\gamma_0 S_{d,dst} \leqslant S_{d,stb} \tag{3-16}$$

式中：$S_{d,dst}$——不平衡作用的设计值，包括水平主动土压力和上浮力等；

$S_{d,stb}$——平衡作用的设计值，包括自重、竖向土压力和被动土压力等。

在不同的设计状况下，上式中不平衡作用设计值$S_{d,dst}$和平衡作用设计值$S_{d,stb}$的计算如下。

① 持久设计和短暂设计状况下的不平衡作用设计值与平衡作用设计值分别如下：

a. 不平衡作用：

$$S_{d,dst} = \sum_{i=1}^{n} \gamma_{i,dst} S_{ki,dst} \tag{3-17}$$

b. 平衡作用：

$$S_{d,stb} = \sum_{i=1}^{n} \gamma_{i,stb} S_{ki,stb} \tag{3-18}$$

式中：$\gamma_{i,\text{dst}}$——第 i 个不平衡作用的综合分项系数（持久和可变），$\gamma_{i,\text{dst}} \geq 1.0$；

$S_{ki,\text{dst}}$——第 i 个不平衡作用；

$\gamma_{i,\text{stb}}$——第 i 个平衡作用的综合分项系数（持久和可变），$\gamma_{i,\text{stb}} \leq 1.0$；

$S_{ki,\text{stb}}$——第 i 个平衡作用。

②偶然设计状况下的不平衡作用设计值与平衡作用设计值分别如下：

a. 不平衡作用：

$$S_{d,\text{dst}} = \sum_{i=1}^{n} \gamma_{GAi,\text{dst}} S_{GAki,\text{dst}} \tag{3-19}$$

b. 平衡作用：

$$S_{d,\text{stb}} = \sum_{i=1}^{n} \gamma_{GAi,\text{stb}} S_{GAki,\text{stb}} \tag{3-20}$$

式中：$\gamma_{GAi,\text{dst}}$——第 i 个不平衡作用的综合分项系数（持久和偶然），$\gamma_{GAi,\text{dst}} \geq 1.0$，当偶然作用可以分离出来时，和偶然作用相乘的分项系数取1.0；

$S_{GAki,\text{dst}}$——第 i 个不平衡作用（持久和偶然）；

$\gamma_{GAi,\text{stb}}$——第 i 个平衡作用的综合分项系数（持久和偶然），$\gamma_{GAi,\text{stb}} \leq 1.0$，当偶然作用可以分离出来时，偶然作用可不计；

$S_{GAki,\text{stb}}$——第 i 个平衡作用（持久和偶然）。

③地震设计状况下的不平衡作用设计值与平衡作用设计值分别如下：

a. 不平衡作用：

$$S_{d,\text{dst}} = \sum_{i=1}^{n} \gamma_{GEi,\text{dst}} S_{GEki,\text{dst}} \tag{3-21}$$

b. 平衡作用：

$$S_{d,\text{stb}} = \sum_{i=1}^{n} \gamma_{GEi,\text{stb}} S_{GEki,\text{stb}} \tag{3-22}$$

式中：$\gamma_{GEi,\text{dst}}$——第 i 个不平衡作用的综合分项系数（持久和地震），$\gamma_{GEi,\text{dst}} \geq 1.0$，当地震作用可以分离出来时，和地震作用相乘的分项系数取1.0；

$S_{GEki,\text{dst}}$——第 i 个不平衡作用（持久和地震）；

$\gamma_{GEi,\text{stb}}$——第 i 个平衡作用的综合分项系数（持久和地震），$\gamma_{GEi,\text{stb}} \leq 1.0$，当地震作用可以分离出来时，地震作用可不计；

$S_{GEki,\text{stb}}$——第 i 个平衡作用（持久和偶然）。

(2) 支挡结构构件设计部分，包括抗弯、抗剪、抗拉、抗压等采用承载能力极限状态设计，其设计通式为：

$$\gamma_0 S_d \leq R_d \tag{3-23}$$

式中：γ_0——结构重要性系数，按表3-6采用；

S_d——结构作用效应设计值，包括弯矩、剪力、拉力、压力等；

R_d——结构抗力设计值，包括抗弯力、抗剪力、抗拉力、抗拔力、承压力等。

铁路路基支挡结构重要性系数 γ_0　　　　表3-6

安全等级	一级	二级	三级
结构重要性系数（γ_0）	≥1.1	1.0	0.9

注：高速铁路上的路堤和路肩支挡结构应选择一级。

在不同的设计状况下，上式中作用效应设计值 S_d 和结构抗力设计值 R_d 的计算如下：

①持久设计状况和短暂设计状况下，作用效应采用基本组合，具体为：

$$S_d = \gamma_{sd}\left(\sum_{i=1}^{n}\gamma_{Gi}S_{Gki} + \gamma_{Q1}S_{Qk1} + \sum_{j=2}^{m}\gamma_{Qj}\psi_{cj}S_{Qkj}\right) \tag{3-24}$$

式中：γ_{sd}——作用效应计算模型不定性系数，一般取 1.0；

γ_{Gi}——第 i 个永久作用分项系数，应针对永久作用的有利和不利采用不同的分项系数，有利时 $\gamma_{Gi} \leq 1.0$，不利时 $\gamma_{Gi} \geq 1.0$；

S_{Gki}——第 i 个永久作用效应标准值；

γ_{Q1}——主导可变作用的分项系数；

S_{Qk1}——主导可变作用效应标准值；

γ_{Qj}——第 j 个其他可变作用的分项系数；

ψ_{cj}——第 j 个可变作用的组合系数；

S_{Qkj}——第 j 个其他可变作用效应标准值。

②持久设计状况和短暂设计状况下，抗力设计值具体为：

$$R_d = \frac{R(f_k/\gamma_m, \alpha_d)}{\gamma_{Rd}} \tag{3-25}$$

式中：f_k——材料性能标准值；

γ_m——材料性能分项系数，$\gamma_m \geq 1.0$；

α_d——构件设计尺寸；

γ_{Rd}——抗力计算模型不确定性系数。

③偶然设计状况下，作用效应采用偶然组合，具体为：

$$S_d = \sum_{i=1}^{n}\gamma_{Gi}S_{Gki} + \gamma_{Q1}S_{Qk1} + S_{Ak} + \sum_{j=2}^{m}\gamma_{Qj}\psi_{cj}S_{Qkj} \tag{3-26}$$

式中：S_{Ak}——偶然作用效应标准值。

④偶然设计状况下，抗力设计值具体为：

$$R_d = R(f_k, \alpha_d) \tag{3-27}$$

⑤地震设计状况下，作用效应采用地震组合，具体为：

$$S_d = \sum_{i=1}^{n}\gamma_{Gi}S_{Gki} + \gamma_{Q1}S_{Qk1} + \gamma_{I}S_{Ek} + \sum_{j=2}^{m}\gamma_{Qj}\psi_{cj}S_{Qkj} \tag{3-28}$$

式中：γ_I——地震作用重要性系数，不宜和结构重要性系数 γ_0 同时使用；

S_{Ek}——地震作用效应标准值。

⑥地震设计状况下，抗力设计值计算公式同式（3-27）。

（3）钢筋混凝土结构的裂缝、挠度、位移及浅基础、深基础压应力等采用正常使用极限状态设计，其设计通式为：

$$S_d \leq C_d \tag{3-29}$$

式中：S_d——正常使用极限状态的作用效应，包括裂缝宽度、挠度、位移及浅基础、深基础压应力等；

C_d——设计对结构达到正常使用所规定的相应限定值，包括最大裂缝限定值、挠度或位移限定值、浅基础和深基础地基承载力特征值等。

上式中的正常使用极限状态作用效应 S_d，一般采用标准组合或准永久组合，具体为：

①标准组合：

$$S_d = \gamma_{sd} \left(\sum_{i=1}^{n} S_{Gki} + S_{Qk1} + \sum_{j=2}^{m} \psi_{cj} S_{Qkj} \right) \tag{3-30}$$

②准永久组合：

$$S_d = \gamma_{sd} \left(\sum_{i=1}^{n} S_{Gki} + \sum_{j=1}^{m} \psi_{qj} S_{Qki} \right) \tag{3-31}$$

式中：ψ_{cj}——可变作用的组合系数；

ψ_{qj}——可变作用的准永久值系数。

需要说明的是，这里的正常使用极限状态设计包括了浅基础基底和深基础侧向某一点处压应力的检算，将其归为正常使用极限状态设计的原因在于：根据目前我国各标准地基承载力的定义可知，当地基某一点所受压应力达到地基承载力特征值时，地基实际上没有进入承载能力极限状态，因此把地基某一点的应力作为限制变形的条件而不是破坏的标志，即认为是正常使用极限状态，显然更符合实际情况。

3.3.3 我国公路标准支挡结构设计方法

公路标准挡土墙设计主要采用分项系数法，兼采用总安全系数法。当采用总安全系数法时，公路规范各功能项的设计通式与铁路规范完全一致，故本节只介绍公路路基分项系数法设计的情况。

（1）公路标准中挡土墙外部稳定性及构件受力采用承载能力极限状态设计，其通式为：

$$\gamma_0 \gamma_s S_d \leq \frac{1}{\gamma_R} R_d \tag{3-32}$$

式中：γ_0——结构重要性系数，按表3-7取值；

γ_s——作用效应计算模式不定性系数；

γ_R——结构或结构构建抗力计算模式不定性系数；

S_d——作用效应设计值；

R_d——抗力设计值。

结构重要性系数 γ_0 表3-7

墙高(m)	公路等级	
	高速公路、一级公路	二级及二级以下公路
≤5.0	1.00	0.95
>5.0	1.05	1.00

式(3-32)中，作用效应设计值 S_d 和抗力设计值 R_d 分别为：

①作用效应设计值：

$$S_d = S \left(\sum_{i \geq 1} \gamma_{Gi} G_{ik} + \gamma_{Q1} Q_{1k} + \psi_c \sum_{i \geq 2} \gamma_{Qj} Q_{jk} \right) \tag{3-33}$$

②抗力设计值：

$$R_d = R(\gamma_f, f_k, a_k) \tag{3-34}$$

式中：f_k——材料、岩土性能的分项系数；

a_k——几何参数的标准值。

(2) 公路规范中裂缝、挠度、位移等采用正常使用极限状态设计，其设计通式为：

$$S_d \leq C_d \tag{3-35}$$

式中：S_d——正常使用极限状态的作用效应，包括裂缝宽度、挠度、位移等；

C_d——设计对结构达到正常使用所规定的相应限定值，包括最大裂缝限定值、挠度或位移限定值等。

式(3-35)中的正常使用极限状态作用效应 S_d，一般采用作用长期效应组合或作用短期效应组合，具体为：

①作用长期效应组合：

$$S_d = \gamma_s S \left(\sum_{i \geq 1} G_{ik} + \sum_{j \geq 1} \psi_{2j} Q_{jk} \right) \tag{3-36}$$

②作用短期效应组合：

$$S_d = \gamma_s S \left(\sum_{i \geq 1} G_{ik} + \sum_{j \geq 1} \psi_{1j} Q_{jk} \right) \tag{3-37}$$

式中：ψ_{1j}——可变作用的频遇值系数；

ψ_{2j}——可变作用的准永久值系数。

3.3.4 欧洲标准支挡结构设计方法

1) 设计方法分类及使用情况

欧洲标准支挡结构设计采用分项系数设计法，与我国不同的是，欧洲标准根据分项系数所在具体项组合情况的不同，又分为三种具体的方法（DA1、DA2、DA3），详细情况如下。

欧洲标准中分项系数所在项有作用项 A、岩土材料参数项 M、抗力项 R 三大类，其中作用项 A 又分为 A_1 和 A_2 两小类，岩土材料参数项 M 又分为 M_1、M_2 和 M_3 三小类，抗力项 R 又分为 R_1、R_2 和 R_3 三小类，具体见表3-8。

分项系数所在项类型　　表3-8

作用项 A	A_1
	A_2
材料项 M	M_1
	M_2
	M_3
抗力项 R	R_1
	R_2
	R_3

当采用不同的设计方法时，其分项系数组合及其相关说明见表3-9。欧洲标准规定各国可根据自身情况决定究竟使用哪种设计方法，表3-10为欧洲部分国家支挡结构分项系数设计

方法的选用情况,可以看到:欧洲各国在设计方法的选择上分成了五类,一是没有明确规定的国家,有挪威、捷克等;二是规定所有方法均可用的国家,只有爱尔兰;三是采用 DA1 的国家,有英国、比利时等;四是采用 DA2 的国家,有法国、德国等;五是采用 DA3 的国家,有荷兰、丹麦等。

设计方法及其分项系数组合 表3-9

设计方法	分项系数组合	说明	
DA1	$A_1 + M_1 + R_1$	$M_1 = 1.0$,因此该组合侧重作用力的不确定性	一般取两种组合设计结果中的最不利值作为 DA1 的设计结果
	$A_2 + M_2 + R_1$	A_2 取值小于 A_1,因此该组合侧重土体等材料参数的不确定性	
DA2	$A_1 + M_1 + R_2$	$M_1 = 1.0$,因此该组合就是常见的分项系数应用于荷载与抗力的情况	与我国铁路分项系数法一致
DA3	$(A_1 或 A_2) + M_2 + R_3$	当作用与土体性质有关时,如土压力,则使用 A_2 系数;当作用与土体性质无关时,则使用 A_1 系数	

欧洲各国分项系数设计方法 表3-10

没有明确规定	分项系数检算方法			
	所有方法	DA1	DA2	DA3
挪威,捷克,马耳他,爱沙尼亚,拉脱维亚,塞浦路斯,冰岛,保加利亚	爱尔兰	比利时,英国,立陶宛,意大利,罗马尼亚	法国,斯洛伐克,瑞士,德国,奥地利,斯洛文尼亚,葡萄牙,希腊	荷兰,丹麦

2)设计通式

(1)当考虑结构静力平衡的极限状态时,应检算:

$$E_{d,dst} \leqslant E_{d,stb} \quad (3\text{-}38)$$

式中:$E_{d,dst}$——不稳定作用效应设计值;

$E_{d,stb}$——稳定作用效应设计值。

上式类似于我国铁路分项系数设计法平衡设计的规定。

(2)当考虑某一截面、构件或连接的断裂或过度变形的极限状态时,应检算:

$$E_d \leqslant R_d \quad (3\text{-}39)$$

式中:E_d——作用效应设计值;

R_d——抗力设计值。

①持久或短暂设计状况下,作用效应采用基本组合,具体为:

$$E_d = E\left(\sum_{j \geqslant 1} \gamma_{G,j} G_{k,j} + \gamma_p P + \gamma_{Q,1} Q_{k,1} + \sum_{i>1} \gamma_{Q,i} \psi_{0,i} Q_{k,i}\right) \quad (3\text{-}40)$$

式中:$E()$——作用组合的效应函数;

$G_{k,j}$——第 j 个永久作用的标准值;

P——预应力作用的有关代表值;

$Q_{k,1}$——第 1 个可变作用(主可变作用)的标准值；

$Q_{k,i}$——第 i 个可变作用的标准值；

γ_G——第 i 个永久作用的分项系数；

γ_P——预应力作用的分项系数；

$\gamma_{Q,1}$——第 1 个可变作用的分项系数；

$\gamma_{Q,i}$——第 i 个可变作用的分项系数；

$\psi_{0,i}$——第 i 个可变作用的组合值系数。

②偶然设计状况下，作用效应采用偶然组合，具体为：

$$E_d = E\left[\sum_{j\geqslant 1} G_{k,j} + p + A_d + (\psi_{1,1} \text{或} \psi_{2,1})Q_{k,1} + \sum_{i>1}\psi_{2,i}Q_{k,i}\right] \tag{3-41}$$

式中：A_d——偶然作用的设计值；

$\psi_{1,1}$、$\psi_{2,1}$——主可变作用的频遇值系数和准永久值系数；

$\psi_{2,i}$——其他次可变作用的准永久值系数。

③地震设计状况下，作用效应采用地震组合，具体为：

$$E_d = E\left(\sum_{j\geqslant 1} G_{k,j} + p + A_{Ed} + \sum_{i\geqslant 1}\psi_{2,i}Q_{k,i}\right)$$

或

$$E_d = E\left(\sum_{j\geqslant 1} G_{k,j} + p + \gamma_I A_{Ek} + \sum_{i\geqslant 1}\psi_{2,i}Q_{k,i}\right) \tag{3-42}$$

式中：A_{Ek}——根据重现期为 475 年的地震作用(基本烈度)确定地震作用标准值，也可根据重现期大于或小于 475 年的地震作用确定，其效应设计值应符合有关抗震设计规范的规定；

γ_I——地震重要性系数。

(3) 当考虑结构正常使用的极限状态时，应检算：

$$S_d \leqslant C_d \tag{3-43}$$

式中：S_d——正常使用极限状态的作用效应；

C_d——设计对结构达到正常使用所规定的相应限定值。

式(3-43)中的正常使用极限状态作用效应 S_d，根据作用频率影响的不同，一般有标准组合、频遇组合和准永久组合三类，具体为：

①标准组合：

$$E_d = E\left(\sum_{j\geqslant 1} G_{k,j} + p + Q_{k,1} + \sum_{i>1}\psi_{0,i}Q_{k,i}\right) \tag{3-44}$$

②频遇组合：

$$E_d = E\left(\sum_{j\geqslant 1} G_{k,j} + p + \psi_{1,1}Q_{k,1} + \sum_{i>1}\psi_{2,i}Q_{k,i}\right) \tag{3-45}$$

③准永久组合：

$$E_d = E\left(\sum_{j\geqslant 1} G_{k,j} + p + \sum_{i\geqslant 1}\psi_{2,i}Q_{k,i}\right) \tag{3-46}$$

式中：$\psi_{0,i}$——次可变作用的标准组合系数；

$\psi_{1,1}$——主可变作用的频遇组合系数；

$\psi_{2,i}$——可变作用的准永久组合系数。

3.4 国内外标准支挡结构设计方法主要差异

3.4.1 我国铁路与公路支挡结构设计方法主要差异

1）设计方法具体规定比较

从支挡结构类型来看，公路工程支挡结构与铁路工程的支挡结构类型是一致的，设计方法均采用了总安全系数法与分项系数法，但在设计方法的具体使用上，两者的规定是有区别的。

在公路支挡结构设计中，一般要采用安全系数与分项系数两种方法同时设计，并取两者之间的最大值作为最终设计结果。究其原因，在于标准由安全系数转向分项系数的过程中，两者并未完全校准，因此同时采用两种方法设计是对这一问题的弥补，待设计经验积累充足后，只采用分项系数设计也就水到渠成。

在铁路支挡结构设计中，现行标准规定外部稳定性采用安全系数法，内部稳定性采用分项系数法，但由于铁路标准转轨过程中采用了校准法确定分项系数，因此总安全系数法设计结果与分项系数法的设计结果是相当的，设计时无须采用两种方法同时设计。

2）具体设计规定及设计指标差异

公路支挡结构与铁路支挡结构在外力计算理论与方法，外部、内部稳定性设计原理上是一致的，只是在设计通式与设计指标上略有差异。下面将分别围绕安全系数法、分项系数法进行介绍。

（1）总安全系数法比较

①设计通式：由前述内容可知，公路工程挡土墙检算时采用的总安全系数法与铁路工程挡土墙设计原理和检算内容一致，以重力式挡土墙为例，两者均进行抗滑动、抗倾覆、基底合力偏心距和基底承载力检算，必要时进行截面轴向合力偏心距和剪应力检算。

②抗滑动和抗倾覆的安全系数：铁路规范中，荷载组合Ⅰ、Ⅱ时抗滑、抗倾安全系数分别为1.3、1.6，荷载组合Ⅲ（地震力）时抗滑、抗倾安全系数分别为1.1、1.3，施工阶段检算工况时抗滑、抗倾安全系数分别为1.3、1.6。表3-11为公路支挡结构安全系数取值，可以看到，在一般设计工况和地震设计工况下，公路规范抗倾覆安全系数较低，而抗滑动安全系数两者相同。

公路工程挡土墙抗滑动和抗倾覆的稳定系数　　　表3-11

荷载情况	检算项目	稳定系数	备注
荷载组合Ⅰ、Ⅱ	抗滑动K_c	1.3	
	抗倾覆K_0	1.5	
荷载组合Ⅲ	抗滑动K_c	1.3	偶然荷载为滑坡、泥石流或作用于墙顶护栏上的车辆碰撞力
	抗倾覆K_0	1.3	
荷载组合Ⅲ	抗滑动K_c	1.1	偶然作用为地震作用力
	抗倾覆K_0	1.2	
施工阶段检算	抗滑动K_c	1.2	
	抗倾覆K_0	1.2	

③基底合力偏心距设计限定值:表 3-12、表 3-13 分别为公路工程和铁路工程中挡土墙基底合力偏心距限定值。相对来说,铁路工程的划分更细,且土层基本承载力的划分标准是不同的,两者的具体限定值也呈现不同程度差异。

公路工程挡土墙基底合力偏心距限定值 表 3-12

荷载情况	基底条件	设计容许值
荷载组合Ⅰ、Ⅱ、Ⅲ及施工阶段检算	土质地基	≤B/6
	岩石地基	≤B/4
荷载组合Ⅲ(地震力)	150kPa≤[σ_0]<300kPa	≤B/4
	[σ_0]≥300kPa	≤B/3

公路工程挡土墙基底合力偏心距限定值 表 3-13

	基底岩土状况	基底合力偏心距限定值		
		一般地区和浸水地区常水位	施工临时荷载地区	地震地区和洪水位
a	未风化或弱风化的硬质岩	≤B/4	≤B/4	≤B/3
b	软质岩及全、强风化的硬质岩	≤B/6	≤B/4	≤B/4
c	基本承载力大于200kPa的土层	≤B/6	≤B/5	≤B/5
d	基本承载力小于200kPa的土层	≤B/6	≤B/6	≤B/6

注:B 为挡土墙基底宽度,下同。

④地基承载力容许值:表 3-14、表 3-15 分别为公路与铁路标准有关地基承载力的要求,由此可见,公路工程与铁路工程挡土墙地基承载力的调整系数的规定有所差异,主要根据检算的项目,如墙踵应力、墙趾应力以及荷载的不同而有所不同。

公路工程挡土墙地基承载力要求 表 3-14

荷载情况	检算项目	基底条件	设计容许值	备注
荷载组合Ⅰ、Ⅱ	墙趾应力	土质及岩质基底	≤[σ_0]	
	墙踵应力	土质及岩质基底	≤[σ_0]	
荷载组合Ⅲ及施工阶段检算	墙趾应力	[σ_0]≤150kPa	≤[σ_0]	
		[σ_0]>150kPa	≤1.25[σ_0]	
	墙踵应力	土质及岩质基底	≤1.25[σ_0]	
荷载组合Ⅲ(地震力)	墙趾应力	300kPa>[σ_0]≥150kPa	≤k×1.3[σ_0]	大主应力时,k=1.2,否则 k=1.0
		[σ_0]≥300kPa	≤k×1.5[σ_0]	
	墙踵应力	300kPa>[σ_0]≥150kPa	≤k×1.3[σ_0]	
		[σ_0]≥300kPa	≤k×1.5[σ_0]	

铁路工程挡土墙地基容许承载力调整系数 表3-15

检算项目	主力	主力+附加力、主力+施工荷载
墙趾和基础平均承载力	1.0	1.2
墙踵地基承载力	1.3	1.5

注：主力和地震力组合时应符合现行《铁路工程抗震设计规范》(GB 50111)的规定。

⑤容许偏心距：表3-16、表3-17分别为公路工程与铁路工程挡土墙截面轴向力合力的容许偏心距规定，可见，两者划分所依据的荷载情况有所差异，数值上也有所差异。

公路工程挡土墙截面轴向力合力的容许偏心距 表3-16

荷载情况	容许偏心距
荷载组合Ⅰ、Ⅱ	$B/4$
荷载组合Ⅲ	$B/3.33$
荷载组合Ⅲ（地震力）	$B/2.5$
施工阶段检算	$B/3$

铁路工程挡土墙截面轴向力合力的容许偏心距 表3-17

荷载情况	容许偏心距
主力	$0.30B$
主力加附加力	$0.35B$

（2）分项系数法比较

根据前述设计通式可知，铁路规范极限状态转轨后的分项系数方法与公路标准相比有以下主要区别：

①分项系数设计通式：铁路设计通式分成了平衡设计、承载能力极限状态、正常使用极限状态三类，而公路设计通式只分了承载能力极限状态、正常使用极限状态两类。

②承载能力极限状态设计通式两者均有重要性系数，但具体规定有所差异，表3-18、表3-19分别为公路各铁路规范中关于重要性系数的具体规定，可以看到：铁路规范的结构重要性系数按铁路安全等级进行划分，安全等级又根据破坏后果确定，具体见表3-20，而公路规范按墙高和公路等级进行划分，且两者的具体数值也有所差异。

公路工程支挡结构重要性系数γ_0 表3-18

墙高(m)	公路等级	
	高速公路、一级公路	二级及二级以下公路
≤5.0	1.00	0.95
>5.0	1.05	1.00

铁路工程支挡结构重要性系数γ_0 表3-19

铁路安全等级	一级	二级	三级
重要性系数	≥1.10	1.00	0.90

铁路路基工程安全等级　　　　　　表 3-20

安全等级	破坏后果	示例
一级	危及人的生命危险性很大,经济损失很大,社会和环境影响很严重	特殊条件、技术复杂的路基支挡结构和地基处理工程、特殊地质条件下高边坡路基工程
二级	危及人的生命危险性大,经济损失大,社会和环境影响严重	路基主体结构、重要路基防护结构、一般地基处理工程和支挡结构
三级	危及人的生命危险性一般,经济损失一般,社会和环境影响一般	一、二级之外的其他路基结构

③外部稳定性检算:公路与铁路标准外部稳定性检算的通式是完全一致的,但两者检算过程中的具体表达式有所差异,公路规范重力式挡土墙的抗滑动、抗倾覆检算的具体表达式分别如下。

a. 抗滑动表达式:

$$[1.1G + \gamma_{Q1}(E_y + E_x \tan\alpha_0) - \gamma_{Q2}E_p \tan\alpha_0]\mu + (1.1G + \gamma_{Q1}E_y)\tan\alpha_0 - \gamma_{Q1}E_x + \gamma_{Q2}E_p > 0$$
(3-47)

式中:G——挡土墙及墙背与第二破裂面间土体及其上的车辆重力之和(kN/m),浸水时,水位以下考虑墙身的浮力;

E_x——墙后无震主动土压力的总水平分力(kN/m);

E_y——墙后无震主动土压力的总竖向分力(kN/m);

E_p——墙前被动土压力的水平分量(kN/m),当为浸水挡土墙时,$E_p = 0$;

μ——基底与地基间的摩擦系数;

α_0——基底倾斜角;

γ_{Q1}、γ_{Q2}——作用(或荷载)的分项系数,按表 3-21 取值。

b. 抗倾覆表达式:

$$0.8GZ_G + \gamma_{Q1}(E_y Z_x - E_x Z_y) + \gamma_{Q2}E_p Z_p > 0$$
(3-48)

式中:Z_G——墙身重力、墙背与第二破裂面间土体及其上的车辆重力之和的重心到墙趾的距离(m);

Z_x——墙后主动土压力竖向分力的作用点到墙趾的水平距离(m);

Z_y——墙后主动土压力水平分力的作用点到墙趾的竖向距离(m);

Z_p——墙前被动土压力的水平分量到墙趾的竖向距离(m);

γ_{Q1}、γ_{Q2}——作用(或荷载)的分项系数,按表 3-21 取值。

我国铁路重力式挡土墙的抗滑动、抗倾覆检算的具体表达式可见第 5 章。两相对比可知:与铁路重力式挡土墙的抗倾覆检算表达式相比,公路重力式挡土墙检算表达式考虑了墙前被动土压力作用。

④挡土墙截面剪应力检算方面:铁路与公路是相同的。

⑤荷载与作用分项系数:表 3-21 为公路工程中重力式挡土墙各功能检算式中分项系数的取值,表 3-22、表 3-23 为铁路工程中重力式挡土墙抗滑、抗倾检算式中分项系数的取值。需要

说明的是,《铁路路基支挡结构设计规范》(TB 10025—2019)中尚未给出此系数,此处所给为转轨研究中基于校准法得到的系数。可以看到,两者的系数取值是有所差异的,相对来说,公路规范的取值多参考可靠性规范建议值,而铁路规范的取值多基于原指标校准。

公路重力式挡土墙承载能力极限状态作用(或荷载)分项系数 表 3-21

情况	荷载增大对挡土墙结构起有利作用时		荷载增大对挡土墙结构起不利作用时	
组合工况	Ⅰ、Ⅱ	Ⅲ	Ⅰ、Ⅱ	Ⅲ
垂直荷载 γ_G	0.90		1.20	
恒载或车辆荷载、人群荷载的主动土压力 γ_{Q1}	1.00	0.95	1.4	1.3
被动土压力 γ_{Q2}	0.3		0.5	
水浮力 γ_{Q3}	0.95		1.1	
静水压力 γ_{Q4}	0.95		1.05	
动水压力 γ_{Q5}	0.95		1.20	

铁路重力式挡土墙抗滑动稳定性承载能力极限状态设计分项系数 表 3-22

分项系数			组合Ⅰ 永久荷载;永久荷载+主可变荷载		组合Ⅱ 组合Ⅰ+施工荷载	组合Ⅲ 组合Ⅰ+偶然荷载	组合Ⅳ 组合Ⅰ+地震荷载
			无水	常水位			
不平衡作用(水平土压力) γ_{E1}		衡重式	1.25	1.30	1.25	1.25	1.30
		重力式	1.35	1.30	1.25	1.20	1.30
平衡作用	墙体重力 γ_G	衡重式	0.75	0.70	0.90	0.70	0.90
		重力式	0.90	0.65	0.90	0.65	0.90
	竖向土压力 γ_{E2}	衡重式	0.85	0.65	0.85	0.70	0.85
		重力式	0.70	0.70	0.85	0.85	0.95

铁路重力式挡土墙抗倾覆稳定性承载能力极限状态设计分项系数 表 3-23

分项系数			组合Ⅰ 永久荷载;永久荷载+主可变荷载		组合Ⅱ 组合Ⅰ+施工荷载	组合Ⅲ 组合Ⅰ+偶然荷载	组合Ⅳ 组合Ⅰ+地震荷载
			无水	常水位			
不平衡(作用水平土压力) γ_{E1}		衡重式	1.50	1.50	1.28	1.30	1.35
		重力式	1.30	1.45	1.28	1.30	1.35
平衡作用	墙体重力 γ_G	衡重式	1.00	0.95	1.00	0.90	1.00
		重力式	0.80	1.00	1.00	0.90	1.00
	竖向土压力 γ_{E2}	衡重式	0.85	0.90	0.95	0.90	0.90
		重力式	0.90	0.80	0.95	0.85	0.90

⑥材料分项系数:在公路规范中,抗力设计表达式为 $R = R\left(\dfrac{R_k}{\gamma_f}, a_d\right)$,可看到抗力的分项系数置于材料参数中,对于一般结构材料、岩土性能的分项形式,可按表 3-24 取值。

公路工程中圬工构件或材料的抗力分项系数 γ_f 表 3-24

圬工种类	受力情况	
	受压	受弯、剪、拉
石料	1.85	2.31
片石砌体、片石混凝土砌体	2.31	2.31
块石、粗料石、混凝土预制块、砖砌体	1.92	2.31
混凝土	1.54	2.31

与公路标准不同的是,铁路标准在转轨研究中采用的是基于综合变量的校准法,因此分项系数并不严格强调对应的设计变量是哪一个,也正因如此,在转轨研究中,材料的标准值更为关注。在设计计算时,设计变量整体的可靠性通过检验即可。

3)有关公路标准的两点补充说明

在前面的介绍中,已对公路与铁路两者标准中的设计式、设计指标做了对比分析,下面将着重就两个重要的问题进行说明。

(1)抗倾覆设计表达式中应区分有利、不利作用

《公路路基设计规范》(JTG D30—2015)中抗倾覆稳定设计表达式为:

$$0.8GZ_G + \gamma_{Q1}(E_y Z_x - E_x Z_y) + \gamma_{Q2} E_P Z_P > 0 \tag{3-49}$$

其中,E_x 为墙后主动土压力的水平分力,其增大对挡土墙结构起不利作用;E_y 为墙后主动土压力的竖向分力,其增大对挡土墙结构的稳定起有利作用。如果按照上式,则 $E_y Z_x$、$E_x Z_y$ 应采用相同的分项系数,体现不出有利作用、不利作用的差别,因此建议将抗倾覆稳定设计表达式修正如下:

$$0.8GZ_G + \gamma_{Q1,\text{有利}} E_y Z_x - \gamma_{Q1,\text{不利}} E_x Z_y + \gamma_{Q2} E_P Z_P > 0 \tag{3-50}$$

对抗倾覆设计表达式的修正是否合理呢?通过对比研究发现:采用不修正表达式设计出的挡土墙,其对应的安全系数绝大部分小于 1.5,即不修正表达式设计结果多数是偏于不安全的;采用修正表达式设计出的挡土墙,其对应的安全系数绝大部分在 1.61~1.66 之间,这与《铁路路基支挡结构设计规范》(TB 10025—2019)规定的挡土墙抗倾覆稳定系数不小于 1.6 非常接近。这个对比研究的结论充分说明,对抗倾覆设计表达式中的分项系数区分有利作用和不利作用是合理的,且与安全系数设计结果更加匹配。

(2)总安全系数法和极限状态法设计尺寸对比

采用总安全系数法和极限状态设计的挡土墙尺寸究竟差异几何呢?通过对一般地区重力式路堑挡土墙、一般地区衡重式路肩挡土墙和一般地区重力式路肩挡土墙设计对比研究发现:当地基承载力偏低,基底摩擦系数较小时,挡土墙截面尺寸受滑动稳定控制较多,极限状态法设计大于总安全系数法设计,偏差范围大多集中在 3%~6%。基底条件较好时,挡土墙截面

尺寸受倾覆稳定控制较多,极限状态法设计大于总安全系数法设计,偏差范围较大,具体为1%~19%,两种设计方法相比,衡重式挡土墙较重力式挡土墙偏差小。不论基底条件好坏,均存在两种方法计算结果一致的情况,这是由于基底合力偏心距或基底承载力控制截面尺寸,两种设计方法采用的计算理论相同。

3.4.2 我国设计方法与欧洲标准设计方法主要差异

前述国内外支挡结构设计方法一节已详细介绍了我国铁路标准、铁路极限状态转轨、公路标准以及欧洲标准的设计通式情况,可以看到中欧规范设计方法有以下主要差异。

(1) 中欧支挡结构设计方法整体使用情况差异

我国《铁路路基支挡结构设计规范》(TB 10025—2019)中支挡结构外部稳定性检算采用总安全系数法,内部稳定性检算采用分项系数法;《铁路路基设计规范(极限状态法)》(Q/CR 9127—2018)中支挡结构支挡结构外部、内部稳定性检算均采用分项系数法,并给出了相应的指标建议值;我国《公路路基设计规范》(JTG D30—2015)中支挡结构设计采用分项系数法为主,并继续保留总安全系数法、容许应力法,因此可根据以往的工程设计经验来校准检算极限状态设计表达式的计算结果,为今后采用概率极限状态设计方法编写规范积累资料;相比之下,欧洲标准已完全转向分项系数法。

(2) 中欧支挡结构分项系数设计方法差异

欧洲标准所使用的分项系数设计方法根据分项系数所在项(岩土材料参数项 M、抗力项 R、作用项 A)的不同分为了三种,分别为 DA1、DA2 和 DA3。我国《铁路路基支挡结构设计规范》(TB 10025—2019)在向极限状态设计转轨研究中,分项系数的确定采用了基于总安全系数并考虑可靠指标基本一致的校准法,因此所给出的分项系数与欧洲标准三种设计方法中的 DA2 在宏观性质上类似。《公路路基设计规范》(JTG D30—2015)在采用分项系数法的同时,保留了安全系数法以便于两者之间的校准,而从规范中给出的结构构件承载能力设计表达式可知,公路支挡设计的分项系数也普遍应用在结构抗力和荷载项上,因此也相当于 DA2 设计法。

(3) 分项系数取值差异

欧洲标准在统一规定中给出了各分项系数取值,各国可根据分项系数设计方法选择情况,根据表 3-25 ~ 表 3-27 选择相应的分项系数进行使用。我国公路标准也给出了支挡结构检算中各分项系数的取值,见表 3-21。我国铁路标准在转轨研究也初步得到了各支挡结构的分项系数,见表 3-22、表 3-23。

作用分项系数(组 A) 表 3-25

作用		符号	分项系数	
			A_1	A_2
永久作用	不利	γ_G	1.35	1.0
	有利		1.0	1.0
可变作用	不利	γ_Q	1.5	1.3
	有利		0	0

材料分项系数（组 M） 表3-26

土体参数	符号	分项系数	
		M_1	M_2
摩擦角 a	γ_φ	1.00	1.25
有效黏聚力	γ'_c	1.00	1.25
不排水抗剪强度	γ_{cu}	1.00	1.40
无侧限强度	γ_{qu}	1.00	1.40
密度	γ_r	1.00	1.00

抗力分项系数（组 R） 表3-27

项目	符号	集合		
		R_1	R_2	R_3
承载力检算	$\gamma_{R;v}$	1.0	1.4	1.0
抗滑移检算	$\gamma_{R;h}$	1.0	1.1	1.0
抗倾覆检算	$\gamma_{R;e}$	1.0	1.4	1.0

由此可以看出：欧洲标准和我国公路标准给出的分项系数已根据作用、抗力、材料类型统一归类给出，而我国铁路标准的分项系数多基于各支挡结构原指标校准得到，尚未统一归类给出。

(4) 中欧标准极限状态通式中系数差异

在工程结构极限状态设计通式中，除了分项系数之外，还包括计算不确定性系数、结构重要性系数、荷载调整系数、组合系数等，这些系数中欧标准不尽一致，如计算不确定性系数，欧洲标准中 L 形挡土墙无此系数。

(5) 中欧标准极限状态检算参数差异

在具体的结构设计中，参数的统计值或多或少存在一定的差异，如墙底摩擦系数，我国标准取值较欧洲标准取值偏小。又如地基承载力，我国铁路、公路规范中给出的地基承载力是容许值，因此其安全系数和分项系数目前尚无统一的规范值。

(6) 中欧标准正常使用限定值规定差异

在正常使用极限状态检算中，中欧标准中给定的正常使用指标有所差异，如我国标准在钢混结构裂缝宽度检算上的正常使用状态限定值较欧洲标准偏高，由此导致在配筋量上易出现较大差异。

第4章 荷载(作用)类型与计算方法

支挡结构设计无论是采用总安全系数法,还是采用极限状态分项系数法,其设计检算最基础的工作是明确荷载(作用)类型及其计算方法。本章将基于我国铁路、公路支挡结构设计规范的相关规定,介绍其设计检算涉及的主要荷载(作用)类型与组合,然后重点介绍土压力、地面超载、侧向岩石压力、滑坡推力以及其他荷载的计算方法。

4.1 荷载(作用)分类与组合

作用在路基工程结构上的各种荷载按其性质和发生概率在总安全系数法设计中分为主力、附加力和特殊力,在极限状态法设计中分为永久作用、可变作用和偶然作用。

4.1.1 我国铁路规范荷载(作用)及其组合

(1)总安全系数法

作用在支挡结构上的各种荷载按其性质和发生概率分为永久荷载、可变荷载和偶然荷载。永久荷载是指在结构的设计使用期内,其值不随时间变化或其变化与平均值相比可忽略不计,或变化单调且趋于限值的荷载;可变荷载是指在结构的设计使用期内,其值会变化且变化值与平均值相比不可忽略的荷载;偶然荷载是指在结构设计使用年限内出现概率极小,一旦出现量值很大,持续时间很短的荷载。铁路路基支挡结构上承受的荷载可根据作用的时间和出现的频率按表4-1进行分类,荷载组合见表4-2。

荷载分类　　　　　　　　　　　　　　　　　　表4-1

荷载分类		荷载名称
主力	永久荷载	自重土压力
		结构重力
		结构顶面上的恒载
		轨道荷载
		常水位时静水压力和浮力
		滑坡推力
	可变荷载	列车荷载
		人行道荷载

续上表

荷载分类		荷载名称
附加力	可变荷载	设计水位的静水压力和浮力
		水位退落时的渗透力
		波浪压力、风压力
		膨胀力、冻胀力和冰压力
特殊力	偶然荷载	地震力、冲击力等
	可变荷载	施工及临时荷载等

注：1. 常水位系指每年大部分时间保持的水位。
　　2. 浸水挡土墙应从设计水位及以下选择最不利水位作为计算水位。

荷载组合　　　　　　　　　　　　　　　　　　　　　表 4-2

环境		荷载组合	示例
一般地区		主力(永久荷载)	路堑地段
		主力(永久荷载) + 主可变力(列车荷载)	路堤地段有列车
		主力(永久荷载) + 特殊力(可变)	路堤地段有架梁机
浸水地区	常水位和无水	与一般地区相同	路堤地段
	洪水位	主力(永久荷载) + 主可变力(列车荷载) + 附加力(可变)	路堤地段有列车
		主力(永久荷载) + 附加力(可变)	路堤地段无列车
		主力(永久荷载) + 特殊力(可变) + 附加力(可变)	路堤地有架梁机
地震地区	无震	与一般地区相同	与一般地区相同
	有震	主力(永久荷载) + 特殊力(偶然)	路堤无列车
		主力(永久荷载) + 主可变力(列车荷载) + 特殊力(偶然)	路堤地段有列车
		主力(永久荷载) + 特殊力(可变) + 特殊力(偶然)	路堤地段有架梁机

注：主力和特殊力组合时，不检算裂缝宽度、变形和沉降。

(2) 极限状态法

支挡结构在施工和铁路运营中，会出现多种不同性质的作用，这些作用出现的概率和产生的后果不同，可根据不同的目标可靠指标，选择不同的作用组合对支挡结构进行设计，选择最不利设计状况下的结果作为最终设计结果。一般而言，作用出现概率较大的组合，对应的目标可靠指标和作用分项系数较大；作用出现概率较小的组合，对应的目标可靠指标和作用分项系数较小。

铁路支挡结构上的作用可根据作用时间和出现频率按表 4-3 进行分类，作用及作用效应组合见表 4-4。

铁路支挡结构上的作用分类 表 4-3

作用分类		荷载名称
永久作用		土压力
		结构重力
		结构顶面上的恒载
		轨道荷载
		滑坡推力
		常水位时静水压力和浮力
可变作用	主要	车辆荷载
	其他	人行道荷载
		除常水位和洪水位之外的设计水位的静水压力和浮力
		水位退落时的渗透力
		波浪压力、风压力
		冻胀力、冰压力、膨胀力、多遇地震力、湿度产生的作用
	短暂	临时荷载
偶然作用		罕遇地震力
		洪水位时静水压力和浮力
		泥石流、落石等冲击力

注：1. 常水位系指每年大部分时间保持的水位。
2. 浸水挡土墙应从设计使用年限内的最高设计水位及以下选择最不利水位作为计算水位。
3. 表中的作用包含了不利作用和有利作用。

铁路常用设计状况下的作用及作用效应组合 表 4-4

项目		作用组合形式			
		永久荷载；永久荷载+主可变荷载	组合Ⅰ+短暂可变荷载	组合Ⅰ+偶然荷载	组合Ⅰ+地震荷载
承载能力极限状态	组合名称	组合Ⅰ（持久组合）	组合Ⅱ（短暂组合）	组合Ⅲ（偶然组合、不含地震）	组合Ⅳ（地震组合）
	取值特点	设计值	设计值	偶然作用项可取标准值	地震作用项可取标准值
	示例	一般地区和浸水地区常水位时	受施工荷载作用	浸水地区洪水位时	地震地区
正常使用极限状态	组合名称	组合Ⅴ（标准组合）	组合Ⅵ（准永久组合）	组合Ⅴ（标准组合）	组合Ⅵ（准永久组合）
	取值特点	标准值	准永久值	标准值	准永久值
	示例	裂缝宽度检算	变形或位移检算	裂缝宽度检算	变形或位移检算

注：1. 冻胀力和冰压力不与波浪压力同时计算。
2. 洪水和地震作用不同时考虑。

表4-3中的作用是支挡结构上常见的作用。洪水和地震出现的概率均小,均为偶然作用。滑坡是小概率事件,滑坡作用的出现有其偶然性,但滑坡一旦发生,滑坡推力则永久地作用在支挡结构上,不再消失,因此滑坡推力归为永久作用更合适。小概率事件同时出现的概率微乎其微,所以洪水和地震不同时考虑,但常水位时,结构出现地震的情况是可能的,这种情况下荷载计算要同时考虑水和地震的影响。

表4-4中的永久荷载或作用、主可变荷载或作用与永久荷载的组合对应于持久设计状况,其他可变荷载、临时荷载与永久荷载的组合对应于短暂设计状况,可以采用基本组合;永久荷载与偶然荷载的组合对应于偶然设计状况;偶然荷载中的地震荷载与永久荷载的组合对应于地震设计状况。

表4-3的作用包括有利作用和不利作用。结构构件的设计中,作用和抗力是比较分明的,表中的作用基本上是不利作用,而平衡设计中往往有利作用代替了抗力的角色,则表中的作用及作用组合既包含不利作用,也包含有利作用。

4.1.2 我国公路标准荷载(作用)及其组合

公路支挡结构上的荷载(作用)分类与组合见表4-5和表4-6。表4-5中的荷载分类是按极限状态法和总安全系数法分的,分类的原则与表4-1差不多,荷载的种类大同小异。不同的是公路把计算水位的浮力和静水压力归为了永久荷载,而铁路是根据水位出现的频率进行了细分;公路行业把滑坡推力作为偶然荷载,铁路行业把滑坡推力归为永久作用。

公路支挡结构上的荷载(作用)分类　　表4-5

荷载(作用)分类		荷载(作用)名称
永久荷载(作用)		挡土墙结构重力
		填土(包括基础襟边以上土)重力
		填土侧压力
		墙顶上的有效永久荷载
		墙顶与第二破裂面之间的有效荷载
		计算水位的浮力及静水压力
		预加力
		混凝土收缩及徐变
		基础变位影响力
可变荷载(作用)	基本可变荷载(作用)	车辆荷载引起的土侧压力
		人群荷载引起的土侧压力
	其他可变荷载(作用)	水位退落时的动水压力
		流水压力
		波浪压力
		冻胀压力和冰压力
		温度影响力
	施工荷载	与各类型挡土墙施工有关的临时荷载

续上表

荷载(作用)分类	荷载(作用)名称
偶然荷载	地震作用力
	滑坡、泥石流作用力
	作用于墙顶护栏上的车辆碰撞力

公路支挡结构上的常用荷载(作用)组合　　　　　　　　　　表 4-6

组合	荷载(作用)名称
荷载组合Ⅰ′	挡土墙结构重力、墙顶上的有效永久荷载、填土重力、填土侧压力及其他永久荷载组合
荷载组合Ⅱ′	组合Ⅰ′与基本可变荷载相组合
荷载组合Ⅲ′	组合Ⅱ′与其他可变荷载、偶然荷载相组合

4.2 土压力计算

土压力是作用于支挡结构上的主要荷载之一,其计算需考虑填料、墙身和地基之间的共同作用。

4.2.1 一般状况下的土压力计算

根据墙体的位移情况和墙后土体所处的应力状态,土压力可分为静止土压力、主动土压力和被动土压力,本节将分别对其进行受力分析并给出土压力计算公式。

1)静止土压力

当支挡结构不产生位移、转动或变形时,承受的是静止土压力。此时土体处于弹性平衡状态,不产生破裂棱体,根据土压力计算的基本假定和静止土压力产生的条件,可以假定墙后土体产生静止土压力有一定的范围,在这个范围内,结构与土之间、土层之间均不产生相对移动趋势。如图 4-1 所示,在土中产生静止土压力的这个面不是"破裂面",暂称为"土压面",但是如何求得这个力和破裂角 θ 等问题,尚待进一步研究。

当墙后填土为水平时,可采用半经验公式计算其静止土压力 E_0,如图 4-2 所示。

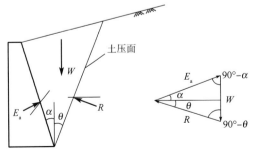

图 4-1　静止土压力状态及其力系

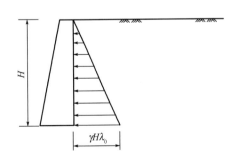

图 4-2　静止土压力计算图示

$$E_0 = 0.5\lambda_0 \gamma H^2 \tag{4-1}$$
$$\lambda_0 = 1 - \sin\varphi_0 \tag{4-2}$$

式中：λ_0——静止土压力系数，砂土可取 0.34~0.45，黏土可取 0.5~0.70；

γ——土体重度（kN/m^3）；

H——挡土墙高度或支挡结构悬臂高度（m）；

φ_0——土体综合内摩擦角（°）。

2) 主动土压力

在土压力作用下，挡土墙离开土体向前移动至一定数值，墙后土体达到主动极限平衡状态时，作用在墙背的土压力为主动土压力。

(1) 主动土压力状态及其力系

当支挡结构离开土体移动、转动或变形时，墙后土体将产生破裂棱体，当破裂棱体达到如图 4-3 所示将要滑动的极限平衡时，破裂棱体自重 W、墙背反力 E_a 和破裂面的反力 R 形成静力平衡状态。

当支挡结构离开土体移动、转动或变形时，由于墙背较缓或为 L 形墙背，出现第二破裂面时，其破裂棱体的静力平衡状态及其力系如图 4-4 所示。

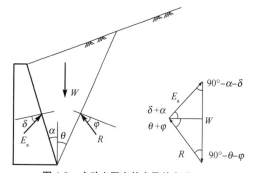

图 4-3 主动土压力状态及其力系（一）

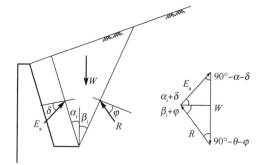

图 4-4 主动土压力状态及其力系（二）

注：第二破裂面上的 $\delta = \varphi$。

(2) 非黏性土主动土压力计算

根据破裂面特征可以分为以下几种情况：

① 墙后地面或填土为一平面时

该情况下，土压力计算图示如图 4-5 所示，土压力计算过程如下：

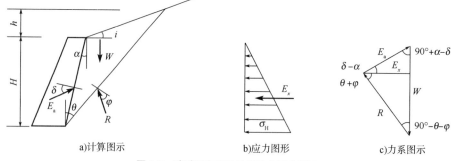

图 4-5 破裂面交于边坡时的土压力图示

a. 求破裂角

根据上图,由正弦定理可得:

$$E_a = W \frac{\sin(90°-\theta-\varphi)}{\sin(\theta+\varphi+\delta-\alpha)}$$

式中:$W = 0.5H^2 \frac{\sin(\theta-\alpha)\cos(\alpha+i)}{\cos^2\alpha\cos(\theta+i)}$。

则:

$$E_a = 0.5\gamma H^2 \frac{\cos(\alpha+i)}{\cos^2\alpha} \times \frac{\sin(\theta-\alpha)\cos(\theta+\varphi)}{\cos(\theta+i)\sin(\theta+\varphi+\delta-\alpha)}$$

令 $\psi_1 = \varphi - i, \psi_2 = \varphi + \delta - \alpha - i, x = \theta + i, A = 0.5\gamma H^2 \frac{\cos(\alpha+i)}{\cos^2\alpha}$,则:

$$E_a = A \frac{\cos(x+\psi_1)\sin[x-(\alpha+i)]}{\sin(x+\psi_2)\cos x}$$

由 $\dfrac{\mathrm{d}E_a}{\mathrm{d}x} = 0$,得:

$$\tan(\theta+i) = -\tan\psi_2 \pm \sqrt{(\tan\psi_2 + \cot\psi_1)[\tan\psi_2 + \tan(\alpha+i)]}$$
$$\theta = \tan^{-1}(\theta+i) - i$$

b. 求土压力水平推力系数 λ_x 及应力图形

从计算图示可知,E_x 和 W 还可表示为:

$$E_x = \frac{W}{\tan(\theta+\varphi) + \tan(\delta-\alpha)}$$

式中:$W = 0.5\gamma H(H+h)(\tan\theta - \tan\alpha)$。

则:

$$E_x = 0.5\gamma H(H+h)\frac{\tan\theta - \tan\alpha}{\tan(\theta+\varphi) + \tan(\delta-\alpha)} = 0.5\gamma H(H+h)\lambda_x = 0.5H\sigma_H \quad (4-3)$$

式中:$\sigma_H = (H+h)\gamma \cdot \lambda_x$;

$$h = H\frac{\tan\theta - \tan\alpha}{\cot i - \tan\theta};$$

$$\lambda_x = \frac{\tan\theta - \tan\alpha}{\tan(\theta+\varphi) + \tan(\delta-\alpha)}。$$

土压力的垂直分力为:

$$E_y = E_x \tan(\delta-\alpha)$$

土压力在墙背的作用点通过应力图形可求出,后面同此,不再赘述。

②破裂面交于路基面时

该情况下,土压力计算图示如图 4-6 所示,土压力计算过程如下:

a. 求破裂角 θ

图 4-6 中,破裂角交于荷载内,则从力系图中可知:

$$E_a = \gamma(A_0 \tan\theta - B_0)\frac{\cos(\theta+\varphi)}{\sin(\theta+\psi)}$$

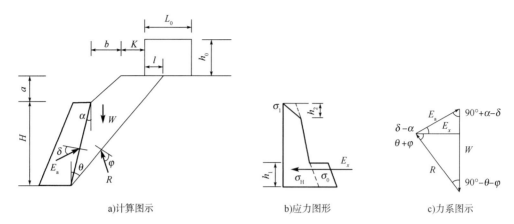

a)计算图示　　　　b)应力图形　　　　c)力系图示

图 4-6　破裂面交于荷载内时的土压力图示

其中,
$$A_0 = 0.5(H+a)(H+a+2h_0)$$
$$B_0 = 0.5[ab + 2(b+K)h_0 + H(H+2a+2h_0)\tan\alpha]$$
$$\psi = \varphi + \delta - \alpha$$

令 $\dfrac{dE_a}{d\theta} = 0$,得:

$$\tan\theta = -\tan\psi \pm \sqrt{(\tan\psi + \cot\varphi)\left(\tan\psi + \dfrac{B_0}{A_0}\right)}$$

b. 求土压力水平推力系数 λ_x 及应力图形

从计算图示可知,土压力水平推力 E_x 还可表达为:

$$E_x = \dfrac{W}{\tan(\theta+\varphi) + \tan(\delta-\alpha)}$$

其中, W 可改为:
$$W = [0.5H^2(\tan\theta - \tan\alpha) + H(\tan\theta - \tan\alpha)a - 0.5a(b - a\tan\theta) + l \times h_0]\gamma$$
$$= \left[0.5H(H+2a) - 0.5\dfrac{b - a\tan\theta}{\tan\theta - \tan\alpha}a + \dfrac{l \times h_0}{\tan\theta - \tan\alpha}\right]\gamma(\tan\theta - \tan\alpha)$$

故水平推力可进一步表达为:
$$E_x = 0.5H(\sigma_H + \sigma_1) - 0.5h_2\sigma_1 + h_1\sigma_0 \tag{4-4}$$

其中,
$$\sigma_H = (H+a)\gamma \times \lambda_x$$
$$\sigma_1 = a\gamma\lambda_x$$
$$\sigma_0 = h_0\gamma\lambda_x$$
$$\lambda_x = \dfrac{\tan\theta - \tan\alpha}{\tan(\theta+\varphi) + \tan(\delta-\alpha)}$$
$$h_1 = \dfrac{l}{\tan\theta - \tan\alpha}$$
$$h_2 = \dfrac{b - a\tan\theta}{\tan\theta - \tan\alpha}$$

土压力的垂直分力为:$E_y = E_x \tan(\delta - \alpha)$。

③出现第二破裂面时

该情况下,土压力计算图示如图 4-7 所示,在推导土压力计算公式的过程中,可忽略第二破裂面与墙背之间的土体重量,破裂棱体沿第一、第二破裂面下滑。按库仑假定,作用在第二破裂面的土压力、第一破裂面上的支撑反力和破裂棱体自重相平衡,构成封闭的力三角形。

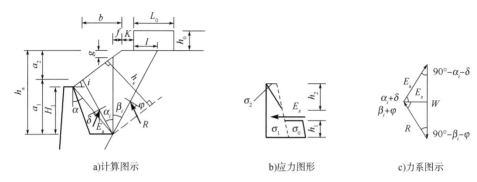

a)计算图示　　　　　b)应力图形　　　　　c)力系图示

图 4-7　第一、第二破裂面均未知时的土压力图示

注:第二破裂面上的 $\delta = \varphi$。

从力系图可知:

$$E_x = \frac{W}{\tan(\alpha_i + \delta) + \tan(\beta_i + \varphi)}$$

式中:W——破裂棱体(包括荷载)的重量,按下式计算:

$$W = 0.5\gamma \times h_s^2 \left[\tan(\alpha_i - i) + \frac{h_a^2}{h_s^2}\left(1 + \frac{2h_0}{h_a}\right)\tan\beta_i + \tan i - \frac{gf + 2(f+K)h_0}{h_s^2} \right]$$

令 $x = \tan(\alpha_i - i)$,$y = \tan\beta_i$,$a = \tan(\delta + i)$,$b = \tan\varphi$,$A = 0.5\gamma h_s^2$,$p = \frac{h_a^2}{h_s^2}\left(1 + \frac{2h_0}{h_a}\right)$,$S = \tan i - \frac{fg + 2(f+K)h_0}{h_s^2}$,则:

$$E_x = A\frac{(x + py + s)(1 - ax)(1 - by)}{(x + a)(1 - by) + (y + b)(1 - ax)}$$

根据 $\frac{\partial E_x}{\partial x} = 0$ 和 $\frac{\partial E_x}{\partial y} = 0$,得:

$$\tan\beta_i = -Q \pm \sqrt{Q^2 - R}$$

$$\tan(\alpha_i - i) = \frac{1 - d(1 - \tan\varphi\tan\beta_i)}{\tan(\delta + i)}$$

其中,

$$Q = \frac{1}{\sqrt{p} \times \sin(\delta + \varphi + i)} - \cot(\delta + \varphi + i)$$

$$d = \sqrt{p} \times \cos\varphi / \cos(\delta + i)$$

$$R = \cot(\delta + \varphi + i)\cot\varphi + \frac{\cos(\delta + i)}{p \times \sin\varphi\sin(\delta + \varphi + i)}\left[1 + s \times \tan(\delta + i) - 2\sqrt{p}\frac{\cos\varphi}{\cos(\delta + i)}\right]$$

同理可得,土压力水平推力系数及应力图形:

$$E_x = 0.5a_1(\sigma_1 + \sigma_2) - 0.5h_2\sigma_2 + h_1\delta_0 \quad (4\text{-}5)$$

其中,

$$\sigma_1 = (a_1 + a_2)\gamma\lambda_x = h_a\gamma\lambda_x$$

$$\sigma_2 = a_2\gamma\lambda_x$$

$$\delta_0 = h_0\gamma\lambda_x$$

$$\lambda_x = \frac{\tan\alpha_i + \tan\beta_i}{\tan(\beta_i + \varphi) + \tan(\alpha_i + \delta)}$$

$$h_1 = \frac{l}{\tan\alpha_i + \tan\beta_i}$$

$$h_2 = \frac{b - a_2\tan\beta_i}{\tan\alpha_i + \tan\beta_i}$$

土压力的垂直分力为: $E_y = E_x\tan(\alpha_i + \delta)$。

④折线形墙下墙土压力计算

折线形墙背的挡土墙因其能减小主动土压力作用,同时可提高挡土墙的稳定性而得到广泛应用。这类复杂墙背的挡土墙分别针对上、下墙计算土压力,上墙土压力常用计算方法有第二破裂面法、实际墙背法,下墙土压力常用计算方法有延长墙背法、力多边形法等近似计算方法。

a. 力多边形法

计算折线形墙背下墙土压力的力多边形法是根据极限平衡条件下破裂楔体上各力所构成的力多边形来推算下墙土压力的,如图4-8所示,它不借助于任何假想墙背,不存在自总压力图形中截取下墙土压力的问题,这个方法避免了延长墙背法所带来的误差。具体公式推导方法同前,此处不再详细推导,仅列出其力系平衡公式。

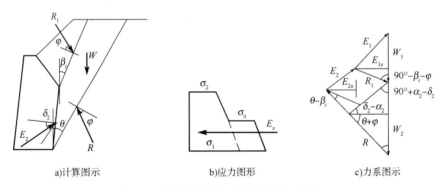

图4-8 折线形墙下墙力多边形法土压力图示

a)计算图示   b)应力图形   c)力系图示

从力系图可知:

$$R_1 = \frac{E_{1x}}{\cos(\beta_i + \varphi)}$$

$$E_2 = W_2\frac{\cos(\theta + \varphi)}{\sin(\theta + \varphi + \delta_2 - \alpha_2)} - \frac{R_1\sin(\theta - \beta_i)}{\sin(\theta + \varphi + \delta_2 - \alpha_2)} \quad (4\text{-}6)$$

b. 延长墙背法

延长墙背法是将下墙墙背延长至填土表面,按此虚构的直线墙背用库仑方法计算其土压力,然后裁取下墙对应于应力图形的土压力的一种计算方法,如图 4-9 所示,其公式推导同库仑土压力。

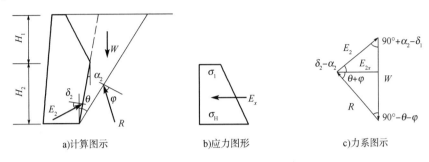

图 4-9　折线形墙下墙力多边形法土压力图示

延长墙背法是一种简化计算方法,这种方法存在如下问题:延长墙背部分在土体中,其墙背摩擦角不应是 δ_2;因此破裂角 θ 的计算是有误差的;延长墙背法没考虑上墙土压力对下墙的影响,因此上、下墙的力系是不闭合的;延长墙背法是基于上、下墙破裂角相等的条件来计算下墙土压力的,而实际上、下墙破裂角相等的情况很少,因此上墙土体的重量有可能少算($\theta_1 > \theta$ 时),也可能多算($\theta_1 < \theta$ 时),如图 4-10 所示。

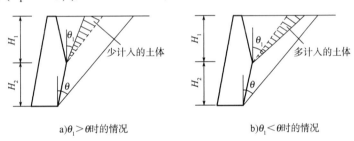

图 4-10　延长墙背法下墙土压力计算对破裂棱体的使用图示

(3) 黏性土主动土压力计算

当墙背土体为黏性土时,由于土体中黏聚力的存在,其墙背土压力的计算目前有两种方法:a. 将黏聚力和内摩擦角,化简成为综合内摩擦角后,按砂性土压力计算方法进行计算;b. 土压力公式中抗剪强度指标除内摩擦角 φ 以外还含有黏聚力 c。

① 综合内摩擦角法

综合内摩擦角法,是以土的抗剪强度曲线,在考虑黏聚力的影响下,换算成综合内摩擦角 φ_D,如图 4-11 所示。

从图 4-11 中,可以看到,φ_D 仅与一定的墙高 H 相对应。因此不同墙高的综合内摩擦角 φ_D 不同,其换算公式如下:

$$\varphi_D = \arctan\left(\tan\varphi + \frac{c}{\gamma H}\right) \quad (4-7)$$

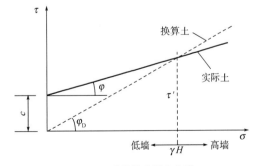

图 4-11　土的抗剪强度曲线

②考虑黏性土力学指标的土压力计算的原理

a.墙背土产生主动土压力时,土层顶面会出现拉应力,从地面直到拉应力消灭的深度,将产生垂直裂缝,其垂直裂缝的深度h_c可根据地面为水平、土压力为零时的朗肯土压力公式求得:

$$h_c = \frac{2c}{\gamma}\tan\left(45° + \frac{\varphi}{2}\right) \tag{4-8}$$

式中:c——土体的黏聚力(kPa)。

为简化计算,且偏于安全,一般可不考虑h_c的存在。

b.破裂面为一平面,破裂面上的抗剪强度由土体的摩擦力和黏聚力组成。

c.墙背与土体之间的黏聚力对土压力的影响不大,为简化计算忽略不计(偏于安全)。

d.由破裂棱体的自重W作用下产生的墙背土压力E_a、破裂面上的反力R及其黏聚力的作用维持静力平衡。

e.填土表面的局部荷载对垂直裂缝的深度无影响。

f.墙背土压力的应力图形画法与砂性土土压力的应力图形画法相同。

3)被动土压力

在外力作用下,挡土墙推挤土体向后移动至一定数值,墙后土体达到被动极限平衡状态时,作用在墙背的土压力为被动土压力。

(1)墙背土沿墙背滑动

当挡土墙向墙后土体移动,并使墙与墙背间和墙背破裂面间的抗剪强度达到最大时,出现的被动土压力状态及其力系如图4-12所示。

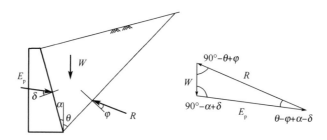

图4-12 被动土压力状态及其力系(一)

(2)墙背土不沿墙背滑动

当挡土墙向墙后土体移动,且挡土墙墙背较缓或为L形墙时,其墙背土可能不沿实际墙背滑动,即可能出现第二破裂面,其破裂棱体的静力平衡状态及其力系如图4-13所示。

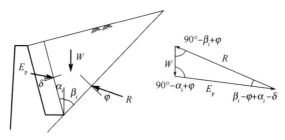

图4-13 被动土压力状态及其力系(二)

注:第二破裂面上的$\delta = \varphi$。

被动土压力多用于墙趾埋入较深,需考虑墙前被动土压力时,当地面为水平时,求得的被动土压力 E_p 为:

$$E_p = 0.5\gamma h^2 \tan^2\left(45° + \frac{\varphi_0}{2}\right) \tag{4-9}$$

式中:γ——土体重度(kN/m^3);

h——墙趾埋入深度(m);

φ_0——土体综合内摩擦角(°)。

4.2.2 特殊状况下的土压力计算

土压力的计算是一个十分复杂的问题,它不仅与墙身几何尺寸、墙背粗糙度以及填土物理和力学性质、填土顶面形状和顶部外荷载有关,还与填土条件、工程环境等有关。对于特殊状况(浸水和地震作用)下的土压力计算,一般在前述理论的基础上具体分析或作近似处理。

1)水作用下的土压力

(1)浸水作用时,φ 值不变的土压力计算

假设墙上泄水孔排泄通畅,墙前及墙后静水压力相等可不计,填料为渗水土,φ 值不受浸水影响而改变,只考虑填料受水的浮力作用其重度减小,则计算模式如图4-14所示。

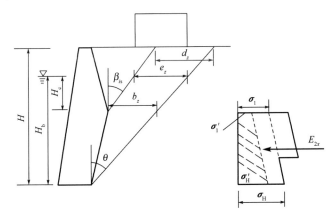

图4-14 破裂面交于路基面时的下墙浸水土压力计算图示

①当破裂面交于路基面时,无论是库仑公式、第二破裂面公式或折线形墙下墙力多边形法的浸水土压力公式的形式,都与一般土压力计算公式相同。从图4-14中可清楚看出,只要将破裂棱体的面积考虑浸水部分的影响,应力图形相应扣除浸水部分减少的土压力,其计算公式均可采用一般地区土压力计算公式。填料浸水后减少的重度 $\Delta\gamma$ 按下式计算:

$$\Delta\gamma = \gamma - \gamma_b \tag{4-10}$$

式中:γ——填料的天然重度;

γ_b——填料的浮重度,$\gamma_b = \dfrac{\gamma_g - \gamma_\omega}{1+e}$ 或 $\gamma_b = (\gamma_g - \gamma_\omega)(1-n)$;

γ_g——填料的颗粒重度;

γ_ω——水的重度;

n、e——分别为填料的孔隙度和孔隙比。

②当破裂面交于路基边坡时,如图 4-15 所示,破裂角的计算公式为一元四次方程。

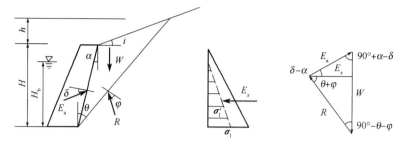

图 4-15 破裂面交于边坡时的浸水土压力计算图示

$$\tan^4(\theta+i) + A_1\tan^3(\theta+i) + A_2\tan^2(\theta+i) + A_3\tan(\theta+i) + A_4 = 0$$

式中:A_1、A_2、A_3、A_4——计算参数。

土压力水平推力系数:

$$\lambda_x = \frac{\tan\theta - \tan\alpha}{\tan(\theta+\varphi) + \tan(\delta-\alpha)}$$

土压力水平推力:

$$E_x = 0.5(H\sigma_1 - H_b\sigma_1') \tag{4-11}$$

其中,

$$\sigma_1 = (H+h)\gamma\lambda_x$$
$$\sigma_1' = H_b\Delta\gamma\lambda_x$$

土压力垂直分力:$E_y = E_x\tan(\delta-\alpha)$。

破裂角的计算公式较为烦琐,目前常用的是较为简便的"扣除法",即按不浸水时土压力计算公式计算破裂角、推力系数和土压力,计算后再扣除浸水部分减少的土压力的方法,其计算结果与按一元四次方程解得的结果相比较,其土压力最大误差在 1% 左右,能满足设计要求。

(2)浸水作用时墙背填料 φ 值降低的土压力计算

①先求得计算水位以上部分的土压力。

②将计算水位以上部分的土层当作荷载计算浸水部分的土压力。

③上述两部分土压力的矢量和即为全墙的土压力。

2)地震作用下的土压力

我国铁路、公路行业现行规范均采用物部-冈部公式计算地震作用下挡土墙的土压力。物部-冈部公式认为地震时填土受水平和竖向地震惯性力的作用,并假设填土是无黏性砂土,滑体为滑面经过墙踵的楔体,该楔体上各点具有相同的加速度。其原理是将因地震产生的地震惯性力施加到滑动土体上,再与滑动土体的土重新组合成一个等代重量,最后按静力问题的库仑压力理论计算。

(1)非浸水时地震工况下库仑理论中的土压力

将地震时墙后破裂棱体视为刚体,其上产生的水平惯性力 F 同理作为一附加力作用在破裂棱体的重心上,然后根据静力平衡原理导出墙背土压力计算公式。

①只有第一破裂面时,地震作用下的库仑土压力计算

如图 4-16 所示,W 和 F 形成合力 W_s 后,W_s、E_a 和 R 构成了一个三角形,η 为水平地震力 F

和破裂棱体自重 W 的合力的夹角。将 $\varphi_s = \varphi - \eta$、$\delta_s = \delta + \eta$ 直接代入各种边界条件下非震时公式中的 φ 和 δ，即可求得地震作用时的破裂角 θ_s。

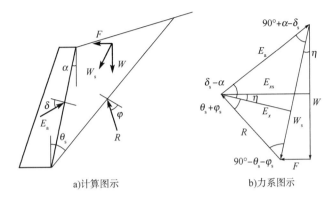

图 4-16　地震作用时库仑土压力计算图示

在用应力图形计算地震作用时的水平土压力 E_{xs} 时，水平土压力系数和重度分别按下式计算：

$$\lambda_{xs} = \frac{\tan\theta_s - \tan\alpha}{\tan(\theta_s + \varphi_s) + \tan(\delta_s - \alpha)} \cdot \frac{\cos(\delta - \alpha)}{\cos(\delta_s - \alpha)} \tag{4-12}$$

$$\gamma_s = \frac{\gamma}{\cos\eta} \tag{4-13}$$

由图 4-16b) 可知，$\eta = \tan^{-1}(F/W)$，$F = \eta_c \cdot A_g \cdot m$，$W = m \cdot g$，则

$$\eta = \tan^{-1}\left(\frac{\eta_c A_g}{g}\right) \tag{4-14}$$

当 $\eta_c = 0.25$ 时，地震动峰值加速度与地震角的关系见表 4-7。

地震动峰值加速度与地震角的关系　　　　表 4-7

A_g	$0.1g$、$0.15g$	$0.2g$	$0.3g$	$0.4g$
地震角 η	1°30′	3°	4°30′	6°

需要注意的是，表 4-7 中地震角的数值是在 $\eta_c = 0.25$ 时得到的，如果该值发生变化，则地震角将变化。

按图 4-16 计算墙背土压力，地震作用在公式中无法独立显示，总土压力中既有岩土自身重力产生的土压力，也有地震力产生的土压力，目前还没有合适的分离方法，而地震力又属于偶然荷载。若在设计时需要把地震力产生的土压力分离出来，目前只能采用地震工况下的土压力和非震工况下的土压力之差来表示地震作用产生的土压力。

②存在第二破裂面时，地震作用下的库仑主动土压力计算

将 $\varphi_s = \varphi - \eta$；$\delta_s = \delta + \eta$ 直接代入非地震时第二破裂面土压力计算公式中的 φ 和 δ，即可求得各种边界条件下的地震作用时的破裂角 α_{is}、β_{is}。水平土压力系数按下式计算：

$$\lambda_{xs} = \frac{\tan\beta_{is} + \tan\alpha_{is}}{\tan(\beta_{is} + \varphi_s) + \tan(\delta_s + \alpha_{is})} \cdot \frac{\cos(\delta + \alpha_{is})}{\cos(\delta_s + \alpha_{is})} \tag{4-15}$$

重度按式(4-13)计算。

③折线形墙下墙在地震时的库仑主动土压力计算

如图 4-17 所示,地震作用时,应将 $\varphi_s = \varphi - \eta$,$\delta_{2s} = \delta_2 + \eta$ 和 $R_{1s} = \dfrac{E_{1xs}\cos(\alpha_{is} + \delta_{1s})}{\cos(\beta_{is} + \varphi_s)\cos(\alpha_{is} + \delta_1)}$,直接代入各种边界条件下的折线形墙下墙非地震土压力计算公式中的 φ、δ_2 和 R_1,即可求得各种边界件下的地震时的破裂角 θ_s,在计算土压力水平推力系数 λ_{xs} 时,除将非地震时公式中的 θ、φ、δ_2 分别代以 θ_s、φ_s、δ_{2s} 外再乘以 $\dfrac{\cos(\delta_2 - \alpha_2)}{\cos(\delta_{2s} - \alpha_2)}$。

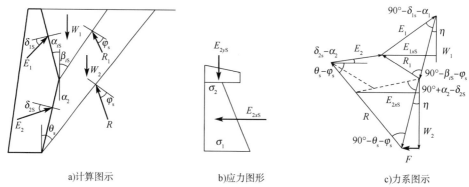

图 4-17 地震作用时折线形墙下墙土压力计算图示

即:

$$\lambda_{xs} = \dfrac{\tan\theta_s - \tan\alpha_2}{\tan(\theta_s + \varphi_s) + \tan(\delta_{2s} - \alpha_2)} \cdot \dfrac{\cos(\delta_2 - \alpha_2)}{\cos(\delta_{2s} - \alpha_2)} \quad (4\text{-}16)$$

重度按式(4-13)计算。

(2)常水位时地震土压力

根据 1975 年印度《结构抗震设计规范》(IS:1893—1975)、1981 年苏联《地震区建筑设计规范》(СНиП Ⅱ-7-81)、1979 年日本国铁《耐震设计指针(案)》及有关文献介绍,求算水下地震角的方法如下。

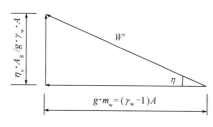

图 4-18 水下地震角图

当墙后土楔体浸水后,由于水的浮力作用,使土楔体的质量减轻,按土的浮重度计算,而地震作用时产生的水平作用力是按土楔体的空隙充满水时的土的饱和重度计算,浸水土楔体受水平地震作用后其合力与垂直方向的偏角为水下地震角,见图 4-18。

$$\eta = \tan^{-1}\left(\dfrac{\gamma_w}{\gamma_w - 10} \cdot \eta_c \cdot \dfrac{A_g}{g}\right) \quad (4\text{-}17)$$

式中: η——水下地震角;

γ_w——土的饱和重度(kN/m³);

$(\gamma_w - 10)$——土的浮重度(kN/m³);

η_c——水平地震作用修正系数,岩石地基取 0.20,非岩石地基取 0.25;

A_g——地震动峰值加速度;

g——重力加速度,$g \approx 9.81\text{m/s}^2$。

浸水地震主动土压力按库仑理论公式计算,墙后浸水的土楔体受地震荷载作用的影响,用水下地震角对土的内摩擦角 φ、墙背摩擦角 δ、土的重度 γ 分别进行修正。将修正后的值代入库仑土压公式中即可求得浸水地震主动土压力。

墙背动水压力是假设地震作用时,墙后浸水土楔体与其孔隙中的水,在地震作用时同时产生水平惯性力,同步作用于墙背上,以间接反映地震动水压力的影响。

水下地震角值,系按填料为渗水土,浸水后土的内摩擦角不变的条件下求算的。填料的颗粒相对密度为 2.7,孔隙率按 30% 计算,求得填料的 $(\gamma_w - 10) = 11.9 \text{kN/m}^3$、$\gamma_w = 21.9 \text{kN/m}^3$,计算结果列于表 4-8。

水下地震角 η 表 4-8

A_g	0.1g	0.2g	0.4g
计算值	2°38′	5°15′	10°25′
地震角 η	2°30′	5°	10°

4.2.3 锚杆(索)作用下的土压力计算

锚杆挡土墙为多级时,可按实际墙背法或延长墙背法计算墙背土压力。对不需要进行边坡变形控制的锚杆挡土墙,其侧向岩土压力按式(4-18)计算。锚杆挡土墙侧向岩土压力修正系数根据岩土类别和锚杆类型按表 4-9 确定,预应力锚索侧向土压力修正系数可采用 1.2~1.4。

$$E'_h = \gamma_x E_h \tag{4-18}$$

式中:E'_h——岩土压力的水平分力修正值(kN/m);

E_h——主动岩土压力的水平分力(kN/m);

γ_x——岩土压力修正系数。

锚杆挡土墙侧向岩土压力修正系数 表 4-9

锚杆类型 岩土类别	非预应力锚杆		预应力锚杆	
	自由段为土层	自由段为岩层	自由段为土层	自由段为岩层
γ_x	1.1~1.2	1.0	1.2~1.3	1.1

注:当锚杆变形计算值较小时取大值,较大时取小值。

对岩质边坡以及坚硬、硬塑状黏性土和密实、中密砂土类边坡,当采用逆作法施工时,岩土压力分布可按图 4-19 确定,其中 σ_h 可按式(4-19)和式(4-20)计算。

(1)对岩质边坡:

$$\sigma_h = \frac{E'_h}{0.9H} \tag{4-19}$$

(2)对土质边坡:

$$\sigma_h = \frac{E'_h}{0.875H} \tag{4-20}$$

式中:σ_h——岩土压力水平应力(kN/m²);

H——锚杆挡土墙高度(m)。

图 4-19 锚杆挡土墙侧向岩土压力分布

a) 岩质边坡　　b) 土质边坡

4.2.4 欧洲标准土压力计算

欧洲标准规定土压力计算除可采用库仑理论和朗肯理论外,主动土压力计算还可采用 Absi 理论、Muller-Breslau 理论和 Caquot 理论,被动土压力计算还可采用 Absi 理论、Caquot-Kerisel 理论、Muller-Breslau 理论和 Sokolovski 理论等。在欧洲标准中,对于不同的支挡结构,其可采用哪种计算方法计算土压力也不尽相同,读者在使用过程中应加以注意,可按欧洲标准以及各国规范的具体规定执行。

中国规范中由外部荷载产生的土压力可根据具体情况按弹性理论计算或按破裂面方向传递于墙背与填料一起按库仑理论计算(详见本章第 4.2.1 节中的相关公式),但在欧洲标准中,则通常按照塑性理论单独计算,简述如下。

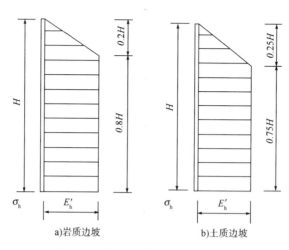

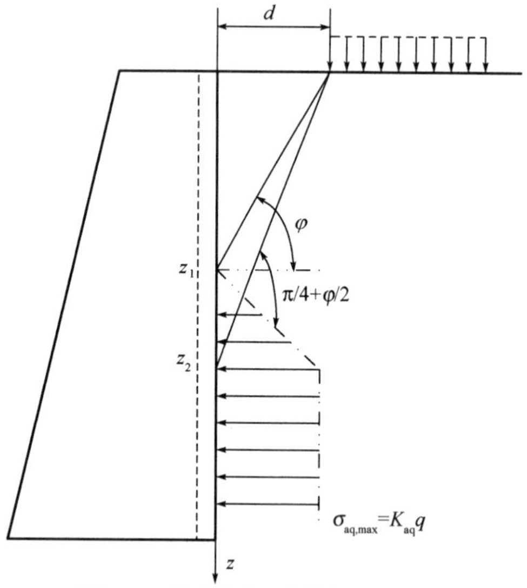

图 4-20 距离墙背 d 处施加均匀压力 q
z_1-过载效应的最高水平对应于倾角"坍塌"棱柱脚;
z_2-施加最大水平应力的最高水平对应于倾角 $\theta = \pi/4 + \varphi/2$ 破断棱柱脚

1) 距离墙背"d"处施加一个均匀压力"q"

如图 4-20 所示,在水平地面上通过地面传递到墙背的最大水平应力可按式(4-21)计算。

$$\sigma_{aq,max} = K_{aq} q \qquad (4-21)$$

式中:K_{aq}——均布荷载的正常推力系数。

2) 距离墙背"d"处施加一个宽度为"B"的均匀荷载"q"

如图 4-21 所示,传递给墙背的水平应力一般通过 z_1 和 z_4 之间的梯形或三角形分布来确定。

墙上的应力的分布通常根据以下假设确定:

(1) 当 $z_2 \leq z_3$ 时,基本分布为梯形,否则为三角形。

(2) 合力 P 的值按式(4-22)计算。

$$P = Bq \tan\left(\frac{\pi}{4} - \frac{\varphi}{2}\right) \qquad (4-22)$$

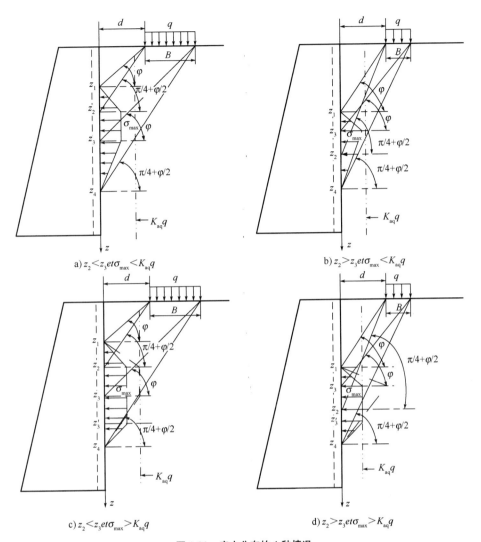

图 4-21 应力分布的 4 种情况

(3) 式(4-21)给出的最大水平应力为一个不能超过的值。

墙背不同区域的 z_1、z_2、z_3 和 z_4 分别由式(4-23)~式(4-26)给出。

$$z_1 = d\tan\varphi \qquad (4\text{-}23)$$

$$z_2 = d\tan\left(\frac{\pi}{4} + \frac{\varphi}{2}\right) \qquad (4\text{-}24)$$

$$z_3 = (B + d)\tan\varphi \qquad (4\text{-}25)$$

$$z_4 = (B + d)\tan\left(\frac{\pi}{4} + \frac{\varphi}{2}\right) \qquad (4\text{-}26)$$

式中：φ——地面的内部摩擦角。

在梯形分布[图 4-21a)]和三角分布[图 4-21b)]情况下，应力最大值分别由式(4-27)和式(4-28)计算。

$$\sigma_{\max} = \frac{2Bq}{(z_3+z_4)-(z_1+z_2)}\tan\left(\frac{\pi}{4}-\frac{\varphi}{2}\right) \quad (4\text{-}27)$$

$$\sigma_{\max} = \frac{2Bq}{z_4-z_1}\tan\left(\frac{\pi}{4}-\frac{\varphi}{2}\right) \quad (4\text{-}28)$$

当由式(4-27)和式(4-28)所得应力最大值大于$K_{aq}q$时,必须将最大水平应力限于$K_{aq}q$,并且必须增加应力从z_3到z'_3恒定的范围,以保持该值P。当$z_2 < z_3$[图4-21c)]和$z_2 > z_3$时[图4-21d)],水平z'_3分别由式(4-29)和式(4-30)给出。

$$z'_3 = \frac{2B}{K_{aq}}\tan\left(\frac{\pi}{4}-\frac{\varphi}{2}\right) + z_1 + z_2 - z_4 \quad (4\text{-}29)$$

$$z'_3 = \frac{2B}{K_{aq}}\tan\left(\frac{\pi}{4}-\frac{\varphi}{2}\right) + z_1 + z_3 - z_4 \quad (4\text{-}30)$$

3)墙背旁侧施加一个宽度为"B"的均匀荷载"q"

如图4-22所示,当一个均匀压力"q"被施加在位于距离墙背"d=0"处的宽度为"B"的地带上时,通常按如下方式确定其上的应力分布:

(1)式(4-21)给出的最大水平应力出现在墙背与均布荷载端点连线的水平倾角为φ的位置,即图4-22所示z_1位置。

(2)应力随着深度而逐渐线性减小,并在墙背与均布荷载端点连线的水平倾角为θ的位置,即图4-22所示z_2位置,达到零值。

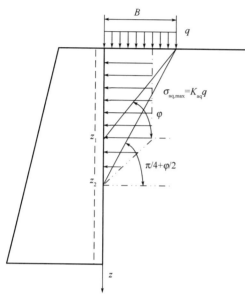

图4-22 施加均匀压力q于墙背旁侧

4.3 地面超载计算

在表4-1荷载分类中,轨道荷载、列车荷载、人行道荷载等均为地表面产生的外部荷载,这类荷载可称为地面超载。地面超载产生的作用力,一般通过土体传递到支挡结构上,增加了作用于支挡结构上的土压力。为了便于分析,可将地面超载简化为均布的条形荷载或集中荷载,本节简要介绍几种主要的地面超载计算方法。

4.3.1 轨道荷载计算

铁路轨道荷载(恒载)包括钢轨重力、轨枕重力、道砟重力和扣件重力。轨道作用在铁路路基面上的单位荷载可按式(4-31)计算,在路基面上的分布如图4-23所示,其分布自轨枕底面端部向下按45°扩散。路基面以上的其他竖向荷载,比如声屏障荷载、接触网支柱等,也可按照此方法计算。

$$q_1 = \frac{P_0}{L_0} \quad (4\text{-}31)$$

式中：q_1——轨道荷载作用在路基面上的单位荷载(kPa)；
P_0——轨道荷载(kN/m)；
L_0——列车及轨道荷载在路基横断面上的分布宽度(m)。

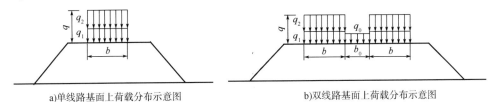

图 4-23　基面上荷载分布示意图

q_1-轨道结构自重均布荷载强度(kN/m²)；q_2-列车荷载均布荷载强度(kN/m²)；q_0-线间回填均布荷载强度(kN/m²)，无此荷载时，$q_0=0$；q-轨道结构自重与列车荷载均布荷载强度之和(kN/m²)；b-每股道均布荷载分布宽度(m)；b_0-线间回填均布荷载分布宽度(m)

4.3.2　列车荷载计算

铁路列车荷载的单位荷载标准值计算，在不考虑动应力影响时，采用列车等效条形均布荷载，与前面所述的轨道荷载类似，自轨枕底面端部向下按45°扩散确定荷载在路基面上的分布宽度，其分布形式如图4-23所示。作用在路基面上的单位荷载标准值应按式(4-32)计算。

$$q_2 = \frac{Q}{L_0} \tag{4-32}$$

式中：q_2——列车荷载作用在路基面上的单位荷载(kPa)；
Q——列车纵向线荷载(kN/m)。

列车荷载由机车荷载和车辆荷载组成。对路基作用的影响主要是轴重、轴间距以及列车运营速度产生的冲击。路基面以上荷载通过填料传递于支挡结构上，铁路路基支挡结构在纵向延伸较长，路基面以上的设计荷载按在纵向无限延伸的线荷载考虑。以客货共线荷载为例，列车荷载 Q 均是以标准荷载图示中的集中荷载轴重除以轴间距而得，将机车部分的荷载换算为无限延伸的线荷载已经是一种偏于安全的简化计算。

表4-10所示为列车荷载设计图示，该图示包含了一般荷载和特种荷载。以客货共线线路为例，根据列车荷载计算基本原理，其列车均布荷载为：

$$q = Q/L_0 = (250/1.6/L_0)$$

式中：250——机车标准轴重(kN)；

1.6——机车集中荷载轴间距(m)。

列车荷载设计图式　　　　　　　　　　　　　表4-10

线路特征		分级图式		牵引机车
类别	活载名称	一般荷载	特种荷载	
城际轨道	ZC	48kN/m　150kN 150kN 150kN 150kN　48kN/m 无限长　1.6m 1.6m 1.6m　无限长 0.8m　　　　　　0.8m	190kN　190kN　190kN　190kN 1.6m 1.6m 1.6m	动车组

续上表

线路特征		分级图式		牵引机车
类别	活载名称	一般荷载	特种荷载	
客运专线	ZK	64kN/m 200kN 200kN 200kN 200kN 64kN/m 无限长 1.6m 1.6m 1.6m 无限长 0.8m 0.8m	250kN 250kN 250kN 250kN 1.6m 1.6m 1.6m	内燃、电力机车
客货共线	ZKH	85kN/m 250kN 250kN 250kN 250kN 85kN/m 无限长 1.6m 1.6m 1.6m 无限长 0.8m 0.8m	250kN 250kN 250kN 250kN 1.4m 1.4m 1.4m	内燃、电力机车
货运专线	ZH	85z(kN/m) 250z 250z 250z 250z 85z(kN/m) (kN) 无限长 1.6m 1.6m 1.6m 无限长 0.8m 0.8m z≥1.1	250z 250z 250z 250z(kN) 1.4m 1.4m 1.4m z≥1.1	内燃、电力机车

以上列车荷载在路基面上分布的计算没有考虑动应力的影响。当支挡结构位于基床以内或与动荷载很近时,由于动应力衰减没有完成,设计中应考虑动应力。可能受动应力影响的路基结构有槽形挡土墙、非埋式桩板支挡结构等。以路堑式槽形挡土墙为例,作用在槽形挡土墙底板上的列车动荷载标准值可按下式计算:

其中,β 的计算公式如下: $$q_d = \beta q \tag{4-33}$$

(1)普速铁路:

$$\beta = 1 + \frac{0.323 - h^2}{5}$$

(2)高速铁路:

$$\beta = 1 + \left(\frac{0.5}{h + 0.8} + 0.04\right)$$

式中:q_d——列车动荷载标准值(kN/m^2);

q——列车荷载作用在底板上的单位荷载标准值(kN/m^2);

β——动力系数,对于普速铁路,当 $h > 3.0m$ 时,取 $\beta = 1$;当 $\beta > 1.4$ 时,取 $\beta = 1.4$;对于高速铁路,当 $h > 3.0m$ 时,取 $\beta = 1$;

h——底板顶至轨底的高度(m)。

考虑列车动应力后的列车荷载标准值大于静荷载标准值。列车动荷载幅值与列车速度、机车车辆、轨道结构、底板顶至轨底的高度等因素有关,通常以动力系数来衡量。式(4-33)中动力系数 β 综合反映了列车活载对结构产生的竖向动力作用。槽形挡土墙承受列车动荷载与铁路涵洞顶板相似,其动力系数的计算公式参照了《铁路桥涵设计规范》(TB 10002—2017)。

4.3.3 公路荷载计算

公路上常见的可变作用为车辆或人群荷载引起的土侧压力。

根据《公路路基设计规范》(JTG D30—2015)第5.4.2条,车辆(人群)荷载按下式换算成等代均布土层厚度:

$$h_0 = \frac{q}{\gamma} \tag{4-34}$$

式中:h_0——换算土层厚度(m)。

q——车辆荷载附加荷载强度,墙高小于2m,取20kN/m²;墙高大于10m,取10kN/m²;墙高在2~10m之间时,附加荷载强度用直线内插法计算。作用于墙顶或墙后填土上的人群荷载强度规定为3kN/m²,作用于挡土墙栏杆定的水平推力采用0.75kN/m,作用于栏杆扶手上的竖向力采用1kN/m。

γ——墙后填土的重度(kN/m³)。

4.4 侧向岩石压力计算

目前,关于侧向岩石压力的计算方法主要有按极限平衡得出侧向岩石压力的计算公式(侧向岩石压力法);以岩体等效内摩擦角按侧向土压力得出侧向岩石压力的计算公式(岩体等效内摩擦角法);按剩余下滑力法得出侧向岩石压力的计算公式(剩余下滑力法);基于强度折减安全系数得出侧向岩石压力的计算公式(强度折减法)等方法。

《建筑边坡工程技术规范》(GB 50330—2013)对于侧向岩石压力计算公式主要是采用侧向岩石压力法和岩体等效内摩擦角法,规定对于无外倾结构面的岩质边坡采用岩体等效内摩擦角法计算侧向岩石压力(和4.1、4.2的方法类似),而对于存在外倾硬性结构面的岩质边坡则分别根据岩体等效内摩擦角法和侧向岩石压力法计算后取大值。

在总结岩质边坡发生的破坏形式的基础上,将岩质边坡的失稳破坏模式划分成两大类:一类是结构面破坏,结构面又可分为硬性结构面与软弱结构面。硬性结构面具有较高的抗剪强度,一般倾角在45°以下不会发生滑落;反之,软弱结构面抗剪强度极低,即使倾角很小,也有可能发生滑落。二类是非结构面破坏,即边坡破坏面与岩体结构面无关,而它也可分为两种状况:一种是破碎岩体、散体岩体与极软岩体,这类岩体类似于土,其破坏面为45°+φ/2的平面,或为圆弧形;另一种是整体状或块状,中厚与厚层状的岩体,不发生整体破坏,只有局部崩落或滑塌。表4-11引出了岩质边坡的4种破坏类型。

岩质边坡的破坏类型   表4-11

破坏类型		岩体特征	破坏形式
沿结构面破坏	1	具有倾角大于45°的外倾硬性结构面	呈三角形破坏楔体
	2	具有外倾软弱结构面	呈三角形破坏楔体,呈四边形破坏楔体
非结构面破坏	3	破碎岩体、散体与极软岩体	呈三角形破坏楔体,呈圆弧形破坏楔体
	4	整体状、块状、中厚与厚层状岩体	崩落或塌滑

(1)第 1 类破坏形式的岩石压力计算式

该岩石压力计算式类似于库仑公式推导,按极限平衡得出如下主动岩石压力公式(图 4-24):

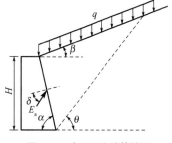

图 4-24　岩石压力计算简图

$$E_{ak} = \frac{1}{2}\gamma H^2 K_a \tag{4-35}$$

$$K_a = \frac{\sin(\alpha+\beta)}{\sin^2\alpha\sin(\alpha-\delta+\theta-\varphi_s)\sin(\theta-\beta)}[K_q\sin(\alpha+\theta)\sin(\theta-\varphi_s) - \eta\sin\alpha\cos\varphi_s]$$

$$K_q = 1 + \frac{2q\sin\alpha\cos\beta}{\gamma H\sin(\alpha+\beta)}; \eta = \frac{2c_s}{\gamma H}$$

式中:K_a——主动岩石压力系数;
　　　H——挡土墙高度(m);
　　　γ——岩体重度(kN/m³);
　　　q——地表均布荷载标准值(kPa);
　　　δ——岩体对挡土墙墙背的摩擦角(°),取(0.33 − 0.5)φ;
　　　β——岩体表面与水平面的夹角(°);
　　　α——支挡结构墙背与水平面的夹角(°);
　　　θ——外倾结构面倾角(°);
　　　c_s——外倾结构面黏聚力(kPa);
　　　φ_s——外倾结构面内摩擦角(°)。

(2)第 2 类破坏形式的岩石压力计算式

当具有外倾结构面时,无论呈三角形楔体滑裂破坏,还是呈四边形楔体滑裂时,主动岩石压力均可按下式计算(图 4-25):

$$E_{ak} = G\tan(\theta-\varphi_s) - \frac{c_s L\cos\varphi_s}{\cos(\theta-\varphi_s)} \tag{4-36}$$

式中:G——四边形滑裂体重量(kN/m);
　　　L——滑裂面长度(m);
　　　θ——缓倾的外倾软弱结构面的倾角(°);
　　　c_s——外倾软弱结构面的黏聚力(kPa);
　　　φ_s——外倾软弱结构面内摩擦角(°)。

(3)第 3 类破坏形式的岩石压力计算式

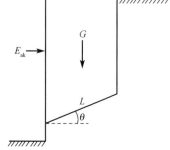

图 4-25　四边形楔体岩石压力计算简图

计算式采用式(4-36),但滑裂角 θ 应取 $45° + \varphi/2$,φ_s 应取岩体 φ,$c_s = 0$。也可采用不考虑 c 值的库仑公式或朗肯公式计算。

(4)第 4 类破坏形式的岩石压力计算式

这类边坡不会有整体滑落,因而按经验采用综合内摩擦角 φ_D。依据设计人员经验取 φ_D,此时计算式仍采用式(4-36),但滑裂角 θ 应取 $45° + \varphi_D/2$。φ_s 应取岩体 φ_D,$c_s = 0$。也可采用不考虑 c 值的库仑公式或朗肯公式。

4.5 滑坡推力计算

支挡结构设计中,除常见的库仑土压力,还有一种比较特殊的力,就是滑坡推力。虽然滑坡推力从发生的概率来看是偶然的,但是一旦发生则是永久存在的,所以归在永久荷载之中。

原则上滑坡推力计算应与其稳定性分析方法保持一致,对滑坡推力的计算,当前国内外普遍采用的做法是利用极限平衡理论计算每米宽滑动断面的推力,同时假设断面两侧为内力而不计算侧向摩阻力。在用极限平衡法分析边坡的稳定性时,根据滑动面的形态和破坏模式选择不同的稳定性计算方法,所以也就有计算滑坡推力的各种假定和算法。本节根据滑动面形状介绍铁路、公路行业工程设计中滑坡推力的计算方法。

对于黏聚力为零的砂性均质土边坡,发生滑坡破坏时,表现为平面滑动,破坏面在截面上为一条通过坡脚的直线;对于存在黏聚力的黏性均质土边坡,则表现为圆弧面滑动,破坏面在截面上为通过坡脚的圆弧。

岩质边坡不同于一般土质边坡,其特点是岩体结构复杂,断层、节理、裂隙互相切割,块体极不规则,因此岩坡稳定有其独特的性质。岩体内的结构面,尤其是软弱结构面的存在,常常是岩坡不稳定的主要因素。大部分岩坡在丧失稳定性时的滑动面可能有三种:一种是沿着岩体软弱岩层滑动;另一种是沿着岩体中的结构面滑动;此外,当这两种软弱面不存在时,也可能在岩体中滑动,但主要的是前面两种情况较多。在进行岩坡分析时,应当特别注意结构面和软弱层的影响。岩质边坡滑坡类型见表4-12。

岩质边坡滑坡类型　　　　表4-12

类型	亚类	示意图	主要特征	
平面滑动	单平面滑动		滑动面倾向与边坡面一致,并存在走向与边坡垂直或近垂直的切割面,滑动面的倾角小于坡角且大于其摩擦角	一个滑动面,常见于倾斜层状岩体边坡中
				一个滑动面和一个近铅直的张裂缝,常见于倾斜层状岩体边坡中
	同向双平面滑动			两个倾向相同的滑动面,下面一个为主滑动
	多平面滑动			三个或三个以上滑动面,常可分为两组,其中一组为主滑动面

续上表

类型	亚类	示意图	主要特征
楔形滑动			两个倾向相反的滑动面,其交线倾向于坡向相同,倾角小于坡角且大于滑动面的摩擦角,常见于坚硬块状岩体边坡中
圆弧形滑动			滑动面近似圆弧形,常见于强烈破碎、剧风化岩体或软弱岩体边坡中

4.5.1 平面滑动面滑坡推力计算

当滑动面为平面时,如图4-26所示,《建筑边坡工程技术规范》(GB 50330—2013)和《铁路路基设计规范》(TB 10001—2016)均采用平面滑动法,滑坡推力 E 可按式(4-37)计算。

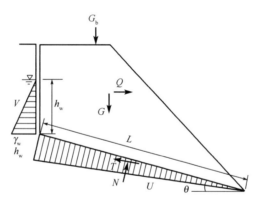

图 4-26 平面滑动面计算简图

$$E = F_{sd}\left[(G+G_b)\sin\theta + (Q+V)\cos\theta\right] - \left[(G+G_b)\cos\theta - (Q+V)\sin\theta - U\right]\tan\varphi - cL$$

(4-37)

式中:F_{sd}——设计所需的安全系数;

G——滑体单位宽度自重(kN/m);

G_b——滑体单位宽度竖向附加荷载(kN/m);

θ——滑面倾角(°);

Q——滑体单位宽度水平荷载(kN/m),地震工况时,含水平地震力Q_e;

V——后缘陡倾裂隙面上的单位宽度总水压力(kN/m),$V = \dfrac{1}{2}\gamma_w h_w^2$;

U——滑面单位宽度总水压力(kN/m),$U = \dfrac{1}{2}\gamma_w h_w L$;

φ——滑面内摩擦角(°);
c——滑面黏聚力(kPa);
L——滑面长度(m);
γ_w——水重度(kN/m³);
h_w——后缘陡倾裂隙充水高度(m)。

地震工况时,滑体、条块或单元的地震作用可简化为一个作用于滑体、条块或单元重心处,指向坡外(滑动方向)的水平静力Q_e,可按式(4-38)、式(4-39)计算。

$$Q_e = \alpha_w G \tag{4-38}$$

$$Q_{ei} = \alpha_w G_i \tag{4-39}$$

式中:Q_e、Q_{ei}——滑体、第i个条块或单元单位宽度地震力(kN/m);
G、G_i——滑体、第i个条块或单元单位宽度自重(kN/m);
α_w——边坡综合水平地震系数,根据所在地区地震基本烈度按表4-13确定。

边坡综合水平地震系数 α_w 表4-13

地震基本烈度	7度		8度		9度
地震峰值加速度	0.10g	0.15g	0.20g	0.30g	0.40g
α_w	0.025	0.038	0.050	0.075	0.100

(1)非黏性土质边坡

砂土类非黏性土质边坡,发生滑坡破坏时,表现为平面滑动,破坏面在截面上为一条通过坡脚的直线,滑动面一般为单一平面。松散的砂类土边坡,渗水性强,黏性差,边坡稳定主要靠其内摩擦力。如图4-27所示,当滑动面为单一平面情形时,边坡的稳定性分析较为简单,可采用几何分析的方法求出边坡滑动体的重量、沿坡面切向的下滑力和沿坡面法向的压力,并进而求出抗滑力,式(4-37)可简化为式(4-40)。

$$E = F_{sd} G\sin\theta - G\cos\theta \cdot \tan\varphi \tag{4-40}$$

(2)有软弱夹层的岩质边坡

岩质边坡一般是因为软弱夹层或风化开裂等原因而产生的单一滑动面,其抗剪强度既有内摩擦角,也有黏聚力,有时还有静水压力存在。

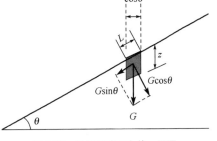

图4-27 边坡滑动面为单一平面

无张节理平面破坏时,式(4-37)可简化为式(4-41)。

$$E = F_{sd} G\sin\theta - (G\cos\theta \cdot \tan\varphi + cL) \tag{4-41}$$

有张节理和静水压力时,按式(4-37)计算。

4.5.2 圆弧滑动面滑坡推力计算

均质黏性土边坡和较大规模的破碎结构岩质边坡滑动时其滑动面常近似为圆弧形态,工程中一般采用瑞典条分法和简化毕肖普法,如《铁路路基设计规范》(TB 10001—2016)采用瑞典条分法,《建筑边坡工程技术规范》(GB 50330—2013)则采用简化毕肖普法。后者因考虑了条间法向力,满足垂直方向力的平衡及整体力矩平衡,较符合实际,故在工程中的应用更为广泛。

(1) 瑞典条分法(Fellenius 法)

Hultin 和 Petterson(1916) 最初提出采用圆弧法进行稳定性分析,后由 Fellenius(1927) 修改,即瑞典圆弧法,如图 4-28 所示。该法忽略土条两侧面之间的作用,将土条底部法向应力简单看作在法线方向上土条重力的投影,并假设滑裂面是圆弧,从而使得计算得以大大简化,滑坡推力计算公式见式(4-42)。

$$E = F_{sd} \sum_{i=1}^{n} [(G_i + G_{bi})\sin\theta_i + P_{wi}\cos(\alpha_i - \theta_i)] - \sum_{i=1}^{n} [(G_i + G_{bi})\cos\theta_i + P_{wi}\sin(\alpha_i - \theta_i)]\tan\varphi_i - \sum_{i=1}^{n} c_i l_i$$

(4-42)

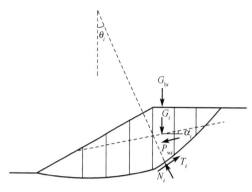

图 4-28 圆弧形滑面计算示意图(Fellenius 法)

式中：G_i——第 i 计算条块单位宽度自重(kN/m);

　　G_{bi}——第 i 计算条块单位宽度竖向附加荷载(kN/m);

　　φ_i——第 i 计算条块滑面内摩擦角(°);

　　c_i——第 i 计算条块滑面黏聚力(kPa);

　　l_i——第 i 计算条块滑面长度(m);

　　θ_i——第 i 计算条块滑面倾角(°);

　　P_{wi}——第 i 计算条块单位宽度的渗透力(kN/m);

　　α_i——第 i 计算条块地下水位面倾角(°)。

(2) 简化毕肖普法(Bishop 法)

Bishop(1954)在传统的瑞典圆弧法的基础上做了重要改进,提出简化 Bishop 法,如图 4-29 所示,假设土条之间的作用力均为水平力,从而求出法向力,极大地推动了极限平衡条分法的发展及应用,滑坡推力可按式(4-43)计算。

$$E = F_{sd} \sum_{i=1}^{n} [(G_i + G_{bi})\sin\theta_i + Q_i\cos\theta_i] - \sum_{i=1}^{n} \frac{1}{m_{\theta i}}[c_i l_i \cos\theta_i + (G_i + G_{bi} - U_i\cos\theta_i)\tan\varphi_i]$$

(4-43)

$$m_{\theta i} = \cos\theta_i + \frac{\tan\varphi_i \sin\theta_i}{F_{sd}}$$

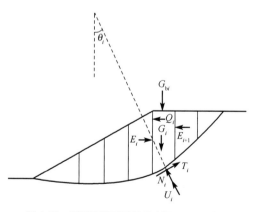

图 4-29 圆弧形滑面计算示意图(Bishop 法)

式中：U_i——第 i 计算条块滑面单位宽度总水压力(kN/m),$U_i = \frac{1}{2}\gamma_w(h_{w,i} + h_{w,i-1})l_i$;

　　Q_i——第 i 计算条块单位宽度水平荷载(kN/m);

$h_{w,i}$、$h_{w,i-1}$——第 i、$i-1$ 计算条块滑面前端水头高度(m)。

当无水平荷载Q_i和水压力U_i时,式(4-43)简化为式(4-44),为《公路路基设计规范》(JTG D30—2015)采用。

$$E = F_{sd}\sum_{i=1}^{n}(G_i+G_{bi})\sin\theta_i - \sum_{i=1}^{n}\frac{1}{m_{\theta i}}[c_i l_i \cos\theta_i + (G_i+G_{bi})\tan\varphi_i] \quad (4-44)$$

4.5.3 折线滑动面滑坡推力计算

实际工程中,滑动面可能不是圆弧状的,边坡的土条间又必然存在着相互作用力,包括水平向的压力和竖向剪力。对于有较明显的滑动面,而滑动面又不是圆弧且与圆弧相差较大的情况,就需要采用其他方法计算,如毕肖普条分法、简布条分法等。这两种方法虽然可以计算非圆弧面滑坡体,而且又考虑了土条间的作用力,但计算十分烦琐,不便于应用。因此,在实际工程中,常采用不平衡推力传递系数法,简称传递系数法,如图4-30所示。

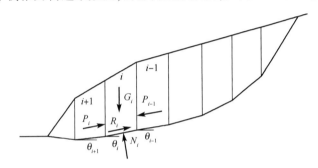

图4-30 传递系数法计算示意图

对于滑面为一些折线或近似折线的曲线组成的边坡,常用不平衡推力传递系数法对边坡进行稳定性分析。因此,传递系数法又可称为折线法。滑坡推力计算可根据边界条件、滑体重度和滑带土的强度指标,采用下滑力增大法或滑面强度折减法。滑动面的强度指标应考虑岩土性质、滑坡体变形特征及含水条件等因素,根据试验值、反算值和地区经验值等综合分析确定。

(1)显式解(增大下滑力法)

$$E_i = F_{sd}W_i\sin\theta_i + \psi E_{i+1} - (W_i\cos\theta_i\tan\varphi_i + c_i l_i) \quad (4-45)$$

其中,传递系数ψ的计算公式为:

$$\psi = \cos(\theta_{i-1}-\theta_i) - \sin(\theta_{i-1}-\theta_i)\tan\varphi_i$$

(2)隐式解(强度折减法)

$$E_i = W_i\sin\theta_i + \psi E_{i+1} - (W_i\cos\theta_i\tan\varphi_i + c_i l_i)/F_{sd} \quad (4-46)$$

其中,传递系数ψ的计算公式为:

$$\psi = \cos(\theta_{i-1}-\theta_i) - \sin(\theta_{i-1}-\theta_i)\tan\varphi_i/F_{sd}$$

式中:E_i——第i个条块末端的滑坡推力(kN);

W_i——第i个条块滑体的重力(kN);

θ_i——第i个条块所在滑动面的倾角(°);

θ_{i-1}——第$i-1$个条块所在滑动面的倾角(°)。

滑面反翘段下滑力按抗滑力考虑,且不乘以安全系数。

计算滑坡推力时,可通过增大滑体自重来增加安全度,也可通过对滑面上的抗剪指标进行折减来增加安全度。目前这两种滑坡推力的计算方式是把安全系数分别放在作用和抗力上,由于增大下滑力和减小抗滑力所产生的剩余下滑力增量是不同的,故导致两种方法设计出来的剩余下滑力不一样。只有深入研究滑坡推力的影响因素后,根据实际情况,把分项系数分别放在作用和抗力上,滑坡推力的计算才符合极限状态的作用和抗力计算原则,否则不是偏于保守就是偏于不安全。

4.5.4 楔形滑动滑坡推力计算

楔形体由两个或两个以上结构面对岩体切割而成,分离的楔形体将沿结构面交线方向滑动,即楔形滑动。在边坡开挖过程中,卸荷作用导致岩体结构松弛、强度降低,另外,边坡坡面平整度通常较低,岩块较易具备临空条件,因此,坡面经常发生平面或楔形形式的岩块剥落现象。

边坡楔形破坏时,楔形岩体由两个结构面组成一个立体滑块,其力学机制较为复杂。如图4-31所示,根据空间受力分析,滑坡推力计算公式见式(4-47)。

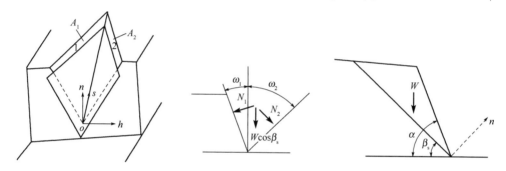

图4-31 楔形体受力的分解示意图
A_1-滑动面1;A_2-滑动面2

$$E = F_{sd}W\sin\beta_s - (N_1\tan\varphi_1 + N_2\tan\varphi_2 + c_1A_1 + c_2A_2) \quad (4-47)$$

当楔形体受其他因素如水压力及外部荷载综合作用时,楔形体的力学方程较为复杂,可采用三维极限平衡方法、有限单元法等进行稳定性分析,此处不再叙述。

4.6 其他荷载计算

本节主要介绍几种非主要荷载的计算方法。

4.6.1 水作用力计算

1)静水压力和浮力计算

常水位时,支挡结构上所受静水压力和浮力分别按式(4-48)和式(4-49)计算。洪水位情况下土压力的计算方式和常水位情况下一样,只不过是两种不同的设计状况。常水位中的水属于永久荷载、洪水位中的水属于偶然荷载,除此之外的水属于可变荷载。

$$u_w = \gamma_w h_w \tag{4-48}$$
$$N_w = \gamma_w V_k \tag{4-49}$$

式中：u_w——静止地下水水压力标准值(kPa)；

γ_w——地下水重度标准值(kN/m³)，可取为10；

h_w——地下水位至水压应力强度计算点的垂直距离(m)；

N_w——静止地下水作用在槽形挡土墙上的浮力标准值(kN)；

V_k——槽形挡土墙排开地下水的体积(m³)。

2) 渗透力计算

(1) 渗透力应考虑的情况

路堤两侧水位差较大，浸水时间较长，足以形成贯通路堤的渗流时；浸水地区滑坡在水位骤降时；墙前水位骤降，墙后出现渗流时。

(2) 渗透力计算方法

受渗流影响的渗透力计算方法目前尚不完善，一般假定破裂角不受渗流影响。渗透力为浸水面积、渗流降落曲线的平均坡度和水的重度之积。例如，当路堤两侧存在水位差时，其所受渗透力可借助渗流降落曲线(图4-32)计算。

$$D = I_0 \Omega \gamma_w \tag{4-50}$$

式中：D——渗透动水压力(kN/m)；

I_0——渗流降落曲线的平均坡度可参照表4-14选用；

Ω——渗流面积(m²)；

γ_w——水的重度(kN/m³)。

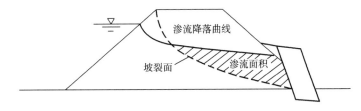

图4-32 路堤两侧渗流降落曲线示意图

土层中渗流降落曲线平均坡度表 表4-14

土层类别	渗流降落曲线平均坡度	土层类别	渗流降落曲线平均坡度
卵石或粗砂	0.0025~0.005	黏砂土	0.020~0.050
中砂	0.005~0.015	砂黏土	0.050~0.120
细砂	0.015~0.020	黏土	0.120~0.150
粉砂	0.015~0.050		

当图4-32所示坡脚处设有支挡结构时，其设计需考虑渗透力的影响，该渗透力作用于饱水面积的重心，方向与填料滑动方向相同并平行于滑面。

滑坡地段渗透力可分块按式(4-51)计算，计算图示如图4-33所示。

$$D = I_0 \Omega_i \gamma_w = n_i \sin\alpha'_i \Omega_i \gamma_w \tag{4-51}$$

式中：n_i——滑体土的孔隙度；
α'_i——滑体水的水力坡降角；
Ω_i——渗流面积，即图 4-33 中的阴影面积。

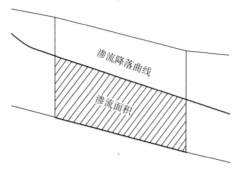

图 4-33 滑坡体渗透力计算示意图

4.6.2 地震力计算

刚性结构和土体破裂棱体上的地震力计算一般采用静力法。静力法是将结构物视为刚体，各点的水平地震加速度与地面相同，不考虑建筑物的自振特性和地震竖向分量及转动分量的影响。与静力法对应的是动力法，即考虑地震加速度的特性和结构的自振特性（自振周期、阻尼比等），采用弹性理论计算结构物的地震效应。

地震设计状况下，所有支挡结构上所承受的土压力，计算时都应考虑岩土破裂棱体质心上的水平地震力，而支挡结构自重产生的地震水平力则分不同的情况：一是重力式支挡结构应该考虑自重力产生的水平地震力；二是非重力式支挡结构，当自重力产生的水平地震力对结构的影响不可忽略时，应考虑自身重力所产生的水平地震力。

目前计算挡土墙的水平地震力，是假定在地震时，结构物如同一个刚体固结于地盘上，并假定结构物上任一点的加速度与地表加速度相同，据此建立静力理论。如图 4-34 所示挡土墙第 i 截面以上墙身质心处的水平地震力，应按式（4-52）计算。

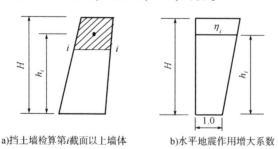

a) 挡土墙检算第 i 截面以上墙体　　b) 水平地震作用增大系数

图 4-34 水平地震作用增大系数图式

h_i-第 i 截面以上墙身质心至墙底的高度（m）

$$F_{ihE} = \eta_c A_g \eta_i m_i \tag{4-52}$$

式中：F_{ihE}——第 i 截面以上墙身质心处的水平地震力（kN）；
η_c——水平地震作用修正系数，岩石地基取值 0.20，非岩石地基取值 0.25；
A_g——地震动峰值加速度（m/s²）；

η_i——水平地震作用沿墙高的增大系数,其数值应按表4-15采用(图4-34);
m_i——第 i 截面以上墙身的质量(t)。

水平地震作用沿墙高的增大系数 η_i　　　　表4-15

墙高(m)	η_i
$H \leqslant 12$	1
$H > 12$	$1 + h_i/H$

从式(4-52)可知,由于地震水平加速度的存在,支挡结构重心处产生的水平地震力在公式中是独立存在的,地震作用作为偶然作用是可以分离出来的。

4.6.3　膨胀力计算

膨胀土遇水土体膨胀,当土体膨胀受到支挡建筑物约束时,就要对支挡建筑物产生膨胀土压力。根据部分实测资料,垂直与水平方向的膨胀力随深度大致按抛物线分布至2m,达到最大膨胀力,以后随着深度的增加、水分渗入的减小,膨胀力减小,呈直线变化降低,当达到湿度波动影响深度 $h_w = 2.5 \sim 3.5$m 时,由于含水率不再波动而使膨胀力为零。为安全起见 $h_w = 3.5$m。膨胀压力分布图形如图4-35中深色阴影所示。

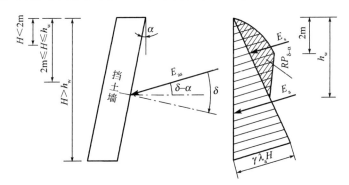

图4-35　挡土墙墙背总土压力 E_{as} 及其应力分布图

众所周知,库仑主动土压力 E_a 与挡土墙墙背水平方向夹角为 $(\delta - \alpha)$,因此,可以假设对挡土墙最不利的膨胀力 $P_{\delta-\alpha}$ 与水平方向的夹角为 $\delta - \alpha$。根据椭圆形膨胀力分布图,可计算出作用在挡土墙上与水平方向的夹角为 $\delta - \alpha$ 的膨胀力 $P_{\delta-\alpha}$:

$$P_{\delta-\alpha} = D_f \frac{P_{yP} \times P_{zP}}{\sqrt{[P_{zP} \times \cos(\delta-\alpha)]^2 + [P_{yP} \times \sin(\delta-\alpha)]^2}} \quad (4-53)$$

式中:δ——墙背摩擦角(°);
　　　α——墙背倾角(°);
P_{yP}、P_{zP}——用平衡加压法求得的水平及垂直膨胀力(kN);
　　　D_f——膨胀土土体膨胀变形折减系数,一般取0.2~0.6。

一般情况下,挡土墙和膨胀土之间都填有一定厚度的反滤层,挡土墙实测及模型试验的结果都表明,该反滤层可有效降低作用在挡土墙上的膨胀土压力,改善挡土墙的受力状态。故要在膨胀土压力上乘上一个小于1的常数,称为膨胀压力折减系数 R。

由上可知,作用在挡土墙上的膨胀土土压力E_s可根据图4-35积分分别推导出来。

(1)挡土墙高度$H \leqslant 2m$时

此时膨胀土压力E_s假定为抛物线分布,其大小由公式(4-54)确定。

$$E_s = \alpha_1 \times R \times P_{\delta-\alpha} \times H^{1.5} \tag{4-54}$$

式中:$\alpha_1 = 0.4714 m^{-0.5}$。

(2)挡土墙高度$h_w > H > 2m$时

此时膨胀土压力E_s包括裂土表层2m内的抛物线分布图形和2m以下至H的梯形图形。其大小由式(4-55)确定。

$$E_s = \alpha_2 \times R \times P_{\delta-\alpha} + 0.5 \times R \times P_{\delta-\alpha} (2h_w - 2 - H)(H-2)/(h_w - 2) \tag{4-55}$$

式中:$\alpha_2 = 1.333m$。

(3)挡土墙高度$H \geqslant h_w$时

此时膨胀土压力E_s包括裂土表层2m内的抛物线分布图形和2m以下的三角形图形,其大小由式(4-56)确定。

$$E_s = R \times P_{\delta-\alpha} [\alpha_2 + 0.5 \times (h_w - 2)] \tag{4-56}$$

挡土墙墙后土体为膨胀土时,作用在挡土墙上的力除了库仑主动土压力之外,还有土体遇水膨胀产生的膨胀土压力。库仑主动土压力是长期作用在挡土墙上的,膨胀土土压力随雨季、旱季含水率的增减而发生周期性的变化。

4.6.4 冻胀力计算

(1)挡土墙设置于冻胀地段时

冻土地区路堑边坡高度大于6m,且有较好的地基时,可修建挡土墙。墙背设置足够的保温层后,可保持冻土不融化。暖季时,挡土墙所承受的土压力只是保温层及顶部季节融化层所造成的侧向压力,寒季时,如果墙背土体产生了冻结,土体抗剪强度会增高,挡土墙仅考虑冻涨力,如果墙背土体未冻结,则只有土压力。

以路堤地段的支挡结构悬臂式挡土墙为例,当墙前地面至墙后填土顶面之间的高差为1.5~5.0m时,作用于挡土墙的水平冻胀力可采用按图4-36所示的压强分布计算的合力,单位面积水平冻胀力应按式(4-57)计算。墙前地面至墙后填土顶面之间的高差超过5.0m时,水平冻胀力宜做专门研究。挡土墙后水平冻胀力和土压力不应叠加。

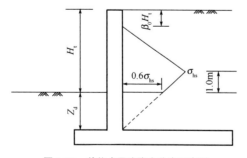

图4-36 单位水平冻胀力分布示意图

H_t-自挡土结构(墙)前地面(冰面)算起的墙后填土高度(m);σ_{hs}-最大单位水平冻胀力(kPa);β_0-非冻胀区深度系数

$$\begin{cases} \sigma_{hs} = \alpha_d C_f \sigma_{ht} \\ \alpha_d = 1 - \sqrt{\dfrac{[s']}{h_d}} \end{cases} \tag{4-57}$$

式中:σ_{hs}——最大单位面积水平冻胀力(kPa);

α_d——系数,悬臂式挡土墙可取0.94,变形性能较大的支挡建筑物可按《水工建筑物荷载设计规范》(SL 744—2016)的有关规定取值;

C_f——挡土墙背坡坡度影响系数,取 0.85~1.00,坡度较大时取大值;

σ_{ht}——单位面积水平向冻胀力(kPa),可按《水工建筑物荷载设计规范》(SL 744—2016)的有关规定取值;

$[s']$——自墙前地面(冰面)算起 1.0m 高度处的墙身水平允许变形量(mm),根据结构强度和具体工程条件确定;

h_d——墙后填土的冻胀量(mm),取墙前地面(冰面)高程以上 0.5m 的填方处为计算点,可按《水工建筑物抗冰冻设计规范》(GB/T 50662—2011)的有关规定计算。

(2)桩基础设置于冻土层时

其所受总切向冻胀力可按式(4-58)计算。

$$T_\tau = \psi_e \psi_r \tau_t U Z_d \tag{4-58}$$

式中:T_τ——总切向冻胀力(kN);

ψ_e——有效冻深系数,可按《水工建筑物荷载设计规范》(SL 744—2016)的有关规定取值;

ψ_r——冻层内桩壁糙度系数,表面平整的混凝土基础取 1.0;当不使用模板或套管浇筑、桩壁粗糙,但无凹凸面时,取 1.1~1.2;

τ_t——单位面积切向冻胀力(kPa),可按《水工建筑物荷载设计规范》(SL 744—2016)的有关规定取值;

U——冻土层内基础横截面周长(m);

Z_d——基侧土的设计冻深(m),可按《水工建筑物抗冰冻设计规范》(GB/T 50662—2011)的有关规定计算。

地面水平桩基础的设计,其冻胀力可只考虑切向冻胀力;斜坡上的桩基础应同时考虑水平冻胀力和切向冻胀力的作用。当桩基础埋深小于设计冻深时,竖向受力桩尚应计入基底的法向冻胀力。

冻土地区支挡结构设计荷载应考虑作用在基础及墙背上的冻胀力。土压力、水平冻胀力应按暖季和寒季分别计算,土压力和水平冻胀力不应叠加。

第5章 重力式挡土墙设计方法与算例

5.1 概述

重力式挡土墙是依靠自重抵抗土压力的支挡结构,当设有衡重台时,以衡重台上填土和墙体自重抵抗土压力。早期的重力式挡土墙采用浆砌片石砌筑,目前重力式挡土墙多采用混凝土或片石混凝土浇筑,由于其结构形式简单、石料来源丰富、就地取材方便、不需要复杂的施工设备和技术,被广泛应用于一般地区、地震地区和浸水地区的铁路、公路和水利等各个领域。

重力式挡土墙在设计中一般被视为刚体结构。一直以来,重力式挡土墙按总安全系数法设计,随着基于概率论的分项系数设计法的研究,目前各行业规范逐渐出现了按分项系数法设计的内容。随着支挡结构的发展,很多轻型新结构出现了,但这些结构的土压力计算及部分结构的外部稳定性检算与重力式挡土墙的计算原理一样。

5.1.1 结构分类

1)按截面形式分类

常用重力式挡土墙按墙背截面形式可分为仰斜式、俯斜式、折线式和衡重式四种形式,如图 5-1 所示。

(1)仰斜式

墙背倾角 α 大于零的挡土墙称为仰斜式挡土墙,如图 5-1a)所示,常用于铁路路堤和路堑地段。

(2)俯斜式

墙背倾角 α 小于零的挡土墙称为俯斜式挡土墙,如图 5-1b)所示。由于这种墙型墙背俯斜重心偏向墙胸,减小了墙压土的作用,造成墙身面积比仰斜式的墙型更大,故在铁路路基工程中很少使用,公路上在需要胸坡直立的路堤地段还会用到。

(3)折线式

墙背坡多于一个的挡土墙称为折线式挡土墙,如图 5-1c)所示。当土体中出现第二破裂面时,可看作以填土代替了部分墙体,适用于增建Ⅱ线并行不等高的线间地段,对既有线的干扰较小。

(4)衡重式

墙背存在衡重台的挡土墙称为衡重式挡土墙,如图 5-1d)所示。能够利用衡重台上部填土的重力使墙体重心后移以抵抗土体侧压力,常用于路肩地段。衡重式挡土墙衡重台附近的斜截面抗剪是薄弱环节,地震地区应优先选择截面形式简单的挡土墙,若地形受限必须选择衡重式挡土墙,则应采取构造措施加强斜截面抗剪能。

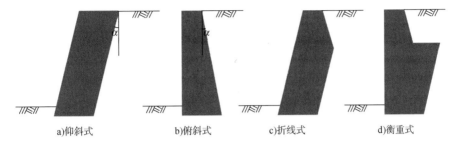

图 5-1　按截面形式分类的挡土墙

2）按设置位置分类

重力式挡土墙按照设置位置可分为路肩、路堤及路堑三种形式,如图 5-2 所示。

（1）路肩挡土墙

墙顶与路肩齐平或置于路肩下 1.0m 范围内的挡土墙称为路肩挡土墙,如图 5-2a) 所示。路肩地段选择衡重式或墙背为折线式的重力式墙可避免墙身侵入基床;若路肩地段选择直线型重力式墙,则应把墙背与墙顶的交点置于路肩下 1.0m 范围内,墙顶以上填料采用稳定的填方边坡。

（2）路堤挡土墙

一般把墙顶置于路肩下 1.0m 之外的挡土墙称为路堤挡土墙,如图 5-2b) 所示。该种挡土墙又分为非埋式和埋式。非埋式挡土墙一般设置于非浸水路基;埋式挡土墙则常用于浸水地区,墙体大部分埋入填方,墙顶仅留出 0.5m 宽度不埋入;非埋入式挡土墙的截面积比非埋式大得多。

（3）路堑挡土墙

用于稳定路堑边坡的挡土墙称为路堑挡土墙,如图 5-2c) 所示,通常可分为独立式和桩间式,墙高较矮拉槽开挖不会塌方时采用独立式,否则先设置预加固桩,再设挡土墙。

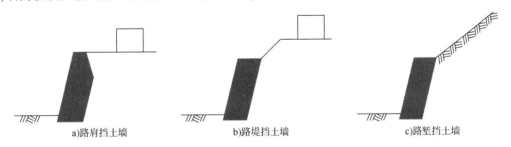

图 5-2　按设置位置分类的挡土墙示意图

5.1.2　破坏模式

中欧规范对重力式挡土墙的破坏模式的划分大致相同,主要包括稳定性破坏、基础破坏和墙身结构破坏,如图 5-3 所示。具体表现为:①由于绕墙趾转动所引起的倾倒破坏;②由于基础滑动而造成的滑移破坏;③地基承载力不足引起的沉降及变形破坏;④由于墙身材料抗力不足造成的墙身结构破坏;⑤基底下有软弱土层发生整体稳定性破坏。

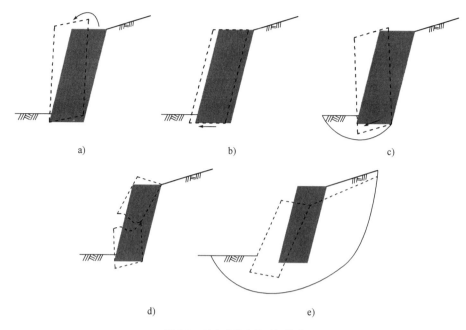

图 5-3 重力式挡土墙破坏模式

5.2 中国铁路标准的重力式挡土墙设计

重力式挡土墙设计一般包括土压力计算、稳定性检算和墙身截面设计等。稳定性检算分为抗滑动稳定性检算、抗倾覆稳定性检算和地基压应力检算;截面设计分为抗拉、抗压、抗剪和偏心检算。

5.2.1 土压力计算

重力式挡土墙墙背土压力可按库仑理论计算,其计算方法详见第4.1节,另需遵循以下原则。

1) 直线式墙背

直线式墙背的土压力计算应遵循以下原则:

(1) 当墙背土为黏性土,宜采用圆弧法检算,地层条件复杂或墙顶边坡高度较高时,可采用滑坡、顺层等其他方法计算土压力。

(2) 当同时出现两种以上类型的破裂面时,土压力应取最不利计算结果。

(3) 当墙背俯斜时,墙背倾角应为负值;出现第二破裂面时,应按第二破裂面法计算土压力。

2) 折线墙背

折线墙背的土压力计算应遵循以下原则:

(1) 墙背为折线形的,折线可简化为两个直线段,分别计算土压力。

(2)上墙按俯斜墙背计算土压力,当土体中出现第二破裂面时,应按第二破裂面法计算土压力。

(3)下墙段土压力可采用力多边形法或延长墙背法计算。

3)衡重式墙背

(1)衡重式挡土墙整体稳定性检算时,上墙墙背为衡重台顶端与墙顶的连接线坡率缓于第二破裂面时,上墙背为第二破裂面,土压力计算公式为式(4-9)~式(4-12),下墙背按式(4-13)计算。

(2)上下墙斜截面检算时,按上墙实际墙背计算土压力,公式可采用式(4-4),出现第二破裂面时,可按第二破裂面公式进行计算。

4)墙前土压力

墙前后土体同时达到被动和主动极限状态的可能性极小,挡土墙处于被动状态时产生的位移远较主动状态时大,而墙后土体处于主动状态时所产生的位移难以促使墙前土体进入被动状态,显然墙前土体的抗力较被动土压力小。另外,墙前土体厚度容易发生变化,设计中墙前土体对挡土墙的抗力只取部分被动土压力值。为安全起见,一般情况下可取1/3被动土压力值。

5)土压力计算设计参数取值

墙背岩土的物理力学指标应根据地质勘察资料提供的数据分析选用,有经验时可按表5-1取值。墙背摩擦角δ应根据墙背的粗糙程度、岩土性质和排水条件确定标准值,墙背摩擦角与墙背的粗糙程度和填料的性质有关。墙身为浆砌片石时,$\delta = 2/3\varphi$;墙背为混凝土或片石混凝土时,$\delta = 1/2\varphi$,这是因为混凝土墙背比浆砌片石更光滑,该数据试验所采用的墙背材料是铝板,实际工程中的墙背比浆砌片石粗糙,墙背摩擦角的取值是偏于安全的。表5-1所列数据是参照国内外经验和一些研究试验而定出的。

填料的物理力学指标　　　　　　　表5-1

填料种类		土的综合内摩擦角φ_0	土的内摩擦角φ	重度(kN/m³)
细粒土 (有机土除外)	墙高$H\leq6m$	35°	—	18、19、20
	6m<墙高$H\leq12m$	30°~35°		
砂类土		—	35°	19、20
碎石类、砾石类		—	40°	20、21
不易风化的块石类		—	45°	21、22

注:1. 计算水位以下的填料重度采用浮重度。
2. 填料的重度可根据填料性质和压实等情况,作适当修正。
3. 全风化岩石、特殊土的值宜根据试验资料确定。

浸水地区的水位和地震地区的动峰值加速度根据地质勘察报告选用,设计地震动峰值加速度所对应的地震角按表4-2采用。

5.2.2 总安全系数法设计

(1)抗滑动稳定检算

重力式挡土墙的抗滑动稳定性按式(3-11)进行检算,总滑动力T和总抗滑力R应分别按式(5-1)和式(5-2)计算。基底下有软弱土层时,尚应检算该土层的滑动稳定性。

$$T = E'_x - N\tan \alpha_0 \tag{5-1}$$

$$R = [N + (E'_x - E_p)\tan \alpha_0]f + E_p \tag{5-2}$$

式中:T——总滑动力(kN);

E'_x——总水平力(kN),$E'_x = E_x + F_{hE}$;

E_x——一般地区、浸水地区或地震地区,墙后主动土压力水平分力(kN);

F_{hE}——地震时,作用于墙体质心和墙背与第二破裂面间岩土质心处的水平地震力之和(kN);

α_0——基底倾斜角度(°);

R——总抗滑力(kN);

N——挡土墙上所受的总竖向力(kN),$N = W + E_y$;

W——作用于基底上的墙身重力,浸水时应扣除浸水部分墙身的浮力(kN);

E_y——一般地区、浸水地区或地震地区,墙后土压力的总竖向分力,挡土墙浸水时,应扣除浸水部分岩土的浮力;出现第二破裂面时,含主动土压力及实际墙背与第二破裂面之间岩土的重力(kN);

f——基底与地基间的摩擦系数,其经验值按表5-2取值;

E_p——被动土压力(kN)。

基底与地基间的摩擦系数 f 经验值 表5-2

地基类别	f的经验值	地基类别	f的经验值
硬塑黏土	0.25~0.30	碎石类土	0.40~0.50
粉质黏土、粉土、半干硬的黏土	0.30~0.40	软质岩	0.40~0.60
砂类土	0.30~0.40	硬质岩	0.60~0.70

(2)抗倾覆稳定性检算

挡土墙的抗倾覆稳定性按式(3-12)进行检算,倾覆力矩和稳定力矩按式(5-3)和式(5-4)计算。

$$M_0 = E_x Z_x + F_{hE} Z_{hE} \tag{5-3}$$

$$M_y = W Z_w + E_y Z_y + E_p Z_p \tag{5-4}$$

式中:M_0——倾覆力矩(kN·m);

Z_x——墙后土压力的水平分力到墙趾的距离(m);

Z_{hE}——水平地震力到墙趾的距离(m);

M_y——稳定力矩(kN·m);

Z_w——墙身自重及墙顶以上恒载自重合力重心到墙趾的距离(m);

Z_y——墙后土压力的总竖向分力到墙趾的距离(m);

Z_p——墙前被动土压力到墙趾的距离(m)。

(3)基底压应力检算

在计算基底压应力之前,首先要进行偏心距计算。基底竖向合力偏心距和压应力如图5-4所示,基底合力偏心距应按式(5-5)计算。

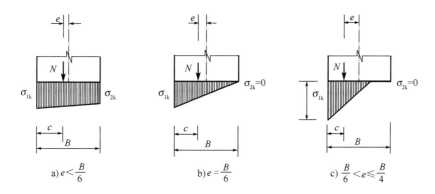

a) $e < \dfrac{B}{6}$ b) $e = \dfrac{B}{6}$ c) $\dfrac{B}{6} < e \leq \dfrac{B}{4}$

图 5-4 挡土墙基底竖向合力偏心距及压应力示意图

$$e = \frac{B}{2} - c = \frac{B}{2} - \frac{M_y - M_0}{N'} \tag{5-5}$$

式中：e——基底合力的偏心距（m）；

B——基底宽度，基底无斜底时为水平宽度，倾斜时为斜宽（m）；

c——作用于基底上的垂直分力对墙趾的力臂（m）；

M_y——稳定力系对墙趾的总力矩（kN·m），$M_y = W Z_w + E_y Z_y$；

M_0——倾覆力系对墙趾的总力矩（kN·m），$M_0 = E_x Z_x + F_{hE} Z_{hE}$；

N'——作用于基底上的总垂直力（kN）。

当基底为平底时，N' 即图 5-4 中的 N；当基底倾斜时，斜底上诸力的关系如图 5-5 所示，图中 N' 按下式计算：

$$N' = N\cos\alpha_0 + E'_x\sin\alpha_0 \tag{5-6}$$

式中：N——挡土墙上的总竖向作用（kN），$N = W + E_y$；

E'_x——挡土墙上的总水平作用（kN），$E'_x = E_x + F_{hE}$；

α_0——基底倾斜角度（°）。

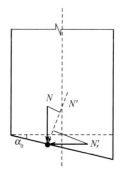

图 5-5 基底土总竖向力和水平力在 N' 方向上的投影

为保证基底处于弹性状态，基底合力偏心距应满足表 5-3 的要求。

基底合力偏心距限定值   表 5-3

岩土类别代号	基底岩土状况	基底合力偏心距限定值		
		一般地区和浸水地区常水位	施工临时荷载地区	地震地区和洪水位
a	未风化或弱风化的硬质岩	≤ B/4	≤ B/4	≤ B/3
b	软质岩及全、强风化的硬质岩	≤ B/6	≤ B/4	≤ B/4
c	基本承载力大于 200kPa 的土层	≤ B/6	≤ B/5	≤ B/5
d	基本承载力小于 200kPa 的土层	≤ B/6	≤ B/6	≤ B/6

挡土墙基底压应力可按式(3-13)进行检算。挡土墙的墙趾、墙踵及基底平均压应力可按式(5-7)~式(5-12)计算。

当 $|e| \leqslant \dfrac{B}{6}$ 时，

$$\sigma_{1,2} = \dfrac{N'}{B}\left(1 \pm \dfrac{6e}{B}\right) \tag{5-7}$$

当 $e > \dfrac{B}{6}$ 时，

$$\sigma_1 = \dfrac{2N'}{3c}, \sigma_2 = 0 \tag{5-8}$$

当 $e < -\dfrac{B}{6}$ 时，

$$\sigma_1 = 0, \sigma_2 = \dfrac{2N'}{3(B-c)} \tag{5-9}$$

$$\sigma_p = \dfrac{\sigma_1 + \sigma_2}{2} \tag{5-10}$$

$$\sigma = \sigma_1 \text{ 或 } \sigma = \sigma_2 \text{ 或 } \sigma = \sigma_p \tag{5-11}$$

$$[\sigma] = \gamma_\sigma \sigma_0 \tag{5-12}$$

式中：σ_1——挡土墙趾部的压应力(kPa)；

σ_2——挡土墙踵部的压应力(kPa)；

σ_p——挡土墙基底平均压应力(kPa)；

σ_0——地基基本承载力(kPa)；

γ_σ——地基容许承载力调整系数，见表5-4。

地基容许承载力调整系数 γ_σ 表5-4

检算项目	主力	主力+附加力、主力+施工荷载
墙趾和基础平均承载力	1.0	1.2
墙踵地基承载力	1.3	1.5

注：主力和地震力组合时应符合现行《铁路工程抗震设计规范》(GB 50111)的规定。

(4)截面检算

刚性挡土墙一般是稳定性检算控制截面尺寸，但特殊情况下，截面检算也会控制设计，例如：衡重式挡土墙上墙力很大，公路偏心距要求较小，程序设计时，基底偏心距不满足要求，加了墙趾台阶时，均有可能出现墙身截面控制设计。

按下列公式检算截面的合力偏心距：

①按主力计算时：

$$|e'| \leqslant 0.3B' \tag{5-13}$$

②按主力+附加力计算时：

$$|e'| \leqslant 0.35B' \tag{5-14}$$

式中：B'——墙身截面宽度(m)。

截面检算时,法向压应力应小于所用材料的容许压应力。出现拉应力时,拉应力应小于容许抗弯曲拉应力,此时尚应检算应力重分布的最大压应力,其值不得大于容许压应力。

当主力与附加力或特殊力组合时,除纯剪应力外,应将材料的容许应力乘以不同的提高系数。当主力和附加力组合时乘以1.30,当主力和特殊力组合时乘以1.40;当主力和地震力组合时应符合现行《铁路工程抗震设计规范》(GB 50111)的相关规定,即对于混凝土、片石混凝土和石砌体,在剪应力、弯曲拉应力检算时,材料容许应力修正系数取1.00,在压应力检算时,材料容许应力修正系数取1.50。

5.2.3 极限状态法设计

1)抗滑动稳定性检算

挡土墙的抗滑动稳定性按式(3-16)进行承载能力极限状态检算,不平衡作用组合效应设计值和平衡作用组合效应设计值分别按式(5-15)和式(5-16)计算。基底下有软弱土层时,尚应检算该土层的滑动稳定性。

$$S_{d,dst} = \gamma_{E1} E_x + F_{hE} \tag{5-15}$$

$$S_{d,stb} = [\gamma_G W + \gamma_{E2}(E_y + E'_x \tan\alpha_0)]f' + (\gamma_G W + \gamma_{E2} E_y)\tan\alpha_0 \tag{5-16}$$

式中:W——作用于基底上的墙身重力标准值,浸水时应扣除浸水部分墙身的浮力(kN);

E_y——一般地区、浸水地区或地震地区,墙后土压力的总竖向分力标准值,挡土墙浸水时,应扣除浸水部分岩土的浮力;出现第二破裂面时,含主动土压力及实际墙背与第二破裂面之间岩土的重力(kN);

E_x——一般地区、浸水地区或地震地区,墙后主动土压力水平分力标准值(kN);

F_{hE}——地震时,作用于墙体质心和墙背与第二破裂面间岩土质心处的水平地震力之和的标准值(kN);

E'_x——总水平力标准值(kN),$E'_x = E_x + F_{hE}$;

γ_G——重力平衡作用分项系数,取值按表5-5确定;

γ_{E1}——土压力不平衡作用分项系数,取值按表5-5确定;

γ_{E2}——土压力平衡作用分项系数,取值按表5-5确定;

α_0——基底倾斜角度(°);

f'——基底与地基层间的摩擦系数极限值,宜根据试验资料确定,当有经验时,也可按$f' = 1.5f$计算。

抗滑动稳定性承载能力极限状态设计分项系数　　表5-5

分项系数			组合Ⅰ		组合Ⅱ	组合Ⅲ	组合Ⅳ
			永久荷载、永久荷载+主可变荷载		组合Ⅰ+施工荷载	组合Ⅰ+偶然荷载	组合Ⅰ+地震荷载
			无水	常水位			
不平衡作用	γ_{E1}	衡重式	1.25	1.30	1.25	1.25	1.30
		重力式	1.35	1.30	1.25	1.20	1.30

续上表

分项系数				组合Ⅰ		组合Ⅱ	组合Ⅲ	组合Ⅳ
				永久荷载、永久荷载+主可变荷载		组合Ⅰ+施工荷载	组合Ⅰ+偶然荷载	组合Ⅰ+地震荷载
				无水	常水位			
平衡作用	墙体重力	γ_G	衡重式	0.75	0.70	0.90	0.70	0.90
			重力式	0.90	0.65	0.90	0.65	0.90
	竖向土压力	γ_{E2}	衡重式	0.85	0.65	0.85	0.70	0.85
			重力式	0.70	0.70	0.85	0.85	0.95

注:1. 设计结果应采用以上可能组合的最不利计算结果。
   2. 洪水位时选择组合Ⅲ的分项系数。

表5-5中给出了重力式挡土墙一般地区、浸水地区和地震地区等工况下的抗滑动极限状态设计式中的分项系数,分项系数对应于采用《铁路路基支挡结构设计规范》(TB 10025—2019)设计的挡土墙的平均可靠指标。按表5-5提供的分项系数进行设计,当进行抗滑控制设计时,相对于总安全系数法设计的挡土墙截面积增量的绝对值在5%内。

2)抗倾覆稳定性检算

挡土墙的抗倾覆稳定性应按式(3-16)进行承载能力极限状态检算,不平衡作用组合效应设计值和平衡作用组合效应设计值分别按式(5-17)和式(5-18)计算。

$$S_{d,dst} = \gamma_{E1} E_x Z_x + F_{hE} Z_{hE} \tag{5-17}$$

$$S_{d,stb} = \gamma_G W Z_w + \gamma_{E2} E_y Z_y \tag{5-18}$$

式中:Z_{hE}——水平地震力到墙趾的距离(m);

Z_w——墙身自重及墙顶以上恒载自重合力重心到墙趾的距离(m);

Z_y——墙后土压力的总竖向分力到墙趾的距离(m);

Z_x——墙后土压力的水平分力到墙趾的距离(m);

其他参数符号含义同上。

式(5-17)和式(5-18)包括了一般工况、浸水工况和地震工况,不同设计状况下分项系数取值见表5-6。

抗倾覆稳定性承载能力极限状态设计分项系数 表5-6

分项系数				组合Ⅰ		组合Ⅱ	组合Ⅲ	组合Ⅳ
				永久荷载;永久荷载+主可变荷载		组合Ⅰ+施工荷载	组合Ⅰ+偶然荷载	组合Ⅰ+地震荷载
				无水	常水位			
不平衡作用		γ_{E1}	衡重式	1.50	1.50	1.28	1.30	1.35
			重力式	1.30	1.45	1.28	1.30	1.35
平衡作用	墙体重力	γ_G	衡重式	1.00	0.95	1.00	0.90	1.00
			重力式	0.80	1.00	1.00	0.90	1.00
	竖向土压力	γ_{E2}	衡重式	0.85	0.90	0.95	0.90	0.90
			重力式	0.90	0.80	0.95	0.85	0.90

注:同表5-5。

3) 基底压应力检算

偏心距的计算同总安全系数法一样。当地基处于弹性状态时,挡土墙基底压应力可按式(3-29)进行正常使用极限状态检算。墙趾、墙踵及基地平均压力标准值按式(5-19)~式(5-22)计算。基底压应力设计值和正常使用限定值分别按式(5-23)和式(5-24)计算。

当 $|e| \leqslant \dfrac{B}{6}$ 时,

$$\sigma_{1k,2k} = \frac{N'}{B}\left(1 \pm \frac{6e}{B}\right) \tag{5-19}$$

当 $e > \dfrac{B}{6}$ 时,

$$\sigma_{1k} = \frac{2N'}{3c}, \sigma_{2k} = 0 \tag{5-20}$$

当 $e < -\dfrac{B}{6}$ 时,

$$\sigma_{1k} = 0, \sigma_{2k} = \frac{2N'}{3(B-c)} \tag{5-21}$$

$$\sigma_{pk} = \frac{\sigma_{1k} + \sigma_{2k}}{2} \tag{5-22}$$

$$S_d = \sigma_{1k} \text{ 或 } S_d = \sigma_{2k} \text{ 或 } S_d = \sigma_{pk} \tag{5-23}$$

$$C_d = \gamma_\sigma \sigma_a \tag{5-24}$$

式中:σ_{1k}——挡土墙趾部的压应力标准值(kPa);
σ_{2k}——挡土墙踵部的压应力标准值(kPa);
σ_{pk}——挡土墙基底平均压应力标准值(kPa);
σ_a——地基承载力特征值(kPa);
γ_σ——基底承载力特征值调整系数,其取值见表5-7。

基底承载力特征值调整系数 γ_σ 取值 表5-7

检算项目	组合Ⅰ 永久荷载	组合Ⅱ 永久作用+主可变荷载	组合Ⅴ					
			组合Ⅲ 组合Ⅰ+施工荷载	组合Ⅳ 组合Ⅰ+偶然荷载	组合Ⅰ+地震荷载			
					a	b	c	d
墙趾处地基承载力	1.0	1.0	1.2	1.2	1.5	1.4	1.3	1.2
墙踵处地基承载力	1.3	1.3	1.5	1.5	1.95	1.82	1.69	1.56
地基平均承载力	1.0	1.0	1.2	1.2	1.5	1.4	1.3	1.2

注:表中编号 a、b、c、d 与表5-3对应。

当 $e > B/6$ 时,墙踵将出现拉应力,基底应力会发生重分布。应力重分布的原则是保证基底应力的面积等于 N 或 N',应力形心和 N 或 N' 在一条直线上。式(5-21)是墙趾出现拉应力的情况,推导过程实际上与墙踵出现拉应力时的推导一样。

基底压应力检算时,地基抗力采用特征值,压应力采用标准值。持久设计状况下地基抗力采用特征值和容许应力法的容许值是一样的。偶然设计状况和地震设计状况以及短暂设计状况下,地基承载力特征值乘以的"调整系数",实际上就是容许承载力的提高系数。

对于一般土层和软质岩地层,当基础的宽度 B 超过 2.0m,墙趾的埋置深度 h 超过 3.0m,且 $h/B \leqslant 4.0$ 时,式(5-24)中的地基承载力特征值可进行深宽修正。

4）截面检算

墙身截面强度检算包括偏心距、抗压、抗弯、抗剪检算等。

（1）检算截面的合力偏心距 $|e'|$ 按以下公式计算。

采用荷载组合Ⅰ时：

$$|e'| \leqslant 0.3B' \tag{5-25}$$

采用荷载组合Ⅱ、Ⅲ、Ⅳ时：

$$|e'| \leqslant 0.35B' \tag{5-26}$$

式中：B'——墙身截面宽度(m)。

（2）正截面抗压和抗弯检算按《混凝土结构设计规范》(GB 50010—2010)附录 D 设计,斜截面抗剪计算按该规范第 6.3.1 条设计。

检算墙身截面上可能产生正、负偏心值,故用绝对值 $|e'|$ 表示。由于墙体材料能承受一定的拉力,因此其偏心距控制值较基底的大。

5.3 欧洲标准的重力式挡土墙设计

欧洲标准是当下采用极限状态设计法最完整的地区性标准,本节将主要介绍欧洲标准中重力式挡土墙的设计方法。

5.3.1 土压力计算

Eurocode 7 规定,土压力的计算应根据验收方式和位移量以及应变确定,并在附录 C 中给出了影响土压力限值的相对位移数据。在计算主被动土压力时并未严格指定计算方法,只在附录 C 中,给出 Absi 理论的主被动土压力计算公式。此外,若土压力相对位移数据处于主被动土压力之间时,可通过使用经验方法或有限元分析方法来计算。由外部荷载产生的土压力一般按照塑性理论单独计算,详见第 4 章。

5.3.2 极限状态法设计

本节将结合英、法两国的国家标准和附录,具体介绍欧洲标准重力式挡土墙极限状态法各功能项的设计规定,涉及到的分项系数取值请参考第 3 章国内外标准主要差异部分,各功能项的检算如下。

1）抗滑动稳定性检算

（1）英国标准

英国标准规定,挡土墙的抗滑动稳定性按式(5-27)进行承载能力极限状态检算。

$$H_d \leq R_d + R_{p;d} \tag{5-27}$$

式中：H_d——滑动作用设计值；

R_d——抗滑作用设计值；

$R_{p;d}$——墙前被动土压力作用设计值。

其中，在排水情况下，抗滑效应设计值 R_d 按式(5-28)计算；在非排水情况，抗滑效应设计值 R_d 按式(5-29)计算。

$$R_d = V'_d \tan\delta_d \quad 或 \quad R_d = \frac{V'_d \tan\delta_k}{\gamma_{R;h}} \tag{5-28}$$

式中：V'_d——竖向作用设计值；

δ_d——墙背摩擦角设计值；

$\gamma_{R;h}$——滑动抗力分项系数。

$$R_d = A_c c_{u;d} \quad 或 \quad R_d = \frac{A_c c_{u;k}}{\gamma_{R;h}} \tag{5-29}$$

式中：A_c——基础受压面积；

$c_{u;d}$——不排水抗剪强度设计值；

$c_{u;k}$——不排水抗剪强度标准值。

(2)法国标准

法国标准规定，挡土墙的抗滑动稳定性按式(5-30)进行承载能力极限状态检算。

$$H_d \leq R_{h;d} + R_{p;d} \tag{5-30}$$

式中：H_d——水平作用设计值，作用分项系数按本书第 3 章选取；

$R_{p;d}$——挡土墙基础正面及侧面的抗力设计值，通常情况下可不考虑该抗力作用；

$R_{h;d}$——挡土墙基底抗滑移力设计值。

对于饱和黏土($C_u = 0, \varphi_u \approx 0$)，$R_{h;d}$ 采用下式计算：

$$R_{h;d} = \min\left\{\frac{A'c_{u;k}}{\gamma_{R;h}\gamma_{R;d;h}}; 0.4V_d\right\} \tag{5-31}$$

式中：$\gamma_{R;h}$——抗力分项系数，取 1.1；

$\gamma_{R;d;h}$——计算模型修正系数，取 0.9；

A'——挡土墙基底有效面积；

$C_{u;k}$——土体不排水抗剪强度标准值；

V_d——传递至挡土墙墙底的竖向荷载。

对于粗粒土($\varphi' > 0$)，$R_{h;d}$ 采用下式计算。

$$R_{h;d} = \frac{V_d \tan\delta_{a;k}}{\gamma_{R;h}\gamma_{R;d;h}} \tag{5-32}$$

式中：$\delta_{a;k}$——挡土墙基底与土体的摩擦角特征值，现浇挡土墙取可取土体残余内摩擦角，预制挡土墙取 2/3 倍的土体残余内摩擦角；

其他符号含义同前。

如只考虑土体产生的土压力,计算 H_d 时作用分项系数取 1.35,考虑抗力分项系数 1.1 和计算模型修正系数 0.9,则法国规范对应的抗滑移总安全系数为 $1.35 \times 1.1 \times 0.9 = 1.34$,略大于铁路支挡规范所要求的 1.3。

(3) 中、英、法标准规定的差异

综上可知,我国标准抗滑检算式不考虑墙前被动土压力,而英国、法国标准考虑墙前被动土压力,两者只是表达式形式有所不同。在抗滑作用计算上,英国标准根据土体排水情况分类给出。法国标准对于饱和软土和粗粒土两种不同土性地基采用了不同的基底抗滑力计算方法,其中饱和软土考虑了黏聚力的贡献,粗粒土依据土体残余内摩擦角来计算基底摩擦系数。我国铁路支挡标准给出了碎、砂、粉、黏各类土的经验摩擦系数,以砂类土为例,我国铁路支挡标准建议的基底摩擦系数为 0.3~0.4,需说明的是,我国标准此参数为经验值而非极限值,根据以往的调查和试验,摩擦系数极限值与经验值之间存在约 1.5 倍的关系,因此我国铁路支挡标准砂类土基底摩擦系数极限值为 0.45~0.6,而依据法国标准此值为 $\tan(35°) = 0.7$,这导致抗滑力结果上有一定的差异。

2) 抗倾覆稳定性检算

(1) 英国标准

英国标准规定,挡土墙的抗倾覆稳定性按式(5-33)进行承载能力极限状态检算。

$$E_{dst;d} \leq E_{stb;d} + T_d \tag{5-33}$$

式中:$E_{dst;d}$——作用于墙趾点的失稳作用效应设计值,具体为 $E_{dst;d} = E\{\gamma_F F_{rep}; X_k/\gamma_M; a_d\}_{dst}$,可以看到其由力作用、材料参数、几何参数等三部分组成;

$E_{stb;d}$——作用于墙趾点的稳定作用效应设计值,具体为 $E_{stb;d} = E\{\gamma_F F_{rep}; X_k/\gamma_M; a_d\}_{stb}$,可以看到其也由力作用、材料参数、几何参数等三部分组成;

T_d——对一块布置有抗拉群桩的土体或就结构而言,与地面相接触部分总抗剪力的设计值。

(2) 法国标准

法国标准没有将倾覆列入挡土墙的破坏模式中,故无此检算项。

3) 承载力检算

(1) 英国标准

英国标准规定,挡土墙承载力检算需进行地基极限承载力、沉降、偏心距等三方面检算,具体如下。

① 地基极限承载力

挡土墙的地基极限承载力按式(5-34)进行承载能力极限状态检算。

$$V_d \leq R_d \tag{5-34}$$

式中:V_d——竖向荷载或总作用中垂直于基底部分分量的设计值,包括基础自重、回填土的重力和所受竖向土压力,不管是有利还是不利作用,不是由基础荷载引起的水压力应作为作用包含在其内。

$$\sigma_{V_d} = \frac{V_d}{B - 2e} \tag{5-35}$$

$$\sigma_{V_d} = \frac{(\pi + 2)c_u b_c s_c i_c + q}{\gamma_{R;v}} \tag{5-36}$$

式中：b_c——地基基础的倾角系数；

s_c——基础的形状系数；

i_c——荷载的倾角系数。

其中，在排水情况下，地基承载力设计值 σ_{V_d} 按式(5-35)计算；在非排水情况，地基承载力设计值 σ_{V_d} 按式(5-36)计算。b_c、s_c、i_c 的计算公式见表5-8。

式(5-36)中的无量纲系数计算公式　　　表5-8

系数	地基基础的倾角系数	基础形状系数（长方形）	荷载倾角系数
计算公式	$b_c = 1 - 2a/(\pi + 2)$	$s_c = 1 + 0.2(B'/L')$	由水平荷载H引起：$i_c = \dfrac{1}{2}\left(1 + \sqrt{1 - \dfrac{H}{A'c_u}}\right)$

注：1. B' 为有效宽度，L' 为有效长度。

2. $H \leqslant A'c_u$。

$$\sigma_{R_d} = \frac{c'N_c b_c s_c i_c + q'N_q b_q s_q i_q + 0.5\gamma' B' N_\gamma b_\gamma s_\gamma i_\gamma}{\gamma_{R;v}} \tag{5-37}$$

式中：c'、q'、γ'——无量纲系数设计值；

N_c、N_q、N_γ——支撑抗力；

b_c、b_q、b_γ——地基基础的倾角系数；

s_c、s_q、s_γ——基础形状系数；

i_c、i_q、i_γ——荷载倾角系数。

式(5-37)中的各参数设计值见表5-9。

式(5-37)中的各参数设计值　　　表5-9

支撑抗力	地基基础的倾角系数	基础形状（长方形）系数	荷载倾角系数
$N_q = e^{\pi\tan\varphi'}\tan^2(45° + \varphi'/2)$	$b_c = b_q - \dfrac{1 - b_q}{N_c\tan\varphi'}$	$s_q = 1 + \dfrac{B'}{L'}\sin\varphi'$	$i_c = i_q - \dfrac{1 - i_q}{N_c\tan\varphi'}$
$N_c = (N_q - 1)\cot\varphi'$	$b_q = b_\gamma = (1 - \alpha \cdot \tan\varphi')^2$	$s_\gamma = 1 - 0.3\left(\dfrac{B'}{L'}\right)$	$i_q = \left(1 - \dfrac{H}{V + A'c'\cot\varphi'}\right)^m$
$N_\gamma = 2(N_q - 1)\tan^2\varphi'$		$s_c = \dfrac{s_q N_q - 1}{N_q - 1}$	$i_\gamma = \left(1 - \dfrac{H}{V + A'c'\cot\varphi'}\right)^{m+1}$

注：$\delta \geqslant \varphi'/2$（粗糙基底），$m = m_B = [2 + (B'/L')]/[1 + (B'/L')]$；如果水平荷载分量在与 L' 方向形成 θ 夹角的方向上作用，则可按下列公式计算 m：$m = m_\theta = m_L\cos^2\theta + m_B\sin^2\theta$。

式(5-34)是 EN 1997-1 附录 D 中给出的，该承载能力公式忽略了普遍存在的深度和地面倾角系数。忽略深度系数不经济，忽略地面倾角系数不安全。为此，英国标准（BS8004）给出了更为详细的粗粒土上的有效应力参数的极限承载力公式，如式(5-38)所示。

$$\sigma_{R_d} = \frac{c'N_c b_c s_c i_c d_c g_c r_c + q'N_q b_q s_q i_q d_q g_q r_q + 0.5\gamma' B' N_\gamma b_\gamma s_\gamma i_\gamma d_\gamma g_\gamma r_\gamma}{\gamma_{R;v}} \tag{5-38}$$

上式中符号较多，在此不一一列出，详见 BS8004 第 5.4.1.2 节。

②沉降检算

挡土墙的基础沉降应按下式进行正常使用极限状态检算。

$$E_d \leqslant C_d \tag{5-39}$$

上式可进一步改写为：

$$s_{E_d} = s_0 + s_1 + s_2 \leqslant s_{C_d}$$

式中：s_{E_d}——总沉降；

s_{C_d}——沉降限定值；

s_0——瞬时沉降；

s_1——由固结作用引起的沉降；

s_2——由徐变作用引起的沉降。

③偏心距检算

英国标准规定偏心距检算公式如下：

$$e \leqslant \frac{B}{6} \tag{5-40}$$

式中：B——基础宽度；

e——偏心距，$e = \frac{B}{2} - \frac{M_{\text{Ed,stb}} - M_{\text{Ed,dst}}}{V_d}$。

(2)法国标准

法国标准规定，无论在承载能力极限状态下还是在正常使用极限状态下，都要对基底承载力进行检算。挡土墙基底承载力检算包括承载力检算和偏心距检算两方面。

①承载力检算

承载力检算需要满足下式：

$$V_d - R_0 \leqslant R_{v;d} \tag{5-41}$$

$$R_{v;d} = \frac{A' q_{\text{net}}}{\gamma_{\text{R;d;v}} \gamma_{\text{R;v}}} \tag{5-42}$$

式中：V_d——由挡土墙传递的竖向荷载设计值；

R_0——施工完成后墙前回填土体高程至挡土墙基底范围内土体的重量，实际是考虑了基础埋置深度的影响，对基底抗力进行了修正；

$R_{v;d}$——土体抗力设计值；

$\gamma_{\text{R;v}}$——抗力分项系数，承载能力极限状态下，基本组合取1.4，偶然组合取1.2；正常使用极限状态下，准永久组合和标准组合均取2.3；

$\gamma_{\text{R;d;v}}$——计算模型修正系数，与承载力计算模型有关，当承载力由旁压试验或触探试验确定时取1.0；当承载力由土体不排水抗剪强度指标确定时取1.0；当承载力由土体排水抗剪强度指标确定时取1.7；

q_{net}——土体净承载力，根据土体承载力测试方法采取相应的公式换算得到；

A'——挡土墙墙底有效接触面积。

依据国内标准在确定承载力特征值时，可取极限荷载的一半，近似认为承载力安全系数2.0；按照法国标准规定，正常使用极限状态下荷载分项系数为1.0，抗力分项系数为2.3，总安全系数为2.3，则两规范相差不多。

按照法国习惯,土体承载力由触探试验、旁压试验或剪切试验确定,根据试验结果推导承载力的过程此处不再赘述。

② 偏心距检算

承载能力极限状态下,偏心距需要满足下式:

$$1 - \frac{2e}{B} \geq \frac{1}{15} \tag{5-43}$$

即 $e \leq 7B/15$,满足此式意味着挡土墙基底零应力区面积不超过基底面积的 90%。

在正常使用极限状态下,偏心距需要满足下式:

$$1 - \frac{2e}{B} \geq \frac{1}{2} \tag{5-44}$$

即 $e \leq B/4$。

(3) 中、英、法标准规定的差异

综上可知,从承载力检算内容上看,英国标准有沉降检算,而我国与法国标准无此规定;英、法两国标准在荷载(作用)计算上均根据埋深进行了深度修正,我国标准在执行过程中一般不进行此修正;土体的承载能力,我国标准根据地基情况给出相应的经验值,英、法标准规定可根据现场试验结果给出此值;在偏心距限定值方面,法国标准分承载能力极限状态和正常使用极限状态给出,而英国标准与我国标准均只给出正常使用极限状态限定值,在具体数值上,三者也差异明显,整体来说,中、英大体相当,法国更严格。

4) 利用率

欧洲标准在进行功能检算时,采用利用率 Λ 衡量结构功能的利用程度,其计算公式如下:

$$\Lambda = \frac{\text{作用}}{\text{抗力}} \times 100\% \tag{5-45}$$

利用率表示结构在设计完成后实际使用过程中的安全储备。在相同评价方法下,不同结构设计尺寸比较时,利用率越低,所设计的结构尺寸越大,结构偏于可靠,利用率越高,所设计的结构尺寸越小,结构偏于冒进。当利用率小于 1 时表明结构检算是满足要求的,当利用率大于 1 时,表明结构检算不满足要求,需要做一定调整。而在相同结构设计尺寸下,不同评价方法比较时,利用率越低,表明采用该种评价方法所设计出的结构尺寸可靠度水平较低,利用率越高,表明采用该种评价方法所设计出的结构尺寸可靠度水平较高。

引入利用率概念后,抗滑动、抗倾覆和承载力检算式可分别转化为式(5-46)~式(5-48)。

$$\Lambda = \frac{H_d}{R_d + R_{p;d}} \times 100\% \leq 100\% \tag{5-46}$$

$$\Lambda = \frac{E_{dst;d}}{E_{stb;d} + T_d} \times 100\% \leq 100\% \tag{5-47}$$

$$\Lambda = \frac{\sigma_{Vd}}{\sigma_{Rd}} \times 100\% \leq 100\% \tag{5-48}$$

5.4 设计算例

为了对比分析中欧标准设计重力式挡土墙所产生的实际差异,本节选取铁路中常用的重力式路堑墙,分别按照总安全系数法、极限状态法、欧洲标准(英国)方法、欧洲标准(法国)方法进行计算,展示了不同设计方法下,重力式挡土墙结构设计完整的检算过程。下述4个算例中均选用相同的墙身尺寸进行检算。

5.4.1 基于我国铁路标准总安全系数法的重力式路堑墙设计算例

以我国《铁路路基支挡结构设计规范》(TB 10025—2019)安全系数设计法的规定为准则,重力式路堑墙设计算例如下。

1)已知条件

(1)墙背填料和地基参数:$\varphi = 35°$,$\gamma = 19\text{kN/m}^3$,$f = 0.3$,$[\sigma] = 200\text{kPa}$,$f' = 1.5f = 0.45$,$\sigma_a = 200\text{kPa}$。

(2)边界条件:坡率 $1:M = 1:2.0$,墙顶平台宽度 $W = 0\text{m}$。

(3)墙体参数:重度为 23.00kN/m^3,墙背摩擦角 $\delta = 17.5°$。

重力式挡土墙横断面布置示意图如图5-6所示,挡土墙尺寸设计结果见表5-10。

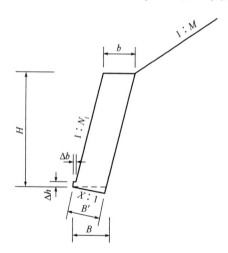

图5-6 重力式挡土墙横断面布置示意图

重力式路堑墙尺寸设计结果(总安全系数法)(单位:m) 表5-10

H	b	B	B'	x	h_1	Δb_1	Δh_1	A
2.0	0.50	0.50	0.49	0.2	0.10	0	0	1.02
3.0	0.67	0.67	0.65	0.2	0.13	0	0	2.05
4.0	0.90	0.90	0.87	0.2	0.17	0	0	3.68
5.0	1.11	1.21	1.18	0.2	0.23	0.10	0.60	5.75

续上表

H	b	B	B'	x	h_1	Δb_1	Δh_1	A
6.0	1.33	1.48	1.44	0.2	0.28	0.15	0.60	8.28
7.0	1.55	1.80	1.75	0.2	0.34	0.25	0.60	11.31
8.0	1.80	2.05	1.99	0.2	0.39	0.25	0.60	14.95

2) 受力计算

选择墙高 $H=5\mathrm{m}$ 详述其设计检算过程,墙体所受力系及其作用点如图5-7所示。

(1) 墙背土压力计算结果

土压力计算按照库仑主动土压力理论计算。

水平土压力分量:$E_x=61.26\mathrm{kN}$。

竖直土压力分量:$E_y=3.71\mathrm{kN}$。

水平土压力对墙趾的力臂:$Z_x=1.513\mathrm{m}$。

竖直土压力对墙趾的力臂:$Z_y=1.588\mathrm{m}$。

水平土压力对墙趾的力矩:$M_x=E_x Z_x=92.69\mathrm{kN\cdot m}$。

竖直土压力对墙趾的力矩:$M_y=E_y Z_y=5.89\mathrm{kN\cdot m}$。

(2) 墙身自重力系计算结果

自重力:$W=132.24\mathrm{kN}$。

自重对墙趾的力臂:$Z_w=1.256\mathrm{m}$。

自重对墙趾的力矩:$W_w=W Z_w=166.09\mathrm{kN\cdot m}$。

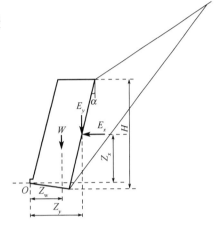

图5-7 土压力计算示意图

3) 外部稳定性检算

(1) 抗滑动稳定性检算

抗滑动应满足 $R/T \geqslant K_c$,一般工况下 $K_c=1.3$,本算例中:

$T = E_x' - N\tan\alpha_0 = 61.26 - (3.71+132.24)\times 0.2 = 34.07\mathrm{kN}$

$R = [N+(E_x'-E_p)\tan\alpha_0]f + E_p = [(3.71+132.24)+61.26\times 0.2]\times 0.3 = 44.46\mathrm{kN}$

$\dfrac{R}{T} = \dfrac{44.46}{34.07} = 1.305 \geqslant K_c = 1.3$

因此,抗滑动稳定性满足要求。

(2) 抗倾覆稳定性检算

抗倾覆应满足 $M_y/M_0 \geqslant K_0$,一般工况下 $K_0=1.6$,本算例中:

$M_0 = E_x Z_x + F_{hE} Z_{hE} = 92.69\mathrm{kN\cdot m}$

$M_y = W Z_w + E_y Z_y + E_p Z_p = 166.09 + 5.89 = 171.98\mathrm{kN\cdot m}$

$\dfrac{M_y}{M_0} = \dfrac{171.98}{92.69} = 1.855 \geqslant K_0 = 1.6$

因此,抗倾覆稳定性满足要求。

(3) 基底压应力检算

基底压应力按正常使用极限状态进行检算,步骤如下。

①挡土墙总竖向作用力：

$$N' = N\cos\alpha_0 + E'_x\sin\alpha_0$$
$$= (3.71 + 132.24) \times \cos11.31° + 61.26 \times \sin11.31° = 145.32\text{kN}$$

②偏心距：

$$e = \frac{B'}{2} - c = \frac{B'}{2} - \frac{M_y - M_0}{N'}$$
$$= \frac{1.18}{2} - \frac{171.98 - 92.69}{145.32} = 0.044\text{m}$$

$$\frac{B'}{6} = \frac{1.18}{6} = 0.1967\text{m}$$

$$|e| = 0.044\text{m} \leq \frac{B'}{6} = 0.1967\text{m}$$

$$\sigma_{\text{趾}} = \frac{\sum N'}{B'}\left(1 + \frac{6e}{B'}\right) = \frac{145.32}{1.18}\left(1 + \frac{6 \times 0.044}{1.18}\right) = 150.71\text{kPa}$$

$$\sigma_{\text{踵}} = \frac{\sum N'}{B'}\left(1 - \frac{6e}{B'}\right) = \frac{145.32}{1.18}\left(1 - \frac{6 \times 0.044}{1.18}\right) = 95.60\text{kPa}$$

③基底平均压应力：

$$\sigma_{\text{平均}} = \frac{\sigma_{\text{趾}} + \sigma_{\text{踵}}}{2} = \frac{150.71 + 95.60}{2} = 123.16\text{kPa}$$

基底承载力应满足 $\sigma \leq [\sigma]$，检算结果见表 5-11。

重力式路堑墙基底压应力检算结果　　　　　表 5-11

参数	$\sigma(\text{kPa})$	$[\sigma] = \gamma_\sigma\sigma_0(\text{kPa})$	是否满足 $\sigma \leq [\sigma]$ 的要求
$\sigma_{\text{趾}}$	150.71	$1.0 \times 200 = 200$	满足
$\sigma_{\text{踵}}$	95.60	$1.3 \times 200 = 260$	满足
$\sigma_{\text{平均}}$	123.16	$1.0 \times 200 = 200$	满足

4）截面检算

截面检算时土压力计算和检算截面位置如图 5-8 所示，检算步骤如下。

(1) 偏心距检算

① Ⅰ-Ⅰ截面以上的土压力和墙体自重：

$E'_x = 43.35\text{kN}, E'_y = 2.62\text{kN}, W' = 112.33\text{kN}$

Ⅰ-Ⅰ截面以上的土压力和墙体自重到 A 点的距离：

$Z'_x = 1.47\text{m}, Z'_y = 1.48\text{m}, Z'_w = 1.11\text{m}$

②对 A 点的弯矩：

$M_x = E'_x Z'_x = 63.58\text{kN} \cdot \text{m}$

$M'_y = E'_y Z'_y = 3.87\text{kN} \cdot \text{m}$

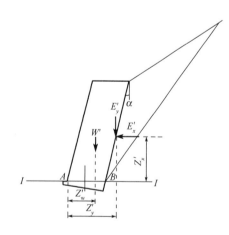

图 5-8　截面检算土压力计算示意图

$M'_w = W'Z'_w = 124.13 \text{kN} \cdot \text{m}$

偏心距计算如下:

$$e = \frac{B_{AB}}{2} - \frac{\sum M_{Ay} - \sum M_{Ax}}{N} = \frac{1.11}{2} - \frac{3.87 + 124.13 - 63.58}{2.26 + 112.33} = -0.005 \text{m}$$

按主力计算时:$|e| = 0.005\text{m} \leq 0.3 B_{AB} = 0.333\text{m}$(满足要求)。

(2) 抗剪检算

$S_d = V = E'_x = 43.35 \text{kN}$

根据《混凝土结构设计规范》(GB 50010—2010)可知,$R_d = 0.7 \beta_h f_t b h_0$。

$h_0 = B_{AB} = 1110\text{mm} < 2000\text{mm}, \beta_h = \left(\frac{800}{1110}\right)^{1/4} = 0.92$。

则$R_d = 0.7 \times 0.92 \times 1430 \times 1.0 \times 1.11 = 1022.22 \text{kN}$(采用C30混凝土计算)。

故$S_d \leq R_d$(满足要求)。

5.4.2 基于铁路标准极限状态法的重力式路堑墙设计算例

采用极限状态法设计时,其挡土墙尺寸设计结果见表5-12,与总安全系数法设计结果相比,墙高为6m和7m时,墙身尺寸有微小差异,其余墙高时,墙身尺寸一样。选择墙高$H = 5\text{m}$详述其设计检算过程,受力计算同总安全系数法。

重力式路堑墙尺寸设计结果(分项系数法)(单位:m)　　表5-12

H	b	B	B'	x	h_1	Δb_1	Δh_1	A
2.0	0.50	0.50	0.49	0.2	0.10	0	0	1.02
3.0	0.67	0.67	0.65	0.2	0.13	0	0	2.05
4.0	0.90	0.90	0.87	0.2	0.17	0	0	3.68
5.0	1.11	1.21	1.18	0.2	0.23	0.10	0.60	5.75
6.0	1.34	1.44	1.40	0.2	0.27	0.10	0.60	8.30
7.0	1.56	1.76	1.71	0.2	0.34	0.20	0.60	11.34
8.0	1.80	2.05	1.99	0.2	0.39	0.25	0.60	14.95

1) 外部稳定性检算

(1) 抗滑动稳定性检算

抗滑动稳定性检算属于平衡设计,应满足$\gamma_0 S_{d,dst} \leq S_{d,stb}$,根据式(5-15)、式(5-16)及表5-5,本算例中安全等级为Ⅱ级时,在一般工况下:$\gamma_0 = 1.0, \gamma_G = 0.90, \gamma_{E1} = 1.35, \gamma_{E2} = 0.70$。

$$\begin{aligned} S_{d,stb} &= [\gamma_G W + \gamma_{E2}(E_y + E'_x \tan \alpha_0)] f' + (\gamma_G W + \gamma_{E2} E_y) \tan \alpha_0 \\ &= [0.9 \times 132.24 + 0.7 \times (3.71 + 61.26 \times 0.2)] \times 0.45 + \\ &\quad (0.9 \times 132.24 + 0.7 \times 3.71) \times 0.2 \\ &= 82.905 \text{kN} \end{aligned}$$

$S_{d,dst} = \gamma_{E1} E_x + F_{hE} = 1.35 \times 61.26 = 82.705 \text{kN}$

$S_{d,dst} = 82.705 \text{kN} \leq S_{d,stb} = 82.905 \text{kN}$(满足要求)

(2)抗倾覆稳定性检算

抗倾覆稳定检算属于平衡设计,应满足$\gamma_0 S_{d,dst} \leqslant S_{d,stb}$,根据式(5-17)、式(5-18)及表5-6,本算例中安全等级为Ⅱ级时,在一般工况下:$\gamma_0 = 1.0, \gamma_G = 0.80, \gamma_{E1} = 1.30, \gamma_{E2} = 0.90$。

$S_{d,stb} = \gamma_G W Z_W + \gamma_{E2} E_y Z_y = 0.8 \times 166.09 + 0.9 \times 5.89 = 138.17 \text{kN} \cdot \text{m}$

$S_{d,dst} = \gamma_{E1} E_x Z_x + F_{hE} Z_{hE} = 1.30 \times 92.69 = 120.499 \text{kN} \cdot \text{m}$

$S_{d,dst} = 120.499 \text{kN} \cdot \text{m} \leqslant S_{d,stb} = 138.17 \text{kN} \cdot \text{m}(\text{满足要求})$

2)基底压应力检算

偏心距与基底压应力的计算同总安全系数法,$|e| = 0.044\text{m} \leqslant \dfrac{B'}{6} = 0.1967\text{m}$。

基底压应力检算属于正常使用检算,应满足$S_d \leqslant C_d$,检算结果见表5-13。

重力式路堑墙基底压应力检算结果 表5-13

参数	$S_d(\text{kPa})$	$C_d = \gamma_\sigma \sigma_a(\text{kPa})$	是否满足$S_d \leqslant C_d$的要求
$\sigma_趾$	150.71	$1.0 \times 200 = 200$	满足
$\sigma_踵$	95.60	$1.3 \times 200 = 260$	满足
$\sigma_{平均}$	123.16	$1.0 \times 200 = 200$	满足

3)截面检算

(1)偏心距检算

偏心距计算同总安全系数法。

采用荷载组合Ⅰ时,$|e| = 0.044\text{m} \leqslant 0.3 B_{AB} = 0.333\text{m}(\text{满足要求})$。

(2)抗剪检算

构件抗剪检算应满足$\gamma_0 S_d \leqslant R_d$,其中$\gamma_0 = 1.0, S_d = \gamma_s M_{AB}, \gamma_s$为作用效应分项系数,永久荷载取1.35。

$S_d = \gamma_s V = \gamma_s E_x' = 1.35 \times 61.26 = 79.64 \text{kN}$

$R_d = 1022.22 \text{kN}$

因此,$S_d \leqslant R_d(\text{满足要求})$。

5.4.3 基于英国标准DA1.C1方法的重力式路堑墙设计算例

1)已知条件

需要说明的是,本节所选用的地质条件与前面中国铁路一般地区重力式路堑墙一致,按照铁路设计的尺寸进行检算,参数按欧洲标准规定选取,墙体重度、墙背内摩擦角、基底摩擦系数、地基承载力参数略有差异,详见本章第5节与欧洲标准的对比。

(1)墙背岩土和地基参数

填土排水强度内摩擦角特征值$\varphi_k = 35°$,墙背岩土重度$\gamma_k = 19 \text{kN/m}^3$,填土的临界内摩擦角$\varphi_{cv,k} = 30.0°$;挡土墙底面土体内摩擦角特征值$\varphi_{k,fdn} = 30°$。

(2)墙体参数

墙体重度$\gamma_{ck} = 24 \text{kN/m}^3$。

(3)墙身尺寸

为与中国铁路标准对比,按照铁路设计的尺寸计算。$H=5\mathrm{m}, b=1.11\mathrm{m}, B=1.21\mathrm{m}, B'=1.18\mathrm{m}, x=0.2, h_1=0.23\mathrm{m}, \Delta b_1=0.1\mathrm{m}, \Delta h_1=0.6\mathrm{m}$,墙胸坡为1:0.25,墙背坡为1:0.25。

2)墙背土压力计算结果

土压力计算按照库仑主动土压力理论计算,计算公式与铁路相同,作用在墙底的作用点及力计算结果见表5-14。

采用库仑土压力理论计算结果   表5-14

荷载名称	水平力	水平作用点	竖直力	竖直作用点
主动土压力	$E_x=59.80\mathrm{kN}$	$Z_x=1.51\mathrm{m}$	$E_y=9.73\mathrm{kN}$	$Z_y=1.59\mathrm{m}$
墙体自重	—	—	$W=132.09\mathrm{kN}$	$Z_w=1.26\mathrm{m}$

3)外部稳定性检算

根据表3-16~表3-18,英国标准荷载组合1(DA1.C1)的分项系数为:有利永久作用分项系数$\gamma_{G,\mathrm{fav}}=1.0$,不利永久作用分项系数$\gamma_G=1.35$,材料分项系数$\gamma_\varphi=1.0$,抗滑移抗力分项系数$\gamma_{R;h}=1.0$,抗倾覆抗力分项系数$\gamma_{R;e}=1.0$,承载力抗力分项系数$\gamma_{R;v}=1.0$。

(1)抗滑动稳定性检算

挡土墙的抗滑动稳定性按式(5-39)进行承载能力极限状态检算,本算例计算过程如下。

①平衡作用效应:

$$R_d = \frac{\gamma_{G,\mathrm{fav}}N'\tan\delta_d}{\gamma_{R;h}} = \frac{[(\gamma_{G,\mathrm{fav}}W+\gamma_G E_y)\cos\alpha_0 + \gamma_G E_x\sin\alpha_0]\tan\delta_d}{\gamma_{R;h}}$$

$$= \frac{[(1.0\times132.09+1.35\times9.73)\times\cos11.3099°+1.35\times59.80\times\sin11.3099°]\times\tan30°}{1.0}$$

$$= 91.36\mathrm{kN}$$

②不平衡作用效应:

$$H_d = \gamma_G E_x\cos\alpha_0 - \gamma_{G,\mathrm{fav}}N\sin\alpha_0$$

$$= 1.35\times59.80\times\cos11.3099° - 1.0\times132.09\times\sin11.3099° - 1.0\times9.73\times\sin11.3099°$$

$$= 50.68\mathrm{kN}$$

③利用率:

$$\Lambda = \frac{H_d}{R_d}\times100\% = \frac{50.68}{91.36}\times100\% = 55\% \leqslant 100\%(满足要求)$$

(2)抗倾覆稳定性检算

挡土墙的抗倾覆稳定性按式(5-40)进行承载能力极限状态检算。

$$E_{\mathrm{stb};d} = \frac{M_{\mathrm{stb};d}}{\gamma_{R;e}} = \frac{WZ_W + \gamma_G E_y Z_y}{\gamma_{R;e}}$$

$$= \frac{132.09\times1.26 + 1.35\times9.73\times1.59}{1.0}$$

$$= 187.32\mathrm{kN\cdot m}$$

$$E_{\mathrm{dst};d} = \gamma_G E_x Z_x = 1.35\times59.80\times1.48 = 119.48\mathrm{kN\cdot m}$$

$$\Lambda = \frac{E_{\mathrm{dst;d}}}{E_{\mathrm{stb;d}}} \times 100\% = \frac{119.48}{187.32} \times 100\% = 64\% \leqslant 100\% \text{(满足要求)}$$

(3)地基极限承载力

挡土墙的地基极限承载力按式(5-41)进行承载能力极限状态检算。

$$\sigma_{\mathrm{Vd}} = \frac{V_{\mathrm{d}}}{B - 2e} = \frac{203.57}{1.45 - 2 \times 0.22} = 201.55\mathrm{kPa}$$

$$N_{\mathrm{q}} = \mathrm{e}^{\pi \tan\varphi} \tan^2\left(45 + \frac{\varphi}{2}\right) = 33.30$$

$$N_{\gamma} = 2(N_{\mathrm{q}} - 1)\tan\varphi = 45.23$$

$$b_{\gamma} = (1 - \alpha\tan\varphi)^2 = 0.74$$

$$b_{\mathrm{q}} = b_{\gamma} = 0.74$$

$$s_{\gamma} = 1 - 0.3\frac{B'}{L'} = 1$$

$$s_{\mathrm{q}} = 1 + \frac{B'}{L'}\sin\varphi' = 1$$

$$m = \frac{2 + \frac{B'}{L'}}{1 + \frac{B'}{L'}} = 2$$

$$i_{\gamma} = \left(1 - \frac{H}{V + A'c'\cot\varphi}\right)^{m+1} = 0.42$$

$$i_{\mathrm{q}} = \left(1 - \frac{H}{V + A'c'\cot\varphi}\right)^{m} = 0.56$$

$$\sigma_{\mathrm{Rd}} = \frac{R}{\gamma_{\mathrm{R;v}}} = \frac{c'N_{\mathrm{c}}b_{\mathrm{c}}s_{\mathrm{c}}i_{\mathrm{c}} + q'N_{\mathrm{q}}b_{\mathrm{q}}s_{\mathrm{q}}i_{\mathrm{q}} + 0.5\gamma'B'N_{\gamma}b_{\gamma}s_{\gamma}i_{\gamma}}{\gamma_{\mathrm{R;v}}} = 360.97\mathrm{kPa}$$

利用率:$\Lambda = \frac{\sigma_{\mathrm{Vd}}}{\sigma_{\mathrm{Rd}}} \times 100\% = \frac{201.55}{360.97} \times 100\% = 56\% \leqslant 100\%$(满足要求)

(4)偏心距检算

按式(5-47)进行偏心距检算。

$$V_{\mathrm{d}} = \gamma_{\mathrm{G}}N' = \gamma_{\mathrm{G}}[(W + E_y)\cos\alpha_0 + E_x\sin\alpha_0]$$
$$= 1.35 \times [(132.09 + 9.73) \times \cos11.3099° + 59.80 \times \sin11.3099°]$$
$$= 203.57\mathrm{kN}$$

$$|e| = \frac{B}{2} - \frac{M_{\mathrm{stb;d}} - M_{\mathrm{dst,d}}}{V_{\mathrm{d}}} = \frac{1.11}{2} - \frac{187.32 - 119.48}{203.57} = 0.22\mathrm{m} > \frac{B}{6} = 0.1967\mathrm{m}\text{(不满足要求)}$$

5.4.4 基于英国标准 DA1.C2 方法的重力式路堑墙设计算例

1)墙背土压力计算结果

土压力计算按库仑主动土压力理论计算,计算公式与铁路相同,作用在墙底的作用点及力计算结果见表5-15。

采用库仑土压力理论的计算结果　　　　表 5-15

荷载名称	水平力	水平作用点	竖直力	竖直作用点
主动土压力	$E_x = 98.87$ kN	$Z_x = 1.51$ m	$E_y = 9.73$ kN	$Z_y = 1.59$ m
墙体自重	—	—	$W = 132.09$ kN	$Z_w = 1.26$ m

2）外部稳定性检算

根据表 3-16～表 3-18,英国标准荷载组合 1（DA1.C2）的分项系数为：有利永久作用分项系数 $\gamma_{G,fav} = 1.0$,不利永久作用分项系数 $\gamma_G = 1.0$,材料分项系数 $\gamma_\varphi = 1.25$,抗滑移抗力分项系数 $\gamma_{R;h} = 1.0$,抗倾覆抗力分项系数 $\gamma_{R;e} = 1.0$,承载力抗力分项系数 $\gamma_{R;v} = 1.0$。

(1) 抗滑动稳定性检算

挡土墙的抗滑动稳定性按式(5-39)进行承载能力极限状态检算,本算例计算过程如下。

① 平衡作用效应：

$$R_d = \frac{\gamma_{G,fwv} N' \tan\delta_d}{\gamma_{R;h}} = \frac{[(\gamma_{G,ffw}W + \gamma_G E_y)\cos\alpha_0 + \gamma_G E_x \sin\alpha_0]\tan\frac{\delta_k}{\gamma_\varphi}}{\gamma_{R;h}}$$

$$= \frac{[(1.0 \times 132.09 + 1.0 \times 9.37) \times \cos 11.3099° + 1.0 \times 98.87 \times \sin 11.3099°] \times \tan\frac{30°}{1.25}}{1.0}$$

$$= 73.02 \text{ kN}$$

② 不平衡作用效应：

$$H_d = \gamma_G E_x \cos\alpha_0 - \gamma_{G,fw} N \sin\alpha_0$$
$$= 1.0 \times 98.87 \times \cos 11.3099° - 1.0 \times (132.09 + 9.37) \times \sin 11.3099°$$
$$= 69.21 \text{ kN}$$

③ 利用率：$\Lambda = \dfrac{H_d}{R_d} \times 100\% = \dfrac{69.21}{73.02} \times 100\% = 95\% \leqslant 100\%$（满足要求）

(2) 抗倾覆稳定性检算

挡土墙的抗倾覆稳定性按式(5-40)进行承载能力极限状态检算。

$$E_{stb;d} = \frac{M_{stb;d}}{\gamma_{R;e}} = \frac{\gamma_{G,fav}W Z_W + \gamma_G E_y Z_y}{\gamma_{R;e}} = \frac{1.0 \times 132.09 \times 1.26 + 1.0 \times 9.37 \times 1.59}{1.0}$$

$$= 181.33 \text{ kN·m}$$

$$E_{dst;d} = \gamma_G E_x Z_x = 1.0 \times 98.87 \times 1.51 = 149.29 \text{ kN·m}$$

$$\Lambda = \frac{E_{dst;d}}{E_{stb;d}} \times 100\% = \frac{149.29}{181.33} \times 100\% = 82\% \leqslant 100\%（满足要求）$$

(3) 地基极限承载力

挡土墙的地基极限承载力按式(5-41)进行承载能力极限状态检算。

$$\sigma_{V_d} = \frac{V_d}{B - 2e} = \frac{158.10}{1.11 - 2 \times 0.35} = 385.61 \text{ kPa}$$

$$N_q = e^{\pi \tan\varphi} \tan^2\left(45° + \frac{\varphi_k}{2 \times 1.25}\right) = 16.93$$

$$N_\gamma = 2(N_q - 1)\tan\varphi = 17.85$$

$$b_\gamma = (1 - \alpha\tan\varphi)^2 = 0.79$$

$$s_\gamma = 1 - 0.3\frac{B'}{L'} = 1$$

$$m = \frac{2 + \frac{B'}{L'}}{1 + \frac{B'}{L'}} = 2$$

$$i_\gamma = \left(1 - \frac{H}{V + A'c'\cot\varphi}\right)^{m+1} = 0.18$$

$$i_q = \left(1 - \frac{H}{V + A'c'\cot\varphi}\right)^m = 0.32$$

$$\sigma_{Rd} = \frac{R}{\gamma_{R;v}} = \frac{c'N_c b_c s_c i_c + q'N_q b_q s_q i_q + 0.5\gamma'B'N_\gamma b_\gamma s_\gamma i_\gamma}{\gamma_{R;v}} = 96.38 \text{kPa}$$

利用率：$\Lambda = \dfrac{\sigma_{V_d}}{\sigma_{R_d}} \times 100\% = \dfrac{385.61}{96.38} \times 100\% = 400\% \geqslant 100\%$（不满足要求）。

（4）偏心距检算

按式(5-47)进行偏心距检算。

$$V_d = \gamma_G N' = \gamma_G [(W + E_y)\cos\alpha_0 + E_x \sin\alpha_0]$$
$$= 1.0 \times [(132.09 + 9.37) \times \cos11.3099° + 98.87 \times \sin11.3099°] = 158.10 \text{kN}$$

$$|e| = \frac{B}{2} - \frac{M_{stb;d} - M_{dst;d}}{V_d} = \frac{1.11}{2} - \frac{181.33 - 149.29}{158.10} = 0.35\text{m} > \frac{B}{6} = 0.1967\text{m}（不满足要求）$$

5.4.5 基于法国标准的重力式路堑墙设计算例

1）墙背土压力计算结果

土压力计算按照库仑主动土压力理论计算，计算公式与铁路相同，作用在墙底的作用点及力计算结果见表5-16。

采用库仑土压力理论计算结果　　表5-16

荷载名称	水平力	水平作用点	竖直力	竖直作用点
主动土压力	$E_x = 59.80$ kN	$Z_x = 1.51$ m	$E_y = 9.73$ kN	$Z_y = 1.59$ m
墙体自重	—	—	$W = 132.09$ kN	$Z_w = 1.26$ m

2）外部稳定性检算

根据表3-16~表3-18，法国标准采用DA2荷载组合的分项系数为：有利永久作用分项系数$\gamma_{G,fav} = 1.0$，不利永久作用分项系数$\gamma_G = 1.35$，材料分项系数$\gamma_\varphi = 1.0$，抗滑移抗力分项系数$\gamma_{R;h} = 1.1$，抗倾覆抗力分项系数$\gamma_{R;e} = 1.4$，承载力抗力分项系数$\gamma_{R;v} = 1.0$。此外在满足欧洲标准的同时,法国标准 NF P2942-81 还规定在计算抗滑稳定性的抗力时,需增加模型系数 $\gamma_{R;d;h}=0.9$。

(1) 抗滑动稳定性检算

挡土墙的抗滑动稳定性按式(5-39)进行承载能力极限状态检算,本算例计算过程如下。

① 平衡作用效应:

$$R_d = \frac{\gamma_{G,fav} N' \tan \delta_d}{\gamma_{R;h} \gamma_{R;d;h}} = \frac{[(\gamma_{G,fav} W + \gamma_G E_y)\cos \alpha_0 + \gamma_G E_x \sin \alpha_0]\tan \delta_d}{\gamma_{R;h} \gamma_{R;d;h}}$$

$$= \frac{[(1.0 \times 132.09 + 1.35 \times 9.73) \times \cos 11.3099° + 1.35 \times 59.80 \times \sin 11.3099°] \times \tan 30°}{1.1 \times 0.9}$$

$$= 92.28 \text{kN}$$

② 不平衡作用效应:

$$H_d = \gamma_G E_x \cos \alpha_0 - \gamma_{G,fav} N \sin \alpha_0$$

$$= 1.35 \times 59.80 \times \cos 11.3099° - 1.0 \times 132.09 \times \sin 11.3099° - 1.0 \times 9.73 \times \sin 11.3099°$$

$$= 50.68 \text{kN}$$

③ 利用率: $\Lambda = \dfrac{H_d}{R_d} \times 100\% = \dfrac{50.68}{92.28} \times 100\% = 55\% \leqslant 100\%$ (满足要求)

(2) 抗倾覆稳定性检算

法国标准 NF P2942-81 不进行挡土墙抗倾覆检算。

(3) 地基极限承载力

挡土墙的地基极限承载力按式(5-41)进行承载能力极限状态检算。

$$\sigma_{Sd} = \frac{N}{B - 2e} = \frac{203.57}{1.11 - 2 \times 0.23} = 313.18 \text{kPa}$$

$$N_q = e^{\pi \tan \varphi} \tan^2 \left(45° + \frac{\varphi}{2}\right) = 33.30$$

$$N_\gamma = 2(N_q - 1)\tan \varphi = 45.23$$

$$b_\gamma = (1 - \alpha \tan \varphi)^2 = 0.74$$

$$b_q = b_\gamma = 0.74$$

$$s_\gamma = 1 - 0.3 \frac{B'}{L'} = 1$$

$$s_q = 1 + \frac{B'}{L'} \sin \varphi' = 1$$

$$m = \frac{2 + \dfrac{B'}{L'}}{1 + \dfrac{B'}{L'}} = 2$$

$$i_\gamma = \left(1 - \frac{H}{V + A'c' \cot \varphi}\right)^{m+1} = 0.42$$

$$i_q = \left(1 - \frac{H}{V + A'c' \cot \varphi}\right)^m = 0.56$$

$$\sigma_{\text{Rd}} = \frac{R}{\gamma_{\text{R,v}}} = \frac{c'N_c b_c s_c i_c + q'N_q b_q s_q i_q + 0.5\gamma'B'N_\gamma b_\gamma s_\gamma i_\gamma}{\gamma_{\text{R,v}}} = 257.83 \text{kPa}$$

利用率:$\Lambda = \frac{\sigma_{\text{Rd}}}{\sigma_{\text{Sd}}} \times 100\% = \frac{313.18}{257.83} \times 100\% = 121\% \geqslant 100\%$(不满足要求)

(4)偏心距检算

自重引起的稳定弯矩设计值为:

$$V_d = \gamma_G N' = \gamma_G [(W + E_y)\cos\alpha_0 + E_x\sin\alpha_0]$$
$$= 1.35 \times [(132.09 + 9.73) \times \cos11.3099° + 59.80 \times \sin11.3099°] = 203.57\text{kN}$$

$$e = \frac{B}{2} - \frac{M_{\text{stb;d}} - M_{\text{dst,d}}}{V_d} = \frac{1.11}{2} - \frac{187.32 - 121.90}{203.57} = 0.23\text{m}$$

法国标准 NF P2942-81 规定,在正常使用极限状态下的偏心距应满足以下要求:$1 - \frac{2e}{B} \geqslant \frac{1}{2} \Rightarrow e < \frac{B}{4}$,本算例中,$e = 0.23\text{m} < 0.278\text{m}$(满足要求)。

5.5 对比分析

5.5.1 算例结果分析

第5.4节分别按照总安全系数法、极限状态法、欧洲标准(英国)方法、欧洲标准(法国)方法对同种条件下,同一墙身尺寸重力式路堑墙进行检算,其计算结果见表5-17和表5-18。

中欧标准重力式路堑墙计算结果对比(1)　　表5-17

采用的标准类型	算例所在章节	计算方法	抗滑动检算			抗倾覆检算			备注
			作用力(kN·m)	抗力(kN·m)	利用率	作用力(kN)	抗力(kN)	利用率	
中国标准	5.4.1	总安全系数法	34.07	44.46	—	92.69	171.98	—	$\varphi = 35°$ $\delta = 17.5°$ $f = 0.3$
	5.4.2	极限状态法	82.71	82.91	100%	120.50	138.17	87%	
英国标准	5.4.3	DA1.C1　A1+M1+R1	50.68	91.36	55%	119.48	187.32	64%	$\varphi_k = 35°$ $\varphi_{\text{cv,k}} = 30°$ $\delta = 30°$ $f = \tan30°$
		DA1.C2　A2+M2+R1	69.21	73.02	95%	149.79	181.33	82%	
法国标准	5.4.4	DA2　A1+M1+R2	50.68	92.28	55%	—	—	—	

中欧标准重力式路堑墙计算结果对比(2)　　表5-18

采用的标准类型	算例所在章节	计算方法	承载力检算			偏心距检算			备注
			作用力(kPa)	抗力(kPa)	利用率	e(m)	$\frac{B}{6}$或$\frac{B}{4}$(m)	利用率	
中国标准	5.4.1	总安全系数法	123.16	200	62%	0.044	0.20	22%	$\varphi = 35°$ $\delta = 17.5°$ $f = 0.3$
	5.4.2	极限状态法	123.16	200	62%	0.044	0.20	22%	

续上表

采用的标准类型	算例所在章节	计算方法		承载力检算			偏心距检算			备注
				作用力（kPa）	抗力（kPa）	利用率	e（m）	$\frac{B}{6}$或$\frac{B}{4}$（m）	利用率	
英国标准	5.4.3	DA1.C1	A1+M1+R1	201.55	360.97	56%	0.22	0.20	110%	$\varphi_k=35°$
		DA1.C2	A2+M2+R1	385.61	96.38	400%	0.35	0.20	175%	$\varphi_{cv,k}=30°$ $\delta=30°$
法国标准	5.4.4	DA2	A1+M1+R2	313.18	257.8	121%	0.23	0.278	82.7%	$f=\tan30°$

设计计算结果对比表明：

(1)算例5.4.1铁路标准重力式路堑墙(总安全系数法)和算例5.4.2铁路标准重力式路堑墙(极限状态法)表明，同种工况下，两种方法墙体尺寸设计结果几乎无差别，主要在进行功能检算时体现两种方法的差异性。两种计算方法的主要区别是安全系数是否分项、设计参数是否被视为随机变量；其联系就是结构的可靠度水平。这就要求总安全系数分项之后，新的设计方法所设计的挡土墙结构，应与既有设计方法所设计的结构具有一致的可靠性。从算例检算结果来看，铁路路基重力式挡土墙极限状态法与总安全系数法设计具有接近的结果和同等的可靠度。

(2)中国标准(算例5.4.2)抗滑动及抗倾覆的利用率略高于英国标准(算例5.4.3)，偏心距利用率明显低于英国标准；当抗滑动控制设计(利用率100%)时，采用中国标准所设计的结构尺寸略大。

(3)中国标准(算例5.4.2)抗滑动利用率显著高于法国标准(算例5.4.4)，其主要原因是由于中、法标准在参数选取(基底摩擦系数f值)的不同造成的；偏心距利用率明显低于法国标准。当抗滑动控制设计(利用率100%)时，采用中国标准所设计的结构尺寸偏大。

(4)英、法标准(算例5.4.3和算例5.4.4)偏心距与地基承载力(除DA1.C1外)两项均不满足检算要求，原因分别如下：地基承载力检算中，中国标准采用的地基承载力特征值实为容许值，而英、法标准(算例5.4.3和算例5.4.4)的地基承载力由土体强度参数的公式计算得出，两者差异十分明显。偏心距检算中，由于中、英、法标准采用的分项系数值不同，所计算出的倾覆弯矩设计值存在差异，进而导致计算偏心距差异较大。

5.5.2 中欧标准主要差异

总结前述内容，通过分别采用中欧设计标准，从设计参数、外力计算、外部稳定性检算及设计实例对重力式挡土墙设计的全过程进行详细对比分析。整体来看，我国铁路工程技术标准与国际上使用最为广泛的技术标准(欧洲标准)存在差异，具体差异对比如下。

1)设计参数对比

参数的差异会导致设计结果存在较大的偏差，为此，通过收集、翻译大量中欧洲岩土设计标准及书籍，对重力式挡土墙设计所需要的参数进行了较全面的对比，发现中欧重力式挡土墙在设计参数选取上存在差异，包含墙体重度、土体内摩擦角、墙背摩擦角、黏聚力、基底摩擦系数、地基承载力等方面均存在较大差异，具体见表5-19和表5-20。

中欧标准挡土墙设计参数对比　　　　　　　　　　　　　　　　　　　　　　　表 5-19

设计参数	中国标准及设计手册	欧洲标准及设计手册	区别
素混凝土墙体重度 γ_w	$23kN/m^3$	$24kN/m^3$	欧洲标准中素混凝土重度略大于中国标准素混凝土重度
内摩擦角 φ_d	$\varphi_d = \varphi_k$（φ_k 为峰值内摩擦特征值）	$\varphi_d = \tan^{-1}\left(\dfrac{\tan\varphi_k}{\gamma_\varphi}\right)$	中国与欧洲的岩土内摩擦均选取岩土的峰值内摩擦角，但是欧洲标准中的内摩擦角需除以分项系数 γ_φ
墙背摩擦角 δ_d	（1）墙身混凝土或片石混凝土：$\delta_d = \varphi_k/2$。 （2）浆砌片石：$\delta_d = 2\varphi_k/3$。 （3）第二破裂面或假想墙背土体：$\delta_d = \varphi_k$	（1）$\delta_d = k\varphi_{cv,d}$； （2）$\varphi_{cv,d} = \min(\varphi_d, \varphi_{cv,k})$； （3）现浇墙背取 $k=1$，预制墙背取 $k=2/3$； （4）$\varphi_{cv,k}$ 为临界内摩擦角特征值	中国根据选用峰值内摩擦角且试验确定的墙背摩擦角选用的是铝板，墙背内摩擦角偏于安全；欧洲标准选用临界内摩擦角且对于现浇混凝土取 $k=1$，预制混凝土取 $k=2/3$
黏聚力 c_d	折算综合内摩擦角 φ_0，按下式计算： $\varphi_0 = \arctan\left(\tan\varphi_d + \dfrac{c_d}{\gamma_d H}\right)$	按黏聚力计算 $c_d = \dfrac{c_k}{\gamma_c}$	中国标准将黏聚力 c_d 折算成综合内摩擦角，按库伦理论计算土压力；欧洲标准将黏聚力按照朗肯或 Absi 理论计算土压力
基底摩擦系数 f	根据实验资料确定，有经验时按表 5-21 确定	按墙底地基内摩擦角的正切值计算 $f = \tan(\varphi_{d,fdn}) = \tan(\varphi_{k,fdn})/\gamma_\varphi$，$\varphi_{k,fdn}$ 为墙底地基内摩擦角特征值	中国标准对墙底摩擦角的正切值进行了折减；欧洲标准根据墙底地基内摩擦角的正切值计算，两者差距详见表 5-21
地基承载力 σ	通过查表获取容许承载力 $[\sigma]$	通过汉森公式，计算极限承载力 σ	（1）中国标准中 $[\sigma]$ 具有两层含义：①不超过地基的极限承载力，并且有足够的安全度；②所引起的变形不能超过建筑物的容许变形； （2）欧洲标准通过汉森公式计算极限地基承载力

基底摩擦系数对应关系　　　　　　　　　　　　　　　　　　　　　　　　　　表 5-20

地基类别	基底摩擦角 $\varphi_{k,fdn}$	中国标准 f	欧洲标准（Eurocode 7） $\tan(\varphi_{d,fdn}) = \tan(\varphi_{k,fdn})/\gamma_\varphi$	比值 $\tan(\varphi_{d,fdn})/f$
硬塑黏土	20～30	0.25～0.30	0.36～0.57	约 1.4
粉质黏土、粉土、半干硬的黏土		0.30～0.40		
砂类土	30～36	0.30～0.40	0.57～0.73	约 1.5
碎石类土		0.40～0.50		

续上表

地基类别	基底摩擦角 $\varphi_{k,\mathrm{fdn}}$	中国标准 f	欧洲标准（Eurocode 7） $\tan(\varphi_{d,\mathrm{fdn}}) = \tan(\varphi_{k,\mathrm{fdn}})/\gamma_\varphi$	比值 $\tan(\varphi_{d,\mathrm{fdn}})/f$
软质岩	28~42	0.40~0.60	0.53~0.90	约1.3
硬质岩		0.60~0.70		

注：表中欧洲规范的基底摩擦角分项系数$\gamma_\varphi = 1.0$。

2）外力计算对比

在土压力计算方面，中国标准《铁路路基支挡结构设计规范》（TB 10025—2019）对重力式挡土墙土压力计算采用哪种理论给出了详细的要求及规定；而欧洲标准（Eurocode 7）仅给出一些原则性的指导，在计算主被动土压力时并未严格指定计算方法，只在附录C中，给出Absi理论的主被动土压力计算公式。中欧标准关于土压力计算方法的差异见表5-21。

中欧标准重力式挡土墙后主动土压力计算对比 表5-21

主动土压力来源	中国标准《铁路路基支挡结构设计规范》（TB 10025—2019）	欧洲标准（Eurocode 7）
来自土体	指定具体计算方法，采用库仑理论，需计算多种组合情况下的土压力并选取最大值	未指定具体计算方法，但多采用朗肯理论或Absi理论，土压力系数可查表获取
来自荷载	（1）不单独计算荷载产生的土压力；（2）根据破裂角交于荷载不同位置时的应力图形计算土体与荷载的土压力	（1）单独计算荷载产生的土压力；（2）按照塑性理论计算

3）外部稳定性设计表达式对比

通过中欧洲岩土设计标准及书籍对比，可以发现关于挡土墙外部稳定性设计表达式（表5-22）存在以下不同：

（1）在不考虑系数的情况下，抗倾覆稳定性表达式没有差别，但中国标准所给出的设计表达式规定得非常具体。

（2）浸水工况时，抗滑稳定性表达式存在差别，欧洲标准采用不排水抗剪强度与墙底宽度之积来进行抗力计算。

（3）地基承载力计算存在差别，欧洲对于挡土墙埋入土体以下的部分，按照浅基础进行设计，根据汉森公式进行极限承载力检算，而我国铁路行业仍沿用传统的容许承载计算方法进行计算。

（4）基底偏心距的检算公式没有差别，但其基底合力偏心距限定值存在较大差别，欧洲标准规定的偏心距限定值更为严格，而我国标准的合力偏心距限定值根据不同工况及基底岩土状况的不同所选择的合力偏心距也有所不同。

中欧标准重力式挡土墙外部稳定性检算表达式对比　　　　　　　　表 5-22

项目	《铁路路基支挡结构设计规范》(TB 10025—2019)	Eurocode 7
抗滑动检算	(1) $R = [N + (E'_x - E_p)\tan\alpha_0]f + E_p$； (2) $T = E'_x - N\tan\alpha_0$； (3) 应满足 $K_c = \dfrac{R}{T} \geq [K_c]$	(1) 非浸水：$R_d = V'_d \tan\delta_d$ 或 $R_d = (V'_d \tan\delta_k)/\gamma_{R;h}$； (2) 浸水：$R_d = A_c c_{u;d}$ 或 $R_d = (A_c c_{u;k})/\gamma_{R;h}$； (3) 应满足 $R_d + R_{p;d} \geq H_d$
抗倾覆检算	(1) $M_0 = E_x Z_x + F_{hE} Z_{hE}$； (2) $M_y = WZ_w + E_y Z_y + E_p Z_p$； (3) 应满足 $K_c = \dfrac{R}{T} \geq [K_c]$	(1) $M_{Ed,dst} = E\{\gamma_F F_{rep}; X_k/\gamma_M; a_d\}_{dst}$； (2) $M_{Ed,stb} = E\{\gamma_F F_{rep}; X_k/\gamma_M; a_d\}_{stb}$； (3) 应满足 $M_{Ed,dst} \leq E_{Ed,stb} + T_d$
偏心距检算	(1) $e = \dfrac{B}{2} - c = \dfrac{B}{2} - \dfrac{M_y - M_0}{N'}$； (2) 应满足 $e \leq \dfrac{B}{KK}$，$KK = 4 \sim 6$	(1) $e = \dfrac{B}{2} - \dfrac{M_{Ek,stb} - M_{Ek,dst}}{V_d}$； (2) 应满足 $e \leq \dfrac{B}{6}$
承载力检算	应满足 $\sigma \leq [\sigma]$	(1) 非浸水：$R_d = \dfrac{c'N_c b_c s_c i_c d_c g_c r_c + q'N_q b_q s_q i_q d_q g_q r_q + 0.5\gamma'BN_\gamma b_\gamma s_\gamma i_\gamma d_\gamma g_\gamma r_\gamma}{\gamma_{R;v}}$； (2) 浸水：$R_d = \dfrac{(\pi+2)c_u b_c s_c i_c + q}{\gamma_{R;v}}$； (3) 应满足 $V_d \leq R_d$
沉降检算	—	$E_d \leq C_d$

注：1. 表中公式符号含义可参照 Eurocode 7 及《铁路路基支挡结构设计规范》(TB 10025—2019)。
　　2. 欧洲各国标准所给出的汉森公式较 Eurocode 7 更为详细，增加了深度和地面倾角系数。

4）总安全系数对比

中国标准《铁路路基支挡结构设计规范》(TB 10025—2019)采用总安全系数法进行重力式挡土墙外部稳定性检算，而欧洲标准(Eurocode 7)采用分项系数法设计，较难直接从分项系数的角度对中欧重力式挡土墙抗滑动、抗倾覆稳定性进行对比。为此，采用欧洲标准设计方法二(DA2)做近似对比分析，DA2 的优点在于分项系数作用于荷载和抗力上，与我国总安全系数法设计方法相似，可以近似转换成总安全系数对比。对比结果见表 5-23，表中的结果作了近似处理(永久及可变作用分项系数 $\gamma_G = \gamma_Q = 1.35$)，因此极限状态转化成总安全系数略低于欧洲传统总安全系数，当考虑了实际可变作用分项系数后($\gamma_Q = 1.50$)，极限状态转化成总安全系数与欧洲传统总安全系数相近。从总安全系数角度可以看出，欧洲标准抗滑动、抗倾覆稳定性整体可靠度水平高于中国标准。

中欧标准重力式挡土墙设计的总安全系数对比　　　表5-23

项目	Eurocode 7		中国总安全系数法（一般工况）
	分项系数法（DA2）	传统总安全系数法	
抗滑动稳定性系数K_c	$\dfrac{R_k/\gamma_{R;h}}{\gamma_G H_k} \geq 1.0 \Rightarrow K_c = \dfrac{R_k}{H_k} \geq \gamma_{R;h} \cdot \gamma_G = 1.485$	1.5	1.3
抗倾覆稳定性系数K_0	$\dfrac{R/\gamma_{R;e}}{\gamma_G H} \geq 1.0 \Rightarrow K_0 = \dfrac{R}{H} \geq \gamma_{R;e} \cdot \gamma_G = 1.89$	2.0	1.6

第6章 钢筋混凝土挡土墙设计方法与算例

6.1 概述

6.1.1 结构分类

钢筋混凝土挡土墙主要包括悬臂式、扶壁式和槽形挡土墙三类,各结构形式分别如下。

(1)悬臂式挡土墙:由立臂式面板、墙趾板、墙踵板三部分组成,以墙体和踵板以上土体的重力抵抗土压力的支挡结构,常见截面形式如图 6-1 所示。

(2)扶壁式挡土墙:在悬臂式挡土墙上沿墙长度方向每隔一定距离加一道扶壁,将立臂式面板与墙踵板连接起来的支挡结构,常见截面形式如图 6-2 所示。

(3)槽形挡土墙:由边墙和底板组成,是承受土压力、水压力、水浮力,并阻止地表水或地下水浸入至路基面的支挡结构,常见截面形式如图 6-3 所示。

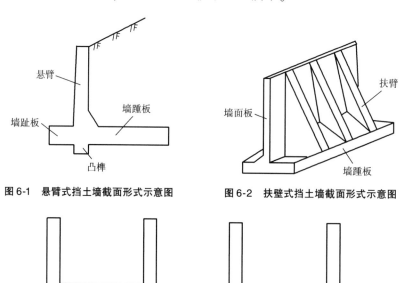

图 6-1 悬臂式挡土墙截面形式示意图　　图 6-2 扶壁式挡土墙截面形式示意图

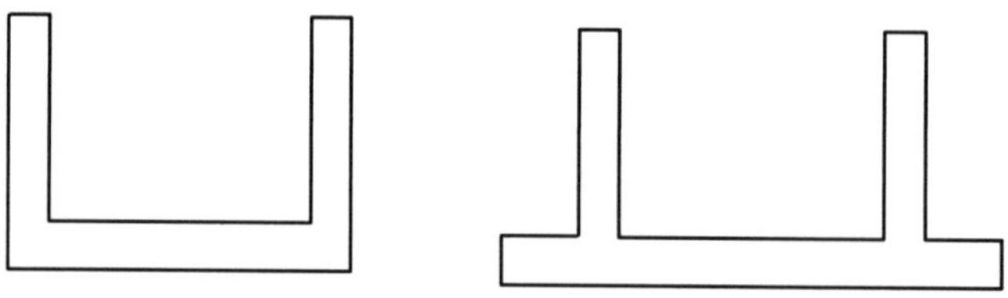

图 6-3 槽形挡土墙截面形式示意图

相比于重力式挡土墙,钢筋混凝土挡土墙是一种轻型支挡建筑物。它依靠墙身自重和墙底板以上填筑土体(包括荷载)的重量维持挡土墙的稳定,其主要特点是厚度小,自重轻,挡土高度较高,而且经济指标也比较好,适用于石料缺乏和地基承载力较低的填方地段。

悬臂式挡土墙及扶壁式挡土墙主要用于路堤地段,悬臂式挡土墙墙高不宜大于6m,扶壁式挡土墙墙高不宜大于10m。槽形挡土墙适用于地下水位较高或放坡条件受到限制的路堑地段,也可用于路堤地段。

6.1.2 破坏模式

悬臂式和扶壁式挡土墙常见的破坏模式如图6-4所示,分别为倾覆破坏、滑动破坏、承载力不足破坏和墙体内部破坏(如图中的墙踵、墙趾结构破坏)。对于槽形挡土墙,除以上破坏模式外,还有水浮力作用导致的破坏模式。破坏模式中欧基本相同,但需要注意的是,法国标准并没有把倾覆列入挡土墙的破坏模式中。这是因为法国标准认为纯粹的倾覆破坏仅发生在较为特殊的条件下(挡土墙处在岩石地基之上,且无竖向合力偏心距限制时),而一般土质上的挡土墙倾覆,都伴随着偏心距过大引起的承载力破坏。实际上法国标准对墙底偏心距有着严格限制,这与限制挡土墙的抗倾覆破坏检算有着关联关系。当满足法国标准关于承载能力极限状态下的偏心距要求时,抗倾覆稳定系数约为1.8;当满足法国标准关于承载能力极限状态下的偏心距要求时,抗倾覆稳定系数约为2.0。两种标准的稳定系数都大于《铁路路基支挡结构设计规范》(TB 10025—2019)要求的1.5的抗倾覆安全系数,因此其未将倾覆列为破坏模式之中。

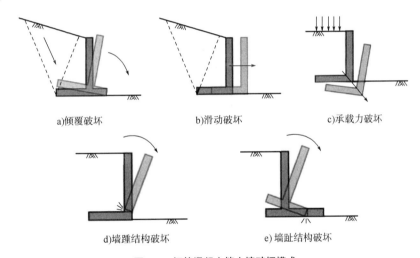

图6-4 钢筋混凝土挡土墙破坏模式

6.2 基于中国铁路标准总安全系数法的钢筋混凝土挡土墙设计

钢筋混凝土挡土墙设计分为墙身截面尺寸拟定、外力和内力计算、稳定性检算和钢筋混凝土结构设计等步骤。挡土墙各构件的比例根据墙高初步拟定,通过全墙外部稳定检算,最终确定墙踵板和墙趾板的长度,而钢筋混凝土结构设计,则是对已确定的墙身截面尺寸,进行配筋设计。在配筋设计时,当增加钢筋不能满足正截面承载力的要求,或不能满足裂缝宽度要求时,应增加截面尺寸,即构件的厚度,一般情况下,箍筋不是结构设计的控制因素。

6.2.1 外力计算

按照《铁路路基支挡结构设计规范》(TB 10025—2019)规定,悬臂式或扶壁式挡土墙设置于路肩时(墙顶填土厚度小于或等于 1.0m),轨道及列车荷载产生的侧向和竖向土压力可根据弹性理论计算,具体参见第 4.3 节,填料产生的土压力可按库仑理论计算。当出现第二破裂面时,应按第二破裂面计算;当第二破裂面不能形成时,可用墙踵下缘与墙顶内缘的连接线作为假想墙背进行计算。计算墙面板和墙踵板实际土压力时,可不计填料与板的摩擦系数。

当悬臂式或扶壁式挡土墙设置于路堤边坡时,填料和路基面以上荷载产生的土压力均可按库仑理论计算,具体参考第 4.2.1 节。

6.2.2 外部稳定性检算

按照《铁路路基支挡结构设计规范》(TB 10025—2019)规定,外部稳定性检算包括抗滑稳定性检算、抗倾覆稳定性检算及地基承载力检算。

(1)抗滑动稳定性应按式(3-11)采用总安全系数法检算,其中总滑动力 T 和总抗滑力 R 分别按式(6-1)和式(6-2)计算。基底下有软弱土层时,尚应检算该土层的滑动稳定性。

$$T = E_x + F_{hE} - N\tan\alpha_0 \tag{6-1}$$

$$R = (N + E'_x \tan\alpha_0)f \tag{6-2}$$

式中:T——总滑动力(kN);

E_x——一般地区、浸水地区或地震地区,墙后主动土压力水平分力(kN);

F_{hE}——发生地震时,作用于墙体质心和墙背与第二破裂面间岩土质心处的水平地震力之和(kN);

R——总抗滑力(kN);

N——挡土墙上所受的总竖向力(kN),$N = W + E_y$;

W——作用于基底上的墙身重力,浸水时应扣除浸水部分墙身的浮力(kN);

E_y——一般地区、浸水地区或地震地区,墙后土压力的总竖向分力,挡土墙浸水时,应扣除浸水部分岩土的浮力;出现第二破裂面时,含主动土压力及实际墙背与第二破裂面之间岩土的重力(kN);

E'_x——总水平力(kN),$E'_x = E_x + F_{hE}$;

α_0——基底倾斜角度(°);

f——基底与地基层间的摩擦系数,宜根据试验资料确定,在有经验时,按经验值确定。

(2)抗倾覆稳定性应按式(3-11)采用总安全系数法检算,其中倾覆力矩和稳定力矩分别按式(6-3)和式(6-4)计算。

$$M_0 = E_x Z_x + F_{hE} Z_{hE} \tag{6-3}$$

$$M_y = W Z_W + E_y Z_y \tag{6-4}$$

式中:M_0——倾覆力矩(N·m);

M_y——稳定力矩(N·m);

Z_{hE}——水平地震力到墙趾的距离(m);

Z_W——墙身自重及墙顶以上恒载自重合力重心到墙趾的距离(m);
Z_y——墙后土压力的总竖向分力到墙趾的距离(m);
Z_x——墙后土压力的水平分力到墙趾的距离(m)。

挡土墙受滑动稳定控制时,可在墙的底面下设置防滑键(凸榫),其高度应保证键前土体不被挤出,厚度应满足键的直剪强度,且不应小于0.3m。基底下有软弱土层时,尚应检算该土层的滑动稳定性。

(3)钢筋混凝土挡土墙基底压应力及偏心距检算与重力式挡土墙相同,参见第5.2节。

6.2.3 内力计算

(1)悬臂式挡土墙内力计算

立臂为固定在墙底板上的悬臂梁,主要承受墙后的土压力与地下水压力。墙前的土压力一般不考虑,立臂较薄自重小可略去不计。立臂按受弯构件计算,各截面的剪力,可按图6-5计算。

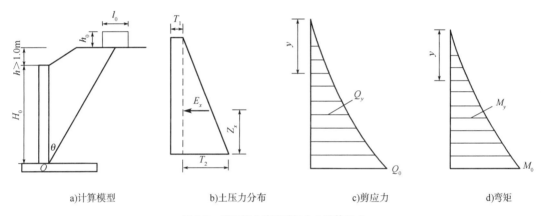

a)计算模型　　b)土压力分布　　c)剪应力　　d)弯矩

图6-5　路堤挡土墙悬臂板内力计算图式

墙踵板是以立臂底端为固定端的悬臂梁。墙踵板上作用有第二破裂面(或假想墙背)与墙背之间的土体(含其上的列车,汽车等活载)的重量,墙踵板自重,主动土压力的竖直分量,地基反力,地下水浮托力,板上水重和静水压力等荷载作用。

墙趾板与墙踵板类似,也是以立臂底端为固定端的悬臂梁。墙趾板上作用有土体重量、墙趾板自重、地基反力、地下水浮托力、板上水重和静水压力等荷载作用。

(2)扶壁式挡土墙内力计算

扶壁式挡土墙结构构件的内力计算可采用简化模式,必要时进行数值分析计算。当采用简化模式计算时,墙面板和踵板可按三向固接板设计。作用于墙面板的水平土压力沿墙高的分布,可按墙高呈梯形分布(如图6-6中梯形 abdg)。作用在墙踵板的应力分布形式与墙面板类似,在外荷载计算时,除计算板上的土压力及基底反力外,尚应计算由于墙趾板弯矩作用在墙踵板上产生的等代荷载。墙踵板横向荷载可不作为检算荷载。

墙面板竖向弯矩沿墙高及沿线路方向的分布如图6-7所示。墙面板纵向配筋可将单位面板视为作用于墙面板纵向弯矩沿线路方向的分布,如图6-8所示。

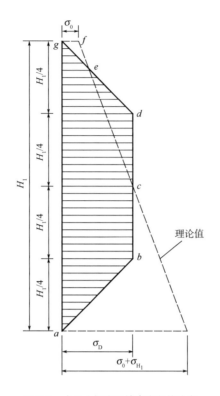

图 6-6 水平土压力沿墙高方向的分布

H_1-墙面板的高度;σ_0-墙顶土压应力理论值;σ_D-悬臂板中部土压应力,其值为 $\sigma_0 + 0.5\sigma_{H1}$;$\sigma_{H1}$-墙面板底端由填料引起的侧向土压应力理论值

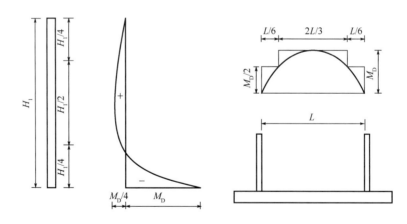

图 6-7 竖直弯矩沿墙高及沿线路方向的分布

M_D-板跨中弯矩;L-扶壁之间的净距

  墙踵板横向可与竖向配筋一致,纵向可视为扶壁支承的连续梁,且不计墙面板对底板的约束,弯矩计算图式可参考图 6-7。墙趾板应按悬臂板计算。

  扶壁应按悬臂 T 形梁计算,将墙面板视为梁的翼缘,扶壁视为梁的腹板,如图 6-9 所示。

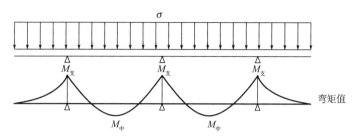

图 6-8 纵向弯矩沿线路方向的分布
σ-墙面板所受的法向土压荷载

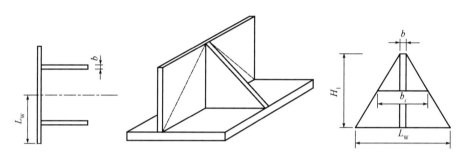

图 6-9 扶壁计算简化图式
L_W-扶壁计算单元长度;b-扶壁厚度;H_1-立壁板高度;b_i-扶壁按悬臂的 T 形梁计算时的翼缘板长度

6.2.4 钢筋混凝土结构配筋设计

目前,《铁路路基支挡结构设计规范》(TB 10025—2019)钢筋混凝土结构设计已转向分项系数法,但由于安全系数法在我国铁路工程设计中长期使用,因此我国铁路行业某些规范仍使用该方法。整体来说,我国铁路行业钢混结构安全系数设计法与我国建筑行业基本一致,一般而言,钢筋混凝土结构的配筋设计,应根据使用条件进行强度计算、变形检算、抗裂度或裂缝宽度检算、疲劳检算,具体规定分别如下。

1)强度计算

所有结构构件均应进行此计算,并在必要时检算结构的稳定性。

(1)强度计算式

强度计算分为轴心受压、轴心受拉、受弯、偏心受压、偏心受拉、受扭、局部承压、冲切等情况。对于轴心受压构件,当配有箍筋或在纵向钢筋上焊有横向钢筋时,其正截面强度应按下式计算:

$$KN \leqslant \varphi(R_a A + R'_g A'_g) \tag{6-5}$$

式中:K——钢筋混凝土轴心受压构件的强度设计安全系数;

N——纵向力;

φ——钢筋混凝土构件的纵向弯曲系数;

R_a——混凝土的轴心抗压设计强度;

A——构件截面面积;

R'_g——纵向钢筋的抗压设计强度;

A'_g——全部纵向钢筋的截面面积。

对于轴心受拉构件,其正截面强度应按下式计算:

$$KN \leqslant R_g A_g \tag{6-6}$$

式中:K——钢筋混凝土轴心受拉构件的强度设计安全系数;

N——纵向力;

R_g——纵向钢筋的抗压设计强度;

A_g——全部纵向钢筋的截面面积。

对于其他受力状态的构件,其强度计算式,可查阅相关规范,此处不再一一介绍。

(2)安全系数

钢筋混凝土及预应力混凝土结构构件强度设计安全系数 K,由基本安全系数和附加安全系数的乘积组成,基本安全系数与附加安全系数分别按表 6-1 和表 6-2 规定采用。

钢筋混凝土及预应力混凝土结构构件的基本安全系数 表 6-1

项次	受力特征	基本安全系数	
		钢筋混凝土	预应力混凝土
1	轴心受拉、受弯、偏心受拉	1.40	1.50
2	轴心受压、偏心受压、斜截面受剪、受扭、局部承压	1.55	

钢筋混凝土及预应力混凝土结构构件的附加安全系数 表 6-2

项次	使用条件		附加安全系数
1	一般构件		1.00
2	薄腹大梁、直接承受重级工作制吊车的构件		1.05
3	屋架、托梁	钢筋混凝土下弦及钢丝、钢绞线的预应力混凝土拉杆	1.10
		其他杆件	1.05~1.10
4	承受风载为主的高耸结构		1.05~1.10
5	承受静水压力的水池等荷载变异较小的结构		0.90~1.00
6	缺乏实践经验的新结构以及荷载变异较大的结构		酌情取大于1.0的数值

注:对预制构件的制作、运输及吊装阶段的强度检算,其强度设计安全系数将基本安全系数乘以 0.8,不考虑附加安全系数。

2)变形检算

根据使用条件需控制变形值的结构构件,应进行此计算。

(1)变形检算式

钢筋混凝土受弯构件在标准荷载作用下的挠度,应根据构件的刚度 B 用结构力学的方法计算,在等截面构件中,可假定同号弯矩的每一区段内各个截面的刚度是相等的,并按该区段内最大弯矩处的刚度 B 采用。

对在使用阶段不出现裂缝的受弯构件,短期荷载作用下的刚度 B_d 可按下式计算。

$$B_d = 0.85 E_h J_0 \tag{6-7}$$

式中：E_h——混凝土弹性模量；
   J_0——换算截面的惯性矩。

对在短期荷载作用下，使用阶段受拉区出现裂缝的矩形、T形、倒T形和工字形截面的受弯构件，以及长期荷载作用下，各截面形式的受弯构件，其刚度计算式，可查阅相关规范，此处不再一一介绍。

(2) 变形允许值

考虑荷载长期作用后的受弯构件最大挠度不应超过表6-3所示的允许值。

钢筋混凝土及预应力混凝土受弯构件的允许挠度值　　　表6-3

项次	构件类型		允许挠度值（以跨度l计算）
1	起重机梁	手动起重机	$l/500$
		电动起重机	$l/600$
2	屋盖、楼盖及楼梯构件	当$l<7$m时	$l/200$（$l/250$）
		当$7\leq l\leq 9$m时	$l/250$（$l/300$）
		当$l>9$m时	$l/300$（$l/400$）

注：括号中的数值适用于在使用上对挠度有较高要求的构件；悬臂构件的允许挠度值应在表中相应数值基础上乘2取用。

3) 抗裂度检算或裂缝宽度检算

根据使用条件不允许出现裂缝的结构构件，应进行抗裂度计算，对使用上需要限制裂缝宽度的结构构件，应进行裂缝宽度检算。

(1) 抗裂度检算式

使用不允许出现裂缝的钢筋混凝土构件，应按下列公式进行抗裂度检算：

①轴心受拉构件：

$$K_f N \leq R_f(A_h + 2nA_g) \tag{6-8}$$

②受弯构件：

$$K_f M \leq \gamma R_f W_0 \tag{6-9}$$

式中：K_f——钢筋混凝土构件正截面的抗裂设计安全系数；
   N——纵向力；
   R_f——混凝土的抗裂设计强度；
   A_h——混凝土的截面面积；
   M——弯矩；
   W_0——换算截面受拉边缘的弹性抵抗矩；
   n——钢筋弹性模量与混凝土弹性模量的比值；
   γ——截面抵抗矩的塑性系数。

(2) 抗裂设计安全系数

使用中一般要求不出现裂缝的钢筋混凝土构件，其正截面的抗裂设计安全系数K_f不应小于1.25，对抗裂有较高要求的构件尚应适当提高抗裂设计安全系数。

预应力混凝土构件正截面的抗裂设计安全系数K_f应按下列规定采用：

①严格要求不出现裂缝的构件(如直接承受重级工作制吊车的构件及采用碳素钢丝、刻痕钢丝、钢绞线配筋的构件等)，安全系数不小于1.25。

②一般要求不出现裂缝的构件，安全系数不小于1.15。

③使用中允许出现裂缝的构件，当安全系数大于或等于0.7时，可不做裂缝宽度检算。

直接承受重击工作制吊车的构件宜选用1.15；采用冷拔低碳钢丝配筋的构件，可根据使用情况和设计经验选用1.15~1.25。对抗裂有特殊要求的构件应适当提高抗裂设计安全系数。

(3)最大裂缝宽度计算式

对于轴心受拉构件，考虑裂缝宽度分布的不均匀性及荷载长期作用影响后的最大裂缝宽度δ_{fmax}，可按下式计算：

$$\begin{cases} \delta_{fmax} = 2.2\psi \dfrac{\sigma_g}{E_g} l_f \\ \psi = 1 - 0.56 \dfrac{A_h R_f}{N} \\ l_f = \left(7 + 0.16 \dfrac{d}{\mu}\right)\nu \end{cases} \quad (6\text{-}10)$$

式中：ψ——裂缝间纵向受拉钢筋应变不均匀系数，小于0.3时取0.3，直接承受重复荷载的构件取1.0；

σ_g——纵向受拉钢筋应力；

A_h——混凝土的截面面积；

l_f——平均裂缝间距；

d——钢筋直径；

μ——纵向钢筋配筋率；

ν——与纵向钢筋表面形状有关的系数，对螺纹钢筋取0.7，对光面钢筋取1.0。

(4)最大裂缝宽度允许值

钢筋混凝土结构构件计算得到的最大裂缝宽度不应超过表6-4规定的允许值。

钢筋混凝土结构构件最大裂缝宽度允许值(mm) 表6-4

项次	结构构件所处条件	δ_{fmax}
1	(1)屋架、托架的受拉构件； (2)烟囱、用以储存松散体的筒仓； (3)处于液体压力下而无专门保护措施的构件	0.3
2	处于正常条件下的构件	0.3

4)疲劳检算

直接承受重级工作制起重机的构件，应进行疲劳检算；承受中级工作制起重机的构件，宜进行疲劳检算，但某些承受中级工作制起重机的构件，可根据使用情况和设计经验，不做疲劳检算；承受轻级工作制起重机的构件，不需要做疲劳检算。

(1) 疲劳检算式

受弯构件正截面的疲劳应力应满足下列要求：

① 受压区混凝土边缘纤维的应力：

$$\sigma^p = \frac{M^p x_0}{J_0} \leqslant R_w^p \quad (6-11)$$

② 受拉钢筋的应力：

$$\sigma_g^p = n^p \frac{M^p(h_j - x_0)}{J_0} \leqslant R_g^p \quad (6-12)$$

式中：M^p——标准恒载与疲劳检算时取用的活荷载所产生的弯矩；

x_0——疲劳检算时换算截面的受压区高度；

J_0——疲劳检算时换算截面的惯性矩；

h_j——受压区边缘至受拉区第 j 排钢筋截面重心的距离；

R_w^p——混凝土的弯曲抗压疲劳设计强度；

R_g^p——钢筋的疲劳设计强度。

(2) 疲劳设计强度

混凝土的疲劳设计强度为混凝土设计强度与相应疲劳强度修正系数的乘积，修正系数 γ_ρ 根据不同疲劳应力比值 ρ 采用，见表6-5。应力比值定义如下：

$$\rho = \frac{\sigma_{min}^p}{\sigma_{max}^p} \quad (6-13)$$

式中：σ_{min}^p——截面同一纤维上的混凝土最小应力；

σ_{max}^p——截面同一纤维上的混凝土最大应力。

不同疲劳应力比值时的疲劳强度修正系数 γ_ρ　　　　表6-5

ρ	<0.2	[0.2,0.3)	[0.3,0.4)	[0.4,0.5)	[0.5,0.6)	[0.6,0.7)
γ_ρ	0.53	0.57	0.61	0.66	0.71	0.76

钢筋与预应力钢筋的疲劳设计强度，可查阅规范中材料规定给出的疲劳强度值，此处不再一一列举。

6.3　基于中国铁路标准分项系数法的钢筋混凝土挡土墙设计

中铁二院在《铁路路基支挡结构设计规范》(TB 10025—2019)的修编过程中，对基于极限状态法的钢筋混凝土挡土墙设计进行了大量研究和试算工作，相关成果介绍如下。

6.3.1　外部稳定性检算

钢筋混凝土挡土墙的抗倾覆、抗滑移检算如下。

(1) 抗滑移承载能力极限状态检算时，不平衡作用组合效应设计值和平衡作用组合效应设计值分别按式(6-14)和式(6-15)计算。基底下有软弱土层时，尚应检算挡土墙和地基的整体滑动。

$$S_{d,dst} = \gamma_{E1}E_x + F_{hE} \quad (6-14)$$

$$S_{d,stb} = (\gamma_G W + \gamma_{E2} E_y)f' \quad (6-15)$$

式中：γ_G——重力平衡作用分项系数；

γ_{E1}——土压力不平衡作用分项系数；

γ_{E2}——土压力平衡作用分项系数；

f'——基底与地基层间的摩擦系数标准值，宜根据试验资料确定。

悬臂式和扶壁式挡土墙抗滑动稳定性检算的分项系数取值见表6-6。

悬臂式和扶壁式挡土墙抗滑动稳定性检算的分项系数　　表6-6

分项系数		组合Ⅰ		组合Ⅱ	组合Ⅲ	组合Ⅳ
		永久荷载、永久荷载+主可变荷载		组合Ⅰ+施工荷载	组合Ⅰ+偶然荷载	组合Ⅰ+地震荷载
		无水	常水位			
不平衡作用水平土压力 γ_{E1}		1.20	1.20	—	1.20	1.20
平衡作用	墙体重力 γ_G	0.85	0.85	—	1.00	0.85
	竖向土压力 γ_{E2}	0.55	0.55	—	0.70	0.50

（2）抗倾覆稳定性检算时，不平衡作用组合效应设计值和平衡作用组合效应设计值分别按式(6-16)和式(6-17)计算。

$$S_{d,dst} = \gamma_{E1}E_x Z_x + F_{hE} Z_{hE} \quad (6-16)$$

$$S_{d,stb} = \gamma_G W Z_W + \gamma_{E2} E_y Z_y \quad (6-17)$$

上式中各分项系数取值见表6-7。

抗倾覆稳定性承载能力极限状态设计分项系数　　表6-7

分项系数		组合Ⅰ		组合Ⅱ	组合Ⅲ	组合Ⅳ
		永久荷载+主可变荷载		组合Ⅰ+施工荷载	组合Ⅰ+偶然荷载	组合Ⅰ+地震荷载
		无水	常水位			
不平衡作用 γ_{E1}		1.30	1.45	1.25	1.30	1.35
平衡作用	墙体重力 γ_G	0.80	1.00	0.95	0.90	1.00
	竖向土压力 γ_{E2}	0.90	0.80	0.65	0.85	0.90

（3）钢筋混凝土挡土墙基底压应力及偏心距检算与重力式挡土墙相同，请参见第5.2节。

6.3.2　内力计算

内力计算与安全系数法相同，此处不再赘述。

6.3.3　钢筋混凝土挡土墙结构设计

悬臂式和扶壁式挡土墙的结构设计包括构件的抗弯、抗剪和抗拉，构件的最大裂缝宽度及挠度等，作用效应及抗力设计值计算规定分别如下。

1)作用效应设计值

(1)悬臂式和扶壁式挡土墙结构构件的抗弯、抗剪和抗拉应按式(3-23)进行承载能力极限状态检算。其中作用效应设计值计算分别如下。

①持久或短暂设计状况下,作用效应设计值按下式计算。

$$S_d = \gamma_G S_{Gk} + \gamma_Q S_{Qk} \tag{6-18}$$

式中:γ_G——永久作用分项系数,按表6-8采用;

S_{Gk}——永久作用效应标准值;

γ_Q——可变作用的分项系数,按表6-8采用;

S_{Qk}——可变作用效应标准值。

②偶然设计状况下,作用效应设计值按下式计算。

$$S_d = \gamma_G S_{Gk} + \gamma_Q S_{Qk} + S_{Ak} \tag{6-19}$$

式中:S_{Ak}——偶然作用效应标准值。

③地震设计状况下,作用效应设计值按下式计算。

$$S_d = \gamma_G S_{Gk} + \gamma_Q S_{Qk} + \gamma_I S_{Ek} \tag{6-20}$$

式中:γ_I——地震作用重要性系数,可按表6-8采用,不宜与结构重要性系数同时采用;

S_{EK}——地震作用效应标准值。

桩板式挡土墙作用分项系数及组合系数　　　　表6-8

分项系数	基本组合			偶然组合	地震组合
	Ⅰ	Ⅱ	Ⅲ	Ⅲ	Ⅳ
	永久荷载	主可变荷载	Ⅰ+施工荷载	Ⅰ+偶然荷载	Ⅰ+地震荷载
γ_G	1.35~1.50	—	—	1.35	1.35
γ_Q	—	1.40	1.20~1.30	1.40	1.40
γ_I	—	—	—	—	≥1.00

注:当作用效应对承载力有利时,γ_G、γ_Q应取小于或等于1.0。

(2)悬臂式和扶壁式挡土墙结构构件的最大裂缝宽度及挠度采用式(3-29)进行正常使用极限状态检算,挠度及位移作用效应采用准永久组合。

①采用标准组合时,作用效应设计值按下式计算。

$$S_d = S_{Gk} + S_{Qk} \tag{6-21}$$

式中:S_d——作用效应标准值(mm);

S_{Gk}——永久作用产生的作用效应标准值(mm);

S_{Qk}——可变作用产生的作用效应标准值(mm)。

②采用准永久组合时,作用效应设计值按下式计算。

$$S_d = S_{Gk} + \psi_q S_{Qk} \tag{6-22}$$

式中:ψ_q——可变作用的准永久值系数,不宜小于0.6,也可根据观测资料和工程经验取用。

在支挡结构正常使用极限状态设计的具体检算中,一般涉及结构变形、位移及裂缝等,由于结构变形及裂缝等的计算在前面已做介绍,此处只介绍结构构件最大裂缝宽度的计算方法。我国支挡结构设计规范规定,矩形截面的钢筋混凝土受弯构件可按式(6-23)~式(6-27)计算最大裂缝宽度,并应符合《混凝土结构设计规范》(GB 50010—2010)的相关规定。

$$\omega_{\max} = \alpha_{cr}\psi \frac{\sigma_{sq}}{E_s}\left(1.9c_s + 0.08\frac{d_{eq}}{\rho_{te}}\right) \tag{6-23}$$

$$\psi = 1.1 - 0.65\frac{f_{tk}}{\rho_{te}\sigma_{sq}} \tag{6-24}$$

$$\sigma_{sq} = \frac{M_q}{0.87A_s h_0} \tag{6-25}$$

$$d_{eq} = \frac{\sum n_i d_i^2}{\sum n_i v_i d_i} \tag{6-26}$$

$$\rho_{te} = \frac{A_s}{A_{te}} \tag{6-27}$$

式中：α_{cr}——构件受力特征系数,对受弯构件取 1.9；

ψ——裂缝间纵向受拉钢筋应变不均匀系数,当 $\psi<0.2$ 时取 $\psi=0.2$,当 $\psi>1.0$ 时取 $\psi=1.0$,对直接承受重复荷载的构件取 $\psi=1.0$；

σ_{sq}——按荷载准永久组合计算的钢筋混凝土构件纵向受拉钢筋应力(N/mm²)；

E_s——钢筋的弹性模量(N/mm²)；

c_s——最外层纵向受拉钢筋外边缘至受拉区底边的距离(mm),当 $c_s<20$mm 时取 $c_s=20$mm,当 $c_s>65$mm 时取 $c_s=65$mm；

d_{eq}——受拉区纵向钢筋的等效直径(mm)；

ρ_{te}——按有效受拉混凝土截面面积计算的纵向受拉钢筋配筋率,当 $\rho_{te}<0.01$ 时取 $\rho_{te}=0.01$；

f_{tk}——混凝土轴心抗拉强度标准值(N/mm²)；

M_q——按荷载准永久组合计算的弯矩值(N·mm)；

A_s——受拉区纵向普通钢筋截面面积(mm²)；

h_0——截面有效高度(mm)；

A_{te}——有效受拉混凝土截面面积(mm²),对矩形和翼缘受压的 T 形截面受弯构件取 $A_{te}=0.5bh$；

d_i——受拉区第 i 种纵向受拉钢筋的公称直径(mm)；

n_i——受拉区第 i 种纵向受拉钢筋的根数；

v_i——受拉区第 i 种纵向钢筋的相对黏结特征性系数,对于光面钢筋取 0.7,对带肋钢筋取 1.0。

2)抗力设计值

结构截面强度检算整体可参照《混凝土结构设计规范》(GB 50010—2010)相关内容执行。钢筋混凝土受弯构件的截面形式一般有矩形和圆形两种,本书只介绍矩形截面强度检算相关规定,圆形截面的强度检算可参考铁路路基及建筑基坑等相关规范规定执行。

(1) 矩形截面普通钢筋混凝土受弯构件，结构弯矩抗力设计值可按下式计算。

$$R_d = a_1 f_c b x \left(h_0 - \frac{x}{2}\right) + f'_y A'_s (h_0 - a'_s) \quad (6\text{-}28)$$

混凝土受压区高度应按下列公式确定。

$$\alpha_1 f_c b x = f_y A_s - f'_y A'_s \quad (6\text{-}29)$$

混凝土受压区高度应符合下列条件：

$$x \leqslant \xi_b h_0 \quad (6\text{-}30)$$

$$x \geqslant 2 a'_s \quad (6\text{-}31)$$

式中：α_1——系数，当混凝土强度不超过 C50 时取 $\alpha_1 = 1.0$，当混凝土强度为 C80 时取 $\alpha_1 = 0.94$，其间按线性内插法确定；

f_c——混凝土轴心抗压强度设计值（N/mm^2）；

A_s、A'_s——受拉区、受压区纵向受力钢筋的截面面积（mm^2）；

b——矩形截面宽度（mm）；

h_0——截面有效高度（mm）；

a'_s——受压区纵向受力钢筋合力点至截面受压边缘的距离（mm）；

f'_y——纵向受力钢筋抗拉强度设计值（N/mm^2）；

ξ_b——相对界限受压区高度，应符合《混凝土结构设计规范》(GB 50010—2010) 的规定。

(2) 不配置箍筋和弯起钢筋的一般板类受弯构件，其斜截面剪力抗力设计值按下式计算。

$$R_d = 0.7 \beta_h f_t b h_0 \quad (6\text{-}32)$$

$$\beta_h = \left(\frac{800}{h_0}\right)^{\frac{1}{4}} \quad (6\text{-}33)$$

式中：β_h——截面高度影响系数，当 $h_0 < 800\text{mm}$ 时取 800mm，当 $h_0 > 2000\text{mm}$ 时取 2000mm。

(3) 当配置箍筋或弯起钢筋时，矩形、T 形和 I 形截面受弯构件的斜截面剪力抗力设计值按下式计算。

$$R_d = V_{cs} + V_{bs} \quad (6\text{-}34)$$

$$V_{cs} = \alpha_{cv} f_t b h_0 + f_{yv} \frac{A_{sv}}{s} h_0 \quad (6\text{-}35)$$

$$V_{bs} = 0.8 f_{yv} A_{sb} \sin \alpha_s \quad (6\text{-}36)$$

式中：V_{cs}——构件斜截面上混凝土和箍筋的剪力抗力设计值（N）；

V_{bs}——构件斜截面上弯起钢筋抗拉设计值（N）；

α_{cv}——斜截面混凝土剪力抗力系数，对一般受弯构件取 0.7，对集中荷载作用下（包括有多种荷载作用，其中集中荷载对支座截面或节点边缘所产生的剪力值占总剪力的 75% 以上的情况）的独立梁取 $\alpha_{cv} = 1.75/(1 + \lambda)$；

λ——计算截面的剪跨比，可取 $\lambda = a/h_0$，当 $\lambda < 1.5$ 时取 1.5，当 $\lambda > 3$ 时取 3，a 取集中荷载作用点至支座截面或节点边缘的距离；

A_{sv}——配置在同一截面内箍筋各肢的全部截面面积(mm^2);

s——沿构件长度方向的箍筋间距(mm);

f_{yv}——箍筋的抗拉强度设计值(N/mm^2);

A_{sb}——同一平面内弯起钢筋的截面面积(mm^2);

α_s——斜截面上弯起钢筋与构件纵轴线的夹角(°)。

(4)轴心受拉构件的正截面受拉抗力设计值 R_d 应按下式计算。

$$R_d = f_y A_s \qquad (6-37)$$

式中:f_y——钢筋的抗拉强度设计值(N/mm^2);

A_s——受拉钢筋的截面面积(mm^2)。

(5)挠度及位移限值:普速铁路桩顶水平总位移限值可采用悬臂端长度的1/100,且不宜大于100mm。挡土板跨中挠度限值可采用挡土板计算跨度的1/200。

(6)裂缝宽度限值:裂缝宽度限值应符合《铁路混凝土结构耐久性设计规范》(TB 10005—2010)的规定,详见表6-9。

钢筋混凝土结构表面裂缝计算宽度限值 表6-9

环境类别	环境等级	表面裂缝计算宽度限值(mm)
碳化环境	T1	0.2
	T2	0.2
	T3	0.2
氯盐环境	L1	0.2
	L2	0.2
	L3	0.15
化学侵蚀环境	H1	0.2
	H2	0.2
	H3	0.15
	H4	0.15
盐类结晶破坏环境	Y1	0.2
	Y2	0.2
	Y3	0.15
	Y4	0.15
冻融破坏环境	D1	0.2
	D2	0.2
	D3	0.15
	D4	0.15

续上表

环境类别	环境等级	表面裂缝计算宽度限值(mm)
磨蚀环境	M1	0.2
	M2	0.2
	M3	0.15

6.4 基于欧洲标准的钢筋混凝土挡土墙设计

欧洲标准规定,欧洲各国既可直接使用欧洲标准,也可在欧洲标准原则基础上制定相应的国家补充标准或国家附录以使用,如法国根据 Eurocode 7 针对挡土墙发布了补充标准 NF P94281(Eurocode 7-Application aux murs),又如英国根据 Eurocode 7 针对挡土墙制定了相应的附录。本节将以欧洲标准为基础,并结合法、英两国具体情况,介绍钢筋混凝土挡土墙设计规定。

6.4.1 土压力计算

欧洲标准 Eurocode 7 规定,土压力的计算应根据验收方式和位移量以及应变确定,同时在计算主被动土压力时并未严格指定计算方法。具体到悬臂式挡土墙土压力计算方面,与我国的区别主要在于墙背破裂面的一些具体规定上,我国一般采用第二破裂面或墙踵下缘与墙顶内缘的连线作为假想墙背。法、英两国情况具体如下。

(1)法国标准规定

在能够形成第二破裂面时,采用第二破裂面作为假想墙背,如图 6-10a)所示;在不能形成第二破裂面时,采用实际墙背和实际破裂面构成的折线作为假想墙背,如图 6-10b)所示。此外,还规定可采用竖直面作为假想墙背。但采用倾斜假想墙背和竖直假想墙背时,需要采用不同的墙背摩擦角,墙背摩擦角详见表 6-10。采用竖直假想墙背时,计算较为简单且结果偏于安全,因此一般均采用竖直假想墙背。

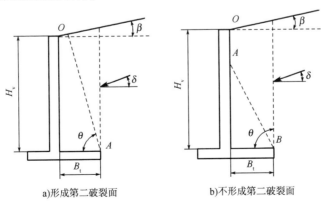

图 6-10 假想墙背示意图

假想墙背参数确定表 表 6-10

假想墙背类型		θ 角确定	δ 角确定	
			δ_γ（土体自重作用下）	δ_q（荷载作用下）
直线假想墙背	$H_v \leq B_t \cdot \tan\theta$ [图 6-10a)]	需先确定 θ	β	$\max\left(\beta; \dfrac{1}{3}\varphi'\right)$
	$H_v > B_t \cdot \tan\theta$ [图 6-10b)]		$\beta + (\delta_0 - \beta)\left(1 - \dfrac{B_t \cdot \tan\theta}{H_v}\right)^2$ $\delta_0 = \max\left(\beta, \dfrac{2}{3}\varphi'\right)$	$\beta + (\delta_0 - \beta)\left(1 - \dfrac{B_t \cdot \tan\theta}{H_v}\right)^2$ $\delta_0 = \max\left(\beta, \dfrac{2}{3}\varphi'\right)$
倾斜假想墙背	$H_v \leq B_t \cdot \tan\theta$ [图 6-10a)]	θ 为假想墙背倾角	φ'	φ'
	$H_v > B_t \cdot \tan\theta$ [图 6-10b)]		OA 段：$\max\left(\beta; \dfrac{2}{3}\varphi'\right)$； AB 段：φ'	OA 段：$\max\left(\beta; \dfrac{2}{3}\varphi'\right)$； AB 段：φ'

注：$y = \arcsin\dfrac{\sin\beta}{\sin\varphi'}$，$\theta = \dfrac{\pi}{4} + \dfrac{\varphi'}{2} + \dfrac{y - \beta}{2}$，$\varphi'$ 为填料内摩擦角。

（2）英国标准规定

悬臂式挡土墙的假想墙背有两种形式：当墙踵板足够长，满足 $b \geq h\tan\left(45° - \dfrac{\varphi}{2}\right)$ 时，可采用竖直假想墙背；当墙踵板较短不满足 $b \geq h\tan\left(45° - \dfrac{\varphi}{2}\right)$ 时，需要采用倾斜假想墙背，如图 6-11 所示。在计算墙顶超载产生的土压力时，一般采用塑性理论，当有确切依据表明墙后墙体处于弹性状态时，也可采用弹性理论，详见第 5.3 节。

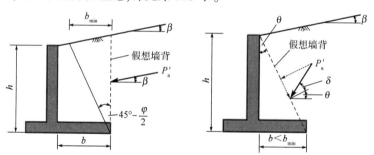

图 6-11 英国标准假想墙背示意图

6.4.2 分项系数取值

如第 3 章所述，Eurocode 7 引入了三种分项系数设计方法，分别是 DA1、DA2 和 DA3，其中英国采用 DA1，法国采用 DA2。这三种方法的分项系数取值在第 3 章分别列出，其中作用分项系数（组 A）详见表 3-25，岩土材料参数分项系数（组 M）详见表 3-26，抗力分项系数（组 R）详见表 3-27。

需要注意的是除了上述三组分项系数外，在实际设计过程中还可能涉及到一些计算模型修正系数，如法国标准在进行抗滑移检算时引入的计算模型修正系数 $\gamma_{R;d;h}$。

6.4.3 抗滑移检算

悬臂式挡土墙的滑移检算与重力式挡土墙相同,详见第 5 章。

6.4.4 抗倾覆检算

法国标准未要求对挡土墙的抗倾覆进行检算,英国标准要求对挡土墙进行抗倾覆检算,悬臂式挡土墙的检算与重力式挡土墙相同,详见第 5 章。

6.4.5 承载力检算

悬臂式挡土墙的承载力检算与重力式挡土墙相同,详见第 5 章。

6.4.6 内部破坏检算

对于混凝土或钢筋混凝土挡土墙,内部破坏主要是指结构强度破坏,欧洲标准内部破坏检算采用 Eurocode 2。以悬臂式挡土墙为例,挡土墙各部分的内部受力计算规定如下。

(1)立臂按受弯构件计算,立臂主要承受墙后的土压力。计算墙后土压力时,立臂和土体之间的摩擦角可取 $2\varphi/3$(墙体和土体之间接触面粗糙)或者 0(接触面光滑)。

(2)墙踵板上作用有墙踵板自重、假想墙背与墙背之间的土体(图 6-12 中 $ABB'A'$)的重量,作用于 AB、AA'、$A'B'$ 面上的力,以及作用于 BE 面上的力。

(3)墙趾板上作用有墙趾板自重、上部土体自重、基底反力以及墙前被动土压力。

(4)应考虑作用于主动土压力的竖直分量,如地基反力,地下水浮托力,板上水重和静水压力等荷载作用。

(5)有水存在时还应考虑水的作用,如地下水浮托力、板上水重和静水压力等。

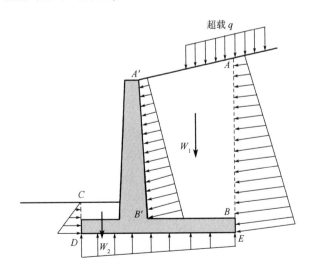

图 6-12 悬臂式挡土墙内部破坏检算图式

6.4.7 整体稳定破坏检算

整体稳定破坏检算旨在确定挡土墙所在的边坡是否处于稳定状态,故属于承载力极限状态检算范畴。

在进行整体稳定性破坏检算时,需要针对潜在的可能滑移面逐个进行检算,以寻找最不利滑移面。计算可采用 Bishop 法或者其他方法。法国规范规定的整体稳定性破坏检算可采用 DA2 或者 DA3,具体使用 DA2 还是 DA3 则与检算稳定性所采用的方法有关,比如采用 Bishop 法使用 DA3 则较为方便。整体稳定性检算需满足下式:

$$T_{\mathrm{dst;d}} \leqslant \frac{R_{\mathrm{st;d}}}{\gamma_{\mathrm{R;d}}} \tag{6-38}$$

式中:$T_{\mathrm{dst;d}}$——平衡力矩;

$R_{\mathrm{st;d}}$——不平衡力矩;

$\gamma_{\mathrm{R;d}}$——模型修正系数,当采用圆弧滑面的条分法时,计算模型修正系数取 1.0(DA2) 或 1.2(DA3)。

当采用设计方法二(DA2)时,作用分项系数取 1.35,抗力分项系数取 1.1,计算模型修正系数取 1.0,则总安全系数为 $1.35 \times 1.1 \times 1.0 = 1.485$;当采用设计方法三(DA3)时,作用分项系数取 1.0,材料分项系数取 1.25,计算模型修正系数取 1.2,则总安全系数为 $1.0 \times 1.25 \times 1.2 = 1.5$。由此可看出,在依照法国规范进行土体整体稳定性计算时,采取不同的设计方法,具有相同的安全系数;这也体现出了计算模型修正系数的作用。

我国《铁路路基设计规范》(TB 10001—2016)所要求的陡坡地段路基基底及软弱层抗滑稳定安全系数不得小于 1.25,相比而言,法国标准对整体稳定性的要求更严格一些。

6.5 基于欧洲标准的配筋设计

本节将根据欧洲标准 Eurocode 2 对钢筋混凝土挡土墙的配筋设计进行介绍,重点介绍正截面受弯承载能力、斜截面抗剪承载能力以及裂缝宽度检算等。

6.5.1 内力设计值计算

根据法国标准,在确定结构内力设计值时,如果挡土墙结构采用极限平衡法计算内力,则分项系数直接作用于相应的荷载上,所获得的即为内力设计值。如果考虑土体与结构的相互耦合作用,内力设计值将采用以下两种方法计算结果的最不利值作为最终结果:一是将分项系数直接作用于荷载计算内力设计值;二是荷载不施加任何分项系数[除恒载施加 1.1(1.5/1.35)的系数外],获得内力标准值后再乘以 1.35 的系数作为构件的内力设计值。

根据我国《铁路路基支挡结构设计规范》(TB 10025—2019),在计算内力设计值时,在内力标准值上所乘的系数为 1.65,此值与法国标准所乘的系数 1.35 相比超出了 22.2%,但需要说明的是,我国铁路规范中的系数 1.65 有一部分来源于土压力修正系数 1.25,因此真实的荷载分项系数为 $1.65/1.25 = 1.32$,因此两者大体相当。

6.5.2 材料参数取值

(1) 混凝土强度

在评定混凝土等级时,欧洲规范采用圆柱体或者立方体抗压强度。例如,强度等级 C40/50 代表该普通混凝土的圆柱体抗压强度为 40MPa,立方体抗压强度为 50MPa。欧洲规范给出的混凝土抗压强度设计值计算公式如下:

$$f_c = \frac{\alpha_{cc} f_{ck}}{\gamma_c} \tag{6-39}$$

式中：f_{ck}——混凝土抗压强度标准值；

γ_c——混凝土强度分项系数,对于持久和短暂状况建议取 1.5,对于偶然状况取 1.2,对于使用极限状态取 1.0；

α_{cc}——考虑混凝土长期效应及不利影响的折减系数,取 0.8~1.0 之间,欧洲标准 Eurocode 2 建议值为 1.0,英国根据工程经验一般取 0.85,法国国家附录将该值明确为 1.0。

在评定混凝土等级时,中国混凝土标准一般采用立方体抗压强度。混凝土轴心抗压强度标准值 f_{ck} 由立方体抗压强度标准值 $f_{cu,k}$ 通过计算确定,关系如下:

$$f_{ck} = 0.88 \, \alpha_{cr1} \alpha_{cr2} f_{cu,k} \tag{6-40}$$

式中：0.88——考虑构件实体强度与试件强度之间的差异取的修正系数,为棱柱体抗压强度与立方体抗压强度之比,对 C50 及以下普通混凝土取 0.76；对高强混凝土 C80 取 0.82,中间按线性插值。

α_{cr1}——混凝土脆性折减系数,对 C40 混凝土取 1.0,对 C80 混凝土取 0.87,中间按线性插值。

按此关系,混凝土抗压强度标准值 $f_{ck} = (0.63 \sim 0.67) f_{cu,k}$。混凝土抗压强度设计值按下式计算：

$$f_c = \frac{f_{ck}}{\gamma_c} \tag{6-41}$$

式中,γ_c 取 1.4。

为了对比中欧标准关于混凝土强度参数的取值差异,以欧洲标准中常用混凝土强度等级为例,分别按照中欧标准的计算方法和参数计算了混凝土抗压强度的标准值及设计值,详见表 6-11。

中欧标准混凝土强度参数对比　　　　　　　　　　表 6-11

混凝土强度等级	C8~C10	C12~C15	C16~C20	C20~C25	C30~C37	C35~C45	C40~C50	C45~C55
圆柱体抗压强度(MPa)	8	12	16	20	30	35	40	45
立方体抗压强度(MPa)	10	15	20	25	37	45	50	55
α_{cr1}	0.76	0.76	0.76	0.76	0.76	0.76	0.76	0.77
α_{cr2}	1	1	1	1	1	0.98	0.97	0.95
依据中国标准确定的混凝土抗压强度标准值(MPa)	6.7	10.0	13.4	16.7	24.7	29.6	32.4	35.5

续上表

混凝土强度等级	C8~C10	C12~C15	C16~C20	C20~C25	C30~C37	C35~C45	C40~C50	C45~C55
依据欧洲标准(英国)确定的混凝土抗压强度标准值(MPa)	6.8	10.2	13.6	17.0	25.5	29.8	34.0	38.3
依据欧洲标准(法国)确定的混凝土抗压强度标准值(MPa)	8.0	12.0	16.0	20.0	30.0	35.0	40.0	45.0
依据中国标准确定的混凝土抗压强度设计值(MPa)	4.8	7.2	9.6	11.9	17.7	21.1	23.1	25.3
依据欧洲标准(英国)确定的混凝土抗压强度设计值(MPa)	4.5	6.8	9.1	11.3	17.0	19.8	22.7	25.5
依据欧洲标准(法国)确定的混凝土抗压强度设计值(MPa)	5.3	8.0	10.7	13.3	20.0	23.3	26.7	30.0
中欧(英国)混凝土抗压强度设计值差异	-5.10%	-5.10%	-5.10%	-5.10%	-3.82%	-6.22%	-1.92%	0.70%
中欧(法国)混凝土抗压强度设计值差异	11.64%	11.64%	11.64%	11.64%	13.15%	10.33%	15.39%	18.47%

从表6-11可知,对于C50(中国标准)以下等级的混凝土,按照英国标准计算出的抗压强度设计值要低于中国标准1.92%~5.1%;而按照法国标准计算出的抗压强度设计值则偏高,要高于中国标准10.33%~18.47%。

(2)钢筋材料分项系数

对于钢筋的材料分项系数γ_s,中国标准的对于延性较好的热轧钢筋材料分项系数取值为1.10,但对于新列入的高强度500MPa级钢筋适当提高安全储备取值为1.15;欧洲标准规定持久和短暂状况取1.15,偶然状况下取1.0;因此对于高强钢筋,欧洲标准与中国标准的材料分项系数取值一致。

6.5.3 正截面承载力检算

1)基本假定

欧洲标准在进行正截面承载力计算时,主要遵循如下假定:

(1)平截面假定,即截面上个点的应变是线性分布的。
(2)钢筋与周围混凝土协同变形:受拉区和受压区的钢筋与周围混凝土的应变相同。
(3)不考虑受拉区混凝土抗拉强度。
(4)混凝土应力应变关系:对于C50以下等级的混凝土,中国规范中混凝土受压的应力与应变关系与欧洲规范相同,均采用以下的表达式,只是参数取值略有不同。

$$\sigma_c = f_{cd}\left[1-\left(1-\frac{\varepsilon_c}{\varepsilon_{c2}}\right)^2\right], 0 \leqslant \varepsilon_c \leqslant \varepsilon_{c2}$$

$$\sigma_c = f_{cd}, \varepsilon_{c2} \leqslant \varepsilon_c \leqslant \varepsilon_{cu2}$$

式中:ε_{c2}——混凝土压应力达到f_c时的压应变值,中欧标准均取0.002;

ε_{cu2}——混凝土极限压应变,中国标准取 0.0033,欧洲标准取 0.0035。

欧洲标准混凝土受压应力-应变关系曲线如图 6-13 所示。

(5)钢筋应力-应变关系:对于普通钢筋的应力-应变关系,欧洲标准 Eurocode 2 给出了两种模式,一种为理想弹塑性模型,一种为双斜率模型。采用双斜率模型时,钢筋应变不超过 ε_{ud},ε_{ud} 可取 0.9 ε_{uk},ε_{uk} 数值详见欧洲标准 Eurocode 2 附录 C。两种模型的屈服应变均采用设计值和弹性模量的比值来确定,应力-应变关系曲线如图 6-14 所示。中国标准一般采用理想弹塑性模型。

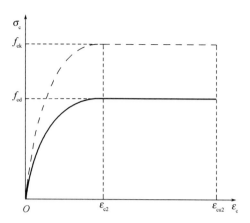

图 6-13 欧洲标准混凝土受压应力-应变关系曲线

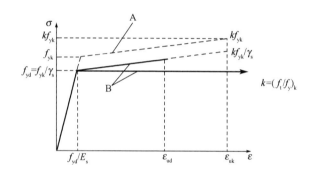

图 6-14 欧洲标准钢筋应力-应变关系曲线

A-钢筋拉压强度标准值曲线;B-钢筋拉压强度设计值曲线(上实线为双斜率模型,下实线为理想弹塑性模型)

2)混凝土受压区等效矩形应力图

中欧标准在进行正截面承载力计算时,受压区混凝土的应力图形均简化为等效矩形应力,如图 6-15 所示。

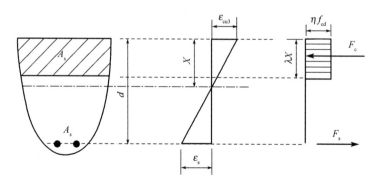

图 6-15 混凝土受压区应力简化示意图

对于 C50 以下等级的混凝土,中国与欧洲标准 η 均取 1.0,λ 均取 0.8,即中国与欧洲标准关于受压区等效矩形应力简化的参数是一致的。

3) 计算方法

对于单筋矩形截面的钢筋混凝土构件,构件截面受力如图6-16所示。

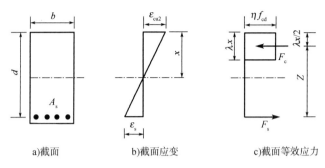

图6-16 单筋矩形截面构件混凝土受压区应力简化图

根据截面平衡条件,可建立下式。

$$\eta f_{cd} b \lambda x = f_{yd} A_s \tag{6-42}$$

$$M_{Ed} \leqslant M_{Rd} = \eta f_{cd} b \lambda x \left(d - \frac{\lambda x}{2}\right) \tag{6-43}$$

需要注意的是,如果采用欧洲标准中的双斜率钢筋模型,则上式中的f_{yd}需要替换为σ_s,并需要联立下式方可进行正截面承载力检算。

$$\sigma_s = \begin{cases} E_s \varepsilon_s & \varepsilon_s \leqslant \dfrac{f_{yd}}{E_s} \\ f_{yd} + k\left(\varepsilon_s - \dfrac{f_{yd}}{E_s}\right) \varepsilon_s \leqslant \dfrac{f_{yd}}{E_s} \end{cases} \tag{6-44}$$

式中的ε_s根据平截面假定确定。

为对比两种钢筋应力应变关系造成的差异,下面给出一个算例。

已知,钢筋结构的截面宽度0.6m、有效高度0.6m、弯矩设计值310kN·m、混凝土设计强度15.3MPa、钢筋抗拉强度设计值435MPa、钢筋弹性模量20000MPa,计算以下差异。

(1) 理想弹塑性模型

受压区高度$x = 0.194$m,受拉区钢筋应力$\sigma_s = 435$MPa,受拉区钢筋面积$A_s = 1364$mm^2。

(2) 双斜率模型

受压区高度$x = 0.194$m,受拉区钢筋应变:$\varepsilon_s = 7.33 \times 10^{-3} > f_{yd}/E_s = 2.17 \times 10^{-3}$。

受拉区钢筋应力:$\sigma_s = 435 + (7.33 - 2.17) \times 10^{-3} \times 727 = 439$MPa。

受拉区钢筋面积$A_s = 1352$mm^2。

经对比可知,采用双斜率应力应变模型,受拉区钢筋面积略小。

4) 最小配筋率

(1) 根据欧洲标准,梁的纵向受拉钢筋最小配筋率为:

$$\rho_{min} = \frac{A_{s,min}}{b_t d} = \max\left(0.26 \frac{f_{ctm}}{f_{yk}}, 0.0013\right) \tag{6-45}$$

式中:f_{ctm}——混凝土抗拉强度平均值;

f_{yk}——钢筋抗拉强度标准值。

(2)中国标准中规定的受弯构件最小配筋率为:

$$\rho_{\min} = \frac{A_{s,\min}}{b_t d} = \max\left(0.45\frac{f_t}{f_y}, 0.002\right) \qquad (6\text{-}46)$$

式中:f_t——混凝土抗拉强度平均值;

f_y——钢筋抗拉强度标准值。

中欧标准关于最小配筋率的对比见表6-12。

中欧标准最小配筋率对比　　　　表6-12

混凝土强度等级		C8~C10	C12~C15	C16~C20	C20~C25	C30~C37	C35~C45	C40~C50	C45~C55
圆柱体抗压强度(MPa)		8	12	16	20	30	35	40	45
立方体抗压强度(MPa)		10	15	20	25	37	45	50	55
欧洲标准	f_{ctm}(MPa)	1.2	1.57	1.90	2.21	2.90	3.21	3.51	3.80
	f_{yk}(MPa)	500	500	500	500	500	500	500	500
	$\rho_{\min}$	0.13%	0.13%	0.13%	0.13%	0.15%	0.17%	0.18%	0.20%
中国标准	f_t(MPa)	—	0.91	1.1	1.27	—	1.8	1.89	1.96
	f_y(MPa)	—	360	360	360	—	360	360	360
	$\rho_{\min}$	—	0.20%	0.20%	0.20%	—	0.23%	0.24%	0.25%

从对比结果可知,按中国标准确定的最小配筋率要大于欧洲标准。

5)最大配筋率

根据欧洲标准,除搭接区外区域,受拉区或者受压区的纵向钢筋配筋率最大值为:

$$\rho_{\max} = \frac{A_{s,\max}}{A_c} = 0.04 \qquad (6\text{-}47)$$

式中:A_c——混凝土截面面积。

6.5.4 斜截面承载力检算

(1)计算方法

根据欧洲标准,有腹筋构件的受剪承载力V_{Rd}设计值如下:

$$V_{Rd} = V_{Rd,s} + V_{ccd} + V_{td} \qquad (6\text{-}48)$$

式中:$V_{Rd,s}$——受剪钢筋提供的受剪承载力设计值;

V_{ccd}——变截面梁上倾斜压力;

V_{td}——倾斜拉力所产生的受剪承载力。

在计算受剪钢筋提供的受剪承载力时,欧洲标准采用了桁架模型,如图6-17所示,受压上翼缘为上弦压杆(A),裂缝间混凝土为受压斜腹杆(B),纵向受拉钢筋为下弦拉杆(C),箍筋为受拉腹杆(D)。为了确保箍筋的屈服先于混凝土斜压杆的压溃发生,欧洲标准对压杆和轴线的夹角θ进行了限制,θ应满足以下条件:

$$1 \leqslant \cot\theta \leqslant 2.5$$

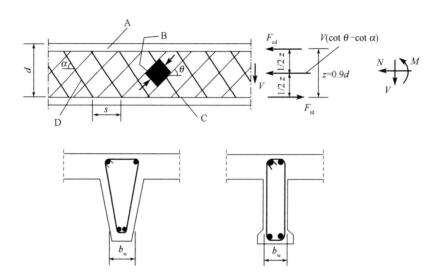

图 6-17 受剪构件桁架模型

受剪钢筋提供的受剪承载力采用下式计算：

$$V_{Rd,s} = \frac{A_{sw}}{S} z f_{ywd} (\cot\theta + \cot\alpha) \sin\alpha \tag{6-49}$$

受剪钢筋提供的受剪承载力不应超过下值：

$$V_{Rd,max} = \frac{\alpha_{cw} b_w z \, v_1 f_{cd} (\cot\theta + \cot\alpha)}{1 + \cot^2\theta} \tag{6-50}$$

对于支挡结构，一般均采用垂直箍筋，因此上式可简化如下：

$$V_{Rd,s} = \frac{A_{sw}}{S} z f_{ywd} \cot\theta \tag{6-51}$$

$$V_{Rd,max} = \frac{\alpha_{cw} b_w z v_1 f_{cd}}{\cot\theta + \tan\theta} \tag{6-52}$$

(2) 最小配箍率

为防止受弯构件发生斜拉脆性破坏，欧洲标准对最小配箍率进行了规定：

$$\rho_{w,min} = \frac{0.08\sqrt{f_{ck}}}{f_{yk}} \tag{6-53}$$

配筋率按下式计算：

$$\rho_w = \frac{A_{sw}}{s b_w \sin\alpha} \tag{6-54}$$

(3) 最大配箍率

为确保箍筋的屈服先于混凝土斜压杆的压溃发生，欧洲标准对最大配箍进行了如下规定：

$$\frac{A_{sw,max}f_{ywd}}{b_w s} \leqslant \frac{\frac{1}{2}\alpha_{cw}v_1 f_{cd}}{\sin\alpha} \tag{6-55}$$

对于垂直箍筋,则可简化为下式:

$$\frac{A_{sw,max}f_{ywd}}{b_w s} \leqslant \frac{1}{2}\alpha_{cw}v_1 f_{cd} \tag{6-56}$$

6.5.5 裂缝宽度检算

Eurocode 2 既给出了裂缝宽度的计算方法,也规定允许使用不通过计算的"简化法"控制裂缝,同时允许各国附件采用适合自己国家的一种方法。

1) 简化法

根据 Eurocode 2,对于受弯和受拉构件中的裂缝,可采用一些简单的规定进行控制裂缝宽度,主要通过控制设计最大钢筋直径和最大钢筋间距来完成,详见表 6-13、表 6-14。

裂缝控制的最大钢筋直径　　表 6-13

钢筋应力(MPa)	不同裂缝宽度(mm)时的最大钢筋直径(mm)		
	0.4	0.3	0.2
160	40	32	25
200	32	25	16
240	20	16	12
280	16	12	8
320	12	10	6
360	10	8	5
400	8	6	4
450	6	5	—

裂缝控制的最大钢筋间距　　表 6-14

钢筋应力(MPa)	不同裂缝宽度(mm)时的最大钢筋间距(mm)		
	0.4	0.3	0.2
160	300	300	200
200	300	250	150
240	250	200	100
280	200	150	50
320	150	100	—
360	100	50	—

2) 公式检算法

(1) 裂缝宽度计算公式

欧洲标准基于黏结滑移-无滑移综合理论,采用特征裂缝宽度 w_k 来检算混凝土构件的裂缝宽度,其计算公式如下。

$$w_k = S_{r,\max} \frac{\sigma_s - K_t \dfrac{f_{ct,eff}}{\rho_{p,eff}}(1 + \alpha_e \rho_{p,eff})}{E_s} \tag{6-57}$$

式中：σ_s——开裂截面受拉钢筋的应力；

K_t——与荷载持续时间有关的系数，短期荷载取 0.6；

$f_{ct,eff}$——混凝土即将开裂时的抗拉强度平均值；

$\rho_{p,eff}$——钢筋的有效配筋率；

α_e——钢筋弹性模量与混凝土平均弹性模量之比；

$S_{r,\max}$——最大裂缝间距。

$S_{r,\max}$ 计算公式为：

$$S_{r,\max} = \begin{cases} \dfrac{k_3 c + k_1 k_2 k_4 d}{\rho_{p,eff}} & s \leq 5\left(c + \dfrac{d}{2}\right) \\ 1.3(h-x) & s \geq 5\left(c + \dfrac{d}{2}\right) \end{cases} \tag{6-58}$$

式中：k_1——考虑钢筋黏结特性的系数，高黏结钢筋取 0.8，光圆钢筋取 1.6；

k_2——考虑应变分布的系数，对受弯构件取 0.5；

k_3、k_4——分别取 3.4、0.425；

d——钢筋直径；

h——截面高度；

x——计算裂缝宽度时正常使用状态下的受压区高度。

中国标准计算裂缝宽度时也是基于黏结滑移-无滑移综合理论，只是所取的参数有所不同。

(2) 裂缝宽度限制值

表 6-15 为 Eurocode 2 对裂缝宽度限值的建议值，可以看到欧洲标准对裂缝宽度的限定根据环境暴露等级划分，具体环境暴露等级的分类与具体定义见表 6-16。表 6-17 为法国国家附录中裂缝宽度限值的建议值，这些值与 Eurocode 2 相比更为严格。由上述各表可知，欧洲标准无侵蚀环境和低等级碳化环境，裂缝宽度限值为 0.4mm，其他侵蚀环境裂缝宽度限值为 0.3mm；法国国家附录对裂缝宽度的限制进一步加强，氯盐环境下裂缝宽度限值为 0.2mm。与欧洲标准与法国标准对比，中国标准对裂缝宽度限制更严格，如低等级侵蚀环境下，裂缝宽度不超过 0.2mm，高等级侵蚀环境下裂缝宽度不超过 0.15mm。

Eurocode 2 中裂缝宽度限值(单位：mm) 表 6-15

暴露等级	钢筋混凝土构件和无黏结预应力混凝土构件	有黏结预应力混凝土构件
	准永久荷载组合	频遇荷载组合
X0、XC1	0.4①	0.2
XC2、XC3、XC4	0.3	0.2②
XD1、XD2、XD3、XS1、XS2、XS3	0.3	混凝土处于受压状态

注：①对于 X0、XC1 暴露等级，裂缝宽度不会对耐久性造成影响，限制裂缝宽度仅是出于外观考虑。如对混凝土构件外观无要求，则该值可进一步放宽。

②还需满足：准永久荷载组合下构件处于受压状态。

与 EN206-1 中所述环境条件有关的暴露等级　　　表 6-16

分类	环境描述	可能出现暴露等级的示例
	1. 无侵蚀风险环境	
X0	(1)对于无钢筋或嵌入金属件的混凝土:除冻融、磨蚀及化学侵蚀以外的所有环境； (2)对于有钢筋或嵌入金属件的混凝土:非常干燥	空气湿度很低情况下的室内混凝土
	2. 由碳化作用诱发的侵蚀	
XC1	干燥或者长期潮湿	(1)低空气湿度环境下的室内混凝土； (2)长期浸在水中的混凝土
XC2	潮湿,非常干燥	(1)混凝土表面与水长期接触； (2)众多基础
XC3	中等湿度	(1)中度或较高空气湿度条件下,建筑物内的混凝土； (2)有防雨保护的外部混凝土
XC4	湿-干循环	与水接触的混凝土表面,不属于暴露等级 XC2
	3. 由氯化物诱发的侵蚀	
XD1	中度潮湿	与空气传播氯化物接触的混凝土表面
XD2	潮湿,非常干燥	游泳池与含有氯化物的工业用水接触的混凝土部件
XD3	湿-干循环	(1)与含有氯化物的喷雾接触的桥梁部位； (2)铺筑过的路面； (3)停车地板
	4. 由海水中氯化物诱发的侵蚀	
XS1	与空气中的盐接触,但不直接接触海水	接近海岸的建筑物
XS2	长期浸在水中	部分浸入水中的结构
XS3	潮汐,淋水和喷雾区	部分浸入水中的结构
	5. 冻融侵蚀	
XF1	中等水浸润,没有除冰剂	暴露在雨水和冰冻条件下的垂直混凝土表面
XF2	中等水浸润,有除冰剂	接触冰冻和空气中除冰剂的路面结构的垂直混凝土表面
XF3	高等水浸润,没有除冰剂	暴露在雨水和冰冻条件下的水平混凝土表面
XF4	高等水浸润,有除冰剂或海水	(1)接触除冰剂的路面和桥面； (2)与含有除冰剂和防冻剂的直接喷射接触的混凝土表面； (3)暴露在冰冻条件下的水下结构浪溅带
	6. 化学侵蚀	
XA1	符合 EN206-1 的表 2 要求的轻度侵蚀性化学环境	天然状态土壤和地下水
XA2	符合 EN206-1 的表 2 要求的中度侵蚀性化学环境	天然状态土壤和地下水
XA3	符合 EN206-1 的表 2 要求的高度侵蚀性化学环境	天然状态土壤和地下水

法国国家附录对裂缝宽度的限值要求　　　表6-17

暴露等级	钢筋混凝土构件
	准永久组合
X0、XC1	0.40mm
XC2、XC3、XC4	0.30mm
XD1、XD2、XD3、XS1、XS2、XS3	0.20mm

6.6 设计算例

为进一步说明悬臂式挡土墙设计方法并对比国内外设计方法差异,本小节针对铁路中常用的6m高悬臂式挡土墙,分别按照总安全系数法、极限状态法、欧洲标准(英国)方法、欧洲标准(法国)方法进行了计算。

所选取的算例基础资料如下:该悬臂式挡土墙高6m,悬臂高5.4m,墙顶宽0.35m,胸坡1:0.05,悬臂根部宽0.62m,底板厚0.6m,趾板长0.6m,踵板长3.29m,底板长4.51m,墙顶填土高0.7m,填土坡率1:1.5,墙顶为时速200km客货共线双线,不考虑地震作用。填料内摩擦角35°,填料重度20kN/m³。路基面宽度13.2m,线间距4.4m,轨道单位荷载14.25kN/m²,列车单位荷载47.35kN/m²。基底为碎石类土,内摩擦角35°,容许承载力300kPa。

为便于比较,挡土墙采用C28/35混凝土(圆柱体抗压强度30MPa,立方体抗压强度37MPa),重度20kN/m³。

拟定的挡土墙结构尺寸见表6-18。

拟定的挡土墙结构尺寸　　　表6-18

参数名称	参数符号	数值	单位
墙高	H	6	m
悬臂高	H_1	5.4	m
底板厚	H_2	0.6	m
墙顶宽	T_0	0.35	m
胸坡坡率	m_0	0.05	
趾板长	B_1	0.6	m
悬臂根部长	B_2	0.62	m
踵板长	B_3	3.29	m
底板长	B	4.51	m
墙顶填土高	H	0.7	m
填土坡率	M	1.5	

6.6.1 基于铁路总安全系数法的设计算例

本节计算主要依据《铁路路基支挡结构设计规范》(TB 10025—2019)和《混凝土结构设计规范》(GB 50010—2010),计算示意图如图 6-18 所示。

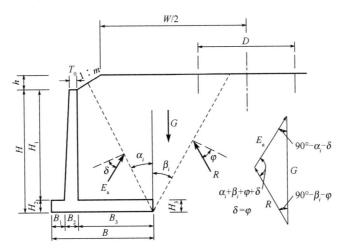

图 6-18 悬臂式挡土墙横断面示意图

1)荷载计算
(1)填料产生的土压力
经判断,存在两个裂面,第二破裂角为 24.836°,第一破裂角为 27.746°,相应土压力如下。
主动土压力:$E_a = 239.193 \text{kN}$
水平主动土压力:$E_x = 120.189 \text{kN}$
竖向主动土压力:$E_y = 206.804 \text{kN}$
作用点距墙底的距离:$Z_y = 2.199 \text{m}$
作用点距墙趾的距离:$Z_x = 3.492 \text{m}$
(2)列车及轨道产生的土压力
按照弹性理论,列车及轨道产生的土压力如下。
水平力:$P_h = 57.513 \text{kN}$
竖向力:$P_v = 47.540 \text{kN}$
作用点距墙底的距离:$Z_{yc} = 2.935 \text{m}$
作用点距墙趾的距离:$Z_{xc} = 3.111 \text{m}$
(3)墙踵上填土重力及地震力
墙踵上填土重力:$G_f = 191.709 \text{kN}$
作用点距墙趾的距离:$Z_{xf} = 2.244 \text{m}$
(4)墙身重力及地震力
墙身重力:$G_w = 133.125 \text{kN}$
作用点距墙趾的距离:$Z_{xw} = 1.624 \text{m}$

2)稳定性检算

(1)抗滑移检算

①水平力合力:$F_x = E_x + P_h = 120.189 + 57.513 = 177.702$kN

②竖向力合力:$N' = E_y + P_v + G_f + G_w = 206.804 + 47.540 + 191.709 + 133.125 = 579.178$kN

基底为碎石类土,根据《铁路路基支挡结构设计规范》(TB 10025—2019)表6.2.4,摩擦系数经验值 f 取0.4。

③抗滑稳定系数:$K_c = N'f/F_x = (579.178 \times 0.4)/177.702 = 1.304 > 1.3$,满足要求。

(2)抗倾覆检算

①填料水平土压力产生的倾覆力矩:$M_{01} = 120.189 \times 2.199 = 264.265$kN·m

②列车、轨道荷载水平土压力产生的倾覆力矩:$M_{02} = 57.513 \times 2.935 = 168.8$kN·m

③总倾覆力矩:$M_0 = M_{01} + M_{02} = 26.265 + 168.8 = 433.065$kN·m

④填料竖向土压力产生的抗倾覆力矩:$M_{y1} = 206.804 \times 3.492 = 722.159$kN·m

⑤列车、轨道荷载竖向土压力产生的抗倾覆力矩:$M_{y2} = 47.540 \times 3.111 = 147.897$kN·m

⑥墙踵上填土自重产生的抗倾覆力矩:$M_{y3} = 191.709 \times 2.244 = 430.195$kN·m

⑦墙身自重产生的抗倾覆力矩:$M_{y3} = 133.125 \times 1.624 = 216.195$kN·m

⑧总抗倾覆力矩:$M_y = M_{y1} + M_{y2} + M_{y3} + M_{y4} = 722.159 + 147.897 + 430.195 + 216.195 = 1516.446$kN·m

⑨抗倾稳定系数:$K_0 = \dfrac{M_y}{M_0} = \dfrac{1516.446}{433.065} = 3.502 > 1.6$,满足要求。

3)基底偏心距和基底应力检算

(1)基底偏心距检算

①总力矩:$M = M_y - M_0 = 1516.446 - 433.065 = 1083.381$kN·m

②合力作用点距离墙趾:$X_n = M/N' = 1083.381/579.178 = 1.871$m

③偏心距:$e = B/2 - X_n = 4.51/2 - 1.871 = 0.384$m $< B/6 = 0.752$m,满足要求。

(2)基底应力

①因 $e < B/6$,故墙趾处的压应力:$\sigma_1 = \dfrac{N'}{B}\left(1 + \dfrac{6e}{B}\right) = \dfrac{579.178}{4.51}\left(1 + \dfrac{6 \times 0.384}{4.51}\right) = 194.1$kPa

②墙踵处的压应力:$\sigma_2 = \dfrac{N'}{B}\left(1 - \dfrac{6e}{B}\right) = \dfrac{579.178}{4.51}\left(1 - \dfrac{6 \times 0.384}{4.51}\right) = 62.7$kPa

③平均压应力:$\sigma_p = \dfrac{\sigma_1 + \sigma_2}{2} = \dfrac{194.1 + 62.7}{2} = 128.4$kPa

4)结构内力及配筋计算

根据《铁路路基支挡结构设计规范》(TB 10025—2019),立壁板的内力按悬臂梁计算,库仑主动土压力应乘以1.25的修正系数。构件的正截面受弯承载力检算和斜截面的受剪承载力检算采用承载能力极限状态的基本组合,填料产生的土压力荷载分项系数取1.35,列车及轨道产生的土压力荷载分项系数取1.4。裂缝宽度检算采用正常使用极限状态的标准组合。

以立壁为例,立壁板承受的填料产生的水平土压力按库仑土压力进行计算,立壁与填料之间摩擦角取 0,$E_{xb}=97.072\text{kN}$,作用点距离立壁根部 2.033m。

立壁板承受的列车及轨道产生的土压力按弹性理论进行计算,$P_h=57.513\text{kN}$,作用点距离立壁根部 2.335m。

立壁板根部截面承受的设计弯矩 $M_{xb}=97.072\times2.033\times1.25\times1.35+57.513\times2.335\times1.4=521.033\text{kN}\cdot\text{m}$。

立壁板根部截面承受的设计剪力 $Q_{xb}=97.072\times1.25\times1.35+57.513\times1.4=244.327\text{kN}\cdot\text{m}$。

计算裂缝宽度时,采用标准组合,立壁板根部截面弯矩标准值 $M_{xb\text{-}k}=97.072\times2.033\times1.25\times1.0+57.513\times2.335\times1.0=380.977\text{kN}\cdot\text{m}$。

(1)正截面抗弯配筋计算。

相对界限受压区高度:

$$\xi_b=\frac{\beta_1}{1+\dfrac{f_y}{E_s\varepsilon_{cu}}}=\frac{0.8}{1+\dfrac{360}{200000\times0.0033}}=0.518$$

单筋矩形截面或翼缘位于受拉边的 T 形截面受弯构件受压区高度 x:

$$\begin{aligned}x&=h_0-\left(h_{02}-\frac{2M}{\alpha_1f_cb}\right)\times0.5\\&=550-\left(550^2-\frac{2\times521000000}{1\times16.72\times1000}\right)\times0.5\\&=59.9\text{mm}\leqslant\xi_b\cdot h_0=0.518\times550=285\text{mm}\end{aligned}$$

$$A_s=\frac{\alpha_1\cdot f_c\cdot b\cdot x}{f_y}=\frac{1\times16.72\times1000\times59.9}{360}=2783\text{mm}^2$$

相对受压区高度:$\xi=\dfrac{x}{h_0}=\dfrac{59.9}{550}=0.109\leqslant0.518$

最小配筋率:$\rho_{\min}=\max\{0.20\%,0.45f_t/f_y\}=\max\{0.20\%,0.197\%\}=0.2\%$

配筋率:$\rho=\dfrac{A_s}{b\cdot h_0}=\dfrac{2783}{1000\times550}=0.506\%>0.2\%$

故可设置 8 根 $\phi22\text{mm}$ 钢筋。

(2)斜截面抗剪配筋计算。

$0.7f_tbh_0=0.7\times1575\times1\times0.55=606.2\text{kN}\geqslant V=245.0\text{kN}$

因此仅需按构造配箍筋。

根据规范要求,箍筋最小直径 6mm,最大间距 350mm,设计选用 $\phi8@200$。

(3)裂缝宽度计算。

根据规范要求,裂缝宽度不应大于 0.2mm。

对矩形截面的受弯构件,$A_{te}=0.5bh=0.5\times1000\times620=310000\text{mm}^2$

按有效受拉混凝土截面面积计算的纵向受拉钢筋配筋率:$\rho_{te}=\dfrac{A_s}{A_{te}}=\dfrac{3041}{310000}=0.00981$

在荷载准永久组合下受拉区纵向钢筋的应力 σ_{sq} 按下列公式计算。

受弯:$\sigma_{sq}=\dfrac{M_q}{0.87h_0A_s}=\dfrac{381000000}{0.87\times550\times3041}=261.8\text{N/mm}^2$

裂缝间纵向受拉钢筋应变不均匀系数：$\psi = 1.1 - \dfrac{0.65 f_{tk}}{\rho_{te} \sigma_{sq}} = 1.1 - \dfrac{0.65 \times 2.2}{0.00981 \times 261.8} = 0.543$

最大裂缝宽度：$\omega_{max} = \alpha_{cr} \psi \sigma_{sq}(1.9 c_s + 0.08 d_{eq}/\rho_{te})/E_s = 1.9 \times 0.543 \times 261.8 \times (1.9 \times 48 + 0.08 \times 22/0.00981)/200000 = 0.365\text{mm} > \omega_{lim} = 0.2\text{mm}$，故需增加纵向钢筋。

经试算，当纵向钢筋面积达到 4561.2mm（12ϕ22mm）时，$\omega_{max} = 0.182$mm，满足要求。

由上述计算结果可知，立壁的纵向钢筋配筋量实际由裂缝宽度控制。

6.6.2 基于铁路极限状态法的设计算例

1）土压力计算

土压力计算与第6.6.1节相同。

2）稳定性检算

（1）抗滑移稳定性检算

根据表4-4，重力平衡作用分项系数γ_G取0.85，竖向土压力平衡作用分项系数γ_{E2}取0.55，水平土压力不平衡作用分项系数γ_{E1}取1.20，基底与地基层间的摩擦系数标准值$f' = 1.5 \times 0.4 = 0.6$，则：

不平衡作用效应设计值：$S_{d,dst} = \gamma_{E1} E_x = 1.20 \times (120.189 + 57.513) = 213.242$kN

平衡作用效应设计值：$S_{d,stb} = (\gamma_G G + \gamma_{E2} E_y) f' = [0.85 \times (191.709 + 133.125) + 0.55 \times (206.804 + 47.540)] \times 0.6 = 249.599$kN

本工点为一般路基支挡，重要性系数γ_0取1.0，因此抗滑移满足：$\gamma_0 S_{d,dst} \leq S_{d,stb}$。

（2）抗倾覆稳定性检算

根据表4-5，重力平衡作用分项系数γ_G取0.80，竖向土压力平衡作用分项系数γ_{E2}取0.90，水平土压力不平衡作用分项系数γ_{E1}取1.30，则：

不平衡作用效应设计值：$S_{d,dst} = \gamma_{E1} E_x Z_x = 1.30 \times (120.189 \times 2.199 + 57.513 \times 2.935) = 563.025$kN·m

平衡作用效应设计值：$S_{d,stb} = \gamma_G G Z_w + \gamma_{E2} E_y Z_y = 0.80 \times (191.709 \times 2.244 + 133.125 \times 1.624) + 0.90 \times (206.804 \times 3.492 + 47.540 \times 3.111) = 1300.162$

本工点为一般路基支挡，重要性系数γ_0取1.0，因此抗倾覆满足：$\gamma_0 S_{d,dst} \leq S_{d,stb}$。

3）基底偏心距和基底应力检算

（1）基底偏心距检算

总力矩：$M = M_y - M_0 = 1516.446 - 433.065 = 1083.381$kN·m

合力作用点距离墙趾：$X_n = M/N' = 1083.381/579.178 = 1.871$m

偏心距：$e = B/2 - X_n = 4.51/2 - 1.871 = 0.384 < B/6 = 0.752$m

满足要求。

（2）基底应力

挡土墙基底压应力应按正常使用极限状态检算。

因 $e < B/6$，故墙趾处的压应力为：$\sigma_{1k} = \dfrac{N'}{B}\left(1 + \dfrac{6e}{B}\right) = \dfrac{579.178}{4.51}\left(1 + \dfrac{6 \times 0.384}{4.51}\right) = 194.1$kPa。

墙踵处的压应力:$\sigma_{2k} = \dfrac{N'}{B}\left(1 - \dfrac{6e}{B}\right) = \dfrac{579.178}{4.51}\left(1 - \dfrac{6 \times 0.384}{4.51}\right) = 62.7\,\text{kPa}$

平均压应力:$\sigma_{pk} = \dfrac{\sigma_1 + \sigma_2}{2} = \dfrac{194.1 + 62.7}{2} = 128.4\,\text{kPa}$

基底承载力特征值取值与基底容许应力一致,即300kPa。本工点为一般路基支挡,因此重要性系数γ_0取1.0,因此基底压应力均满足$\gamma_0 S_d \leq R_d$。

4) 结构内力及配筋计算

本部分内容与第6.6.1节相同,不再赘述。

6.6.3 基于英国标准的设计算例

英国采用DA1方法,该方法包括两种组合,分别为:组合一(DA1.C1),所采用的分项系数为$A_1 + M_1 + R_1$;组合二(DA1.C2),所采用的分项系数为$A_2 + M_2 + R_1$。其中组合一侧重于作用力的不确定性,组合二侧重土体等材料参数的不确定性,两组合相比取不利值。

1) 朗肯宽度计算

最小朗肯宽度:$b_{\min} = h \times \tan(45° - \varphi'/2) = (0.7 + 6) \times \tan(45° - 35°/2) = 3.49\,\text{m}$

挡土墙踵板长度为3.29m,小于最小朗肯宽度$b_{\min}$,因此土压力计算时应采用倾斜假想墙背。

2) 组合一(DA1.C1)

(1) 荷载计算

挡土墙外部稳定分析受力情况如图6-19所示。

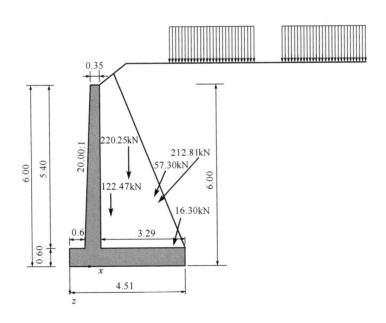

图6-19 悬臂式挡土墙外部稳定分析受力示意图(尺寸单位:m)

墙体自重、填土产生的土压力、墙后楔形体自重以及墙顶荷载产生的土压力详见表6-19。

挡土墙墙后土压力 表6-19

荷载名称	F_{hor}（水平力）（kN/m）	作用点 z（m）	F_{vert}（竖向力）（kN/m）	作用点 x（m）	分项系数（倾覆）	分项系数（滑移）	分项系数（基底应力）
墙体自重	0.00	−1.65	122.47	1.62	1.000	1.000	1.350
土楔自重	0.00	−2.77	220.25	2.35	1.000	1.000	1.350
主动土压力	120.77	−2.21	175.23	3.56	1.350	1.000	1.350
荷载1	33.54	−2.28	46.45	3.47	1.500	1.500	1.500
荷载2	12.65	−0.70	10.28	4.24	0.000	1.500	1.500

注：坐标系原点位于墙趾底部，且竖坐标向下为正。

(2) 抗倾覆检算

抗倾覆力矩：$M_{res} = 1800.86$ kN·m

倾覆力矩：$M_{ovr} = 475.09$ kN·m

利用率：$\Lambda = 475.09/1800.86 \times 100\% = 26.4\%$

倾覆稳定性检算结果：$M_{res} \geq M_{ovr}$，故满足要求。

(3) 抗滑移检算

抗滑力（平行基底）：$H_{res} = 422.26$ kN/m

滑动力（平行基底）：$H_{act} = 190.05$ kN/m

利用率：$\Lambda = 190.05/422.26 \times 100\% = 45.0\%$

滑移稳定性检算结果：$H_{res} \geq H_{act}$，故满足要求。

(4) 承载力检算

承载力检算时，荷载分项系数应采用表6-19中的分项系数（基底应力）。

不平衡倾覆力矩：$M_{Ed,dst} - M_{Ed,stb} = 1627.6$ kN·m

竖向力设计值：$V_d = 784.3$ kN/m

基底合力距墙趾：$x_v = 2.08$ m

基底应力偏心距：$e = 0.180$ m

基底应力偏心距限值：$[e] = B/6 = 4.51/6 = 0.752$ m $> e = 0.18$ m，故偏心距满足要求。

基底有效板宽：$B' = B - 2e = 4.51 - 2 \times 0.18 = 4.15$ m

基底有效面积（板长按无穷大考虑，有效面积考虑单宽）：$A' = 4.15$ m²

墙趾应力：$\sigma_1 = 215.5$ kPa

墙踵应力：$\sigma_4 = 132.3$ kPa

基底平均应力：$\sigma_{av} = V_d/B' = 189.0$ kPa

根据 BS EN 1997-1:2004 附录 D，地基承载力按下述过程计算：

$N_q = e^{\pi \tan\varphi'} \tan^2\left(45° + \dfrac{\varphi'}{2}\right) = 33.30$

$N_c = (N_q - 1)\cot\varphi' = 46.12$

$N_\gamma = 2(N_q - 1)\tan\varphi' = 45.23$

$$b_c = b_q - \frac{1-b_q}{N_c \tan\varphi'} = 1.0$$

$$b_q = b_\gamma = (1-\alpha\tan\varphi')^2 = 1.0$$

$$s_q = 1 + \frac{B'}{L'} \times \sin\varphi' = 1.0$$

$$s_\gamma = 1 - 0.3 \times \frac{B'}{L'} = 1.0$$

$$s_c = \frac{s_q N_q - 1}{N_q - 1} = 1.0$$

$$m = m_B = \frac{2 + \frac{B'}{L'}}{1 + \frac{B'}{L'}} = 2.0$$

$$i_q = \left(1 - \frac{H}{V_d + A'c'\cot\varphi'}\right)^m = 0.50$$

$$i_c = i_q - \frac{1-i_q}{N_c \tan\varphi'} = 0.48$$

$$i_\gamma = \left(1 - \frac{H}{V_d + A'c'\cot\varphi'}\right)^{m+1} = 0.35$$

$$q_{ult} = c'N_c b_c s_c i_c + q'N_q b_q s_q i_q + 0.5\gamma'B'N_\gamma b_\gamma s_\gamma i_\gamma = 0 + 0 + 654.36 = 654.36 \text{kPa}$$

基底承载能力设计值：$q_{Rd} = 654.36 \text{kPa}$

利用率：$\Lambda = \frac{215.5}{654.36} \times 100\% = 32.9\%$

基底应力检算结果：$q_{Rd} \geqslant \sigma_1$，故满足要求。

(5) 配筋计算

以立壁为例，配筋计算时，应考虑直接作用于结构上的荷载，对于立壁板，其上作用荷载见表 6-20。

立壁板承受的土压力　　　　　　　　　　　　　　　　　　　　　表 6-20

荷载名称	F_{hor}（水平力）（kN/m）	作用点 z（m）	F_{vert}（竖向力）（kN/m）	作用点 x（m）	分项系数（弯矩）	分项系数（轴力）	分项系数（剪力）
墙体自重	0	-2.45	60.22	0.37	1.0	1.35	1.0
主动土压力	98.08	-1.94	0.0	0.62	1.35	1.0	1.35
荷载1	57.34	-2.19	0.0	0.62	1.5	0.0	1.5
荷载2	12.54	-0.55	0.0	0.62	1.5	0.0	1.5

注：坐标系原点位于墙趾底部，且竖坐标向下为正。

立壁板弯矩、剪力设计值分别为：

$M_{xb1} = 98.08 \times 1.94 \times 1.35 + 57.34 \times 2.19 \times 1.5 + 12.54 \times 0.55 \times 1.5 = 455.6 \text{kN·m/m}$

$V_{xb1} = 98.08 \times 1.35 + 57.34 \times 1.5 + 12.54 \times 1.5 = 237.2 \text{kN/m}$

配筋结果详见"组合二"计算内容。

3)组合二(DA1.C2)

(1)荷载计算

墙体自重、填土产生的土压力、墙后楔形体自重以及墙顶荷载产生的土压力详见表6-21。

挡土墙墙后承受的土压力 表6-21

荷载名称	F_{hor}(水平力)(kN/m)	作用点 z(m)	F_{vert}(竖向力)(kN/m)	作用点 x(m)	分项系数(倾覆)	分项系数(滑移)	分项系数(基底应力)
墙体自重	0.00	-1.65	122.47	1.62	1.000	1.000	1.000
土楔自重	0.00	-2.77	220.25	2.35	1.000	1.000	1.000
主动土压力	152.22	-2.21	176.78	3.56	1.000	1.000	1.000
荷载1	48.20	-2.51	55.35	3.37	1.300	1.300	1.300
荷载2	23.00	-1.25	21.29	3.97	0.000	1.300	1.300

注:坐标系原点位于墙趾底部,且竖坐标向下为正。

(2)抗倾覆检算

抗倾覆力矩:$M_{res} = 1589.14$ kN·m/m

倾覆力矩:$M_{ovr} = 493.61$ kN·m/m

利用率:$\Lambda = 493.61/1589.14 \times 100\% = 31.1\%$

倾覆稳定性检算结果:$M_{res} \geq M_{ovr}$,故满足要求。

(3)抗滑移检算

抗滑力(平行基底):$H_{res} = 346.83$ kN/m

滑动力(平行基底):$H_{act} = 244.78$ kN/m

利用率:$\Lambda = 244.78/346.83 \times 100\% = 70.6\%$

滑移稳定性检算结果:$H_{res} \geq H_{act}$,故满足要求。

(4)承载力检算

不平衡倾覆力矩:$M_{Ed,dst} - M_{Ed,stb} = 1166.63$ kN·m/m

竖向力设计值:$V_d = 619.13$ kN/m

基底合力距墙趾:$x_v = 1.88$ m

基底应力偏心距:$e = 0.370$ m,偏心距满足要求。

基底有效板宽:$B' = B - 2e = 4.51 - 2 \times 0.37 = 3.77$ m

基底有效面积(板长按无穷大考虑,有效面积考虑单宽):$A' = 3.77$ m^2

墙趾应力:$\sigma_1 = 205.0$ kPa

墙踵应力:$\sigma_4 = 69.6$ kPa

基底平均应力:$\sigma_{av} = V_d/B' = 164.2$ kPa

根据BS EN 1997-1:2004附录D,地基承载力按下述过程计算:

$$N_q = e^{\pi\tan\varphi'}\tan^2\left(45° + \frac{\varphi'}{2}\right) = 16.92$$

$$N_c = (N_q - 1)\cot\varphi' = 28.42$$

$$N_\gamma = 2(N_q - 1)\tan\varphi' = 17.84$$

$$b_c = b_q - \frac{1 - b_q}{N_c \tan\varphi'} = 1.0$$

$$b_q = b_\gamma = (1 - \alpha\tan\varphi')^2 = 1.0$$

$$s_q = 1 + \left(\frac{B'}{L'}\right)^* \sin\varphi' = 1.0$$

$$s_\gamma = 1 - 0.3\frac{B'}{L'} = 1.0$$

$$s_c = \frac{s_q N_q - 1}{N_q - 1} = 1.0$$

$$m = m_B = \frac{2 + \dfrac{B'}{L'}}{1 + \dfrac{B'}{L'}} = 2.0$$

$$i_q = \left(1 - \frac{H}{V_d + A'c'\cot\varphi'}\right)^m = 0.37$$

$$i_c = i_q - \frac{1 - i_q}{N_c \tan\varphi'} = 0.33$$

$$i_\gamma = \left(1 - \frac{H}{V_d + A'c'\cot\varphi'}\right)^{m+1} = 0.22$$

$$q_{ult} = c'N_c b_c s_c i_c + q'N_q b_q s_q i_q + 0.5\gamma'B'N_\gamma b_\gamma s_\gamma i_\gamma = 0 + 0 + 148.59 = 148.59 \text{kPa}$$

基底承载能力设计值:$q_{Rd} = 148.59 \text{kPa}$

利用率:$\Lambda = \dfrac{205.0}{148.59} \times 100\% = 138.0\%$

基底应力检算结果:$q_{Rd} \leqslant \sigma_1$,故不满足要求。

(5)配筋计算

以立壁为例,配筋计算时,应考虑直接作用于结构上的荷载,对于立壁板,其上作用荷载见表6-22。

立壁板承受的土压力 表6-22

荷载名称	F_{hor}(水平力)(kN/m)	作用点 z (m)	F_{vert}(竖向力)(kN/m)	作用点 x (m)	分项系数(弯矩)	分项系数(轴力)	分项系数(剪力)
墙体自重	0.0	-2.45	60.22	0.37	1.0	1.0	1.0
主动土压力	125.02	-1.96	0.0	0.62	1.0	1.0	1.0
荷载1	79.51	-2.45	0.0	0.62	1.3	0.0	1.3
荷载2	31.31	-1.17	0.0	0.62	1.3	0.0	1.3

注:坐标系原点位于墙趾底部,且竖坐标向下为正。

立壁板弯矩、剪力设计值分别为:

$M_{xb2} = 125.02 \times 1.96 \times 1.0 + 79.51 \times 2.45 \times 1.3 + 31.31 \times 1.17 \times 1.3 = 545.9 \text{kN/m}$

$V_{xb2} = 125.02 \times 1.0 + 79.51 \times 1.3 + 31.31 \times 1.3 = 269.1 \text{kN/m}$

根据计算结果对比,组合二计算的立壁板弯矩、剪力设计值更大,因此配筋时弯矩及剪力应采用组合二计算结果。

根据第 6.5.3 节可知,混凝土保护层厚度取 40mm,立壁板背侧需配筋 2858mm²。

当配置纵向受力钢筋面积为 2858mm² 时,其裂缝宽度为 0.36mm < 0.4mm,满足设计要求。

6.6.4 基于法国标准的设计算例

基于法国标准,设计计算结果如下。

(1)荷载计算

挡土墙荷载计算结果见表 6-23。

挡土墙荷载计算结果 表 6-23

荷载名称	水平力(kN)	作用点(m)	竖向力(kN)	作用点(距底板中心)(m)
墙体自重	0.0	−1.7	122.5	−0.6
土楔自重	0.0	−2.8	220.3	0.1
主动土压力	122.8	−2.3	188.1	1.3
列车荷载左线	32.6	−2.3	48.4	1.3
列车荷载右线	11.7	−0.7	12.1	2.0

(2)荷载组合

考虑的荷载组合见表 6-24。

荷载组合计算结果 表 6-24

荷载名称	水平力(kN)	竖向力(kN)	弯矩(kN·m)	承载力极限状态组合1(ELU1)	承载力极限状态组合2(ELU2)	承载力极限状态组合3(ELU3)	承载力极限状态组合4(ELU4)	正常使用极限状态组合(ELS)
墙体自重	0.0	122.5	−77.8	1.4	1.4	1.0	1.0	1.0
土楔自重	0.0	220.3	20.9	1.4	1.4	1.0	1.0	1.0
主动土压力	122.8	188.1	−25.1	1.4	1.4	1.0	1.0	1.0
列车荷载左线	32.6	48.4	−15.5	1.5	0.0	1.5	0.0	1.0
列车荷载右线	11.7	12.1	16.0	1.5	0.0	1.5	0.0	1.0
组合值	弯矩(kN·m)			−110.0	−110.7	−81.3	−82.0	−81.5
	水平力(kN)			232.2	165.7	189.2	122.8	167.1
	竖向力(kN)			807.3	716.6	621.6	530.8	591.3

(3)偏心距检算

偏心距检算结果见表 6-25。

偏心距检算结果 表 6-25

组合	e_d(m)	$1-2e/B$	控制标准	结论
ELU1	0.14	0.94	$1-2e/B \geq 1/15$	满足要求
ELU2	0.15	0.93	$1-2e/B \geq 1/15$	满足要求
ELU3	0.13	0.94	$1-2e/B \geq 1/15$	满足要求
ELU4	0.15	0.93	$1-2e/B \geq 1/15$	满足要求
ELS	0.14	0.94	$1-2e/B \geq 1/2$	满足要求

(4) 承载力检算

根据法国标准，基底土体净承载力 q_{net} 一般要通过旁压试验或者触探试验确定，由于本例缺乏相关试验数据，近似取 q_{net} 为 600kPa。相应计算结果见表 6-26。

承载力检算结果 表 6-26

组合	q_{net} (kPa)	$\gamma_{R;v}$	$\gamma_{R;d;v}$	V_d (kN)	A' (m²)	R (kN)	结论
ELU1	600	1.4	1	FALSE	2.8	1208.1	满足要求
ELU2	600	1.4	1	716.6	2.1	886.5	满足要求
ELU3	600	1.4	1	621.6	2.1	882.0	满足要求
ELU4	600	1.4	1	530.8	2.1	886.5	满足要求

(5) 抗滑移检算

根据第 6.4.4 节，抗力分项系数 $\gamma_{R;h}$ 取 1.1；计算模型修正系数 $\gamma_{R;d;h}$ 取 0.9；挡土墙基底与土体的摩擦角特征值 $\delta_{a;k}$，对于现浇挡土墙可取土体残余内摩擦角 35°。检算结果见表 6-27。

抗滑移检算结果 表 6-27

组合	V_d(kN)	$\gamma_{R;h}$	$\gamma_{R;d;h}$	R(kN)	H_d(kN)	检算式	结论
ELU1	807.3	1.1	0.9	571.0	232.2		满足要求
ELU2	716.6	1.1	0.9	506.8	165.7	$H_d \leq V_d + R$	满足要求
ELU3	621.6	1.1	0.9	439.6	189.2		满足要求
ELU4	530.8	1.1	0.9	375.4	122.8		满足要求

(6) 结构计算

构件的正截面受弯承载力检算和斜截面的受剪承载力检算采用承载能力极限状态的基本组合，根据 Eurocode 0，填料产生的土压力荷载分项系数取 1.35，列车及轨道产生的土压力荷载分项系数取 1.5。裂缝宽度检算采用正常使用极限状态的标准组合。

以立壁为例，配筋计算时，应考虑直接作用于结构上的荷载，对于立壁，其上作用荷载见表 6-28。

立壁承受的荷载　　　　　　　表 6-28

荷载名称	水平力（kN/m）	作用点（m）	承载能力极限状态基本组合系数	正常使用极限状态标准组合系数
墙体自重	0	−2.45	1	1
主动土压力	89.14	−1.95	1.35	1
列车荷载(左线)	49.71	−2.21	1.5	1
列车荷载(右线)	11.26	−0.55	1.5	1

立壁根部承载力极限状态基本组合弯矩设计值为：

$M_{xb} = 89.14 \times 1.95 \times 1.35 + 49.71 \times 2.21 \times 1.5 + 11.26 \times 0.55 \times 1.5 = 408.7 \text{kN/m}$

根据第 6.5.3 节可知，混凝土保护层厚度取 40mm，立壁板背侧需配筋 2232mm²。

立壁根部正常使用极限状态标准组合设计值为：

$M_{xb\text{-}k} = 89.14 \times 1.95 \times 1.0 + 49.71 \times 2.21 \times 1.0 + 11.26 \times 0.55 \times 1.0 = 289.9 \text{kN/m}$

根据第 6.5.4 节可知，立壁背侧配筋 2232mm² 时，裂缝宽度为 0.32mm，小于 0.4mm 的限值。

当裂缝宽度限值取 0.2mm 时，则立壁板背侧配筋需达到 3100mm²。

6.7 对比分析

6.7.1 算例结果分析

为进一步明确各规范的差异，本节采用利用率（作用与抗力的比值）对比钢筋混凝土挡土墙抗倾覆、抗滑移及承载力检算，对比结果详见表 6-29。由表可知：

(1) 按照英国标准，承载力检算不满足要求，这与本算例基底土体未给定黏聚力有关。
(2) 中国标准的利用率高于欧洲标准，说明中国标准略偏保守。
(3)《铁路路基支挡结构设计规范》(TB 10025—2019) 对应的利用率略高于铁路路基极限状态法对应的利用率。

中欧标准挡土墙设计结果对比　　　　　　表 6-29

检算内容	《铁路路基支挡结构设计规范》(TB 10025—2019)（总安全系数法）			《铁路路基设计规范》(TB 10001—2016)（极限状态法）			欧洲(英国)标准			欧洲(法国)标准		
	作用力(kN)	抗力(kN)	利用率	作用力(kN)	抗力(kN)	利用率	作用力(kN)	抗力(kN)	利用率	作用力(kN)	抗力(kN)	利用率
抗倾覆	433.07	1516.45	45.69%	563.03	1300.16	43.30%	493.61	1589.14	31.06%	—	—	—
抗滑移	177.70	231.67	99.72%	213.24	249.60	85.43%	244.78	346.83	70.58%	189.2	439.6	43.04%
承载力	128.40	300.00	55.64%	128.40	300.00	42.80%	205.0	148.59	138.0%	716.6	886.5	80.83%

各规范对应的立壁配筋结果见表6-30。由表可知,对于本算例,采用欧洲标准设计可降低最多配筋量。

中欧标准挡土墙设计结果对比　　　　表6-30

项目		《铁路路基支挡结构设计规范》(TB 10025—2019)(总安全系数法)	《铁路路基设计规范》(TB 10001—2016)(极限状态法)	欧洲(英国)标准	欧洲(法国)标准
立壁配筋量(mm^2)	抗弯检算	2783	2783	2858	2232
	裂缝宽度检算	4561	4561	2858	2232(裂缝宽度限值0.4mm) 3100(裂缝宽度限值0.2mm)

6.7.2　中欧标准主要差异

(1)设计方法

我国铁路标准外部稳定性采用总安全系数法,配筋设计采用分项系数法;欧洲标准采用分项系数法,其中英国标准采用DA1方法(材料分项系数法),法国标准采用DA2方法(抗力分项系数法)。

(2)外部稳定性安全度对比

英国标准采用DA1方法,较难直接对钢筋混凝土挡土墙抗滑动、抗倾覆功能的安全程度进行对比。法国标准采用DA2方法,可对安全度进行对比,对比结果为:法国标准抗滑移分项系数所对应的安全度为1.34,略高于《铁路路基支挡结构设计规范》(TB 10025—2019)所要求的1.3;基底偏心距所对应的抗倾覆安全系数为1.8～2.0,高于《铁路路基支挡结构设计规范》(TB 10025—2019)所要求的1.6;基底应力所对应的安全系数为2.3,略大于《铁路路基支挡结构设计规范》(TB 10025—2019)隐含的安全系数2.0。由于一般情况下抗滑移是功能控制项,因此中欧标准对应的结构整体安全度基本一致。

(3)土压力计算方法差异

我国《铁路路基支挡结构设计规范》(TB 10025—2019)墙后填土土压力计算采用库仑理论,欧洲标准规定可采用Caquot、Kérisel、Absi、Coulomb、Poncelet以及Culmann理论,这些方法在计算主动土压力时结果较为接近,但被动土压力计算结果差异较大。

我国《铁路路基支挡结构设计规范》(TB 10025—2019)计算墙顶荷载产生的土压力采用库仑理论方法,欧洲标准则采用塑性理论。

(4)抗滑力计算方法差异

中国标准对于饱和软土和粗粒土两种不同土性地基采用了不同的基底抗滑力计算方法,其中饱和软土考虑了黏聚力的贡献,粗粒土依据土体残余内摩擦角来计算基底摩擦系数,与英国标准类似。

我国《铁路路基支挡结构设计规范》(TB 10025—2019)给出了碎、砂、粉、黏各类土的经验摩擦系数,以砂类土为例,其建议的基底摩擦系数为0.3～0.4,需说明的是,此参数为经验值而非极限值,根据以往的调查和试验,摩擦系数极限值与经验值之间存在约1.5倍的关系,因此我国《铁路路基支挡结构设计规范》(TB 10025—2019)砂类土基底摩擦系数极限值为 0.45~0.6,而依据法国标准此值为 $\tan 35° = 0.7$,这导致了按我国《铁路路基支挡结构设计规范》(TB 10025—2019)计算的抗滑力偏小。

(5)混凝土强度等级确定方法差异

欧洲标准采用圆柱体抗压强度,中国标准采用立方体抗压强度,因此两者在计算混凝土抗压强度设计值时有所不同。

根据本章分析可知:对于强度等级C50(中国标准)以下等级的混凝土,按照英国标准计算出的抗压强度设计值低于中国标准1.92%~5.1%,按照法国标准计算出的抗压强度设计值要大于中国标准10.33%~18.47%。

(6)配件内力计算差异

在进行钢筋混凝土构件抗弯检算时,中欧标准除钢筋应力应变关系有些许差异外,基本假定和计算原理基本相同。我国《铁路路基支挡结构设计规范》(TB 10025—2019)立臂板侧向土压力计算采用库仑主动土压力方法,最终结果需乘以修正系数1.25,欧洲标准虽然提及计算此土压力要考虑挡土墙的位移量,但是并未明确修正系数,这导致两者在配筋计算结果上会有一定差异。

(7)裂缝宽度限定值差异

我国标准钢筋混凝土挡土墙一般需满足0.2mm的裂缝宽度限值,在进行配筋计算时,往往是裂缝宽度决定纵筋配筋量,而不是抗弯检算。欧洲标准对裂缝宽度的限定值为0.2~0.4mm,裂缝宽度计算确定的纵筋配筋量与抗弯检算确定的配筋量大体相当。因此我国《铁路路基支挡结构设计规范》(TB 10025—2019)对裂缝宽度的要求更为严格,并可能会影响最终的配筋量。

第7章 加筋类挡土墙设计方法与算例

7.1 概述

加筋类挡土墙主要包括加筋土挡土墙和土钉墙两类,其中加筋土挡土墙主要用于填方边坡,而土钉墙则主要用于挖方边坡。

加筋土挡土墙是由墙面、基础、筋材和填土等共同组成的一种轻型支挡结构,如图7-1所示,具有圬工量少、造价低、节省用地、外形美观、抗震性能优越等特点。其挡土原理是依靠填料与筋材之间的摩擦力来平衡墙面所承受的水平土压力(即内部稳定),并以墙面、拉筋和填料等组成复合土墙结构以抵抗拉筋尾部填料所产生的土压力(即外部稳定),从而保证挡土墙的稳定。加筋土挡土墙在欧洲、美国、日本等国家和地区,以及我国的公路领域应用较多,我国铁路领域应用相对偏少。由于铁路荷载重、线路安全度与耐久性要求高,对加筋土挡土墙的设计和施工有更高要求,我国在南昆铁路、广大线、青藏铁路、赣龙铁路、青荣城际、成昆铁路复线等多条铁路上均取得了较好的应用效果。加筋土挡土墙的工作性能主要受加筋材料质量、结构形式和施工质量的影响,墙面坡度一般为70°~90°。

土钉墙是在土质或破碎软弱岩质挖方边坡中设置钢筋土钉,并靠土钉拉力维持边坡稳定的挡土结构,如图7-2所示。土钉墙是一种原位岩土加筋技术,土钉通过与岩土界面之间的作用提高岩土体的抗拉强度,而土钉之间的岩土变形通过钢筋网喷射混凝土面板进行约束。边坡岩土体、一定长度和分布密度的土钉体以及混凝土面层共同作用形成类似重力式挡土墙的复合体,弥补了岩土体自身抗拉、抗剪强度低的弱点,提高了边坡的整体稳定性。目前土钉墙广泛应用于边坡加固及基坑支护工程中。本章将重点介绍加筋土挡土墙。

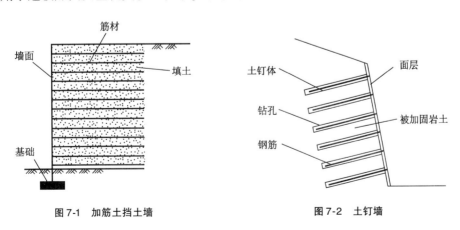

图7-1 加筋土挡土墙 图7-2 土钉墙

7.1.1 加筋挡土墙的分类

(1) 按整体形状分类

根据整体形状、设置位置,加筋类挡土墙可分为以下类型:单侧加筋土挡土墙、双侧加筋土挡土墙、路肩式加筋土挡土墙、路堤式加筋土挡土墙、矩形截面加筋土挡土墙、非矩形截面加筋土挡土墙、多级加筋土挡土墙等,如图 7-3 所示。其中,双侧加筋土挡土墙按筋材的连接方式又分为分隔式、对拉式和交错式。

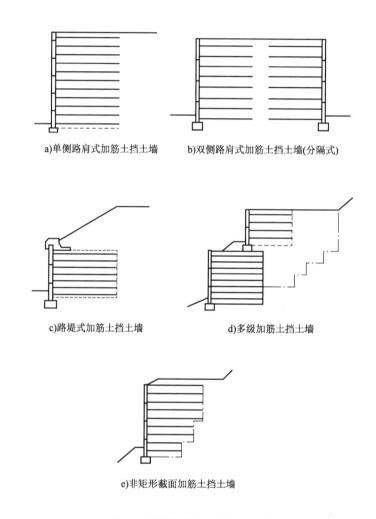

图 7-3 按整体形状和设置位置分类

(2) 按墙面体系分类

根据墙面体系,加筋类挡土墙可分为以下类型:预制钢筋混凝土板式、预制混凝土模块式、整体现浇混凝土刚性面板式、复合式刚性混凝土面板式、金属面板式、土工格栅包裹式柔性墙面、钢丝(筋)网柔性墙面等,如图 7-4 所示。

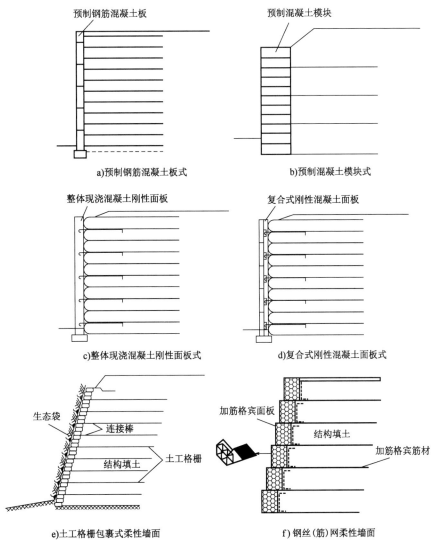

图 7-4 按墙面体系分类

7.1.2 加筋土挡土墙的破坏模式

加筋土挡土墙的破坏模式主要有内部稳定性破坏、外部稳定性破坏、整体稳定性破坏以及变形破坏四类。

(1) 内部稳定性破坏主要分为筋材的拉断破坏、拔出破坏、筋材与面板连接部位断裂以及面板脱落等,如图 7-5 所示。

(2) 外部稳定性破坏主要分为滑动破坏、倾覆破坏以及地基承载力不足引起的破坏,如图 7-6 所示。

(3) 整体稳定性破坏是滑动面通过加筋土体、墙后填土及地基而发生的整体滑动,一般易发生在软土地基加筋土挡土墙结构中,如图 7-7 所示。

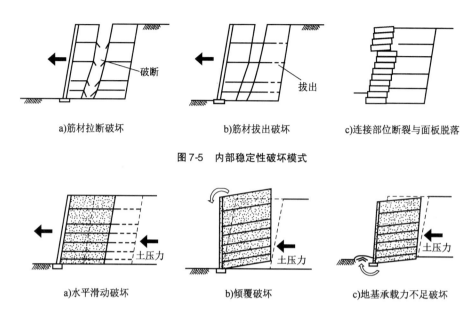

图 7-5 内部稳定性破坏模式

a)筋材拉断破坏　　b)筋材拔出破坏　　c)连接部位断裂与面板脱落

a)水平滑动破坏　　b)倾覆破坏　　c)地基承载力不足破坏

图 7-6 外部稳定性破坏模式

（4）变形破坏是指由于变形累积或不均匀变形过大从而影响结构的正常使用功能。填料压实不够或地基承载力不足会引起过大的竖向、水平位移,墙面外倾或外鼓,导致结构丧失使用功能;或产生的不均匀沉降造成面板或路基面开裂,影响结构的使用等。变形破坏模式如图 7-8 所示。

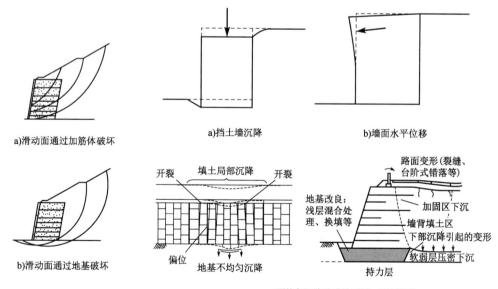

图 7-7 整体稳定性破坏模式　　图 7-8 变形破坏模式

在实际工程中,加筋土挡土墙的破坏往往表现为综合性破坏,既有内部稳定性破坏也有外部稳定性破坏,甚至还有变形破坏,且各种破坏形式互相交叉、互相转化,同时或者先后发生。

7.1.3 加筋土挡土墙的结构构造

1）筋材

筋材对于加筋土挡土墙至关重要,应具有较高的抗拉强度、变形小、较好的柔性和韧性、与填土间有较大摩阻力、抗腐蚀等特点。筋材分为土工格栅、土工格室、钢筋(丝)网等网格状筋材,土工带、钢带、钢筋混凝土板条等条带状筋材,土工织物(布)等片状拉筋,以及锚杆、钢筋等杆状筋材,如图7-9所示。我国铁路、公路加筋土挡土墙筋材多采用土工格栅、复合土工带、钢筋混凝土板条等,近年来,土工格栅由于具有良好的技术特性,已经作为拉筋材料被推广使用,铁路加筋土挡土墙多采用高密度聚乙烯(HDPE)单向拉伸塑料土工格栅。土工格栅与土体相互作用所形成的摩擦力可分为两部分:一部分为土工格栅表面和土体之间的摩擦力;另一部分为土工格栅与土颗粒之间的咬合力,这种咬合力包括土颗粒与土工格栅横肋之间的端承力及土工格栅网孔内土体与网孔外土体之间的表面摩擦力。土工格栅与土颗粒之间的咬合力是土工格栅优越性的体现。

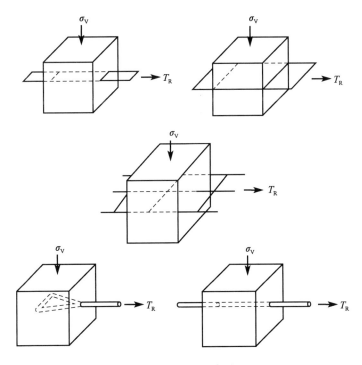

图7-9 不同筋材类型

2）墙面板及与筋材连接

（1）整体现浇混凝土刚性面板

整体现浇混凝土刚性面板包裹式加筋土挡土墙是一种新型的加筋土挡土墙。包裹体采用袋装砂卵石(碎石)并通过土工格栅反包与加筋土体融为一体,起到临时支护和排水反滤的作用。在包裹式加筋体填筑过程中要预埋连接钢筋,钢筋前端弯钩露出包裹体外,包裹式加筋体施工完成且变形稳定后,外侧焊接绑扎面板钢筋网与预埋连接钢筋牢固连接,再立模浇筑混凝土面板,如图 7-10 所示。整体现浇混凝土刚性面板整体性好、刚度大、抗震性能优越,有利于限制加筋体的局部变形。由于包裹式加筋体为自稳结构,先施工加筋体,后施工面板,通过分序施工,可显著减小挡土墙的工后变形,适用于变形要求严格的高速铁路路基。

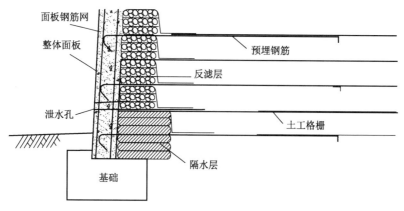

图 7-10 整体刚性面板连接示意图

(2)复合刚性混凝土墙面

复合刚性混凝土面板包裹式加筋土挡土墙是一种新型的加筋土挡土墙。复合式面板由预制板和现浇混凝土构成。预制板位于现浇混凝土外侧,兼作混凝土浇筑模板,预制板底部预埋钢筋,顶部预留插销孔,背面预埋门形钢筋,上下层预制板交错布置,通过底部预埋钢筋和顶部插销孔连接。包裹式加筋体施工完成且变形稳定后,安装外侧预制板,预制板背面的门形钢筋与包裹式加筋体中的预埋连接钢筋通过焊接或连接件牢固连接,再浇筑预制板与包裹体之间的混凝土。预制面板与包裹式加筋体之间通过连接钢筋、现浇混凝土连接为整体,如图 7-11、图 7-12 所示。复合刚性混凝土面板除了具有整体现浇混凝土刚性面板优良的工作性能之外,还具有以下优点:预制板通过与包裹式加筋体的预埋钢筋连接可实现自稳定,兼作模板;可节省钢模板和支撑体系,施工效率显著提高;预制板工厂化生产,外观效果好。

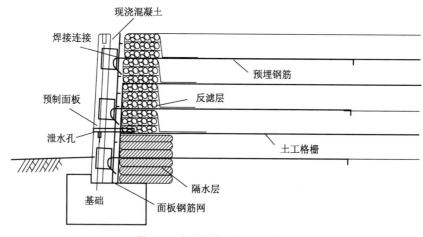

图 7-11 复合刚性面板连接示意图

图 7-12 复合刚性面板外侧预制板

(3) 预制混凝土模块式面板

预制混凝土模块尺寸一般高 10～30cm、宽 20～40cm、长 25～50cm,可为实心或空心,模块上下一般带有企口,竖向可直接码砌也可采用销钉连接。预制混凝土模块可进行工厂化生产,质量可靠,单个模块质量轻,不需大型吊装设备。预制混凝土模块根据模块形状、与筋材连接方式等可分为多种类型。代表性混凝土模块如图 7-13 所示,上下表面分别设有凹槽和凸榫,竖向预留 4 个圆孔,内侧预埋环形钢筋,水平向预留用于人工搬运的圆孔;连接钢筋水平向穿过砌块内侧钢筋环,土工格栅穿过钢筋后回折不小于 2.0m,并用土工棒连接;上下砌块错缝布置,竖向圆孔对齐,在预留孔内插入钢筋并灌注水泥浆,如图 7-14 所示。此种混凝土模块和土工格栅连接方式牢靠不易脱落,适应差异沉降能力强;砌块之间竖向植筋可提高面板整体刚度,有利于限制挡土墙的局部变形。

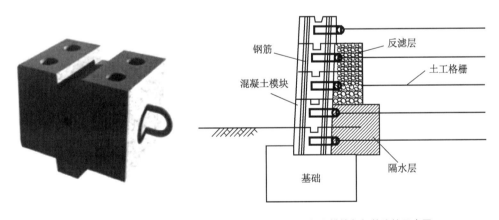

图 7-13 混凝土模块　　　　图 7-14 混凝土模块与钢筋连接示意图

(4) 预制钢筋混凝土板式墙面

预制钢筋混凝土面板,一般为构造配筋,厚度多为 8～15cm,可采用十字形、六角形、矩形、槽形、L 形等多种形状,板边一般有企口和小孔,安装时使企口相互衔接,并用短钢筋插入小孔,将每块墙面板相互连接。筋材可采用土工格栅、土工带、钢筋混凝土条带、钢筋网格等。代表性预制钢筋混凝土板及和筋材连接方式如图 7-15 所示,预制板背面预留环形连接件,通过连接棒将土工格栅和预制板进行连接。

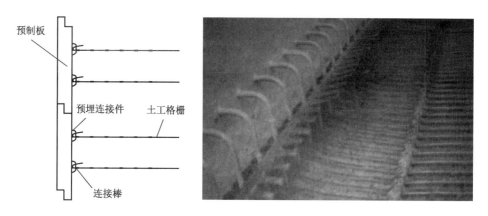

图 7-15 预制板与土工格栅连接

(5) 包裹式柔性生态墙面

包裹式柔性生态墙面是下层土工格栅在墙面处将压实的土工袋反包,并与上层土工格栅通过连接棒连接而形成的筋材自连接墙面结构,该墙面形式整体稳定性好,同时在土工格栅空隙中种植植被或进行液压喷播植草,用以保护土工格栅免受紫外线直射,同时还起到绿化与美观的作用。包裹式加筋土挡土墙拉筋应采用统一的水平回折包裹长度,其长度应大于计算值且不小于 2.0m,加筋土体最上部 1、2 层拉筋的回折长度应适当加长。

(6) 加筋格宾墙面

加筋格宾墙面一般为格宾网箱,网箱中用级配良好的硬质石料填充密实,也可采用金属网面反包并用钢筋面板及支撑架增加刚度,在墙面钢丝内侧铺设植生垫进行绿化,墙面与拉筋均由同一钢丝网面制成,可消除面板与筋带连接处的薄弱环节。筋材一般为经过特殊防腐处理的低碳钢丝双绞合六边形金属网面,也可与土工格栅结合使用。

3) 基础

加筋土挡土墙应根据墙面类型、荷载、地形、地质、水流冲刷、冻结等条件来确定基础形式和埋置深度。当地基为基岩时可不设置基础。对于土质地基和风化层较厚难以全部清除的岩石地基,铁路加筋土挡土墙混凝土墙面板下应设置厚度不小于 0.4m 的混凝土条形基础,基础埋深不应小于 0.6m;在严寒地区,基础埋深应在冻结深度线以下不小于 0.25m;受水流冲刷时,基础埋深应在冲刷线以下不小于 1.0m,否则应采取可靠的防冲刷措施。当基底不宜设置纵坡时,可做成水平或结合地形做成台阶形状。斜坡上的加筋体应设置重力式基础,如图 7-16 所示;或设宽度不小于 1m 的护脚,加筋体面板基础埋深应从护脚顶面算起,如图 7-17 所示。墙面前设 4% 的横向排水坡,在无法横向排水地段应设纵向排水沟,基础底面应设置于外侧排水沟底以下。软弱地基上的加筋土挡土墙地基承载力不能满足要求时需进行地基处理。

公路加筋土挡土墙混凝土墙面板下应设置厚度不小于 0.2m、宽度不小于 0.4m 的混凝土条形基础,基础埋深不应小于 0.6m,条形基础下可设置不小于 0.2m 的碎石垫层,碎石垫层厚度根据地基承载力确定,如图 7-18 所示。对于包裹式柔性生态墙面、钢丝(筋)网加筋格宾墙面,可直接埋置于地基中,埋深不小于 0.6m,如图 7-19 所示。

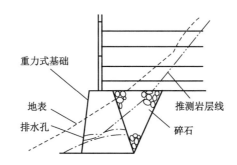

图 7-16　斜坡地段挡土墙重力式基础

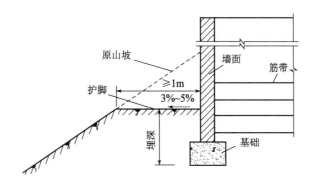

图 7-17　斜坡地段挡土墙护脚横断面图

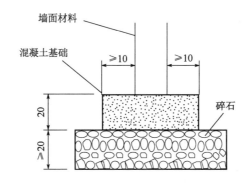

图 7-18　混凝土墙面板基础设置示意图(尺寸单位:cm)

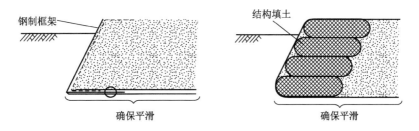

图 7-19　柔性墙面基础设置示意图

4)填料

加筋体填料应易于填筑和压实,能与筋材之间产生可靠的摩阻力,水稳定性良好,不应对筋材有腐蚀性。我国铁路与公路加筋土挡土墙填料,通常采用有一定级配渗水的砂类土(粉砂、黏砂除外)、砾石类土、碎石类土,也可选用C组细粒土填料,但必须有相应的工程措施(如防水等),不得采用块石类土。填料与筋带直接接触部分不应含有尖锐棱角的块体,填料中最大粒径不应大于10cm,且不宜大于单层填料压实厚度的1/3。不同等级的道路,其填料应符合相应规范的要求,高液限黏性土及其他特殊土应在采取可靠的技术措施之后采用,腐质土、冻结土、盐渍土、白垩土及硅藻土等禁止使用。英国和美国FHWA(美国联邦公路局)分别要求填料细粒含量小于10%和15%;美国NCMA(美国混凝土砌体协会)要求填料中细粒不大于35%,如果进行精细化施工,细粒含量可达50%;对于允许使用黏性土的相关规范而言,其塑性指数最大值规定如下:$I_p \leqslant 6$(FHWA),$I_p \leqslant 15$(巴西),$I_p \leqslant 20$(中国香港)。当筋材为金属材质时,填料的化学和电化学标准应满足表7-1的规定。加筋土挡土墙填料应随拉筋铺设分层压实,铁路填料压实标准应符合《铁路路基设计规范》(TB 10001—2016)的规定,公路加筋土挡土墙填料压实标准应符合《公路路基设计规范》(JTG D30—2015)的规定。

填料的化学和电化学标准 表7-1

项目	电阻率(Ω/cm)	氯离子(0.0355g/100g填料)	硫酸根离子(0.048g/100g填料)	pH值
无水工程	>1000	≤5.6	≤21.0	5~10
淡水工程	>1000	≤2.8	≤10.5	5~10

5)防排水

加筋土挡土墙排水分为外部排水和内部排水。为防止外部地表水渗入墙体,可在墙顶地面做防水层,如不透水夯填黏土层、掺灰土或复合土工膜防水层,向墙外方向设散水坡或设置纵向排水沟。内部排水主要有两种形式:一是靠近墙面的排水系统,用于排除靠近墙面的渗水;二是加筋体后及加筋体下的排水系统,用于排除地下水。靠近墙面的排水系统,是在面板后布置一定宽度、级配满足排水要求的碎石排水层,最小宽度为0.3m,碎石排水层应满足反滤要求,可采用土工布设置于碎石排水层和加筋土体之间。格宾墙面土工布反滤层应设置在墙面卵石和加筋土体之间。对于模块式墙面和预制钢筋混凝土板式墙面,板块之间的空隙满足排水要求。对于整体面板,应设置墙面泄水孔,应根据加筋土挡土墙所在位置的水文地质条件,沿墙面设置单排或多排泄水孔,间隔2~3m交错设置。如果加筋土挡土墙受到地下水浮力、静水压力或渗流的影响,应在加筋体下和加筋体后设置有排水出路的排水系统以确保挡土墙的长期稳定,如图7-20所示。

6)其他构造要求

对于混凝土面板加筋土挡土墙,沿墙长每隔15~25m或与其他建筑物相接处,应设置伸缩缝,在基底地层变化处应设置沉降缝,伸缩缝和沉降缝可合并设置,缝宽2~3cm,缝内沿墙的内、外、顶三边填塞沥青麻筋或沥青木板等材料,塞入深度不小于0.2m。对于柔性生态加筋土挡土墙可不设伸缩缝、沉降缝,当墙高突变过大或地基地质、水文情况突变时,宜在突变界限处设置泡沫板伸缩缝、沉降缝,缝宽 2~3cm。加筋土挡土墙顶面宜设置混凝土或钢筋混凝土帽石,混凝土帽石段长度可取 2~4 块墙面板的宽度,且不大于 4.0m,厚度不小于 0.5m。包裹式挡土墙面板宜采用在加筋体中预埋筋进行连接,钢筋埋入加筋体中的锚固长度不小于 3.0m,钢筋直径宜为 16~22mm。用于加筋土结构的预埋钢筋、连接钢筋等应进行防锈处理。土工格栅等平面型加筋材料竖向间距不应大于 0.6m,在满足内外部稳定性的同时,筋材的最小长度应满足表 7-2 要求。

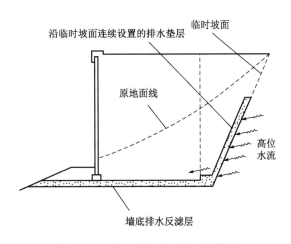

图 7-20 加筋土挡土墙地下排水示意图

国内外相关标准对筋材最小长度的规定　　　　　　　　　　表 7-2

标准规范	筋材最小长度
《铁路路基支挡结构设计规范》(TB 10025—2019)	不小于 $0.6H$,且不小于 4.0m。当 $H<3.0$m 时,不小于 4.0m,且采用等长筋材。当采用不等长筋材时,同长度筋材的墙段高度不应小于 3.0m。相邻不等长筋材的长度差不宜小于 1.0m
《公路路基设计规范》(JTG D30—2015)	$H \geqslant 3.0$m 时,筋材最小长度宜大于 $0.8H$,且不小于 5m;$H<3.0$m 时,筋材长度不应小于 3.0m
AASHTO LRFD Bridge design specifications (2007)	不小于 $0.7H$,且不小于 2.4m
Design manual for segmental wall(3rd Edition)	不小于 $0.6H$
Design and construction of mechanically stabilized earth walls and reinforced soil slopes (FHWA-NHI-10-024)	大于 $0.7H$,且不小于 2.5m。当墙顶有附加荷载或考虑动荷载时,应大于 $0.8H$
Code of practice for strengthened/reinforced soils and other fills(BS 8006-1:2010)	大于 $0.7H$,且不小于 3.0m

注:H 为挡土墙高度。

7)附属设施

路基面上设置接触网立柱、沟槽、管线等地段应采取合理措施保证加筋土挡土墙的完整和稳定。对于铁路接触网立柱基础,路堤式加筋土挡土墙墙顶填土高度宜大于接触网基础埋深;

路肩式加筋土挡土墙宜预留接触网基础孔,在填筑过程中分层埋设预制钢筋混凝土护壁。加筋土挡土墙采用整体刚性面板时,接触网立柱也可设置于面板(或面板加强肋)顶部。防护栏杆宜设置在帽石上,帽石内预埋 U 形螺栓,也可采用 L 形独立基础立柱式防护栏杆、埋入式防护栏杆等形式,如图 7-21、图 7-22 所示。

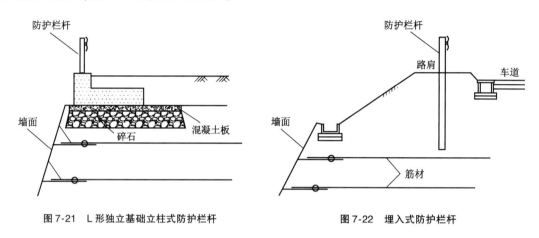

图 7-21　L 形独立基础立柱式防护栏杆　　　　图 7-22　埋入式防护栏杆

7.2　加筋土挡土墙结构设计

7.2.1　铁路加筋土挡土墙结构设计

1)内部稳定性检算

(1)潜在破裂面

我国铁路加筋土挡土墙内部稳定性分析时,拉筋锚固区和非锚固区的分界采用 $0.3H$(H 为总墙高)折线形破裂面,分为垂直部分和倾斜部分,垂直部分与墙背面的距离为 $0.3H$。分界线的倾斜部分与水平面的夹角采用 arctan0.6,即转折点位于墙高中间位置,靠近面板的非锚固区内的拉筋长度 L_a 为无效长度,锚固区内的拉筋长度 L_b 为有效锚固长度。一般铁路路肩式加筋土挡土墙墙顶宜设在基床表层底面高程处,基床表层厚度计入墙高,如图 7-23 所示。

(2)水平土压应力计算

①作用于墙面板上的水平土压应力

作用于墙面板的水平土压应力为填料和荷载产生的水平土压应力之和,按下式计算。

$$\sigma_{hi} = \sigma_{h1i} + \sigma_{h2i} \tag{7-1}$$

式中:σ_{hi}——作用于墙面板上的水平土压应力(kPa);

σ_{h1i}、σ_{h2i}——分别为墙面板后填料产生的水平土压应力(kPa)、路基上荷载产生的水平土压应力(kPa)。

②墙后填料产生的水平土压应力

铁路路肩式加筋土挡土墙墙后填料产生的水平土压应力按下式计算。

$$\sigma_{h1i} = \lambda_i \gamma h_i \tag{7-2}$$

式中：γ——加筋体填料重度（kN/m^3）；

λ_i——加筋土挡土墙内h_i深度处的土压力系数，按下式计算：

当$h_i \leqslant 6m$时，

$$\lambda_i = \lambda_0 \left(1 - \frac{h_i}{6}\right) + \lambda_a \frac{h_i}{6} \tag{7-3}$$

当$h_i > 6m$时，

$$\lambda_i = \lambda_a \tag{7-4}$$

式中：λ_0——静止土压力系数，$\lambda_0 = 1 - \sin\varphi_0$；

λ_a——主动土压力系数，$\lambda_a = \tan^2(45° - \varphi_0/2)$；

h_i——墙顶至计算点（第i加筋层处）的高度（m）；

φ_0——填料综合内摩擦角。

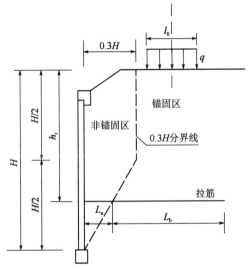

图7-23 拉筋锚固区与非锚固区分界线

不同深度的土压力系数如图7-24所示，墙后填料产生的水平土压应力如图7-25所示。

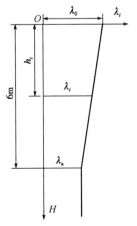 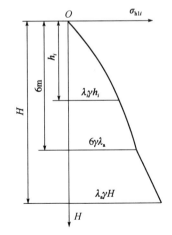

图7-24 不同深度的土压力系数　　图7-25 墙后填料产生的水平土压应力

③路基上的荷载产生的水平土压应力

铁路路基面上荷载产生的水平土压应力按弹性理论条形荷载考虑,如图 7-26 所示,荷载在墙面板上产生的水平土压应力σ_{h2i}参见第 4.3 节计算。

(3)垂直土压应力计算

铁路路基面上荷载在土中产生的垂直压力按弹性理论的条形荷载考虑,如图 7-27 所示。拉筋所在位置的垂直土压力为填料自重压力与荷载产生的压力之和,其中荷载产生的压力参见 4.3 节计算。总的垂直土压力为

$$\sigma_{vi} = \gamma\, h_i + \frac{q}{\pi}\left(\arctan X_1 - \arctan X_2 + \frac{X_1}{1+X_1^2} - \frac{X_2}{1+X_2^2}\right) \tag{7-5}$$

$$X_1 = \frac{2x+l_0}{2h_i}; X_2 = \frac{2x-l_0}{2h_i}$$

式中:σ_{vi}——计算点(第 i 加筋层处)所对应拉筋上的垂直土压应力(kPa);

x——计算点至荷载中线的距离(m)。

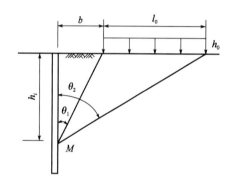

图 7-26 荷载产生的水平土压力计算简图

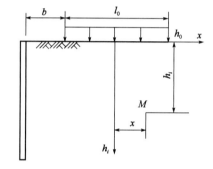

图 7-27 荷载产生的垂直土压力的计算简图

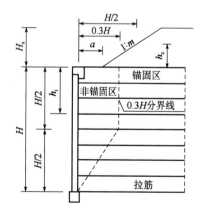

图 7-28 路堤式加筋土挡土墙填土破裂面

(4)路堤式加筋土挡土墙

路堤式加筋土挡土墙填土破裂面采用 0.3H 法计算,如图 7-28 所示。水平土压力和垂直土压力按实际墙高的路肩式挡土墙计算。墙后填土自重产生的侧压力可采用前述路肩式加筋土挡土墙计算方法计算;将墙顶的梯形填土及列车荷载均作为超载考虑,采用弹性理论方法计算;为简便计算,将梯形填土换算成均匀分布在路基宽度范围内的土柱荷载,列车荷载按 30°角扩散至实际挡土墙顶部,作为局部荷载,如图 7-29 所示。加筋土挡土墙墙顶以上填土等代均布填土荷载土柱高 h_z 按下式计算:

$$h_z = \frac{1}{m}\left(\frac{H}{2} - a\right) \tag{7-6}$$

式中:h_z——路堤墙上填土换算荷载土柱高(m),$h_z > H_s$ 时取 $h_z = H_s$;

m——填土边坡坡率;

H——加筋土挡土墙墙高；

a——墙顶以上堤坡坡脚至加筋面板的水平距离。

此项等代荷载只适用于内部稳定性分析,当进行外部稳定检算时,加筋土挡土墙墙顶以上填土荷载应按填土几何尺寸计算。

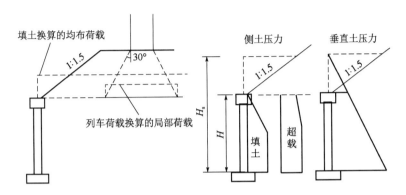

图 7-29　路堤式加筋土挡土墙土压力计算示意图

(5)拉筋抗拉检算

①拉筋抗拉总安全系数法检算

拉筋拉力按下式计算:

$$T_i = K\sigma_{hi}S_x S_y \tag{7-7}$$

拉筋拉力不应大于拉筋的容许抗拉强度,按下式计算:

$$T_i \leq [T] \tag{7-8}$$

式中:T_i——第 i 层拉筋的计算拉力(kN);

　　K——拉筋拉力峰值附加系数,可采用 1.5~2.0;

　　σ_{hi}——作用于墙面板上的水平土压力(kPa);

　　S_x,S_y——拉筋之间水平及垂直间距(m),采用土工格栅拉筋时,$S_x=1$;

　　$[T]$——拉筋的容许抗拉强度(kN),当采用土工合成材料时 $[T]=T/F_K$,当采用钢筋混凝土板条时 $[T]=[\sigma]A_j'$;

　　T——由加筋材料拉伸试验测得的极限抗拉强度(kN);

　　F_K——土工合成材料抗拉强度折减系数,考虑铺设时机械损伤、材料蠕变、化学及生物破坏等因素时按实际经验确定,无经验时可采用 2.5~5.0,当施工条件差、材料蠕变性大时取大值,临时性工程可取小值;

　　$[\sigma]$——拉筋容许拉应力(kPa);

　　A_j'——扣除预留锈蚀量后拉筋截面面积(m^2)。

②拉筋抗拉极限状态法检算

铁路加筋土挡土墙拉筋抗拉检算按下式计算:

$$F_{T1}T_i \leq T_a \tag{7-9}$$

$$T_a = \frac{T_u}{F_K} \tag{7-10}$$

式中：F_{T1}——拉筋强度峰值系数，取 $1.5 \sim 2.0$；
　　　T_i——第 i 层拉筋拉力计算值，$T_i = \sigma_{hi} S_x S_y$；
　　　T_a——拉筋强度特征值；
　　　T_u——由拉伸试验测得的土工合成材料极限抗拉强度标准值或某一规定延伸率对应的抗拉强度标准值（kN/m）；
　　　F_K——土工合成材料抗拉强度折减系数，不应低于 $2.5 \sim 5.0$，当变形控制要求高、材料蠕变性大、施工条件差时应取大值，临时性工程可取小值。

（6）拉筋抗拔稳定性检算
①拉筋抗拔总安全系数法检算

$$S_{fi} = 2\sigma_{vi} a L_b f \tag{7-11}$$

式中：S_{fi}——拉筋抗拔力（kN）；
　　　σ_{vi}——计算点（第 i 加筋层处）所对应拉筋上的垂直压应力（kPa）；
　　　a——拉筋宽度（m）；
　　　L_b——拉筋的有效锚固长度（m）；
　　　f——拉筋与填料间的摩擦系数，应根据现场拉拔试验确定，当无试验数据时，可采用 $0.3 \sim 0.4$。

单筋抗拔稳定系数不宜小于 2.0，条件困难时可适当减小，但不得小于 1.5，按下式计算：

$$K_s = \frac{S_{fi}}{E_{xi}} \tag{7-12}$$

全墙抗拔稳定系数不应小于 2.0，按下式计算：

$$K_s = \frac{\sum S_{fi}}{\sum E_{xi}} \tag{7-13}$$

式中：$\sum S_{fi}$——各层拉筋抗拔力的总和（kN）；
　　　$\sum E_{xi}$——各层拉筋承受水平拉力的总和（kN）。

②拉筋抗拔极限状态法检算
铁路拉筋抗拔力应满足下式要求。
单筋抗拔：

$$\gamma_0 \gamma_{s1} T_i \leqslant 2\sigma_{vi} a \frac{L_b f}{\gamma_{s2}} \tag{7-14}$$

全墙抗拔：

$$\gamma_0 \gamma_{s1} \sum T_i \leqslant \frac{\sum (2\sigma_{vi} a L_b f)}{\gamma_{s2}} \tag{7-15}$$

式中：γ_0——铁路路基结构重要性系数；
　　　γ_{s1}——拉筋拉拔作用分项系数，取 1.10；
　　　γ_{s2}——拉筋拉拔抗力分项系数，取 1.85；
　　　其他参数含义同前。

(7) 拉筋长度计算

拉筋的长度，一般由非锚固区长度、锚固区长度以及筋材和面板连接或包裹土工袋长度组成。由内部稳定性确定的加筋土挡土墙所需的筋材长度L_i按下式计算：

$$L_i = L_{ai} + L_{bi} + L_{wi} \tag{7-16}$$

式中：L_{ai}——第i层筋材非锚固区长度(m)；

L_{bi}——第i层筋材锚固区长度(m)；

L_{wi}——第i层筋材外端部包裹土工袋长度，或筋材与面板连接长度(m)。

拉筋非锚固长度L_{ai}根据拉筋锚固区和非锚固区的分界线确定，按下式计算：

$$L_{ai} = \begin{cases} 0.3H & 0 \leq h_i \leq 0.5H \\ 0.6(H - h_i) & h_i > 0.5H \end{cases} \tag{7-17}$$

拉筋的锚固区长度L_{bi}由拉筋抗拔稳定性计算得到。

包裹式加筋体筋材反包长度L_{wi}按下式计算，且不宜小于2.0m，加筋土体最上部1~2层拉筋的回折长度应当加长。

$$L_0 = \frac{D \sigma_{hi}}{2(c + \gamma h_i \tan\delta)} \tag{7-18}$$

式中：L_0——计算拉筋层的水平回折包裹长度，为水平投影长度(m)；

D——拉筋的上、下层间距(m)；

c——拉筋与填料之间的黏聚力(kPa)；

δ——拉筋与填料之间的摩擦角(°)，填料为砂类土时取$(0.5~0.8)\varphi$(φ为填料的内摩擦角)；

其余符号含义同前。

(8) 墙面板设计

墙面板设计应满足坚固、美观、方便运输和易于安装等要求。由于混凝土面板易于维修保养，而且由于一般背面是平整的，没有弧形凹槽，施工时容易夯实或铺设反滤层，在我国铁路实际工程中应用最多。作用于单板上的水平土压力可按均匀分布考虑，根据不同的面板形式，按照《混凝土结构设计规范》(GB 50010—2010)进行结构设计。

预制钢筋混凝土面板，根据拉筋和面板连接点布置，单板可沿垂直向和水平向分别计算内力，按两端悬臂的简支梁进行检算。当同一水平线上拉筋连接点为三个以上时，可按超静定连续梁进行设计，墙面板与拉筋连接部分应加强配筋。

包裹式加筋土挡土墙钢筋混凝土整体面板，可按构造要求配筋。

复合式刚性混凝土面板，内部后浇夹芯混凝土可按构造要求配筋，外侧钢筋混凝土预制面板主要考虑浇筑混凝土时的侧向压力，并满足吊装、堆放等受力要求。

预制混凝土模块式面板，主要对预埋连接件的抗拔、抗拉进行检算。

2) 外部稳定性检算

铁路加筋土挡土墙外部稳定性分析检算包括抗(水平)滑动稳定、抗倾覆稳定、基底合力偏心距、地基承载力检算等，稳定性分析时可将其视为实体墙，作用于加筋土挡土墙整体假想墙背上的荷载及土压力计算、稳定性计算具体参照重力式挡土墙设计的相关内容。图7-30所示为加筋土挡土墙外部稳定分析图。

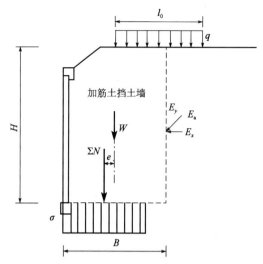

图 7-30 加筋土挡土墙外部稳定分析图

铁路加筋土挡土墙外部稳定性采用总安全系数法计算时,稳定系数按表 3-5 取值;外部稳定性采用极限状态法设计法计算时,分项系数按表 7-3 取值。

外部稳定性极限状态设计分项系数　　　　　　　　　　　　表 7-3

分项系数			组合 I	组合 IV
			永久荷载、永久荷载 + 主可变荷载	组合 I + 地震荷载
抗滑动	不平衡作用(水平土压力)分项系数γ_{E1}		抗滑动	1.10
	平衡作用	墙体重力分项系数γ_G	1.20	1.10
		竖向土压力分项系数γ_{E2}	1.00	1.05
抗倾覆	不平衡作用(水平土压力)分项系数γ_{E1}		抗倾覆	1.20
	平衡作用	墙体重力分项系数γ_G	1.25	1.25
		竖向土压力分项系数γ_{E2}	1.05	1.10

(1)抗滑动稳定性检算

①抗滑动稳定性总安全系数法

抗滑动稳定性总安全系数法检算采用式(3-11),考虑抗滑力、滑动力的具体表达形式后,按下列公式检算。

a. 非浸水:

$$K_c = \frac{[\sum N + (\sum E_x - E_x')\tan\alpha_0]f + E_x'}{\sum E_x - \sum N \tan\alpha_0} \tag{7-19}$$

b. 浸水:

$$K_c = \frac{(\sum N - \sum N_w + \sum E_x \tan\alpha_0)f}{\sum E_x - (\sum N - \sum N_w)\tan\alpha_0} \tag{7-20}$$

式中:$\sum N$——作用基底上的总垂直力(kN);

$\sum E_x$——墙后主动土压力的总水平分力(kN);

E'_x——墙前土压力的水平分力(kN);

$\sum N_w$——墙身的总浮力(kN);

α_0——基底倾斜角(°);

f——基底与地层间的摩擦系数。

加筋土挡土墙的水平滑动稳定检算图示如图7-31所示。

②抗滑动稳定性极限状态法

抗滑动稳定性分项系数法检算采用式(3-16)所示的平衡设计通式,其中抗滑动稳定性检算的不平衡作用$S_{d,dst}$和平衡作用$S_{d,stb}$应按下式计算:

a. 不平衡作用:

$$S_{d,dst} = \gamma_0 \gamma_{E1} E_x + F_{he} \tag{7-21}$$

b. 平衡作用:

$$S_{d,stb} = (W + q\,l_0)\frac{f}{\gamma_G} + \frac{E_y f}{\gamma_{E2}} \tag{7-22}$$

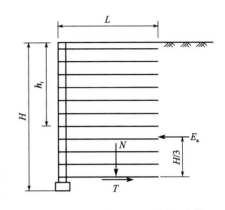

图7-31 加筋土挡土墙的水平滑动稳定检算图示

式中:γ_0——铁路路基结构重要性系数;

γ_{E1}——不平衡作用(水平土压力)分项系数,按表7-3选用;

γ_{E2}——平衡作用分项系数(竖向土压力),按表7-3选用;

γ_G——平衡作用分项系数(墙体自重及轨道荷载和列车),按表7-3选用;

E_x——墙后主动土压力的水平分力(kN),地震时含地震力;

E_y——墙后主动土压力的垂直分力(kN);

W——墙体自重(kN);

q——作用在路基面上的单位荷载,运营期应考虑轨道及列车荷载(kPa);

l_0——路基面以上荷载宽度(m);

f——墙体基底与地基的摩擦系数;

F_{he}——作用于墙体质心处的水平地震力标准值(kN)。

(2) 抗倾覆稳定性检算

①抗倾覆稳定性总安全系数法

抗倾覆稳定性总安全系数法检算采用式(3-12)所示的通式,稳定性系数按表3-5选取。

②抗倾覆稳定性极限状态法

抗倾覆稳定性分项系数法检算采用式(3-16)所示的平衡设计通式,其中不平衡作用$S_{d,dst}$和平衡作用$S_{d,stb}$应按下式计算。

a. 不平衡作用:

$$S_{d,dst} = \gamma_0 \gamma_{E1} E_x l_{Ex} + F_{he} Z_w \tag{7-23}$$

b. 平衡作用:

$$S_{d,stb} = \frac{W l_W + q\,l_0 l_q}{\gamma_G} + \frac{E_y l_{Ey}}{\gamma_{E2}} \tag{7-24}$$

式中：l_{Ex}——墙后土压力的水平分力对墙趾的力臂(m)；
l_{Ey}——墙后土压力的垂直分力对墙趾的力臂(m)；
l_q——作用在路基面上的荷载对墙趾的力臂(m)；
l_W——墙体自重对墙趾的力臂(m)；
Z_w——地震力对墙趾的力臂(m)；
其余符号含义同前。

③地基承载力检算

加筋土挡土墙的基底压应力应满足地基承载力要求，可按下式计算：

$$\gamma_0 \sigma_k \leqslant \sigma_a \tag{7-25}$$

式中：σ_k——挡土墙基底压应力设计值，$\sigma_k = \Sigma N/(B-2e)$；
σ_a——地基承载力特征值；
ΣN——作用于基底上的总垂直力(kN)；
B——加筋体基底宽度(m)；
e——基底合力的偏心距(m)。

基底合力的偏心距 e 按下式计算，不应大于 $B/6$，

$$e = \frac{B}{2} - \frac{\Sigma M_y - \Sigma M_0}{\Sigma N} \tag{7-26}$$

当 $e<0$ 时，取 $e=0$。

(3)整体稳定性检算

软弱地基上的加筋土挡土墙，应进行路堤与地基的整体滑动稳定性分析，可采用圆弧滑动面法检算。

①整体稳定性总安全系数法

整体稳定性的总安全系数法检算采用式(3-12)所示的通式，考虑抗滑力、滑动力的具体表达形式后，其检算式为：

$$K_s = \frac{\Sigma[(W_i + Q_i)\cos\theta_i \tan\varphi_i + c_i l_i]}{\Sigma(W_i + Q_i)\sin\theta_i} \tag{7-27}$$

式中：K_s——整体稳定性系数；
φ_i——第 i 计算条块滑面内摩擦角(°)；
c_i——第 i 计算条块滑面内黏聚力(kPa)；
l_i——第 i 计算条块滑动面长度(m)；
W_i——第 i 计算条块单位宽度自重(kN/m)；
Q_i——第 i 计算条块单位宽度竖向附加荷载(kN/m)；
θ_i——第 i 计算条块滑面法向力与铅直轴的夹角(°)，滑面倾角与滑动方向相同时取正值，滑面倾向与滑动方向相反时取负值。

②整体稳定性检算极限状态法

整体稳定性的分项系数法检算采用式(3-23)所示的承载能力极限状态设计通式，其中作

用效应与抗力的设计值分别按下式计算。

$$S_d = \gamma_4 \sum W_i \sin\theta_i + \gamma_5 \sum Q_i \sin\theta_i \tag{7-28}$$

$$R_d = \frac{1}{\gamma_1}\sum c_i l_i + \frac{1}{\gamma_2}\sum W_i \cos\theta_i \tan\varphi_i + \frac{1}{\gamma_3}\sum Q_i \cos\theta_i \tan\varphi_i \tag{7-29}$$

式中:γ_1、γ_2、γ_3——抗力分项系数,分别取 1.25、1.17、1.25;
γ_4、γ_5——作用效应分项系数,分别取 1.06、1.1。

7.2.2 公路加筋土挡土墙结构设计

1）内部稳定性检算

（1）潜在破裂面

我国公路加筋土挡土墙内部稳定性分析时,0.3H 分界线的倾斜部分与水平面的夹角 β 采用 $45° + \varphi/2$,如图 7-32 所示。简化折线破裂面上下两部分高度 H_1、H_2 按下式计算：

$$H_2 = 0.3H\tan\left(45° + \frac{\varphi}{2}\right) \tag{7-30}$$

$$H_1 = H - H_2 \tag{7-31}$$

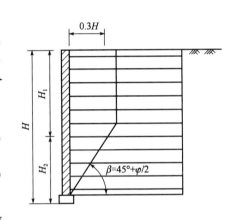

图 7-32 拉筋锚固区与非锚固区分界线

式中:φ——填土的内摩擦角(°)。

公路抗震检算时,0.3H 分界线的倾斜部分与水平面的夹角 β 采用 $(45° + \varphi/2 - \theta_B)$,$H_2$ 按下式计算。

$$H_2 = 0.3H\tan\left(45° + \frac{\varphi}{2} - \theta_B\right) \tag{7-32}$$

式中:θ_B——地震角(°)。

（2）水平土压应力计算

①土压力系数

我国铁路、公路加筋土挡土墙内部稳定性检算时,土压力系数计算方法相同。

②墙后填料产生的水平土压应力

我国铁路、公路路肩式加筋土挡土墙墙后填料产生的水平土压应力 σ_{h1i} 计算方法相同。

③路基上荷载产生的垂直和水平土压应力

公路标准建议按应力扩展线计算路基上荷载产生的垂直和水平土压应力。公路路肩或路堤式挡土墙在车辆或人群附加荷载作用下,可按沿深度以 1:0.5 的扩散坡率计算扩散宽度。荷载作用下垂直土压应力计算图式如图 7-33 所示,加筋体深度 z_i 处的附加垂直土压应力按下式计算。

$$\sigma_{ai} = \gamma h \frac{L_c}{L_{ci}} \tag{7-33}$$

式中：σ_{ai}——车辆荷载作用下，加筋体内深度 z_i 处的垂直土压应力(kPa)，当扩散线上的 D 点未进入活动区时，取 $\sigma_{ai}=0$；

h——车辆或人群附加荷载换算等代均布土层厚度(m)；

L_c——结构计算时采用的荷载布置宽度(m)，取路基全宽；

L_{ci}——深度 z_i 处应力扩散宽度(m)，当 $z_i+H'\leqslant 2bc$ 时 $L_{ci}=L_c+H'+z_i$，当 $z_i+H'>2bc$ 时 $L_{ci}=L_c+b_c+(H'+z_i)/2$；

b_c——面板背面至路基边缘距离(m)。

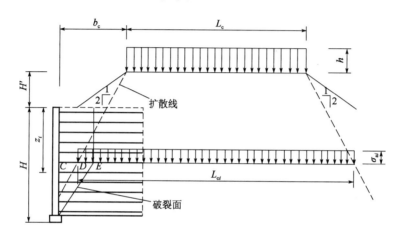

图 7-33　荷载作用下垂直土压应力计算图示

车辆或人群附加荷载作用产生的水平土压应力值，可由荷载引起的垂直土压应力 σ_{v2i} 与土压力系数 λ_i 乘积而得。

$$\sigma_{h2i}=\lambda_i\sigma_{v2i} \tag{7-34}$$

④作用于墙面板上的水平土压应力

作用于墙面板上的水平土压应力 σ_{hi}，按下式计算：

$$\sigma_{hi}=\sigma_{h1i}+\sigma_{h2i} \tag{7-35}$$

（3）垂直土压应力计算

拉筋所在位置的垂直压力分为填料自重等永久荷载产生的垂直土压应力、车辆荷载等可变荷载产生的垂直土压应力。筋材抗拔稳定性检算时，主要考虑永久荷载作用。

（4）路堤式加筋土挡土墙

同铁路标准路堤式加筋土挡土墙土压力计算。

（5）拉筋抗拔稳定性检算

①拉筋抗拔总安全系数法检算

筋带所受拉力分别按下式计算。

a. 一般情况路肩式挡土墙：

$$T_i=K_f(\gamma_1 z_i+\gamma_1 h)S_x S_y \tag{7-36}$$

b. 一般情况路堤式挡土墙：

$$T_i = K_f(\gamma_1 z_i + \gamma_2 h_1 + \sigma_{ai})S_x S_y \tag{7-37}$$

c. 抗震检算：

$$T'_i = T_i + \Delta\sigma_{wi}S_x S_y \tag{7-38}$$

拉筋锚固长度 L_{1i} 需满足抗拔要求，一般情况及抗震情况按下式计算。

a. 路肩式挡土墙：

$$L_{1i} = \frac{[K_f]T''_i}{2f'\gamma_1 b_1 z_i} \tag{7-39}$$

b. 路堤式挡土墙：

$$L_{1i} = \frac{[K_f]T''_i}{2b_1 f'(\gamma_1 z_i + \gamma_2 z_1)} \tag{7-40}$$

式中：T_i——第 i 单元筋带所受拉力（kN），抗震检算时不考虑汽车荷载作用；

T'_i——考虑抗震情况时第 i 单元筋带所受拉力（kN）；

T''_i——第 i 单元筋带所受拉力（kN），采用 T_i 或 T'_i；

γ_1——加筋体填料重度（kN/m³）；

γ_2——加筋体上填土重度（kN/m³）；

$[K_f]$——筋带要求的抗拔稳定系数，按表 7-4 采用。

筋带抗拔安全系数   表 7-4

荷载组合	组合 I	组合 II ~ IV	组合 V	组合 IV
筋带抗拔安全系数	2.0	1.7	1.6	1.2

② 拉筋抗拔极限状态法检算

公路加筋土挡土墙一个筋带结点的抗拔稳定性采用通式（3-32）按承载能力极限状态检算，具体计算公式如下：

$$\gamma_0 T_{i0} < \frac{T_{pi}}{\gamma_{R1}} \tag{7-41}$$

式中：γ_0——公路挡土墙结构重要性系数，根据第 3 章取值；

T_{i0}——z_i 层深度处的筋带所承受的水平拉力设计值（kN），$T_{i0} = \gamma_{Q1} T_i$；

T_i——z_i 层深度处的筋带所承受的水平拉力（kN），$T_i = (\sum\sigma_{Ei})S_x S_y$；

$\sum\sigma_{Ei}$——z_i 层深度处，面板上的水平土压应力（kPa）；

γ_{Q1}——加筋体及墙顶填土主动土压力或附加荷载土压力的分项系数，按表 7-5 采用；

T_{pi}——永久荷载重力作用下，z_i 层深度处，筋带有效长度所提供的抗拔力（kN），$T_{pi} = 2f'\sigma_i b_i L_{\alpha i}$；

γ_{R1}——筋带抗拔力计算调节系数，按表 7-6 采用；

f'——拉筋与填料间的摩擦系数，由试验确定，无可靠试验资料时，可参照表 7-7 采用；

b_i——节点上的筋带总宽度（m）；

$L_{\alpha i}$——拉筋的有效锚固长度（m）。

计算筋带抗拔力时，不计基本可变荷载的作用效应。

承载能力极限状态作用(或荷载)分项系数 表7-5

情况	荷载增大对挡土墙结构起有利作用时		荷载增大对挡土墙结构起不利作用时	
组合	Ⅰ、Ⅱ	Ⅲ	Ⅰ、Ⅱ	Ⅲ
垂直恒载γ_G	0.9		1.2	
恒载或车辆荷载、人群荷载的主动土压力γ_{Q1}	1.00	0.95	1.40	1.30

筋带抗拔力计算调节系数γ_{R1} 表7-6

荷载组合	Ⅰ、Ⅱ	Ⅲ	施工荷载
γ_{R1}	1.4	1.3	1.2

拉筋与填料间的似摩擦系数 表7-7

填料类型	黏性土	砂类土	砾碎石类土
似摩擦系数	0.25~0.40	0.35~0.45	0.40~0.50

注:1. 有肋钢带的似摩擦系数可提高0.1。
2. 墙高大于12m的高挡土墙似摩擦系数取低值。

(6)拉筋抗拉检算

①拉筋抗拉总安全系数法检算

筋带设计断面面积按下式计算:

$$A_i = \frac{T''_i \times 10^3}{K[\sigma_L]} \tag{7-42}$$

式中:A_i——第i单元筋带设计断面面积(mm^2);

$[\sigma_L]$——拉筋容许应力(MPa);

K——筋带容许应力提高系数,按表7-8采用;

T''_i含义同前。

材料容许应力提高系数 表7-8

材料类别		钢带、钢筋	聚丙烯土工带
荷载组合	组合Ⅰ	1.00	1.00
	组合Ⅱ~Ⅳ	1.25	1.30
	组合Ⅴ	1.30	1.30
	组合Ⅳ	1.50	2.00

②拉筋抗拉极限状态法检算

筋带截面的抗拉强度检算应符合下式规定:

$$\gamma_0 T_{i0} \leq \frac{A f_k}{1000 \gamma_f \gamma_{R2}} \tag{7-43}$$

式中:A——筋带截面的有效净截面积(mm^2);

f_k——筋带材料强度标准值(MPa),按表7-9采用;

γ_f——筋带材料抗拉性能的分项系数,各类筋带均取 1.25;
γ_{R2}——筋带材料抗拉计算调节系数,按表 7-9 采用;
其余符号含义同前。

筋带材料强度标准值f_k及抗拉计算调节系数γ_{R2}　　表 7-9

材料类型	f_k(MPa)	γ_{R2}
Q235 扁钢带	240	1.0
I 级钢筋混凝土板带	240	1.05
钢塑复合带	试验断裂拉力	1.55 ~ 2.0
土工格栅	试验断裂拉力	1.8 ~ 2.5

(7)拉筋长度计算

拉筋的长度,一般由非锚固区长度、锚固区长度以及筋材和面板连接或包裹土工袋长度组成。拉筋锚固区和非锚固区的分界线采用"0.3H 法"来确定。拉筋的锚固区长度由拉筋抗拔稳定性计算得到。拉筋的非锚固长度L_{2i}按下式计算:

$$L_{2i} = \begin{cases} b_H & 0 \leq z_i \leq H_1 \\ \dfrac{H - z_i}{\tan\beta} & H_1 < z_i \leq H \end{cases} \tag{7-44}$$

包裹式加筋土挡土墙拉筋水平回折包裹长度不宜小于 2.0m,加筋土体最上部 1~2 层拉筋的回折长度应当加长。

由于按拉筋理论设计计算的每层拉筋长度不同,在实际工程不方便施工,因而需根据方便、安全的原则对计算长度进行一些必要的调整。

(8)墙面板设计

公路加筋土挡土墙多采用钢筋混凝土预制件,厚度一般不小于 80mm。计算面板厚度时,可假定每块面板单独受力,土压力均匀分布并由拉筋平均承担,面板作为两端外伸的简支板,沿竖直方向和水平方向分别计算内力。墙面板与筋带的连接部分宜适当加强。较高加筋体的面板,其厚度可沿不同墙高分段设计,但分段不宜多。

2) 外部稳定性检算

公路加筋土挡土墙外部稳定性分析检算包括抗(水平)滑动稳定、抗倾覆稳定、基底合力偏心距、地基承载力检算等,稳定性分析时可将其视为实体墙,作用于加筋土挡土墙整体假想墙背上的荷载及土压力计算、稳定性计算具体参照《公路路基设计规范》(JTG D30—2015)附录 H 重力式挡土墙的相关方法。

3) 整体稳定性检算

设置于不良土质地基、覆盖土层下为倾斜基岩地基及斜坡上的挡土墙,应对地基和填土的整体稳定性进行检算,其稳定系数不应小于 1.25。整体稳定性计算具体参照《公路路基设计规范》(JTG D30—2015)的相关内容。

7.2.3 英国加筋土挡土墙结构设计

1) 工程重要性分级、荷载组合及分项系数

加筋土结构安全等级根据结构破坏可能产生后果的严重程度进行划分,不同安全等级对

应不同的结构重要性系数,见表 7-10。加筋土挡土墙工程安全等级分类 1、分类 2 和分类 3 的示例如图 7-34 ~ 图 7-36 所示。加筋土挡土墙极限状态设计的基本原理是通过采用适当的荷载分项系数增加荷载作用,采用适当的材料分项系数降低土体参数和筋材强度来实现的。主要分项系数见表 7-11,加筋土挡土墙结构设计应考虑最不利荷载组合和对应的荷载分项系数,见表 7-12。

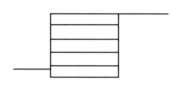

图 7-34 工程安全等级分类 1 示例

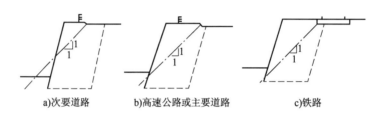

a) 次要道路　　b) 高速公路或主要道路　　c) 铁路

图 7-35 工程安全等级分类 2 示例

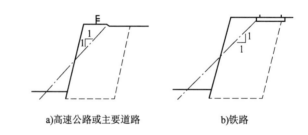

a) 高速公路或主要道路　　b) 铁路

图 7-36 工程安全等级分类 3 示例

工程安全等级与重要性系数　　表 7-10

类别	分项系数 f_n	示例
1(不严重)[①]	1.0(若结构已进行设计检算)	因结构失效造成微小损害和使用性损失,高度小于 1.5m 的挡土墙和边坡
2(严重)	1.0	因结构失效造成中等损害和使用性损失的路基和构筑物
3(很严重)	1.1	直接支撑高速公路、干道、铁路、居民建筑等的桥台和构筑物,河坝,防波堤,河道导流墙及河岸边坡

注:①类别 1 所指构筑物为结构简单、风险极低,可以仅凭经验设计而无须检算的构筑物,详见英国国家标准(1997—1:2004)。

主要分项系数汇总   表 7-11

分项系数		承载力极限状态	正常使用极限状态
荷载分项系数	土体自重,如墙后填土	f_{fs}依据表7-12的荷载组合进行取值	
	作用于结构上的恒荷载,如线荷载或点荷载	f_f依据表7-12的荷载组合进行取值	
	活荷载,如交通荷载	依据表7-12的荷载组合进行取值	
岩土材料分项系数	适用于 $\tan\varphi'_p$	$f_{ms}=1.0$	$f_{ms}=1.0$
	适用于 c'	$f_{ms}=1.6$	$f_{ms}=1.0$
	适用于 c_u	$f_{ms}=1.0$	$f_{ms}=1.0$
加筋材料分项系数	适用于加筋材料基本强度	f_f取值依据筋材类型和设计寿命确定	
加筋材料与岩土相互作用系数	沿筋材表面滑动	$f_s=1.3$	$f_s=1.0$
	筋材拔出阻力	$f_s=1.3$	$f_s=1.0$
安全性分项系数	地基承载力,适用于极限承载力 q_{ult}	$f_{ms}=1.35$	
	沿基底或任一水平的土/土接触面水平滑动	$f_s=1.2$	

荷载组合与荷载分项系数   表 7-12

荷载类别		组合		
		A	B	C
加筋土体质量		$f_{fs}=1.5$	$f_{fs}=1.0$	$f_{fs}=1.0$
墙顶以上填土质量		$f_{fs}=1.5$	$f_{fs}=1.0$	$f_{fs}=1.0$
加筋土结构墙背土压力		$f_{fs}=1.5$	$f_{fs}=1.5$	$f_{fs}=1.0$
交通荷载	在加筋体顶部	$f_q=1.5$	$f_q=0$	$f_q=0$
	在加筋体背后	$f_q=1.5$	$f_q=1.5$	$f_q=0$

注:下面给出了通常情况下的最不利荷载组合,仅供参考。实际设计中所有可能的荷载组合都需要逐层检算分析,以找出最不利情形。

1. 组合 A:该组合采用所有荷载的最大值,一般来说得到的筋材拉力和地基压应力也是最大的。它也会决定筋材的抗拔稳定性,但通常筋材抗拔稳定性由荷载组合 B 控制。
2. 组合 B:该组合采用最大的倾覆荷载、最小的结构自重和交通荷载。该组合通常决定筋材的抗拔稳定性和结构沿基底的滑动稳定性。
3. 组合 C:该组合仅采用不含荷载分项系数的恒荷载。该组合被用于计算地基沉降和正常使用极限状态下的筋材拉力。

荷载组合与荷载分项系数示意如图 7-37 所示。

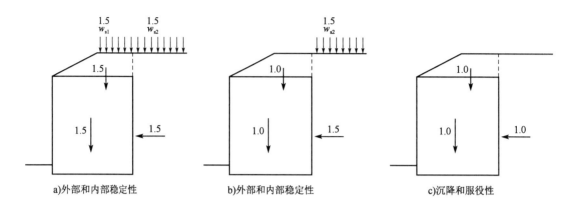

图 7-37 荷载组合与荷载分项系数示意图

2) 结构尺寸构造

加筋土挡土墙稳定性分析前,应初步选定挡土墙结构的几何形状尺寸,特别是筋材布置形式和长度,并根据外部和内部稳定性计算结果进行适当调整。一般情况下,筋材长度不应小于表 7-13 及图 7-38 的相关规定,表中有关的结构几何尺寸主要是基于挡土墙的力学高度 H,其定义为与竖直方向呈 arctan0.3 角度的直线和墙顶轮廓线的交点到墙脚的垂直高度。

加筋土挡土墙构造尺寸要求　　　　表 7-13

结构类型	最小筋材长度
一般加筋土挡土墙	$0.7H$(最小 3m)
梯形截面加筋土挡土墙和桥台	对于结构上半部分取 $0.7H$; 对于结构下半部分取 $0.4H$ 或最小 3m
台阶形截面挡土墙	对于结构上半部分取 $0.7H$,下部筋材加长,见图 7-38c)
承受较小填土推力的挡土墙	$0.6H$ 或最小 3m
高度不足 1.5m 的挡土墙	视具体情况而定

注:对于梯形截面加筋土挡土墙,筋材竖向间隔应满足以下规定:
1. 当 $L/H < 0.55$ 时,$S_v/H \leqslant 0.125$。
2. 当 $0.55 \leqslant L/H < 0.65$ 时,$S_v/H \leqslant 0.167$。
3. 当 $0.65 \leqslant L/H < 0.75$ 时,$S_v/H \leqslant 0.222$。
其中:S_v 为筋材的竖向间距;L 为计算位置对应的筋材长度;H 为结构高度,见图 7-38b)。

3) 外部稳定性检算

承载能力极限状态包括三种破坏形式:承载力及倾斜破坏、滑动破坏、整体圆弧滑动破坏,正常使用极限状态包括过大的竖向沉降和过大的水平变形。稳定计算中需要考虑的主要荷载以及加筋土、墙背填土和地基土参数具体如图 7-39 所示。考虑施工、使用条件、孔隙水压力的变化等因素,土性参数分为短期指标和长期指标。在考虑稳定力时,应忽略施加在墙脚或地下结构上的被动土压力。

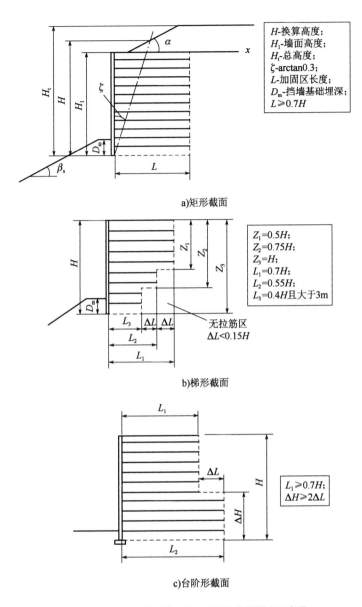

图 7-38 不同形状加筋土挡土墙结构筋材长度示意图

(1) 承载力及倾斜破坏

地基上的加筋土结构基底压应力分布形式如图 7-40 所示，为便于设计，假定基底压应力为梅耶霍夫分布，如图 7-41 所示，按下式计算：

$$q_r = \frac{R_v}{L - 2e} \qquad (7\text{-}45)$$

式中：q_r——挡土墙基底压应力；

R_v——竖向合力（荷载分项系数按表 7-12 取值）；

L——挡土墙基底的筋材长度；

e——竖向合力的偏心距。

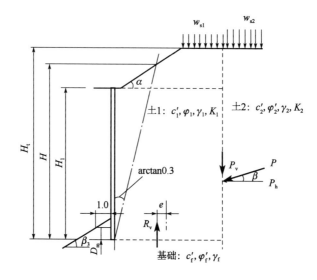

图 7-39 荷载与土体参数示意图

注:采用锚固楔体法时,取 $\beta=0$;采用黏结重力式法时,取 $\beta=(1.2-L/H)\varphi_2'$。

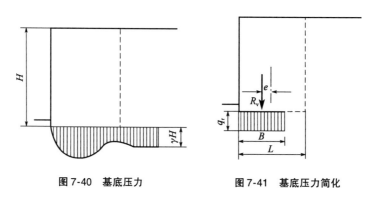

图 7-40 基底压力　　　　**图 7-41 基底压力简化**

基底压应力采用式(3-39)所示的通式进行承载能力极限状态检算,具体计算式为:

$$q_\mathrm{r} \leqslant \frac{q_\mathrm{ult}}{f_\mathrm{ms}} + \gamma D_\mathrm{m} \qquad (7\text{-}46)$$

式中:q_ult——地基极限承载力;
　　　γ——地基土重度;
　　　D_m——挡土墙基础埋深;
　　　f_ms——对应于 q_ult 的分项系数(按表 7-11 取值)。

(2)沿基底滑动破坏

加筋土挡土墙抗滑动稳定性需考虑底部加筋土体和基底土交界面的滑动,采用相对较差的土体的参数,还要考虑结构底部沿筋-土交界面的滑动。沿基底滑动采用式(3-39)所示的通式进行承载能力极限状态检算。

结构底部土体与土体之间的长期滑动稳定性,按下式计算:

$$f_s R_h \leqslant R_v \frac{\tan\varphi'_p}{f_{ms}} + \frac{c'}{f_{ms}} L \qquad (7\text{-}47)$$

结构底部筋材与土体之间的长期滑动稳定性,按下式计算:

$$f_s R_h \leqslant R_v \frac{\alpha' \tan\varphi'_p}{f_{ms}} + \frac{\alpha'_{bc} c'}{f_{ms}} L \qquad (7\text{-}48)$$

结构底部土体与土体之间的短期滑动稳定性,按下式计算:

$$f_s R_h \leqslant \frac{c_u}{f_{ms}} L \qquad (7\text{-}49)$$

结构底部筋材与土体之间的短期滑动稳定性,按下式计算:

$$f_s R_h \leqslant \frac{\alpha'_{bc} c_u}{f_{ms}} L \qquad (7\text{-}50)$$

式中:R_h——水平倾覆力系合力;

R_v——竖向稳定力系合力;

φ'_p——有效应力条件下土体的峰值摩阻角;

c'——有效应力条件下土体的黏聚力;

c_u——土体的不排水剪切强度;

L——基底宽度;

f_{ms}——对应于 $\tan\varphi'_p$,c' 和 c_u 的材料分项系数;

f_s——抗滑分项系数;

α'——与填土/筋材作用中摩擦角相关的作用系数;

α'_{bc}——与填土/筋材作用中土体黏聚力相关的黏着系数。

(3)整体圆弧滑动破坏

整体圆弧滑动破坏应考虑所有可能的滑动面,根据筋材长度 L 与挡土墙高度 H 大小的不同,一般会出现不同类型的整体滑动面,包括完全通过结构外部的滑动面和部分通过加筋体的滑动面,如图 7-42、图 7-43 所示。对完全通过结构外部的滑动面,分析方法和使用的分项系数应符合 BS EN 19971:2004 的规定。对于部分通过加筋体的滑动面,应该考虑筋材的作用。

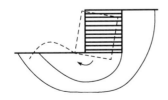
图 7-42 滑动面位于结构外部($L<H$)

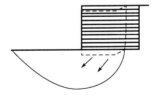
图 7-43 滑动面通过结构内部($L>H$)

4)内部稳定检算

BS 8006 中介绍了两种内部稳定性计算方法:锚固楔体法和黏结重力法。锚固楔体法是经典的设计方法,适于柔性筋材。黏结重力法是基于对刚性筋材结构的大量监测数据进行理论分析得出的方法。根据筋材设计强度对应的总轴向应变来确定是柔性筋材还是刚性筋材：如对应的总轴向应变大于1%，为柔性筋材；如小于1%，则为刚性筋材。筋材类型不同，则土压力分布不同，内部稳定性计算方法也不同。加筋土挡土墙内部稳定性分析力学图示如图7-44所示。

（1）锚固楔体法

①单层筋材内部稳定性检算

a. 潜在破裂面

加筋土挡土墙潜在破裂面采用朗肯破裂面，即破裂面与竖直面的夹角为$45°-\varphi'/2$，靠近墙面非锚固区内的拉筋长度L_a为无效长度，锚固区内的拉筋长度L_e为有效锚固长度，如图7-45所示。

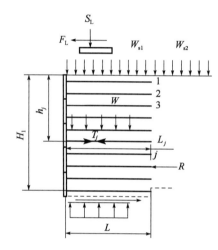 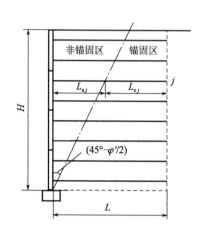

图7-44　加筋体荷载及分布图示　　　　图7-45　拉筋锚固区与非锚固区分界线

b. 土压力系数

在承载能力极限状态和正常使用极限状态下，土压力系数均采用朗肯主动土压力系数K_a。

c. 单层筋材拉力计算

承载能力极限状态下单层筋材的最大拉力T_j计算应符合以下规定。

对于摩擦型填料：

$$T_j = T_{pj} + T_{sj} + T_{fj} \tag{7-51}$$

对于黏聚摩擦型填料：

$$T_j = T_{pj} + T_{sj} + T_{fj} - T_{cj} \tag{7-52}$$

填土自重、均布超载以及作用于挡土墙外部荷载（如墙背土压力）引起的筋材竖向压应力示意如图7-46所示，对应产生的筋材拉力T_{pj}按下式计算。

$$T_{pj} = K_a \sigma_{vj} S_{vj} \tag{7-53}$$

$$\sigma_{vi} = \frac{R_{vj}}{L_j - 2e_j} \tag{7-54}$$

式中：T_{pj}——第j层筋材拉力；

K_a——加筋体内部的土压力系数；
σ_{vj}——作用于第j层筋材的竖向压应力(采用梅耶霍夫分布)；
L_j——第j层筋材的长度；
S_{vj}——第j层筋材位置的竖向间距；
R_{vj}——作用于第j层筋材的竖向合力；
e_j——作用于第j层筋材的竖向合力的偏心矩。

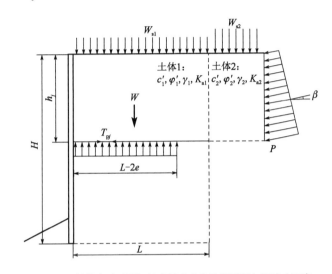

图7-46 结构自重、超载、墙背填土产生的筋材竖向压应力示意

对于均布荷载($W_s = W_{s1} = W_{s2}$)，单层筋材拉力T_{pj}可用下式计算：

$$T_{pj} = \frac{K_{a1}(f_{fs}\gamma_1 h_j + f_q w_s)S_{vj}}{1 - \dfrac{K_{a2}(f_{fs}\gamma_2 h_j + 3f_q w_s)\left(\dfrac{h_j}{L}\right)^2}{3(f_{fs}\gamma_1 h_j + f_q w_s)}} \tag{7-55}$$

式中：K_{a1}、K_{a2}——加筋体范围内和背后的主动土压力系数。

墙顶竖向条形荷载作用于筋材上的竖向压力，从条形荷载边缘按照2:1斜率向下扩散，如图7-47所示。墙顶竖向条形荷载S_L引起的筋材拉力T_{sj}按下式计算：

$$T_{sj} = K_a S_{vj} \frac{f_f S_L}{D_j} \tag{7-56}$$

式中：D_j——当$h_j \leq (2d - b)$时$D_j = (h_j + b)$，当$h_j > (2d - b)$时$D_j = (h_j + b)/2 + d$；
f_f——对应于外部集中荷载(恒载)的荷载分项系数；
其余符号含义同上。

墙顶水平荷载引起的筋材拉力T_{fj}按下式计算：

$$T_{fj} = 2\sigma_{vj} f_f F_L Q(1 - h_j Q) \tag{7-57}$$

$$Q = \frac{\tan\left(45° - \frac{\varphi'_p}{2}\right)}{d + \frac{b}{2}} \quad (7\text{-}58)$$

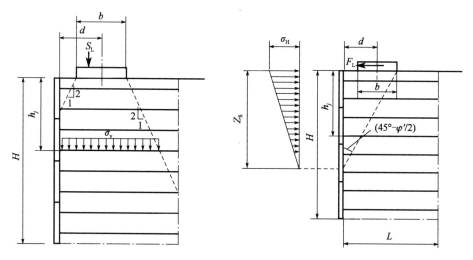

图 7-47 条形荷载竖向压力的扩散　　图 7-48 水平剪力的扩散

填土黏聚性对筋材拉力的影响 T_{cj} 按下式计算：

$$T_{cj} = 2 S_{vj} \frac{c'}{f_{ms}} \sqrt{K_a} \quad (7\text{-}59)$$

式中：c'——有效应力状态下的黏聚力；

f_{ms}——对应于参数 c' 的材料分项系数；

其他符号含义同前。

水平剪力的扩散如图 7-48 所示。

为避免由于细粒回填土的黏性作用使土压力降低过大而不安全，压应力不应小于水重度一半的流体产生的压应力。

$$T_{pj} - T_{cj} \geqslant 0.5\, \gamma_w S_{vj} \left(h_j + \frac{f_{fs} w_s}{\gamma_1} \right) \quad (7\text{-}60)$$

式中：γ_w——水的重度；

h_j——筋材距离墙顶的深度；

f_{fs}——对应于墙顶均布荷载(恒载)的分项系数；

w_s——墙顶均布荷载(恒载)；

γ_1——填土的重度；

其他符号含义同前。

d. 单层筋材强度检算

第 j 层筋材的抗拉强度需满足下式要求。

$$\frac{T_D}{f_n} \geqslant T_j \tag{7-61}$$

式中：T_j——第 j 层筋材的最大拉力；

T_D——筋材设计强度；

f_n——重要性系数。

e. 单层筋材抗拔稳定性检算

第 j 层筋材的抗拔稳定性应按下式进行检算。

$$P_j \geqslant \frac{T_j}{\dfrac{\mu L_{ej}(f_{fs}\gamma_1 h_j + f_f w_s)}{f_p f_n} + \dfrac{a'_{bc} c' L_{ej}}{f_{ms} f_p f_n}} \tag{7-62}$$

$$\mu = \frac{a'\tan \varphi'_p}{f_{ms}} \tag{7-63}$$

式中：P_j——第 j 层筋材水平向每延米顶面、底面的总宽度；

f_{fs}——填土自重分项系数；

f_f——超载恒荷载分项系数；

L_{ej}——破裂面外锚固区的第 j 层筋材长度；

w_s——超载恒荷载；

f_p——筋材抗拔分项系数；

a'_{bc}——填土/筋材的黏聚力系数；

f_n——与黏聚力有关的分项系数；

μ——填土和筋材之间的摩擦系数；

a'——填土和筋材接触系数；

f_{ms}——与摩擦系数有关的分项系数；

其他符号含义同前。

②楔体稳定性检算

a. 楔体筋材拉力计算

在进行楔体稳定检算时，假定破坏面形成的刚性楔体可以是任意形状、任意大小。刚性楔体通过潜在破裂面上的摩阻力和筋材拉力来平衡自重和外部荷载的作用以保持稳定，如图 7-49 所示。潜在破裂面的选取和分析应通过 a、b、c、d 等不同的特征点（图 7-50），对应每个特征点的最大筋材拉力 T 应通过多个楔体的力学平衡分析进行确定。

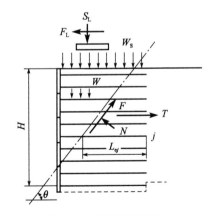

图 7-49 刚性楔体的作用力

最大筋材拉力 T 以及对应的潜在破裂角 β' 可用于筋材的抗拉断和抗拔稳定性计算，楔形体的内部稳定性分析方法如图 7-51 所示。当墙顶为水平面、仅有均布荷载且填土为摩擦型填料时，潜在破裂角 $\beta' = \tan(45° - \varphi'_p/2)$。当墙面为整体式面板时，挡土墙结构破坏分析应考虑其墙面板的抗剪作用。

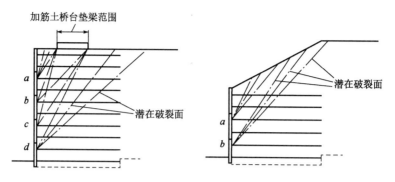

图 7-50　不同的潜在破裂面

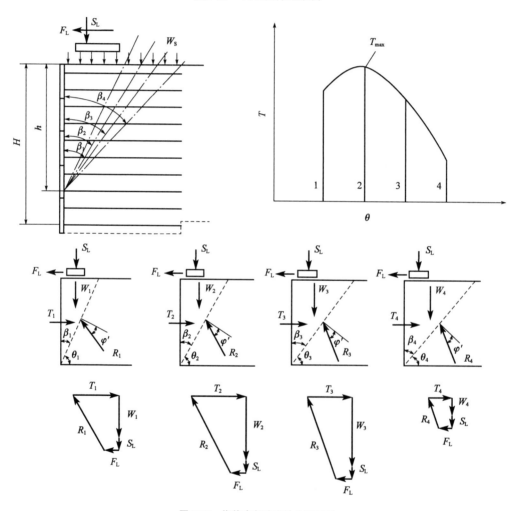

图 7-51　楔体内部稳定性分析图示

b. 楔体稳定性检算

筋材的抗力应取锚固区筋材的摩阻力和筋材强度的较小值,筋材总的抗力应满足下式要求。

$$\sum_{j=1}^{m} \frac{T_{Dj}}{f_n} \geqslant T \tag{7-64}$$

$$\sum_{j=1}^{m} \left[\frac{P_j L_{ej}}{f_p f_n} \left(\mu f_{fs} \gamma h_j + \mu f_f w_s + \frac{a'_{bc} c'}{f_{ms}} \right) \right] \geqslant T \tag{7-65}$$

式中：T_{Dj}——第 j 层筋材的设计强度；

f_n——重要性系数；

P_j——第 j 层筋材上下两面的水平总宽度；

L_{ej}——破裂面外锚固区的第 j 层筋材长度；

f_p——筋材抗拔分项系数；

w_s——墙顶均布荷载（恒载）；

f_{fs}——填料自重恒荷载分项系数；

f_f——超载恒荷载分项系数；

a'_{bc}——填土/筋材的黏聚力系数；

c'——填土有效应力状态下量测的黏聚力；

f_{ms}——与黏聚力 c' 有关的分项系数。

（2）黏结重力法

① 潜在破裂面

加筋土挡土墙的潜在破裂面接近于对数螺旋线，为便于计算，可假定该线为破裂面 1，如图 7-52 所示。当墙顶作用有条形荷载时，尚应考虑破裂面 2，如图 7-53 所示。

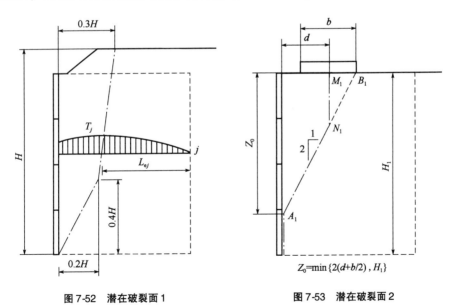

图 7-52　潜在破裂面 1　　　图 7-53　潜在破裂面 2

② 土压力系数

在承载能力极限状态和正常使用极限状态下，土压力系数均采用折线形，墙顶处为 K_0，逐渐过渡到 6m 深度时为 K_a,如图 7-54 所示。

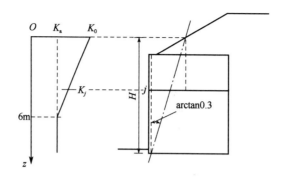

图 7-54　土压力系数分布(黏结重力法)(刚性筋材)

③单层筋材拉力计算

对于摩擦型填料,按下式计算：

$$T_j = T_{pj} + T_{sj} + T_{fj} \tag{7-66}$$

对于黏聚摩擦型填料,按下式计算：

$$T_j = T_{pj} + T_{sj} + T_{fj} - T_{cj} \tag{7-67}$$

其中,T_{pj} 是由土体自重和其他超载引起,而 T_{sj} 和 T_{fj} 是考虑墙顶竖向和水平向的条形荷载。

a. 填土自重、均布超载以及作用于挡土墙外部荷载(如墙背土压力)引起的筋材竖向压应力,如图 7-55 所示;对应产生的筋材拉力 T_{pj} 按下式计算：

$$T_{pj} = K \sigma_{vj} S_{vj} \tag{7-68}$$

$$\sigma_{vj} = \frac{R_{vj}}{L_j - 2 e_j} \tag{7-69}$$

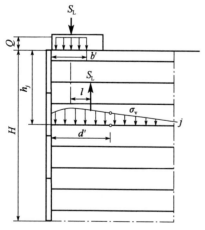

图 7-55　结构自重、超载、墙背填土产生的压力

式中：T_{pj}——筋材拉力；
　　　K——加筋体内部的土压力系数；
　　　σ_{vj}——作用于第 j 层筋材的竖向压应力；
　　　L_j——第 j 层筋材的长度；
　　　S_{vj}——第 j 层筋材位置的竖向间距；
　　　R_{vj}——作用于第 j 层筋材的竖向合力；
　　　e_j——作用于第 j 层筋材的竖向合力的偏心矩。

b. 墙顶竖向条形荷载 S_L 引起的筋材拉力 T_{sj}。墙顶竖向条形荷载 S_L 在加筋土体中的扩散,如图 7-56 所示;对应引起的筋材拉力 T_{sj} 按下式计算：

$$T_{sj} = K\sigma(h_j, d') S_{vj} \quad (7\text{-}70)$$

$$\sigma(h_j, d') = f_f \frac{Q}{2}\left(F_B \frac{d'+b'}{h_j} - F_B \frac{d'-b'}{h_j}\right) \quad (7\text{-}71)$$

$$F_B = \frac{2}{\pi}\left(\frac{X}{1+X^2}\tan^{-1}X\right)$$

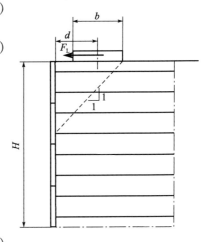

图 7-56 条形荷载压力竖向扩散

式中：Q——墙顶条形基础的基底压力；
f_f——外部荷载的分项系数；
S_{vj}——第 j 层筋材位置的竖向间距。
c. 墙顶水平向荷载引起的筋材拉力 T_{fj}。

$$T_{fj} = \frac{2f_f F_L S_{vj}}{d + \frac{b}{2}}\left(1 - \frac{h_j}{d + \frac{b}{2}}\right) \quad (7\text{-}72)$$

式中：f_f——外部荷载的分项系数。
d. 填土黏聚性对筋材拉力的影响 T_{cj}。

$$T_{cj} = 2 S_{vj}\frac{c'}{f_{ms}}\sqrt{K} \quad (7\text{-}73)$$

式中：c'——有效应力状态下的黏聚力；
f_{ms}——对应于参数 c' 的材料分项系数；
K——土压力系数；
S_{vj} 含义同前。

为避免由于细粒回填土的黏性作用使土压力降低过大而不安全，压应力不应小于水重度一半的流体产生的压应力。

$$T_{pi} - T_{cj} \geqslant 0.5\ \gamma_w S_{vj}\left(h_j + \frac{f_{fs}w_s}{\gamma_1}\right) \quad (7\text{-}74)$$

式中：γ_w——水的重度；
h_j——筋材距离墙顶的深度；
f_{fs}——对应于墙顶均布荷载（恒载）的分项系数；
w_s——墙顶均布荷载（恒载）；
γ_1——填土的重度；
S_{vj} 含义同前。
e. 筋材强度检算，筋材的强度需满足下式要求。

$$\frac{T_D}{f_n} \geqslant T_j \quad (7\text{-}75)$$

式中：T_j——第 j 层筋材的最大拉力；

T_D——筋材设计强度；

f_n——重要性系数。

f. 筋材抗拔检算，筋材的抗拔稳定性按下式计算。墙顶作用有条形荷载时，筋材抗拔稳定性分析应同时考虑破裂面1和破裂面2。

$$T_j \leqslant \frac{2B\mu}{f_p f_n} \int_{L-L_{aj}}^{L} f_{fs} \sigma_v(x) \mathrm{d}x \tag{7-76}$$

式中：f_p——筋材抗拔分项系数；

2——筋材的上下两面；

B——筋材的宽度；

L——筋材的长度；

L_{aj}——破裂面内非锚固区的第 j 层筋材长度；

μ——填土和筋材之间的摩擦系数；

$\sigma_v(x)$——沿筋材长度的竖向应力；

f_n——重要性系数；

f_{fs}——荷载分项系数。

5）正常使用极限状态

加筋土挡土墙工后变形（施工结束至设计年限）主要由以下几种因素引起：地基沉降、填土自身压缩、筋材蠕变、高细粒含量填料的蠕变变形。加筋土挡土墙工后变形一般可通过保证施工质量以及限制筋材的蠕变变形值进行控制。

（1）不同墙面体系应对填土沉降的变形限值见表7-14。

不同墙面体系应对填土沉降的变形限值 表7-14

结构形式	墙面系统的变形限值
预制钢筋混凝土面板	1/150 墙高
整体面板和预制模块式模块式面板	连接件所需的垂直移动能力随墙高而增加
半椭圆形墙面板（金属面板）	1/150 墙高
土工合成材料包裹式墙面	除外观或使用性考虑外，无特殊要求

（2）不同墙面体系对沿墙面不均匀沉降的限值见表7-15。

不同墙面体系对沿墙面不均匀沉降的限值 表7-15

不均匀沉降最大值	注释
1/1000	通常不重要
1/200	影响整体面板的伸缩缝开合；模块式墙面的安全限值
1/100	预制钢筋混凝土板式墙面的安全限值
1/50	半椭圆形金属墙面的安全限值
>1/50	柔性墙面可能发生扭曲影响挡土能力

（3）筋材的应变限值

从施工结束一直到选定的设计寿命期间，筋材随着时间的推移发生蠕变，其短期轴向拉伸刚度是不断降低的，如图 7-57 所示。筋材设计寿命可根据两次（施工完成时和设计年限结束时）的等时荷载-应变曲线进行估计，T_{cs} 是筋材施工完成后规定应变限值下的承载力。为满足正常使用极限状态，加筋土挡土墙施工完成后的筋材应变限值，在永久结构荷载作用下不应超过 0.5%，在瞬态活荷载作用下不应超过 1%，或者由设计者根据结构使用要求进行确定。

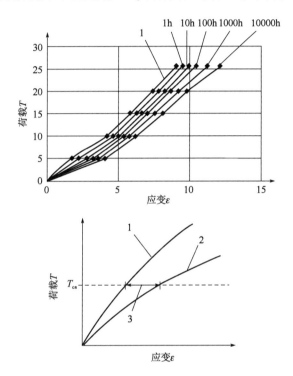

图 7-57 基于强度的正常使用极限状态评估

1-施工结束时，筋材拉力-应变曲线；2-设计年限结束时，筋材拉力-应变曲线；3-规定的工后应变限值

7.3 设计算例

7.3.1 基于总安全系数法的设计算例

1）工程条件与设计参数

（1）截面尺寸：填方高度 $H=7.0$m，路基面宽度 14.0m，挡土墙基础埋深 0.6m。

（2）荷载：永久荷载 $w_1=8$kN/m^2，可变荷载 $w_2=25$kN/m^2，沿路基面满布。

（3）筋材：塑料拉伸单向土工格栅，质控抗拉强度 $T_{cr}=120$kN/m，筋材强度折减系数 $F_k=4.0$。

(4) 填土:加筋土和墙背填土采用相同填料,$\gamma = 19\text{kN/m}^3$,$c' = 0$,$\varphi' = 35°$。

(5) 地基:$\gamma = 19\text{kN/m}^3$,$c' = 0$,$\varphi' = 40°$,地基极限承载力$q_{\text{ult}} = 550\text{kPa}$,不考虑地下水影响。

为对比分析不同计算方法的异同,简单起见,筋材按矩形等间距方式布置。加筋土挡土墙计算图示如图7-58所示。

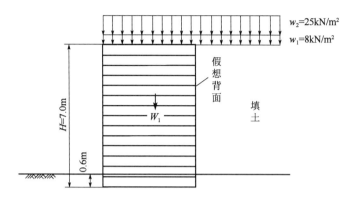

图7-58 加筋土挡土墙计算图示

2)内部稳定性检算

(1)单层筋材拉力计算

按构造要求,筋材长度不小于$0.6H$,取$L = 4.2\text{m}$,假定筋材间距为$S_{vj} = 0.4\text{m}$,筋材按表7-16布置,并根据稳定性检算结果对筋材长度和间距进行调整。

墙后填料产生的水平压力,按下式计算。

$$\sigma_{\text{h}1i} = \lambda_i \gamma h_i$$

当$h_i \leqslant 6\text{m}$时:

$$\lambda_i = \lambda_0 (1 - h_i/6) + \lambda_a (h_i/6)$$

当$h_i > 6\text{m}$时:

$$h_i = \lambda_a$$

其中,$\lambda_0 = 1 - \sin\varphi_0 = 1 - \sin 35° = 0.4264$,$\lambda_a = \tan^2(45° - \varphi_0/2) = 0.271$。

由路基面荷载产生的水平土压力,按下式计算。

$$\sigma_{\text{h}2i} = \frac{\gamma h_0}{\pi} \left[\frac{b h_i}{b^2 + h_i^2} - \frac{h_i(b + l_0)}{h_i^2 + (b + l_0)^2} + \arctan\frac{b + l_0}{h_i} - \arctan\frac{b}{h_i} \right]$$

其中,$\gamma h_0 = q = 33\text{kN/m}^2$,$l_0 = 14.0\text{m}$,$b = 0$。

①作用于墙面板的水平土压力:$\sigma_{\text{h}i} = \sigma_{\text{h}1i} + \sigma_{\text{h}2i}$。

②第i层拉筋对应的墙面板所受侧压力,按$E_{xi} = \sigma_{\text{h}i} S_x S_y$计算。

③第i层拉筋的拉筋拉力:$T_i = K \sigma_{\text{h}i} S_x S_y$,其中,拉筋拉力峰值增大系数$K$取1.5。

将各参数代入公式计算各层筋材的最大拉力,计算结果见表7-16。

各层筋材抗拉强度检算结果 表 7-16

筋材编号	筋材深度h_i（m）	筋材间距S_y（m）	筋材长度L（m）	筋材拉力T_i（kN/m）	筋材设计抗拉强度（kN/m）	判定
1	0.4	0.6	4.2	17.16	30	满足
2	0.8	0.4	4.2	12.88	30	满足
3	1.2	0.4	4.2	14.23	30	满足
4	1.6	0.4	4.9	15.49	30	满足
5	2.0	0.4	4.2	16.66	30	满足
6	2.4	0.4	4.2	17.75	30	满足
7	2.8	0.4	4.2	18.74	30	满足
8	3.2	0.4	4.2	19.65	30	满足
9	3.6	0.4	4.2	20.47	30	满足
10	4.0	0.4	4.2	21.20	30	满足
11	4.4	0.4	4.2	21.85	30	满足
12	4.8	0.4	4.2	22.41	30	满足
13	5.2	0.4	4.2	22.89	30	满足
14	5.6	0.4	4.2	23.29	30	满足
15	6.0	0.4	4.2	23.60	30	满足
16	6.4	0.4	4.2	24.59	30	满足
17	6.8	0.4	4.2	25.58	30	满足

（2）单层筋材抗拉强度检算

单向拉伸塑料土工格栅极限抗拉强度 $T=120\text{kN/m}$，安全系数 $f_i=4.0$，代入公式计算并与筋材拉力 T_i 进行比较，计算结果见表 7-16。

筋材容许抗拉强度 $[T]=T/F_K=120/4=30\text{kN/m}$，拉筋拉力不应大于拉筋的容许抗拉强度，$T_i \leq [T]=30\text{kN/m}$。

经比较，筋材最大拉力 $T_j=25.58\text{kN/m}$（筋材编号 17），筋材设计抗拉强度为 30kN/m，各层筋材设计抗拉强度检算满足要求。

（3）筋材抗拔稳定性检算

① 垂直压应力计算

各层筋材垂直压应力分为有荷载和无荷载两种情况，无荷载时为 γh_i，有荷载时参见 7.2.1 节计算。垂直压应力 σ_{vi} 沿筋材长度的分布是不同的，此处取破裂面处、锚固区筋材中间、筋材末端三点的应力平均值。路基面荷载为均布荷载 $q=33\text{kN/m}$，宽度 14m，与路基面等宽。垂直压力为：

$$\sigma_{vi} = \gamma h_i + \frac{q}{\pi}\left(\arctan X_1 - \arctan X_2 + \frac{X_1}{1+X_1^2} - \frac{X_2}{1+X_2^2}\right)$$

其中，$X_1 = (2x + l_0)/2h_i = (2x + 14)/2h_i$；$X_2 = (2x - l_0)/2h_i = (2x - 14)/2h_i$。

②筋材抗拔力计算

当 $f = 0.4, a = 1\text{m}, h_i \leq 3.5\text{m}$ 时，$L_b = L - 0.3H = 4.2 - 2.1 = 2.1\text{m}$；当 $h_i > 3.5\text{m}$ 时，$L_b = L - 0.6 \times (7 - h_i) = 4.2 - 0.6 \times (7 - h_i)$。

$$S_{fi} = 2\sigma_{vi} a L_b f = 2 \times 0.4 \sigma_{vi} L_b$$

③单筋抗拔稳定性和全墙抗拔稳定性计算

单筋抗拔稳定系数不宜小于2.0，条件困难时可适当减小，但不得小于1.5；全墙抗拔稳定系数不应小于2.0。

$$K_s = \frac{\sum S_{fi}}{\sum E_{xi}}$$

将各参数代入公式计算筋材抗拔力和抗拔稳定系数，计算结果见表7-17。各层拉筋分板抗拔稳定安全系数 K_s 均大于2.0，单筋抗拔稳定性满足要求。

各层筋材内部稳定检算结果 表7-17

编号	筋材深度 h_i(m)	筋材间距 S_{vj}(m)	筋材长度 L(m)	无荷筋材拉力 T_i(kN/m)	有荷筋材拉力 T_i(kN/m)	无荷抗拔力 (kN/m)	有荷抗拔力 (kN/m)	无荷抗拔 K_s	有荷抗拔 K_s
1	0.4	0.6	4.2	2.85	17.16	12.77	68.17	4.49	3.97
2	0.8	0.4	4.2	3.70	12.88	25.54	80.70	6.90	6.27
3	1.2	0.4	4.2	5.41	14.23	38.30	92.94	7.08	6.53
4	1.6	0.4	4.9	7.02	15.49	51.07	104.91	7.27	6.77
5	2.0	0.4	4.2	8.54	16.66	63.84	116.67	7.47	7.00
6	2.4	0.4	4.2	9.97	17.75	76.61	128.31	7.69	7.23
7	2.8	0.4	4.2	11.30	18.74	89.38	139.89	7.91	7.47
8	3.2	0.4	4.2	12.53	19.65	102.14	151.46	8.15	7.71
9	3.6	0.4	4.2	13.67	20.47	118.20	167.54	8.64	8.79
10	4.0	0.4	4.2	14.72	21.20	145.92	198.73	9.91	10.00
11	4.4	0.4	4.2	15.67	21.85	176.56	232.46	11.27	11.28
12	4.8	0.4	4.2	16.53	22.41	210.12	268.78	12.71	12.65
13	5.2	0.4	4.2	17.29	22.89	246.60	307.76	14.26	14.11
14	5.6	0.4	4.2	17.96	23.29	286.00	349.42	15.92	15.68
15	6.0	0.4	4.2	18.54	23.60	328.32	393.82	17.71	17.38
16	6.4	0.4	4.2	19.77	24.59	373.56	440.98	18.89	18.62
17	6.8	0.4	4.2	21.01	25.58	421.71	490.92	20.07	19.87

全墙的抗拔稳定性检算：
a. 有荷载时：$K_s = 3733.48/338.45 = 11.03 > 2.0$。
b. 无荷载时：$K_s = 2766.64/216.48 = 12.78 > 2.0$。
因此，全墙的抗拔稳定性满足要求。

3) 外部稳定性检算

将加筋土挡土墙视为实体墙进行检算，墙体自重 $W = 1 \times 4.2 \times 7.0 \times 19 = 558.6 \mathrm{kN}$，加筋体上荷载 $W' = 1 \times 4.2 \times 33 = 138.6 \mathrm{kN}$。

(1) 土压力计算

按库仑理论计算，其中，$\varphi = 35°$，$\alpha = 0$，$\delta = \varphi/2 = 17.5°$，$i = 0$，$\gamma = 19 \mathrm{kN/m^3}$，$H = 7 \mathrm{m}$。

① 无荷载时：

$$E_a = \frac{1}{2}\gamma H^2 K_a = \frac{1}{2} r H^2 \frac{\cos^2(\varphi + \alpha)}{\cos^2\alpha \cdot \cos(\delta - \alpha)\left[1 + \sqrt{\frac{\sin(\varphi + \delta)\sin(\varphi - i)}{\cos(\delta - \alpha)\cos(\alpha + i)}}\right]^2} = 114.57 \mathrm{kN}$$

$E_x = E_a \cos(\delta + \alpha) = 109.27 \mathrm{kN}$
$E_y = E_a \sin(\delta + \alpha) = 34.45 \mathrm{kN}$

此时，土压力强度沿墙背呈三角形分布，土压力作用点位于距墙底 $H/3 = 2.33 \mathrm{m}$ 处。

② 有荷载时：

$$E_a = \frac{1}{2}\gamma H^2 K_a + qH K_a = 114.57 + 33 \times 7 \times 0.246 = 114.57 + 56.83 = 171.40 \mathrm{kN}$$

$E_x = E_a \cos(\delta + \alpha) = 163.46 \mathrm{kN}$
$E_y = E_a \sin(\delta + \alpha) = 51.54 \mathrm{kN}$

此时，土压力作用点位于距墙底 $2.72 \mathrm{m}$ 处。

(2) 抗滑稳定性检算

① 无荷载时：$K_c = \dfrac{(W + E_y)f}{E_x} = \dfrac{(558.6 + 34.45) \times 0.5}{109.27} = 2.71 > 1.3$。

② 有荷载时：$K_c = \dfrac{(W + W' + E_y)f}{E_x} = \dfrac{(558.6 + 138.6 + 51.54) \times 0.5}{163.46} = 2.29 > 1.3$。

经检算，抗滑稳定性满足要求。

(3) 抗倾覆稳定性检算

根据下式计算抗倾覆稳定性。

① 无荷载时：$K_0 = \dfrac{M_w + M_{Ey}}{M_{Ex}} = \dfrac{558.6 \times 2.1 + 34.45 \times 4.2}{109.27 \times 2.33} = 5.18 > 1.6$。

② 有荷载时：$K_0 = \dfrac{M_w + M_w' + M_{Ey}}{M_{Ex}} = \dfrac{558.6 \times 2.1 + 138.6 \times 2.1 + 51.54 \times 4.2}{163.46 \times 2.72} = 3.78 > 1.6$。

经检算，抗倾覆稳定性满足要求。

(4) 地基应力检算

根据下式计算 e、基底压应力 σ_k。

① 无荷载时：

$$e = \frac{B}{2} - \frac{\sum M_y - \sum M_0}{\sum N} = \frac{4.2}{2} - \frac{558.6 \times 2.1 + 34.45 \times 4.2 - 109.27 \times 2.33}{558.6 + 34.45}$$

$$= 2.1 - 1.79 = 0.31\text{m} < 4.2/6 = 0.7\text{m}$$

$$\sigma_k = \frac{\sum N}{B - 2e} = \frac{558.6 + 34.45}{4.2 - 2 \times 0.31} = 165.66\text{kPa} < 550/2 = 275\text{kPa}$$

②有荷载时：

$$e = \frac{B}{2} - \frac{\sum M_y - \sum M_0}{\sum N} = \frac{4.2}{2} - \frac{(558.6 + 138.6) \times 2.1 + 51.54 \times 4.2 - 163.46 \times 2.72}{558.6 + 138.6 + 51.54}$$

$$= 2.1 - 1.65 = 0.45\text{m} < 4.2/6 = 0.7\text{m}$$

$$\sigma_k = \frac{\sum N}{B - 2e} = \frac{558.6 + 138.6 + 51.54}{4.2 - 2 \times 0.45} = 226.89\text{kPa} < 550/2 = 275\text{kPa}$$

经检算，地基承载力满足要求。

综上所述，最终加筋土挡土墙设计方案为：填方高度 7.0m，挡土墙基础埋深 0.6m，筋材采用塑料拉伸单向土工格栅，质控抗拉强度 120kN/m，筋材长度 4.2m，筋材竖向间距为 0.4m。

7.3.2 基于英国标准的设计算例

1）工程条件与设计参数

(1) 截面尺寸：填方高度 $H = 7.0$m，挡土墙基础埋深 0.6m。

(2) 荷载：永久荷载 $w_1 = 8\text{kN/m}^2$，可变荷载 $w_2 = 25\text{kN/m}^2$。

(3) 筋材：塑料拉伸单向土工格栅，质控抗拉强度 $T_{cr} = 120\text{kN/m}$、160kN/m，筋材强度折减系数 $f_m = 4.0$。

(4) 填土：加筋土和墙背填土采用相同填料，$\gamma = 19\text{kN/m}^3$，$c' = 0$，$\varphi' = 35°$。

(5) 地基：$\gamma = 19\text{kN/m}^3$，$c' = 0$，$\varphi' = 40°$，地基极限承载力 $q_{ult} = 550\text{kPa}$，不考虑地下水影响。

为对比分析不同计算方法的异同，简单起见，筋材按矩形等间距方式布置。加筋土挡土墙计算图示如图 7-59 所示。

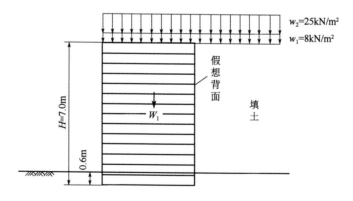

图 7-59 加筋土挡土墙计算图示

2）内部稳定性检算

土工格栅属于柔性筋材，加筋土挡土墙的内部稳定性计算采用锚固楔体法。

(1) 单层筋材内部稳定性检算

① 单层筋材拉力计算

按构造要求,筋材长度不小于 $0.7H$,取 $L=4.9\text{m}$,假定筋材间距为 $S_{vj}=0.4\text{m}$,筋置初步按表 7-18 布置,并根据稳定性检算结果对筋材长度和间距进行调整。

筋材最大拉力计算采用荷载组合 A 时,分项系数 $f_{fs}=1.5, f_q=1.5, f_n=1.1; w_s = 8+25 = 33\text{kN/m}^2$。主动土压力系数 $k_a = k_{a1} = k_{a2} = \tan^2(45°-\varphi'/2) = \tan^2(45°-17.5°) = 0.271$。

由于墙顶荷载主要是均布荷载($S_L=0, F_L=0$),填土为摩擦型填料($c'=0$),因此 $T_j = T_{pj}$,将各参数代入公式计算各层筋材的最大拉力,计算结果见表 7-18。

$$T_{pj} = \frac{K_{a1}(f_{fs}\gamma_1 h_j + f_q w_s)S_{vj}}{1 - \dfrac{K_{a2}(f_{fs}\gamma_2 h_j + 3f_q w_s)\left(\dfrac{h_j}{L}\right)^2}{3(f_{fs}\gamma_1 h_j + f_q w_s)}}$$

$$= \frac{0.271 \times (1.5 \times 19 \times h_j + 1.5 \times 33) \times 0.4}{1 - \dfrac{0.271 \times (1.5 \times 19 \times h_j + 3 \times 1.5 \times 33)\left(\dfrac{h_j}{4.9}\right)^2}{3(1.5 \times 19 \times h_j + 1.5 \times 33)}}$$

$$= \frac{3.09 h_j + 5.37}{1 - \dfrac{0.32 h_j^3 + 1.68 h_j^2}{85.5 h_j + 148.5}}$$

② 单层筋材抗拉强度检算

单层筋材的抗拉强度检算采用式(7-60)进行计算。塑料拉伸单向土工格栅抗拉强度 $T_{cr} = 120\text{kN/m}$、160kN/m,安全系数 $f_m = 4.0, f_n = 1.1$,并与筋材最大拉力 T_j 进行比较,计算结果见表 7-18。

$$\frac{T_D}{f_n} \geq T_j$$

筋材质控抗拉强度 $T_{cr} = 120\text{kN/m}$ 时,设计抗拉强度为 $120/4/1.1 = 27.27\text{kN/m}$

筋材质控抗拉强度 $T_{cr} = 160\text{kN/m}$ 时,设计抗拉强度为:$160/4/1.1 = 36.36\text{kN/m}$

经比较筋材最大拉力和设计抗拉强度,出于经济性考虑,沿墙高分两个区域,对第 1~13 层筋材选用质控抗拉强度 $T_{cr} = 120\text{kN/m}$ 的筋材,该区域筋材最大拉力 $T_j = 25.29\text{kN/m}$(筋材编号 13),筋材设计抗拉强度 $T_j = 27.27\text{kN/m}$;对第 14~17 层筋材选用质控抗拉强度 $T_{cr} = 160\text{kN/m}$ 的筋材,该区域筋材最大拉力 $T_j = 34.92\text{kN/m}$(筋材编号 17),筋材设计抗拉强度为 36.36kN/m。筋材设计抗拉强度检算满足要求。

③ 单层筋材抗拔稳定性检算

单层筋材抗拔稳定性检算采用式(7-61)进行计算。采用荷载组合 A 时,分项系数 $f_{fs} = 1.5, f_f = 1.5, f_p = 1.3, f_n = 1.1; \mu = 0.4, w_s = 8\text{kN/m}$(恒载),$P_j = 1.0\text{m}, L_{ej} = L - (H - h_j)\tan(45° - \varphi'/2) = 4.9 - 0.52 \times (7 - h_j)$。代入公式计算并与筋材最大拉力 T_j 进行比较,计算结果见表 7-18。

各层筋材内部稳定检算结果（荷载组合 A） 表 7-18

筋材编号 j	筋材深度 h_j (m)	筋材间距 S_{vj} (m)	筋材长度 L (m)	筋材拉力 T_j (kN/m)	设计抗拉强度 (kN/m)	抗拔承载力 (kN/m)
1	0.4	0.6	4.9	9.92	27.27	19.22
2	0.8	0.4	4.9	7.88	27.27	32.63
3	1.2	0.4	4.9	9.18	27.27	48.69
4	1.6	0.4	4.9	10.52	27.27	67.41
5	2.0	0.4	4.9	11.89	27.27	88.78
6	2.4	0.4	4.9	13.31	27.27	112.81
7	2.8	0.4	4.9	14.79	27.27	139.48
8	3.2	0.4	4.9	16.32	27.27	168.81
9	3.6	0.4	4.9	17.93	27.27	200.80
10	4.0	0.4	4.9	19.62	27.27	235.43
11	4.4	0.4	4.9	21.40	27.27	272.72
12	4.8	0.4	4.9	23.29	27.27	312.67
13	5.2	0.4	4.9	25.29	27.27	355.26
14	5.6	0.4	4.9	27.44	36.36	400.51
15	6.0	0.4	4.9	29.74	36.36	448.41
16	6.4	0.4	4.9	32.22	36.36	498.97
17	6.8	0.4	4.9	34.92	36.36	552.18

$$P_j \geqslant \frac{T_j}{\dfrac{\mu L_{ej}(f_{fs}\gamma_1 h_j + f_f w_s)}{f_p f_n} + \dfrac{a'_{bc} c' L_{ej}}{f_{ms} f_p f_n}}$$

经比较，筋材最小抗拔承载力 19.22kN/m（筋材编号 1），对应筋材拉力 $T_p = 9.92$kN/m，筋材抗拔承载力检算满足要求。

采用同样的方法，计算荷载组合 B 情况下单层筋材抗拔稳定性检算，计算结果表明满足内部稳定性要求。

(2) 楔体稳定性检算

①楔体筋材拉力计算

选取刚性楔体潜在破裂面通过墙面 7 个特征点，与墙顶竖向距离 h 分别为 1m、2m、3m、4m、5m、6m、7m，每个特征点对应 15 个刚性楔体，破裂面与竖直面的夹角 β 分别取 10°、12.5°、15°、17.5°、20°、22.5°、25°、27.5°、30°、32.5°、35°、37.5°、40°、42.5°、45°，计算每个楔体的筋材拉力 T。

楔体筋材拉力计算采用荷载组合 A 时，分项系数 $f_{fs} = 1.5$，$f_q = 1.5$，$f_n = 1.1$；$w_s = 8 + 25 = 33$kN/m²。

楔体总重为楔体自重和超载之和，即：$W = W_1 + W_s = 1.5 \times 0.5\gamma h^2 \tan\beta + 1.5 w_s h \tan\beta = 276.75\tan\beta$。

破裂面对刚性楔体的作用力合力 R 与竖直面夹角为 $90°-\beta-\varphi'$。

由力系平衡关系,可得筋材拉力 $= W \times \tan(90°-\beta-\varphi') = W \times \tan(55°-\beta-\varphi')$。

以距离墙顶3m的特征点为例,计算结果见表7-19。

通过距离墙顶 **3m** 位置特征点的楔体筋材拉力计算结果(荷载组合 A)　　　表7-19

破裂面夹角 β (°)	楔体自重 W_1 (kN)	超载 W_s (kN/m)	总重 W (kN/m)	破裂面反力 R 与竖直面夹角 (°)	筋材拉力 T (kN/m)
10.0	22.61	26.18	48.80	45.0	48.80
12.5	28.43	32.92	61.35	42.5	56.22
15.0	34.36	39.79	74.15	40.0	62.22
17.5	40.44	46.82	87.26	37.5	66.96
20.0	46.68	54.05	100.73	35.0	70.53
22.5	53.12	61.51	114.63	32.5	73.03
25	59.80	69.25	129.05	30.0	74.51
27.5	66.76	77.30	144.07	27.5	75.00
30.0	74.05	85.74	159.78	25.0	74.51
32.5	81.70	94.60	176.31	22.5	73.03
35.0	89.80	103.98	193.78	20.0	70.53
37.5	98.41	113.95	212.36	17.5	66.96
40.0	107.61	124.61	232.22	15.0	62.22
42.5	117.52	136.08	253.59	12.5	56.22
45.0	128.25	148.50	276.75	10.0	48.80

②楔体稳定性检算

筋材布置情况如表7-20所示。筋材的抗力应取锚固区筋材的摩阻力和筋材强度的较小值,采用式(7-64)、式(7-65)进行计算。采用荷载组合 A 时,分项系数 $f_{fs}=1.5$, $f_f=1.5$, $f_p=1.3$, $f_n=1.1$; $\mu=0.4$, $w_s=8\text{kN/m}$(恒载), $P_j=1.0\text{m}$, $L_{ej}=L-(h-h_j)\times\tan\beta$。代入式(7-64)、式(7-65)计算并与筋材拉力 T 进行比较,计算结果见表7-20。

楔体稳定性计算结果(荷载组合 A)　　　表7-20

特征点距墙顶距离 h (m)	最大筋材拉力 T (kN/m)	筋材抗拉承载力 Σ (kN/m)	筋材抗拔承载力 Σ (kN/m)	对应破裂面与竖直面夹角 β (°)
1.0	17.28	54.55	153.42	27.5
2.0	42.27	109.09	403.54	27.5
3.0	75.0	190.91	978.06	27.5
4.0	115.44	245.45	1420.27	27.5
5.0	163.61	327.27	2299.98	27.5
6.0	219.50	390.91	2851.29	27.5
7.0	283.12	500.0	3953.18	27.5

经比较,加筋土挡土墙楔体筋材拉力均小于抗拉断和抗拔承载力,满足稳定性要求。采用同样的方法计算荷载组合 B 情况下加筋土挡土墙楔体抗拔稳定性,结果表明也满足要求。

3) 外部稳定性检算

将加筋土挡土墙视为实体墙进行检算。墙体自重 $W = 1 \times 4.9 \times 7.0 \times 19 = 651.7 \text{kN}$。

(1) 加筋土挡土墙垂直合力计算

采用荷载组合 A 时,加筋土体后的土压力分项系数 $f_{fs} = 1.5$,加筋土体顶部的交通恒载分项系数 $f_{fs} = 1.5$,加筋土体顶部的交通活载分项系数 $f_q = 1.5$。

垂直合力 $R_v = 1.5 \gamma H B + 1.5 B (W_{s1} + W_{s2}) = 1.5 \times 19 \times 7 \times 4.9 \times 1 + 1.5 \times 4.9 \times (8 + 25) \times 1 = 1220.1 \text{kN}$。

采用荷载组合 B 时,加筋土体后的土压力分项系数 $f_{fs} = 1.0$,加筋土体顶部的交通恒载分项系数 $f_{fs} = 1.0$,加筋土体顶部的交通活载分项系数 $f_q = 0$。

垂直合力 $R_v = 1.0 \gamma H B + 1.0 B W_{s1} = 1.0 \times 19 \times 7 \times 4.9 \times 1 + 1.0 \times 4.9 \times 8 \times 1 = 690.9 \text{kN}$。

(2) 土压力计算

墙背土压力采用朗肯主动土压力理论计算,墙背竖直,土压力为水平方向。主动土压力系数 $K_{a2} = \tan^2(45° - \varphi'/2) = \tan^2(45° - 17.5°) = 0.271$。

采用荷载组合 A 和组合 B 时,加筋土体后的土压力分项系数 $f_{fs} = 1.5$,加筋土体后的交通恒载分项系数 $f_{fs} = 1.5$,加筋土体后的交通活载分项系数 $f_q = 1.5$。

主动土压力:
$$R_h = 0.5 f_{fs} \gamma H^2 B K_{a2} + f_{fs} W_{s1} H K_{a2} + f_q W_{s2} H K_{a2} = 0.5 \times 1.5 \times 19 \times 7^2 \times 1 \times 0.271 + 1.5 \times 8 \times 7 \times 1 \times 0.271 + 1.5 \times 25 \times 7 \times 1 \times 0.271 = 283.13 \text{kN}$$

(3) 地基承载力检算

加筋土挡土墙基底应力按式(7-45)计算,地基承载力检算按式(7-46)计算,采用荷载组合 A。

$$e = \frac{B}{2} - \frac{\sum M_y - \sum M_0}{R_v} = \frac{4.9}{2} - \frac{4.9/2 \times 1220.1 - 189.23 \times 7/3 - 93.9 \times 7/2}{1220.1} = 0.63 \text{m}$$

平均基底压应力:

$$q_r = \frac{R_v}{L - 2e} = \frac{1220.1}{4.9 - 2 \times 0.63} = 335.2 \text{kPa}$$

$$\frac{q_{ult}}{f_{ms}} + \gamma D_m = \frac{550}{1.35} + 19 \times 0.6 = 418.8 \text{kPa} > 335.2 \text{kPa}$$

因此地基承载力满足要求。

(4) 抗滑稳定性检算

加筋土挡土墙抗滑稳定性检算采用荷载组合 B,筋材/土体作用分项系数 $f_s = 1.3$,土体/土体作用分项系数 $f_s = 1.2$,与 $\tan \varphi'_p$ 相关的材料分项系数 $f_{ms} = 1.0$。

加筋土挡土墙结构底部沿土体与土体之间的长期滑动稳定性,按式(7-47)计算。

$$f_s R_h = 1.2 \times 283.13 = 339.76 \text{kN}$$

$$\frac{R_v \tan \varphi'_p}{f_{ms}} + \frac{c' L}{f_{ms}} = 690.9 \times \tan 35° = 690.9 \times 0.7 = 483.63 \text{kN} > 339.76 \text{kN}$$

抗滑力大于滑动力,故加筋土挡土墙抗滑动稳定性满足要求。

加筋土挡土墙结构底部沿筋材与土体之间的长期滑动稳定性,按式(7-48)计算。

$$f_s R_h = 1.3 \times 283.13 = 368.07 \text{kN}$$

$$R_v a' \tan \varphi'_p / f_{ms} + a'_{bc} c' L / f_{ms} = 690.9 \times 0.85 \times \tan 35° = 411.08 \text{kN} > 368.07 \text{kN}$$

抗滑力大于滑动力,故加筋土挡土墙抗滑动稳定性满足要求。

综上所述,最终加筋土挡土墙设计方案为:填方高度7.0m,挡土墙基础埋深0.6m,筋材长度4.9m,筋材竖向间距为0.4m。筋材采用塑料拉伸单向土工格栅,沿墙高分两个区域,第1~13层筋材(距离墙顶5.4m以上范围)选用质控抗拉强度120kN/m的筋材,第14~17层筋材(距离墙顶5.4m以下范围)选用质控抗拉强度160kN/m的筋材。

7.4 对比分析

7.4.1 算例结果分析

上述两个加筋土挡土墙设计算例,工程条件和设计参数基本相同,包括墙高、荷载、填料、地基等,因此计算结果的差异主要是由于两种设计方法不同造成的。下面分别对筋材拉力、筋材抗拉强度、筋材抗拔稳定性、整体抗滑稳定性、地基承载力等方面的计算结果进行对比分析。

(1)筋材拉力计算结果对比

筋材拉力和抗拉强度检算结果对比见表7-21。由表可知,加筋土挡土墙筋材拉力随深度增加而增大;铁路总安全系数法和英国BS 8006方法相比,前者计算的第1~11层(挡土墙中上部)筋材拉力大于后者,前者计算的第12~17层(挡土墙下部)筋材拉力小于后者。

筋材拉力和抗拉强度检算结果对比表 表7-21

筋材编号	筋材深度h_i(m)	筋材间距S_y(m)	铁路总安全系数法		英国BS 8006方法	
			筋材拉力T_i(kN/m)	筋材设计抗拉强度(kN/m)	筋材拉力T_i(kN/m)	筋材设计抗拉强度(kN/m)
1	0.4	0.6	17.16	30	9.92	27.27
2	0.8	0.4	12.88	30	7.88	27.27
3	1.2	0.4	14.23	30	9.18	27.27
4	1.6	0.4	15.49	30	10.52	27.27
5	2.0	0.4	16.66	30	11.89	27.27
6	2.4	0.4	17.75	30	13.31	27.27
7	2.8	0.4	18.74	30	14.79	27.27
8	3.2	0.4	19.65	30	16.32	27.27
9	3.6	0.4	20.47	30	17.93	27.27
10	4.0	0.4	21.20	30	19.62	27.27
11	4.4	0.4	21.85	30	21.40	27.27
12	4.8	0.4	22.41	30	23.29	27.27

续上表

筋材编号	筋材深度h_i（m）	筋材间距S_y（m）	铁路总安全系数法		英国 BS 8006 方法	
			筋材拉力T_i（kN/m）	筋材设计抗拉强度（kN/m）	筋材拉力T_i（kN/m）	筋材设计抗拉强度（kN/m）
13	5.2	0.4	22.89	30	25.29	27.27
14	5.6	0.4	23.29	30	27.44	36.36
15	6.0	0.4	23.60	30	29.74	36.36
16	6.4	0.4	24.59	30	32.22	36.36
17	6.8	0.4	25.58	30	34.92	36.36

前者的筋材拉力峰值增大系数K取1.5，后者的土体自重和荷载分项系数取1.5，两者等效。造成差别的主要原因是：对于挡土墙中上部的筋材拉力差异，主要是由土压力系数的差异引起，铁路总安全系数法的土压力系数大于英国 BS 8006 方法的土压力系数；对于挡土墙下部的筋材拉力差异，主要是由于国 BS 8006 方法的筋材竖向压应力按梅耶霍夫分布计算，考虑了加筋体背后的朗肯土压力影响，单层筋材受力长度为$L-2e$。

(2)筋材抗拉强度检算结果对比

在筋材长度满足构造要求的条件下，筋材设计常由抗拉强度控制，且一般由底层筋材拉力决定。铁路总安全系数法中，筋材设计抗拉强度折减系数取4.0，结构重要性系数为1.0，筋材质控抗拉强度选用120kN/m，对应设计抗拉强度为30kN/m。英国 BS 8006 方法中，筋材设计抗拉强度折减系数取4.0，结构重要性系数取1.1，筋材质控抗拉强度选用120kN/m、160kN/m 两种，对应设计抗拉强度分别为27.27kN/m、36.36kN/m。第 1~13 层筋材质控抗拉强度选用 120kN/m，第 14~17 层筋材质控抗拉强度选用 160kN/m。

(3)抗滑稳定性检算结果对比

铁路总安全系数法中，加筋土挡土墙墙背土压力采用库仑土压力，有荷条件是一并考虑恒载和交通荷载，抗滑稳定系数K_c要求不小于1.3。英国 BS 8006 方法中，加筋土挡土墙墙背土压力采用朗肯土压力，有荷条件是仅考虑恒荷载，并且荷载组合 B 时朗肯土压力和恒载的分项系数取1.5，沿筋材/土体作用时抗滑分项系数$f_s=1.3$，沿土体/土体作用时抗滑分项系数$f_s=1.2$。另外，两种方法的基底与基底土间摩擦系数f取值也有所差异，前者多采用经验值，后者采用计算值。因此铁路总安全系数法计算的水平土压力小于英国 BS 8006 方法的计算值，而前者计算的竖向合力则大于后者的计算值。检算结果对比见表7-22。

抗滑稳定性检算结果对比表　　表7-22

项目	铁路总安全系数法（有荷）	英国 BS 8006 方法（荷载组合 B）
水平土压力（kN）	163.46	283.13
竖向合力（kN）	748.74	690.9
基底摩擦系数f	0.5	0.7（土体/土体作用）
		0.6（筋材/土体作用）

(4)地基承载力检算结果对比

铁路总安全系数法和英国 BS 8006 方法中,加筋土挡土墙基底压应力计算原理相同,计算结果差异主要是受英国 BS 8006 方法荷载分项系数(取值 1.5)影响;在地基极限承载力相同的条件下(两个算例中均为 550kPa),地基承载力设计值也因安全系数($K=2$)和分项系数($f_{ms}=1.35$)取值不同而有所差异,见表 7-23。

地基承载力检算结果对比表　　　　　　　　　　　表 7-23

项目	铁路总安全系数法(有荷)	英国 BS 8006 方法(荷载组合 A)
基底压应力(kPa)	226.89	335.2
承载力设计值(kPa)	275	418.8
偏心距 e(m)	0.45	0.63

(5)设计方案对比

采用铁路总安全系数法确定的加筋土挡土墙设计方案为:填方高度 7.0m,筋材长度 4.2m,筋材竖向间距 0.4m。筋材采用塑料拉伸单向土工格栅,质控抗拉强度 120kN/m。

采用英国 BS 8006 设计方法确定的加筋土挡土墙设计方案为:填方高度 7.0m,筋材长度 4.2m,筋材竖向间距 0.4m。筋材采用塑料拉伸单向土工格栅,沿墙高分两个区域,第 1~13 层(距离墙顶 5.4m 以上范围)选用质控抗拉强度 120kN/m 的筋材,第 14~17 层(距离墙顶 5.4m 以下范围)选用质控抗拉强度 160kN/m 的筋材。

对比铁路总安全系数法和英国 BS 8006 设计方法(表 7-24)的计算结果可看出,后者的筋材强度略高于前者。主要原因是后者计算的挡土墙下部筋材的拉力要大于前者,且筋材设计受抗拉强度检算控制;后者的筋材长度略大于前者,主要原因是后者的筋材长度按构造要求规定不小于 $0.7H$,略大于前者 $0.6H$。

加筋土挡土墙不同设计方法综合对比表　　　　　　　表 7-24

项目	《铁路路基支挡结构设计规范》(TB 10025—2019)(总安全系数法)	《铁路路基设计规范》(极限状态法)》(Q/CR 9127—2017)	《公路路基设计规范》(JTGD30—2015)	英国 BS8006-1:2010	对比分析
工程安全等级和结构重要性系数	无	分为 3 个安全等级;特殊条件、技术复杂的路基支挡结构重要性系数 $\gamma_0 \geq 1.1$,一般路基支挡结构重要性系数 $\gamma_0 = 1.0$	高速公路、一级公路,$H \leq 5m$ 时,重要性系数 $\gamma_0 = 1.0$,$H > 5m$ 时,重要性系数 $\gamma_0 = 1.05$	分为 3 个安全等级;直接支撑铁路、高速公路及主要道路等情况下结构重要性系数 $f_n = 1.1$;破坏后果中等或正常使用功能丧失等情况下结构重要性系数 $f_n = 1.0$	英国标准和中国铁路标准相当,高于中国公路标准
筋材构造尺寸	$H \geq 3.0m$ 时,不小于 $0.6H$,且不小于 4.0m;$H < 3.0m$ 时,不小于 4.0m	同"总安全系数法"	$H \geq 3.0m$ 时,宜大于 $0.8H$,且不小于 5m;$H < 3.0m$ 时,不小于 3.0m	不小于 $0.7H$,且不小于 3.0m	英国标准略高于中国铁路标准,略低于公路标准

续上表

项目		《铁路路基支挡结构设计规范》(TB 10025—2019)(总安全系数法)	《铁路路基设计规范(极限状态法)》(Q/CR 9127—2017)	《公路路基设计规范》(JTG D30—2015)	英国 BS8006-1:2010	对比分析
材料参数	土工合成筋材抗拉强度	考虑施工损伤、蠕变、化学及生物作用等因素,综合影响系数 $F=2.5\sim5.0$	筋材抗拉强度特征值: $T_k=T_u/(\xi_{iD}\cdot\xi_{cR}\cdot\xi_D)$	筋材抗拉强度(试验断裂拉力)标准值的计算调节系数 $\gamma_f=1.8\sim2.5$	筋材设计抗拉强度: $T_D=T_{char}/(RF_{ID}\times F_W\times RF_{CH}\times f_s)$	筋材设计强度影响因素多,变化幅度大,中国铁路标准与英国标准安全系数基本相当,高于公路标准
	土体参数	对粗粒土的强度指标为内摩擦角 φ,对细粒土的强度指标为综合内摩擦角 φ_0	同"总安全系数法"	同"总安全系数法"	有效应力条件下强度指标 φ'、c',不排水强度指标 c_u。整体抗滑稳定性分析分为长期稳定性和短期稳定性,考虑了有效强度指标和不排水强度指标影响;筋材拉力和抗拔承载力计算考虑了黏聚力指标的影响	英国标准考虑了有效应力和不排水条件下的强度指标,考虑了黏聚力指标的影响
内部稳定性检算	加筋体内部土压力系数	土压力系数沿墙高为折线形分布,墙顶处为 K_0(静止土压力系数 $K_0=1-\sin\varphi$),逐渐过渡到6m及以下深度时为 K_a [朗肯主动土压力系数 $K_a=\tan^2(45°-\varphi/2)$]	同"总安全系数法"	同"总安全系数法"	锚固楔体法:朗肯主动土压力系数 $K_a=\tan^2(45°-\varphi/2)$	对于加筋体内部土压力系数,英国标准的"锚固楔体法"低于中国标准,"黏结重力法"和中国标准相同
					黏结重力法:同"总安全系数法"	
	筋材竖向压应力计算	土体自重按 γh 法计算;路基面列车等荷载按条形荷载作用下弹性理论计算	同"总安全系数法"	土体自重按 γh 法计算;路基面车辆等附加荷载作用按竖向1:0.5应力扩展线法计算	土体自重按 γh 法计算;路基面条形荷载作用下按应力扩展线法计算;筋材竖向压应力按梅耶霍夫分布计算,考虑加筋体后的土压力和路基面荷载影响,筋材受力长度为 $L-2e$	英国标准高于中国标准
内部稳定性检算	潜在破裂面	0.3H折线形破裂面,垂直部分与墙背距离 0.3H,倾斜部分与竖直面夹角 arctan(即31°)	同"总安全系数法"	0.3H折线形破裂面,垂直部分与墙背距离 0.3H,倾斜部分与竖直面夹角 $\tan^2(45°-\varphi/2)$	锚固楔体法:(1)朗肯破裂面,即破裂面与竖直面的夹角为 $\tan^2(45°-\varphi/2)$;(2)楔体破裂面,任意高度和夹角	铁路标准破裂面固定,公路标准破裂面与填土指标有关。英国标准破裂面比中国标准范围大且多样
					黏结重力法:破裂面2为0.3H折线形破裂面,倾斜部分斜率2:1;破裂面1,倾斜部分斜率2:1,垂直部分位于条形荷载中心	

续上表

项目		《铁路路基支挡结构设计规范》(TB 10025—2019)(总安全系数法)	《铁路路基设计规范（极限状态法）》(Q/CR 9127—2017)	《公路路基设计规范》(JTGD30—2015)	英国 BS8006-1:2010	对比分析
内部稳定性检算	筋材抗拉强度检算	筋材拉力乘以峰值系数 $K = 1.5 \sim 2$	同"总安全系数法"	筋材拉力乘以重要性系数 $\gamma_0 = 0.95 \sim 1.05$；筋材设计强度考虑性能的分项系数 $\gamma_f = 1.25$	荷载组合 A：荷载分项系数 1.5；筋材设计强度除以结构重要性系数 1.1	英国标准相当于中国铁路标准峰值系数 $K = 1.65$，中国铁路标准宽于英国标准，高于公路标准
	筋材抗拔检算	筋材拉力乘以峰值系数 $K = 1.5 \sim 2$。全墙抗拔稳定系数 K_s 不应小于 2.0；单筋抗拔稳定系数不宜小于 2.0，条件困难时不得小于 1.5	筋材拉力乘以结构重要性系数 $\gamma_0 = 0.9 \sim 1.1$ 和拉筋拉拔作用分项系数 $\gamma_{s1} = 1.1$；拉筋拉拔抗力分项系数 $\gamma_{s2} = 1.85$	筋材拉力乘以结构重要性系数 $\gamma_0 = 0.95 \sim 1.0$ 和拉拔作用分项系数 $\gamma_{Q1} = 1.4$（增大荷载不利时）；单层拉筋拉拔抗力分项系数 $\gamma_{R2} = 1.4$（荷载组合Ⅰ、Ⅱ）。全墙抗拔稳定系数 K_b 不小于 2.0，分项系数均取 1	荷载组合 A，筋材拉力考虑荷载分项系数 1.5；筋材抗拔承载力考虑工程重要性系数 1.1 和抗拔分项系数 1.3。荷载组合 B，筋材拉力考虑荷载分项系数 1.0，加筋体后的土压力和路基面荷载分项系数 1.5；筋材抗拔承载力考虑工程重要性系数 1.1，抗拔分项系数 1.3	铁路总安全系数法、铁路极限状态法、公路设计方法基本相当；中国铁路和公路标准高于英国标准

7.4.2 中欧标准主要差异

针对中国铁路标准《铁路路基支挡结构设计规范》(TB 10025—2019)、《铁路路基设计规范（极限状态法）》(Q/CR 9127—2018)，中国公路标准《公路路基设计规范》(JTG D30—2015)以及英国标准 BS 8006-1:2010 中的加筋土挡土墙设计方法，分别从结构构造、内部稳定性、外部稳定性、变形控制等方面进行了综合对比，具体情况见表 7-24。主要对比结论有以下几个方面。

1）筋材构造长度方面

铁路标准要求不小于 $0.6H$，公路标准要求大于 $0.8H$，英国标准要求不小于 $0.7H$，英国标准高于中国铁路标准，低于公路标准。

2）土体参数方面

铁路和公路标准的粗粒土强度指标为内摩擦角 φ，细粒土强度指标为综合内摩擦角 φ_0；英国标准的土体参数包括有效应力条件下强度指标 φ'、c'，不排水强度指标 c_u 等，整体抗滑稳定性分析分为长期稳定性和短期稳定性，分别采用有效强度指标和不排水强度指标，筋材拉力和抗拔承载力计算考虑了土体黏聚力的影响。英国标准考虑了有效应力和不排水条件下的强度指标，考虑了黏聚力指标的影响，相对而言更加全面、细致。

3)内部稳定性计算方面

英国标准有两种计算方法:锚固楔体法和黏结重力法。锚固楔体法适于柔性筋材,黏结重力法适于刚性筋材,是基于对刚性筋材结构的大量监测数据进行理论分析得出的方法。与中国铁路、公路标准相比,锚固楔体法差异较大,而黏结重力法比较近似。

(1)潜在破裂面方面

中国标准为 $0.3H$ 折线形破裂面,公路和铁路的破裂面倾斜部分与竖直面夹角略有不同。英国标准锚固楔体法的破裂面为朗肯破裂面,而刚性楔体破裂面可取任意高度和夹角。铁路标准破裂面固定,公路标准破裂面与填土指标有关,英国标准破裂面比中国标准范围更宽。

(2)加筋体内部土压力系数方面

中国标准的土压力系数沿墙高为折线形分布,墙顶处为静止土压力系数 K_0,逐渐过渡到 6m 及以下深度时为朗肯主动土压力系数 K_a。英国标准的"锚固楔体法"采用朗肯主动土压力系数 K_a 低于中国标准,而"黏结重力法"和中国标准相同。

(3)筋材竖向压应力计算方面

土体自重均按 γh 法计算,铁路标准路基面列车等荷载按条形荷载作用下弹性理论计算,公路标准和英国标准路基面车辆等附加荷载作用按竖向 1:0.5 应力扩展线法计算;英国标准筋材竖向压应力按梅耶霍夫分布计算,考虑加筋体背后土压力影响,筋材受力长度为 $L-2e$,短于中国标准筋材竖向受力长度。英国标准高于中国标准。

(4)筋材抗拉强度检算方面

对于筋材拉力,中国标准峰值系数 $K=1.5\sim2$,英国标准近似相当于铁路标准峰值系数 $K=1.65$,铁路标准宽于英国标准;对于筋材强度考虑蠕变、施工、化学及生物等作用的影响系数,铁路标准和英国标准高于公路标准。筋材抗拔检算方面,铁路总安全系数法、铁路极限状态法和公路设计方法基本相当,抗拔稳定系数或抗拔分项系数大于英国标准,中国铁路和公路标准高于英国标准。

4)在外部稳定性计算方面

对于加筋体背后土压力,中国铁路和公路标准采用库仑主动土压力计算,英国标准的"锚固楔体法"采用朗肯主动土压力计算,"黏结重力法"采用库仑主动土压力计算;对于抗滑稳定性计算,中国标准和英国标准的抗滑稳定性系数或分项系数基本相等,英国标准考虑基底土/土交界面和土/筋材交界面的滑动,以及长期稳定性和短期稳定性,相对更加全面。对于抗倾覆稳定性计算,因一般不控制设计方案,英国标准无抗倾覆稳定性计算的规定,铁路标准的抗倾覆稳定系数略高于公路标准。

5)在变形问题方面

中国铁路和公路标准要求软弱地基上的加筋土挡土墙应进行地基沉降计算,无其他特殊规定。英国标准规定了筋材的应变限值要求、不同墙面体系对填土沉降的变形限值要求,以及不同墙面体系对沿墙面不均匀沉降的限值要求。对于正常使用极限状态,英国标准比中国标准详细、全面。

综上,对于以上几种不同的加筋土挡土墙设计方法,铁路总安全系数法和铁路极限状态法基本等同;英国标准和中国铁路标准接近,均高于公路标准;英国标准计算方法更为复杂、全面,且土体参数考虑了有效应力和不排水条件下的强度指标,考虑了黏聚力指标的影响。对于正常使用极限状态的相关内容,英国标准比中国标准更明确和细致。

第8章 锚杆(索)支挡结构设计方法与算例

8.1 概述

常用的锚杆(索)支挡结构包括锚杆挡土墙与预应力锚索两类。锚杆挡土墙是由墙面系和锚杆组成,以锚杆拉力维持稳定并抵抗土压力的支挡结构;预应力锚索是通过对锚索施加张拉力以加固岩土体使其达到稳定状态或改善结构内部应力状况的支挡结构。锚杆(索)支挡结构常用外锚结构有锚固桩、地梁、格子梁、柱、墙、垫墩(垫块、垫板)等,内锚结构主要包括各类锚杆、锚索。

8.1.1 锚杆挡土墙

1) 锚杆挡土墙类型

锚杆挡土墙适用于一般地区和地震地区的岩质和土质边坡。锚杆挡土墙有肋板式、板壁式、格构式和立柱式(或排桩式)等结构形式,如图8-1所示。各类型锚杆挡土墙的选择条件见表8-1。

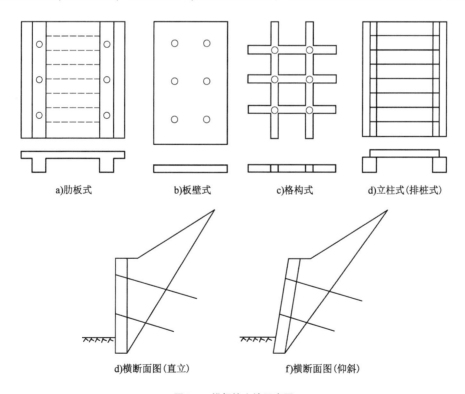

图 8-1 锚杆挡土墙示意图

不同类型锚杆挡土墙的选择条件 表 8-1

结构形式	适用条件	施工方法	备注
肋板式	适用于岩质和土质边坡	可采用逆作法施工	直立或仰斜
板壁式	适用于岩质边坡	可采用逆作法施工	直立或仰斜
格构式	适用于岩质、土质及岩土质混合边坡	可采用逆作法施工	直立或仰斜
立柱式	适用于边坡岩层较好的地段	先开挖边坡,再施工立柱和挡土板	直立
排桩式	适用于边坡稳定性较差的岩质、土质以及岩土质混合边坡	先施工排桩,待排桩达到设计强度后再采用逆作法施工锚杆和挡土板	直立

注:逆作法施工是指锚杆(索)从挡土墙上部往下部逐层施工的技术,一般在桩、柱等支撑结构稳定后进行。

目前,道路工程锚杆挡土墙中常用的锚杆有非预应力全长注浆锚杆和低预应力锚杆(图8-2)。非预应力全长注浆锚杆杆体由普通钢筋、垫板和螺母组成,低预应力锚杆由与灌浆体直接黏结的杆体锚固段、自由段和锚头组成。

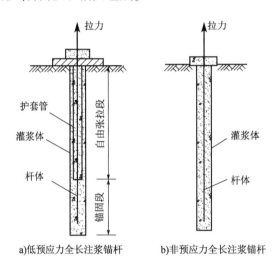

图 8-2 低预应力与非预应力全长注浆锚杆结构示意图

2)破坏模式

锚杆支挡结构的破坏一般有以下类型:沿着锚孔壁与锚固体黏结处破坏;沿着锚固体与钢筋黏结处破坏;钢筋因强度不足而出现断裂;锚固体因强度不足或质量缺陷而被压碎或出现破裂;外锚结构因强度不足或质量缺陷出现破裂、断裂等。

对于锚杆挡土墙而言,其破坏模式(风险)有以下几种:

(1)当挡土墙受力过大时,其墙身或外锚结构可能发生破坏,如图 8-3a)所示。

(2)当锚杆锚固长度足够,但是外锚支护桩锚固深度不够时,挡土墙可能发生整体滑动破坏,如图 8-3b)所示。

(3)当锚杆锚固长度不够时,可能出现锚杆抗拉或抗拔破坏,如图 8-3c)所示。

(4)当锚杆锚固端未穿过潜在滑动面时,挡土墙有整体同时发生滑动和倾覆破坏的风险,如图 8-3d)所示。

(5) 当地面超载过大或发生较大位移时,外锚结构或墙身变形过大,挡土墙无法正常使用,如图 8-3e)所示。

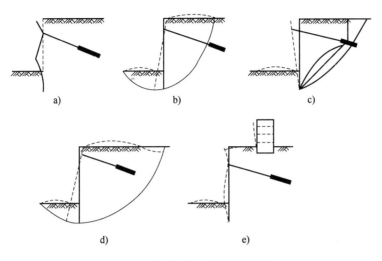

图 8-3　锚杆挡土墙几种破坏模式简图

8.1.2　预应力锚索

预应力锚索广泛应用于岩锚和土锚,土锚地层主要为砂土层,适用于一般地区和地震地区的边坡及滑坡。为确保锚索工程安全可靠,一般要求锚索锚固段置于岩层内。锚固段若置于土层中,要进行拉拔试验和单独设计。对于预应力锚索,其有效工作时间主要受腐蚀影响,因此,在腐蚀性地层中不设置永久性锚索。当条件限制不能避开弱、中腐蚀性地层时,锚固段需采取特别防腐措施。

1) 预应力锚索构造

预应力锚索主要由锚固段、自由段和紧固头三部分构成,紧固头由外锚结构物(垫墩等)、钢垫板和锚具组成,锚索构造如图 8-4 所示。

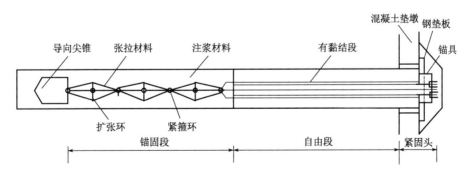

图 8-4　锚索构造示意图

(1) 锚固段:锚固段为锚索伸入滑动面(潜在滑动面或破裂面)以下稳定岩土体内的段落,是锚索结构的固定处,通过锚固体周围地层的抗剪强度承受锚索所传递的拉力。

(2) 自由段：自由段是传力部分，为锚索穿过被加固岩土体的段落，其下端为锚固段，上端为紧固头。自由段中的每根钢绞线均被塑料套管所套护，为无黏结钢绞线，灌浆只使护套与孔壁固结，而钢绞线可在套管自由伸缩，可将张拉段施加的预应力传递到锚固段，并将锚固段的反力传递回紧固头。

(3) 紧固头：紧固头是将锚索固定于外锚结构物上的锁定部分，也是施加预应力的张拉部件。紧固头由部分钢绞线、承压钢垫板、锚具及夹片组成，其中钢绞线是自由段的延伸部分，为承力、传力、张拉的部件，待锚索最终锁定后，采用混凝土封闭防护(即混凝土封头)。

2) 预应力锚索类型

根据锚固段的灌浆体受力不同，锚索主要分为拉力型、压力型、荷载分散型(拉力分散型与压力分散型)等。拉力型锚索锚固段灌浆体受拉，浆体易开裂，耐久性能差，但易于施工；压力型锚索锚固段浆体受压，浆体不易开裂，耐久性能好，承载力高，一般用于永久性工程。此外，由于压力分散型锚索可形成双层防腐，同时灌浆体受压不易开裂，具有很强的抗腐蚀性能力。预应力锚索分类示意如图8-5所示。

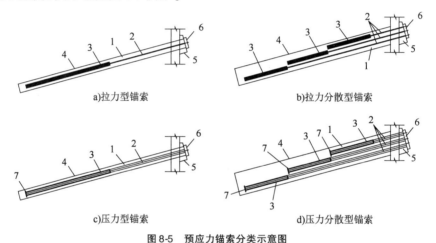

图 8-5 预应力锚索分类示意图

1-锚索体；2-锚索自由段；3-锚索锚固段；4-钻孔；5-垫座；6-锚具；7-承载体

3) 破坏模式

预应力锚索结构常见破坏有以下几类：

(1) 沿着锚孔壁与锚固体黏结处破坏。

(2) 沿着锚固体与钢绞线黏结处破坏。

(3) 钢绞线因强度不足而出现断裂。

(4) 锚固体因强度不足或质量缺陷而被压碎或出现破裂。

(5) 外锚结构因强度不足或质量缺陷出现破裂、断裂等。

含有预应力锚索结构的挡土墙，其破坏模式与锚杆挡土墙的破坏模式一致，不再赘述。

8.2 外锚结构设计

外锚结构设计是锚杆(索)支挡结构设计中的一个重要组成部分，目前常见的外锚结构有肋板式、格子梁、地梁等形式。

8.2.1 肋板式设计

1）肋柱的支点反力和内力计算

铁路、公路、建筑等行业的边坡工程中常按支点为刚性支撑的简支梁或连续梁进行计算。对于岩质边坡，坚硬、硬塑状黏土和密实、中密砂土类边坡，其锚杆挡土墙的每根肋柱承受相邻两跨锚杆挡土墙中至中的土压力。假设肋柱与锚杆的连接处为一铰支点，肋柱可按支承于刚性锚杆上的简支梁或连续梁计算内力：当肋柱仅为两层锚杆且底端为自由端时，按简支梁计算；当肋柱的锚杆为两层，但柱底的支承条件为铰支端和固结端，或者锚杆超过两层时，按连续梁计算。当锚杆变形较大时，宜按支承于弹性锚杆上的连续梁计算内力。

土质边坡锚杆挡土墙（不包含坚硬、硬塑状黏土和密实、中密砂土类边坡）当锚固点水平变形较小时，结构内力可按静力平衡法或等值梁法计算。

2）格构内力计算

当锚固点变形较小时，格构式锚杆挡土墙可简化为支撑在锚固点上的井字梁进行内力计算；当锚固点变形较大时，应考虑变形协调作用影响，必要时可采用数值分析方法。

以格构式外锚结构"井字梁"内力计算为例，假设某锚杆挡土墙的锚杆支点反力为 $R_n = 79.21\text{kN}$，锚杆与水平面的夹角为 $\beta = 20°$，竖肋或立柱的竖向倾角为 $\alpha = 0°$，则锚杆轴向拉力为：

$$N_t = \frac{R_n}{\cos(\beta - \alpha)} = \frac{79.21}{\cos 20°} = 84.29\text{kN}$$

假定格构梁采用 C30 混凝土，按 $3.0\text{m} \times 3.0\text{m}$ 间距布置，纵、横梁的截面尺寸为 $b \times h = 0.3\text{m} \times 0.4\text{m}$，一榀格构梁取 3×3 框架，将锚杆轴向拉力等价为作用到 3×3 框架上的均布荷载可得：

$$q = \frac{84.29 \times 4}{(3 \times 3.0) \times (3 \times 3.0)} = 4.2\text{kN m}^2$$

按四边简支井字梁，查《井字梁结构静力计算手册》可得：

$$M_{\max} = 0.500 \times 3.0 \times 3.0^2 \times 4.2 = 56.7\text{kN} \cdot \text{m}$$

$$V_{\max} = 0.750 \times 3.0 \times 3.0 \times 4.2 = 28.4\text{kN}$$

截面有效高度：$h_0 = 0.4 - 0.1 = 0.3\text{m}$

C30 混凝土材料参数：$f_c = R_a = 14.3\text{MPa}$

HRB400 钢筋参数：$f_y = R_g = 360\text{MPa}$

由于：

$$\frac{R_a b h_0^2 \xi_b (1 - 0.5\xi_b)}{\gamma_c} = \frac{14.3 \times 10^3 \times 0.3 \times 0.3^2 \times 0.55 \times (1 - 0.5 \times 0.55)}{1.25}$$

$$= 123.2\text{kN} \cdot \text{m} > M_{\max} = 56.7\text{kN} \cdot \text{m}$$

故按单筋截面进行配筋计算：

$$\alpha_s = \frac{M_{max}}{\alpha_1 f_c b h_0^2} = \frac{56.7}{1.0 \times 14.3 \times 10^3 \times 0.3 \times 0.3^2} = 0.15$$

$$\gamma_s = \frac{1 + (1 - 2\alpha_s)^{1/2}}{2} = 0.92$$

$$A_s = \frac{M_{max}}{\alpha_1 f_y \gamma_s h_0} = \frac{56.7}{1.0 \times 360 \times 10^3 \times 0.92 \times 0.3} = 0.00057 \text{ m}^2$$

纵向钢筋选择 $2\phi20$，实际配筋面积 $A_s' = 628.4 \text{ mm}^2$

配筋率：$\rho = \dfrac{A_s}{b h_0} = 0.7\% > 0.2\%$，满足配筋要求。

3）挡土板内力计算

（1）挡土板一般为支承于竖肋上的连续板、简支板或拱等构件，其设计荷载按板的位置及标高处的岩土压力确定（一般按由库仑公式计算的主动土压力值作为设计值），这是常规的能保证安全的设计方法。大量工程实测值证实，挡土板的实际应力值存在小于设计值的情况，其主要原因是挡土板后的岩土存在拱效应，岩土压力部分荷载通过"拱作用"直接传至肋柱上，从而减少作用在挡土板上的荷载。

（2）装配式墙面板一般可按下列规定设计计算：

墙面板可按以肋柱为支点的简支板计算，其计算跨度为净跨加板的两端搭接长度。墙面板的计算荷载应为：沿板的宽度采用与其相应土压力图示中的最大值，按均布荷载计算。

（3）就地灌注的无肋柱式锚杆挡土墙和板肋式锚杆挡土墙，其墙面板的内力计算，可分别沿竖直方向和水平方向取单位宽度按连续梁计算。计算荷载，在竖直方向取墙面板的土压力，在水平方向取墙面板所在位置土压力的平均值。

图 8-6 墙面板土压力计算

由于墙面板所受的土压力沿墙高按三角形分布，每块板所受的土压力均不相同，若按此设计，墙面板类型较多，给施工增加很多困难，而且也无必要，因此在具体设计时，墙面板规格不宜过多。在设计中一般沿墙高将土压力图分成 2~4 段，然后按每段的最大土压力计算，如图 8-6 所示。

对于肋板式和板壁式锚杆挡土墙，挡土板计算荷载应为所在位置对应的土压应力与板宽之积，分布形式为沿板长度方向均匀分布。每级挡土板的计算荷载按对应分级的最底层挡土板计算。挡土板内力按以下要求计算：

①肋板式锚杆挡土墙，挡土板内力可按以肋为支点的连续梁计算。

②板壁式锚杆挡土墙，挡土板内力可按以锚杆为支点的连续梁计算。

8.2.2 格子梁设计

锚索的锁定头设置在钢筋混凝土格子梁上与锚索体系结合加固边坡，此种结构称为锚索格子梁（图 8-7）。该结构利用施加于锚索上的预应力，通过锚索格子梁传入稳定地层内，具有受力均匀、整体受力效果较好的特点，特别适合加固地基承载力较低或较松散的边坡。

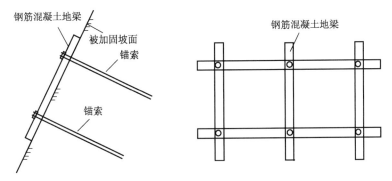

图8-7 锚索格子梁加固边坡示意图

对于格子梁,可将锚拉点锚索预应力简化为在纵横梁节点处施加一个集中荷载,按节点处挠度相等的条件,将锚索预应力分配到格子梁上,格子梁可拆成若干根纵梁、横梁,然后按一般的条形弹性地基梁即锚索地梁进行计算。该方法由于考虑了节点处变形协调及重叠地梁面积的应力修正,计算较为烦琐。在实际应用中,一般采用纵横梁使用相同的截面尺寸,节点荷载可近似按纵横梁间距来分配到两个方向的梁上,按反梁法进行锚索框架梁内力计算。基本假定如下:

(1)将坡面反力视为作用在框架上的荷载,把锚索作用点看作支座,将框架梁作为倒置的交叉梁格体系来进行计算;

(2)认为整个框架梁为刚性,假定坡面反力呈均匀直线分布,将横梁和纵梁看成相互独立的连续梁;

(3)将锚索力简化成在框架梁节点处施加一个集中荷载,按照同一节点处挠度相等的原理,可以通过叠加原理将锚索力分别分配到格子梁上,然后按照一般的条形弹性地基梁进行计算;

(4)由于纵、横梁使用相同的截面尺寸,节点荷载可近似按纵横梁间距来分配到两个方向的梁上,不必考虑计算较为烦琐的节点处变形协调及重叠框架梁面积的应力修正;

(5)设计中可忽略梁自重对其内力的影响。

8.2.3 锚索地梁设计

锚索的锁定头设置在钢筋混凝土条形梁上与锚索结合加固边坡,此种结构称为锚索地梁(图8-8)。该结构利用施加于锚索上的预应力,通过锚索地梁传入稳定地层内,起到加固边坡的作用,具有受力均匀、整体受力效果较好的特点,适合加固地基承载力较低或较松散的边坡。

预应力锚索地梁的受力分析,应考虑张拉阶段和工作阶段。张拉阶段预应力锚索的张拉力是主动作用于地梁上的力,它迫使岩土体变形,使岩土体产生被动抗力并作用于地梁上。张拉阶段完成后,锚索张力、土体抗力保持相对平衡,但在工作阶段土体的变形将破坏这种平衡,此时地基反压力则主要是来自地梁下岩体变形压地梁而形成的主动岩体压力。由于这两个阶段受力模式不同,在设计预应力锚索地梁时,应分别检算张拉阶段和工作阶段的内力,以确保地梁的安全使用。

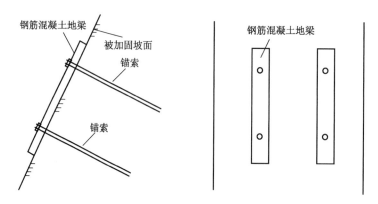

图 8-8 锚索地梁加固边坡示意图

如图 8-9 所示:在张拉阶段,作用于地梁上的两个主要外力中,锚索张拉力 P 是已知的,地基反压力 $q(x)$ 是未知待求的;在工作阶段,地基压力即主动岩土体压力 $\sigma(x)$ 则是已知的,而锚索张拉抑制力 F 却是未知待求的。地梁可按照倒扣在坡面上的受分布荷载作用的连续梁来计算。

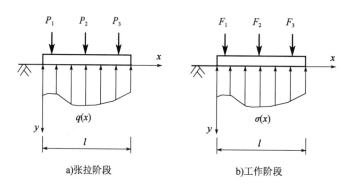

图 8-9 地梁受力模式图

(1) 张拉阶段

张拉阶段是指张拉刚刚完成的阶段,其受力模型可简化为受多个集中荷载的地基基础梁。作用于地梁上的外力主要有锚索张拉力 P、梁下岩土体地基反压力 $q(x)$,由于地梁重力及梁底摩擦力相对较小,计算时可略去不计。

当地梁上设置两孔锚索时可简化为简支梁进行内力计算;当地梁上设置三孔或三孔以上锚索时,可简化为连续梁进行内力计算。即将锚拉点锚索预应力简化为集中荷载,按弹性地基梁进行计算。一般情况下,可近似的将梁底地基反力按均布考虑。

按静力平衡条件 $\sum P_y = 0$ 和 $\sum M_c = 0$,可求出梁两端地基反力 σ_1 和 σ_2。

$$\left. \begin{array}{l} \sigma_1 = \dfrac{\sum P_i}{A} - \dfrac{\sum P_i e_i}{W} \\[2mm] \sigma_2 = \dfrac{\sum P_i}{A} + \dfrac{\sum P_i e_i}{W} \end{array} \right\} \quad (8\text{-}1)$$

$$\sum P_i = P_1 + P_2 + P_3 + \cdots\cdots$$

$$\sum P_i e_i = P_1 e_1 + P_2 e_2 + P_3 e_3 + \cdots\cdots$$

式中：A——地梁底面积，假设为矩形梁，底宽为 b，长度为 l；

e_i——各集中力 P_i 对梁中心的偏心距；

W——地梁底面积的截面模量，即 $W = b l^2/6$。

由此可求出地梁下任意点的地基反力，再利用静力平衡条件，可计算出地梁上任何截面上的弯矩和剪力。

(2)工作阶段

当锚索预张拉完成并锚固抑制稳定后，预应力锚索地梁便逐渐进入工作阶段，此阶段是预应力锚索地梁结构的主要受力阶段。由于锚索紧拉地梁而抑制坡体变形滑移，因而起到加固坡体的作用，此时地基反压力主要是来自地梁下岩体变形压地梁而形成的主动岩土体压力。

首先确定作用于地梁上的主动岩土压力 $\sigma(x)$，按两端悬臂的连续梁（一般为2跨及以上，视地梁上锚孔数而定）计算锚索拉力及地梁内力。

8.2.4 预应力锚索板设计

锚索的锁定头设置在钢筋混凝土板上与锚索结合加固边坡，此种结构称为锚索礅或锚索板（图8-10）。该结构可用于滑坡、边坡及既有建筑物加固。

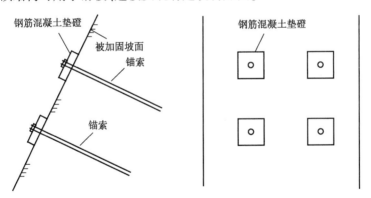

图 8-10 锚索板加固边坡示意图

钢筋混凝土板大小根据被加固边坡地基承载力确定。

$$A = \frac{KP_t}{[\sigma]} \tag{8-2}$$

式中：A——垫礅的面积(m)；

P_t——设计锚固力(kN)；

K——锚索超张拉系数；

$[\sigma]$——地基容许承载力。

板的内力可按中心有支点单向受弯构件计算，但板应双向布筋。此外，尚应检算板与钢垫板连接处混凝土局部承压与冲切强度。

8.3 锚杆(索)设计

完整的锚杆(索)支挡结构设计不仅包括结构的拉拔设计,还应包括支挡结构体外部抗滑、抗倾覆等稳定性的检算,由于前述章节已对支挡结构外部稳定性作了详细介绍,本章着重于介绍其构件的设计。

8.3.1 铁路标准的锚杆(索)挡土墙设计

1) 土压力计算

(1) 锚杆挡土墙土压力计算

锚杆挡土墙墙背主动土压力可按库仑理论计算,当锚杆挡土墙为多级墙时,可按实际墙背法或延长墙背法计算墙背土压力。

对于不需要进行边坡变形控制的锚杆挡土墙,其侧向岩土压力合力的水平分力计算可参考第4.2.4节。

对于岩质边坡以及坚硬、硬塑状黏性土和密实、中密砂土类边坡,当采用逆作法施工时,岩土压力水平应力计算可参考第4.2.4节。

(2) 锚索挡土墙土压力计算

锚索挡土墙结构所承受的土压力按主动土压力计算,侧向土压力的水平分力可按式(4-30)计算,具体可参考第4.2.3节。

当结构用于滑坡整治地段时,其设计荷载及滑坡推力计算可参考第9章中抗滑桩相关内容。

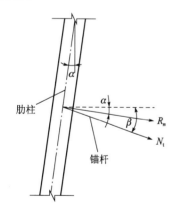

图 8-11 锚杆轴向拉力和支点反力的关系

2) 轴向拉力计算

(1) 锚杆轴向拉力计算

锚杆内力计算时,锚杆按轴心受拉构件考虑,截取竖肋或立柱的任一支点 n,如图8-11所示,R_n 为第 n 个锚杆支点反力,N_t 为锚杆的轴向拉力,则:

$$N_t = \frac{R_n}{\cos(\beta-\alpha)} \quad (8-3)$$

式中:α——竖肋或立柱的竖向倾角;
β——锚杆与水平面的夹角。

(2) 锚索轴向拉力计算

根据设计荷载在锚索结构物上的分配情况,通过计算确定锚索设计锚固力。针对不同的外锚结构形式采用不同的计算方法,如连续梁法、简支梁法、弹性地基梁法等。预应力锚索加固滑坡示意如图8-12所示。

预应力锚索用于滑坡或边坡加固时,滑坡或边坡传递于每孔锚索的轴向拉力可按式(8-4)计算。

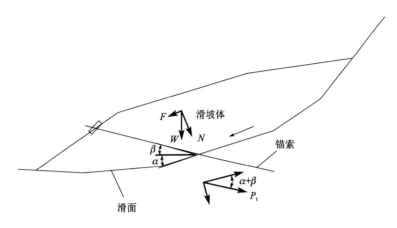

图 8-12 预应力锚索加固滑坡示意图

$$P_t = \frac{F}{\lambda \sin(\alpha+\beta)\tan\varphi + \cos(\alpha+\beta)} \tag{8-4}$$

式中：P_t——锚索轴向拉力(N)；

F——单孔锚索范围内下滑力(N)，可通过滑坡稳定性分析计算确定；

λ——折减系数，对土质边坡及松散破碎的岩质边坡，应进行折减，在 0~1 间选取；

α——锚索与滑动面相交处滑动面倾角(°)；

β——锚索与水平面的夹角(°)，以下倾为宜，一般在 10°~30°之间；

φ——滑动面内摩擦角(°)。

设计锚固力 P_t 不应大于容许锚固力 P_a，即 $P_t \leq P_a$，对于锚固钢材容许荷载应满足表 8-2 的要求。

锚固钢材容许荷载 表 8-2

项目	永久性锚固	临时性锚固
设计荷载作用时	$P_a \leq 0.55 P_u$	$P_a \leq 0.60 P_u$
张拉预应力时	$P_{at} \leq 0.7 P_u$	$P_{at} \leq 0.7 P_u$
预应力锁定中	$P_{ai} \leq 0.9 P_y$	$P_{ai} \leq 0.9 P_y$

注：P_a 为容许锚固力，P_{at} 为张拉时容许锚固力，P_{ai} 为锁定时容许锚固力，P_u 为极限张拉荷载，P_y 为屈服荷载。

3）抗拉稳定性检算

（1）锚杆抗拉稳定性检算

锚杆抗拉稳定性设计采用总安全系数法进行检算，具体表达式根据钢筋是否采用预应力分为以下两种情况。

①锚杆钢筋采用预应力钢筋时按式(8-5)检算。

$$A_s \geq \frac{K_1 N_t}{f_{py}} \tag{8-5}$$

式中：A_s——钢筋截面面积(mm²)；

K_1——锚杆杆体抗拉作用安全系数,可采用 2.0~2.2;

f_{py}——预应力螺纹钢筋抗拉强度设计值(MPa)。

②锚杆钢筋采用普通钢筋时按式(8-6)检算。

$$A_s \geqslant \frac{K_1 N_t}{f_y} \tag{8-6}$$

式中:f_y——普通钢筋抗拉强度设计值(MPa)。

(2)锚索抗拉稳定性检算

锚索抗拉稳定性设计采用总安全系数法进行检算,具体为:

$$A_s \geqslant \frac{K_1 P_t}{n f_{py}} \tag{8-7}$$

式中:A_s——每束预应力钢绞线截面面积(mm^2);

K_1——锚索轴向抗拉安全系数,可采用 1.40~1.60,在腐蚀性地层中取大值;

n——单孔锚索中钢绞线束数;

f_{py}——预应力钢绞线抗拉强度设计值(MPa),应按表8-3采用。

预应力钢筋型号及强度 表8-3

种类	牌号	符号	公称直径 d (mm)	屈服强度标准值 f_{pyk}(MPa)	极限强度标准值 f_{ptk}(MPa)	抗拉强度设计值 f_{py}(MPa)	抗压强度设计值 f'_{py}(MPa)
螺纹钢筋	螺纹	A^T	18、25、32、40、50	785	980	650	400
				930	1080	770	
				1080	1230	900	
钢绞线	1×3 (三股)	A^S	8.6、10.8、12.9	—	1570	1110	390
				—	1860	1320	
				—	1960	1390	
	1×7 (七股)		9.5、12.7、15.2、17.8	—	1720	1220	
				—	1860	1320	
				—	1960	1390	
			21.6	—	1860	1320	

注:极限强度标准值为1960MPa的钢绞线作为后张预应力配筋时,应有可靠的工程经验。

对于永久性锚固结构,设计中应考虑预应力钢材的松弛损失及受到锚固岩(土)体蠕变的影响,再确定锚索的补充张拉力。

4)抗拔稳定性检算

(1)锚杆抗拔稳定性检算

锚杆抗拔稳定性设计采用总安全系数法进行检算,具体表达式根据采用的强度指标不同分为以下两种情况。

①根据锚孔壁与锚固体间的抗剪强度按式(8-8)进行锚固段长度检算。

$$L_a \geqslant \frac{K_2 N_t}{\pi D f_{rb}} \tag{8-8}$$

式中：L_a——锚固段长度（mm）；
　　K_2——锚杆锚固体抗拔作用安全系数，可取 1.6~2.0；
　　D——锚杆锚固段钻孔直径（mm）；
　　f_{rb}——锚孔壁与锚固体间黏结强度设计值（MPa）。

②根据锚固体与钢筋间的黏结强度按式（8-9）进行锚固段长度检算。

$$L_a \geqslant \frac{K_2 N_t}{n \pi d f_b} \tag{8-9}$$

式中：n——钢筋根数；
　　d——单根钢筋直径（mm）；
　　f_b——锚固体与钢筋间的黏结强度设计值（MPa），应通过试验确定，当无试验资料时，可按《铁路路基支挡结构设计规范》（TB 10025—2019）附录表 H.0.2 取值。

（2）锚索的抗拔稳定性检算

锚杆抗拔稳定性设计采用总安全系数法进行检算，具体表达式根据采用的强度指标不同分为以下两种情况。

①根据锚索与孔壁的抗剪强度按式（8-10）进行锚固段长度检算。

$$L_a \geqslant \frac{K_2 P_t}{\pi D f_{rb}} \tag{8-10}$$

式中：L_a——锚固段长度（mm）；
　　K_2——抗拔设计时，轴向拔出力安全系数，可采用 2.0；
　　D——锚固体直径（mm）；
　　f_{rb}——水泥砂浆与岩石孔壁间的黏结强度设计值（MPa），应通过试验确定，当无试验资料时，可取《铁路路基支挡结构设计规范》（TB 10025—2019）附录表 8.3.4 中极限黏结强度标准值 f_{rbk} 的 0.8 倍。

②根据水泥砂浆与锚索钢材黏结强度按式（8-11）进行锚固段长度检算。

$$L_a \geqslant \frac{K_2 P_t}{\pi d_s f_b} \quad \text{或} \quad L_a \geqslant \frac{K_2 P_t}{n \pi d f_b} \quad \text{（锚固段为枣核状）} \tag{8-11}$$

式中：d_s——张拉钢绞线外表直径（mm），可按《铁路路基支挡结构设计规范》（TB 10025—2019）附录 K.0.2 条选用；
　　f_b——水泥砂浆与钢绞线间的黏结强度设计值（MPa），宜通过试验确定，当无试验资料时，可按《铁路路基支挡结构设计规范》（TB 10025—2019）附录 H.0.2 条采用。
　　d——张拉钢绞线公称直径（mm），可按《铁路路基支挡结构设计规范》（TB 10025—2019）附录 K.0.3 条选用。

锚孔壁对砂浆的极限剪应力见表 8-4。

锚孔壁对砂浆的极限剪应力　　　　表8-4

岩土种类	岩土状态	f_{rbk}(MPa)	岩石单轴饱和抗压强度(MPa)
岩石	硬岩及较硬岩	1.0~2.5	>15~30
	较软岩	0.6~1.2	15~30
	软岩	0.3~0.8	5~15
	极软岩及风化岩	0.15~0.3	<5
黏性土	硬塑	0.05~0.06	—
	坚硬	0.06~0.07	—
粉土	中密	0.1~0.15	—
砂类土	中密	0.22~0.25	—
	密实	0.27~0.40	—

可以看到,在抗拔稳定性检算上,锚杆与锚索两者的具体检算式是一致的,只是在安全系数取值,以及部分计算参数的取值上有所差异。

8.3.2 欧洲标准的锚固类挡土墙设计

欧洲标准中,锚杆与预应力锚索的设计方法是一致的,故此将二者的设计一起介绍。

1) 设计总式

锚固件结构设计一般考虑其两类功能,一是锚固件的抗拔,二是锚固件的抗拉。由于抗拉设计可通过调整锚固件的长度和截面积实现,下面着重介绍抗拔设计,抗拔设计的通式为:

$$P_d \leqslant R_{a,d} \tag{8-12}$$

式中：P_d——锚固件的荷载(作用)设计值;

$R_{a,d}$——锚固件的抗拔力设计值。

2) P_d 的计算

一般情况下,该值取满足承载能力极限状态的锚固力 P_{ULS} 与满足正常使用状态的锚固力 P_{SLS} 之中的最大值,即

$$P_d = \max(P_{ULS}, P_{SLS}) \tag{8-13}$$

虽然由锚固类挡土墙结构极限状态得到的锚固力是否一定是锚固件必须承受的最大力还存在一些争论,但在实际分析中一般还是按此操作。在锚固类挡土墙的承载能力极限状态分析中,墙背土压力一般还是在主动土压力与被动土压力之间取值,而正常使用状态下的墙背土压力一般是根据墙体位移限定的,也是在主动土压力与被动土压力之间取值,因此两种极限状态下锚固力的大小比较并不是一个固定的关系,需根据实际情况判断大小。

P_{ULS} 中隐含的分项系数 γ_G 在采用 DA1 和 DA2 时一般取 1.35,在采用 DA3 时一般取 1.00,因此采用 DA3 的设计可能不太可靠,特别是在 P_{ULS}/P_{SLS} 为 1.1~1.2 时(当使用土-结构相互作用模型时,这种情况经常发生)。弗兰克等建议通过模型因子 $\gamma_{Rd} = \gamma_G = 1.35$ 来校正这

一点,因此 P_d 的计算式改写为

$$P_d = \max(P_{ULS}, \gamma_{Rd} P_{SLS}) \tag{8-14}$$

欧洲标准中,锚固类挡土墙的荷载(作用)计算需要考虑结构所有可能的失效模式,并将这些模式所得的荷载(作用)值与结构承载能力极限状态与正常使用极限状态得到的荷载(作用)值相比较,取大值用于设计。而当没有适当的指导时,也可基于试验来获取荷载(作用)值。

3) $R_{a,d}$ 的计算

锚固件的抗拔力设计值 $R_{a,d}$ 为

$$R_{a,d} = \frac{R_{a,k}}{\gamma_a} \tag{8-15}$$

式中: $R_{a,k}$ ——锚固件抗拔力标准值(MPa),此值可通过锚固件试验给出;

γ_a ——相应的分项系数,在采用 DA1 或 DA2 时取 1.1,在采用 DA3 时取 1.0。

上式中 $R_{a,k}$ 的数值可具体通过以下三种试验给出,分别是测试试验、适用性试验、验收试验,具体如下。

(1) 测试试验

确定锚固件在现场条件下的极限抗拔力,证明设计的有效性。当锚固件以前没在相似的地基条件下进行过试验或者预期荷载(作用)高于先前的试验时,均应进行测试试验。在 Eurocode 7 中并未有关于测试试验数量的建议,但一般建议至少 1% 的临时性锚固件和 2% 的永久性锚固件应做此试验。当通过测试试验获取标准值时,锚固件抗拔力标准值 $R_{a,k}$ 为:

$$R_{a,k} = \min(R_a, P_p) \tag{8-16}$$

式中: R_a ——测量得到的破坏荷载;

P_p ——试验中的最大验证荷载。

(2) 适用性试验

此试验是现场试验,试验目的在于验证锚杆(索)是否适合现场条件,确定特定岩土条件下的锚固件设计是否足够。一般研究锚固件的蠕变特性、弹性延展行为,以及随时间的荷载损失。一般情况下,对在工作条件相同下的锚固件,应至少进行三次适用性试验。当通过适用性试验获取标准值时,锚固件抗拔力标准值为

$$R_{a,k} = \frac{P_p}{\xi_a} \tag{8-17}$$

式中: ξ_a ——与适用性试验数量相关的因子,在欧洲标准中并没有提供此值的具体数值,在英国等国的标准也未具体规定其具体数值,从相关的文献来看,此值一般取 1.05 ~ 1.50,由于此因子在使用中的不明确,因此通过适用性试验确定标准值的方法一般不建议使用。

(3) 验收试验

此试验也是现场试验,以确定每个锚固件是否满足设计要求。必须对所有的工作锚固件进行验收试验,以证明可承受试验荷载;确定表观无筋长度;确保锁定荷载处于设计水平;以及确定在使用条件下的蠕变特性或荷载损失特性。当通过验收试验获取标准值时,锚固件抗拔力标准值为

$$R_{a,k} = P_p \tag{8-18}$$

式中符号含义同前。

8.4 设计算例

由于欧洲标准中的锚杆与锚索设计方法与设计流程基本一致,因此本节只给出锚索基于中国标准和欧洲标准的两个算例。

8.4.1 基于欧洲标准的锚索设计算例

1) 概况

假设给定结构检算结果:正常使用极限状态、承载力使用极限状态下,作用在锚索上的最大水平推力分别为121kN/m、133kN/m。考虑到欧洲标准中,采用 DA1 方法时,作用效应计算已包含 1.35 的分项系数,因此作用在锚索上的最大水平推力标准值分别为 89.63kN/m、98.52kN/m。

锚索锚固段位于砂土中,砂土的排水强度指标特征值为 $\varphi_k = 35°$。

锚索与水平面夹角 $\theta = 30°$,水平间距 $s = 1.2$m,锚孔直径 $D = 133$mm,锚固段长度 4.0m。利用 B 型锚具 BS 8081 的参数计算,获得沿锚固长度方向的剪应力 $\tau_a = 150$kN/m²。

锚索采用单孔 1 束的高强钢绞线制作,每束钢绞线由 7 根钢丝绞成,钢绞线公称直径 $d = 15.2$mm,截面面积 $A_t = 165$mm²,钢绞线标准抗拉强度值 $f_{pk} = 1820$MPa,0.1% 拉伸应变下的抗拉强度 $f_{p0.1k} = 1547$MPa。锚索墙横截面如图 8-13 所示。

2) 设计方法

采用欧洲标准设计方法 1(即 DA1),采用 A1 + M2 + R4 组合。

3) 锚索初始设计

单孔锚索设计拉力:$P_d = \max(121, 133) \times s/\cos\theta = 184.3$kN;

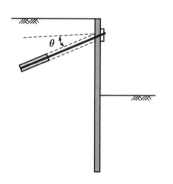

图 8-13 锚索墙横截面图

单根锚索筋材抗拉承载力标准值 $P_{tk} = f_{pk} \times A_t = 300$kN;
单根锚索筋材抗拉 0.1% 拉伸应变下的抗拉承载力特征值:$P_{t0.1k} = f_{p0.1k} \times A_t = 255$kN;
单孔锚索筋材抗拉承载力标准值 $R_{i,k} = P_{tk} = 300$kN;
锚索注浆孔壁抗拔承载力特征值(根据 BS 8081 §6.2.4.2,钻孔 $D_{ref} = 0.1$m)为:

$$R_{e,k} = L\tau_a \tan\varphi_k \frac{D}{D_{ref}} = 559\text{kN}$$

单孔锚索抗拔承载力特征值:$R_{a,k} = \min(R_{e,k}, R_{i,k}) = 300$kN。
按 Eurocode 7 标准执行 R4 分项系数:$R_\alpha = 1.1$。

锚索抗拔力设计值 $R_{\alpha,d} = \dfrac{R_{a,k}}{R_\alpha} = 273$kN。

按 EN 1537 标准执行 R4 分项系数:$R_\alpha = 1.35$。

锚索抗拔力设计值 $R_{\alpha,d,EN1537} = \dfrac{R_{a,k}}{R_\alpha} = 222\text{kN}$。

4) 强度检算

利用率:$\Lambda_{GEO,1} = \dfrac{P_d}{R_{\alpha,d}} \times 100\% = 68\%$(根据 Eurocode 7)

利用率:$\Lambda_{GEO,1} = \dfrac{P_d}{R_{\alpha,d,EN1537}} \times 100\% = 83\%$(根据 EN 1537)

利用率均小于 100%,锚索初始设计符合标准要求。

8.4.2 基于铁路标准的锚索设计算例

1) 概况

为便于进行中欧标准规定对比,同样假设给定结构检算结果:正常使用极限状态、承载力使用极限状态下,作用在锚索上的最大水平推力分别为 89.63kN/m、98.52kN/m(由于我国标准采用总安全系数法,因此这里采用标准值,非欧洲标准中的设计值)。

锚索锚固段位于砂土中,砂土的排水强度指标特征值为 $\varphi_k = 35°$。

锚索与水平面夹角 $\theta = 30°$,水平间距 $s = 1.2\text{m}$,锚孔直径 $D = 133\text{mm}$,锚固段长度 $l = 4.0\text{m}$。

锚索采用单孔 1 束的高强低松弛钢绞线制作,每束钢绞线由 7 根钢丝绞成,钢绞线的公称直径 $d = 15.2\text{mm}$。

2) 锚索抗拔稳定性检算

对锚索结构受力检算,应选用承载能力极限状态下的水平推力值,取 $N = 98.52\text{kN/m}$。

单孔锚索最大轴力:$P_t = N \times \dfrac{s}{\cos\theta} = 136.51\text{kN}$

(1) 根据锚孔壁与锚固体之间抗剪强度检算锚固段长度

设计参数:

$L_a = 4\text{m}, K_2 = 2.0, P_t = 184.3\text{kN}, D = 0.133\text{m}, f_{rb} = 0.8 \times f_{rbk} = 0.8 \times 0.22 = 0.176\text{MPa}$。

$\dfrac{K_2 P_t}{\pi D f_{rb}} = \dfrac{2.0 \times 136.51}{\pi \times 0.133 \times 0.176 \times 1000} = 3.713\text{m} < L_a = 4\text{m}$

锚固段长度符合标准要求。

(2) 根据锚固体与钢筋之间抗剪强度检算锚固段长度

设计参数:$f_b = 0.6 \times 2.36 = 1.416\text{MPa}$。

$\dfrac{K_2 P_t}{\pi d f_b} = \dfrac{2 \times 136.51\text{kN}}{3.14 \times 0.0152 \times 1.416 \times 1000} = 4.038\text{m} > L_a = 4\text{m}$

锚固段长度不符合标准要求。

3) 锚索抗拉稳定性检算

设计参数:$K_1 = 1.56, n = 1, f_{py} = 1220\text{MPa}, A_s = 140\text{mm}^2$。

$\dfrac{K_1 P_t}{n f_{py}} = \dfrac{1.56 \times 136.51}{1 \times 1220 \times 1000} = 0.0001746\text{m}^2 = 174.6\text{mm}^2 > A_s = 140\text{mm}^2$

锚索抗拉稳定性不符合标准要求。

8.5 对比分析

8.5.1 算例结果分析

从算例结果可看到：在欧洲标准规定下满足设计要求的结构设计结果，当采用我国铁路标准规定进行检算时，基于锚固体与孔壁的黏结检算强度的抗拔稳定性满足标准要求，基于锚固体与孔壁黏结的抗拔稳定性不满足标准要求（略微超限），基于锚索体强度的抗拉稳定性也不满足标准要求。

从具体计算过程来看，导致上述结果的出现，既有设计方法指标的原因，也有设计参数的原因，详细情况在下节具体说明。

8.5.2 中欧标准主要差异

1）设计方法

我国铁路标准采用总安全系数法，欧洲标准采用分项系数法设计。

2）锚杆（索）分类

在欧洲标准中，锚杆（索）根据注浆差异分类，以英国标准 BS 8081 中锚杆为例，具体分为 A 类直孔重力注浆锚杆、B 类直孔压力注浆锚杆、C 类多次注浆锚杆、D 类扩体锚杆 4 种类型，分别图 8-14 所示，每种锚杆的特点见表 8-5，其中 B、C 两类工程应用较多，D 类最少。相比之下，我国铁路标准未有此分类。

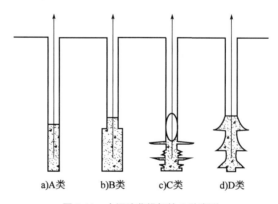

图 8-14 水泥注浆锚杆的 4 种类型

BS 8081 标准中四类锚杆特点　　　　表 8-5

锚杆类别	特点
A 类	采用导管（tremie）及封隔器（packer）重力式注浆或药卷填充直筒钻孔，适用于岩层及约硬塑～坚硬的沉积黏性土（英国标准对黏性土稠度的分级标准与国内有所不同，分为 very soft、soft、firm、stiff、very stiff、hard 六级，very stif～hard 大致相当于国内的硬塑～坚硬）

续上表

锚杆类别	特点
B 类	采用芯管(lining tube)或原位封隔器(insitu packer)低压(典型注浆压力小于1MPa)注浆,浆液通过孔隙或裂隙向钻孔四周土层中渗透使锚固段直径增加,对土层扰动较小,适用于有裂隙的软岩(软岩指无侧限抗压强度小于25MPa的岩石)及粗颗粒的冲洪积土(粗颗粒指石、砾、砂),也用于细颗粒的无黏性土(细颗粒指粉粒、黏粒)
C 类	采用芯管或原位封隔器高压(典型注浆压力大于2MPa)注浆,通常在B类锚杆浆体凝固后二次注浆而成,锚固段在高压劈裂作用下而扩张。通常采用与锚固段长度相适应的微型注浆或马歇管(tube a manchette)及袖阀管(sleeve port pipes)进行二次注浆,二次注浆量相对较小。C类锚杆适用于细颗粒无黏性土,有时用于硬的沉积黏性土
D 类	采用导管重力式注浆,钻孔上有较小的钟形连续扩大增强体,适用于约可塑~坚硬的沉积黏性土。由于扩孔时容易塌孔,无黏性土中采用时可用水泥浆液或化学浆液对锚固地层注浆预处理,或者在扩孔时泵入聚合物钻孔液

3)设计指标取值差异

表8-6所示为我国铁路标准与欧洲标准的设计指标规定值,由于在使用欧洲标准的国家中,较少采用DA3,因此主要将DA1、DA2两种方法与我国铁路标准比较。由表8-6可知:在预应力锚索抗拉稳定性方面,我国标准与欧洲标准安全度相当,在锚杆挡土墙抗拔稳定性方面我国标准安全度略高,而在锚杆挡土墙抗拉稳定性、预应力锚索抗拔稳定性方面我国标准安全度高出较多。

中欧标准设计指标要求　　　　　　　　　　　　表8-6

功能项	《铁路路基支挡结构设计规范》(TB 10025—2019)安全系数	欧洲标准 EN 1997-1	
		分项系数	安全系数(换算结果)
抗拉	锚杆挡土墙:2.0~2.2;预应力锚索:1.4~1.6	DA1:$\gamma_S=1.35,\gamma_R=1.10$ DA2:$\gamma_S=1.35,\gamma_R=1.10$ DA3:$\gamma_S=1.00,\gamma_R=1.00$	DA1:$1.35\times1.10=1.485$ DA2:$1.35\times1.10=1.485$ DA3:$1.00\times1.00=1.000$
抗拔	锚杆挡土墙:1.6~2.0;预应力锚索:2.0		

需要说明的是,表8-6中所列欧洲标准指标是统一标准给出的建议值,实际上各国国家标准可能会有所差异,以英国为例,在其国家标准BS 8081中,设计指标根据锚杆级别不同而不同,表8-7所示为其锚杆不同级别分项系数对应的安全系数。相比之下,我国标准未划分锚杆级别,锚杆设计安全系数采用统一的值。

BS 8081 单锚设计最小安全系数建议值　　　　　　　　　　表8-7

锚杆级别	锚杆拉力	地层、浆体界面	浆体、锚筋或浆体、包封界面	验证荷载系数
3	1.4	2.0	2.0	1.10
2	1.6	2.5*	2.5*	1.25
1	2.0	3.0+	3.0*	1.50

注:1. 锚杆级别3级指服役期小于6个月、不会有公共安全危害的临时锚杆;2级指服役期不超过2年、不会有公共安全危害的临时锚杆;1级指永久锚杆,及破坏后公共安全危害的临时锚杆。

2. "*"表示有可靠的现场足尺试验时,可为2.0;"+"表示在限制地层蠕变时,可提高至4.0。

3. 地层与浆体界面安全系数通常为2.5~4.0,但足尺现场锚杆试验能够提供足够证明资料时允许减小。

4. 浆体/地层界面安全系数高于浆体/锚筋的,体现黏结强度不确定性的富裕量。

5. 验证荷载系数指锚杆承受的最大试验荷载与工作荷载的比值。

6. 安全系数指锚杆极限承载力与工作荷载的比值。

4）材料参数的差异

我国标准中钢绞线的直径和截面面积采用公称值,与 BS 8081 标准有所差异,具体如下:

我国铁路标准规定:钢绞线 1×7 钢绞线(ϕ15.2mm)的截面积为A_s =140mm², 钢绞线极限抗拉强度标准值为f_{ptk} =1860MPa,抗拉强度设计值f_{py} =1320MPa。

欧洲标准规定:1×7 钢绞线(ϕ15.2mm)的截面面积 A =165mm²,钢绞线标准抗拉强度值f_{pk} =1820MPa,0.1%拉伸应变下的抗拉强度$f_{p0.1k}$ =1547MPa。

5）黏结强度取值差异

在中国标准的抗拔稳定性检算中,采用锚固体与孔壁的黏结强度f_{rb}来计算。

在欧洲标准的抗拔稳定性检算中,采用的是利用 B 型锚具 BS 8081 的参数,获得沿锚固长度方向的剪应力τ_a以及排水强度指标特征值φ_k进行计算。

6）地层分类

我国铁路标准规定:锚杆(索)设计地层压力计算时,按土层、岩层两类考虑。

欧洲标准 BS 8081 规定:地层分为岩层、无黏性土层及黏性土层三种类型,不同类型地层与不同类型的锚杆采用的设计计算方法不同,主要体现在地层及注浆方法对抗拔力的计算上。

7）不同地层类型、锚杆类型下抗拔力计算

我国铁路标准规定:抗拔力计算根据黏结强度进行计算。

欧洲标准 BS 8081 规定:抗拔力计算要根据地层类型和锚杆类型选用不同的公式计算,具体参见表 8-8。当为岩层时,需考虑摩擦角的影响;当为非黏性土时,需考虑土压力及摩擦角的影响;当为黏性土时,需考虑土体黏聚力、抗剪强度等的影响。

不同地层类型、锚杆类型下抗拔力计算 表 8-8

项目	地层类别		
	岩层	非黏性土层	黏性土层
总体情况	A～D 类锚杆都可采用,A 类因施工简便及经济性较好而应用最多,软岩中可用 B、C 类,裂隙较多岩层可采用 B 类,B～D 类应通过现场试验证实其可行性	不宜采用 A 类锚杆(除非土层已注浆胶结),通常采用 B、C 类锚杆,D 类锚杆基本不用	B 类锚杆一般不采用
锚杆分类计算规定	(1) A 类锚杆 A 类锚杆假设发生地层/浆体界面的滑移破坏或邻近界面的更软弱介质(粗糙孔壁)中的剪切破坏,黏结应力均匀连续分布,孔径明确,极限承载力按下式估算: $T_f = \pi DL \tau_{ult}$	(1) B 类锚杆 B 类可采用以下两式估算: $T_f = Ln\tan\varphi'$	(1) A 类锚杆可按下式估算: $T_f = \pi DL\alpha C_u$ 式中:α——黏结系数,不同地层中约为 0.3～0.6; C_u——锚固段地层平均不排水抗剪强度。

续上表

项目	地层类别		
	岩层	非黏性土层	黏性土层
锚杆分类计算规定	式中:D——锚固段直径; L——锚固长度; τ_{ult}——浆体、地层界面极限黏结强度或表面摩擦力,在任何岩层中取值都不应该超过4MPa。浆体的无侧限抗压强度超过40MPa后不会再使界面黏结强度有明显增长。由于应力集中,软岩锚固段端头可能已经破坏,此时应该直接采用试验结果进行设计。机械式固定的岩层锚杆承载力要根据多个因素综合确定。 (2)B类锚杆 可采用A类锚杆估算式	式中:L——锚固长度; φ'——有效内摩擦角; n——系数,与钻孔技术(带冲洗液的回转冲击)、覆盖层厚度、锚固直径、范围为0.03~1.00MPa的注浆压力、原位应力场及膨胀特性有关。n的经验值为:在土层正常固结、钻孔孔径D约100mm时,粗砂及砾砂(渗透系数$k>1×10^{-4}$m/s)中为400~600kN/m,在细~中砂$[k=1×(10^{-6}~10^{-4})$m/s$]$中为130~165kN/m。D增加时,n随D同比例变化。 当土体为超固结时,则: $$T_f = k\sigma'_v \pi DL \tan \varphi'$$ 式中:k——土压力系数,不考虑注浆压力时,中密~密实的砂砾石层中为1.4~2.3,密实砂层可取1.4,细砂及粉土相对密实度较高和较低时分别取1.0和0.5; σ'_v——锚固段覆盖层的平均压力, $$\sigma'_v = \gamma\left(h + \frac{L}{2}\right);$$ γ——覆盖层的重度; h——锚固段顶点处覆盖层的深度; φ'——内摩擦角。 考虑注浆压力时,式中$k\sigma'_v$可用注浆压力代替。 (2)C类锚杆 C类锚杆设计通常采用经验曲线而不是理论或经验公式。经验表明:冲积层中孔径0.10~15m、注浆压力1MPa时的极限抗拔力可达90~130kN/m,压力2.5MPa时可达190~240kN/m(锚固段长度2~10m)	(2)C类锚杆 黏结强度随着稠度的增加及塑性指数的减少而增加。在约可塑~硬塑(稠度为0.8~1.0)的中高塑性土层中最低可为30~80kPa,在中等塑性及约硬塑~坚硬(稠度为1.25)砂质粉土中最高可达400kPa。黏结强度随二次注浆压力的增大而提高,在约硬塑黏性土中可提高约25%~50%,在中~高塑性约可塑~硬塑黏性土中提高更多(从120kPa可提高至300kPa)。 (3)D类锚杆 D类锚杆可按下式估算: $$T_f = \pi DL C_u + N_c C_{ub}(D^2 - d^2)$$ $$\frac{\pi}{4} + \pi Dl C_a$$ 式中:N_c——承载力系数,一般取9; C_{ub}——锚固段顶点处地层不排水抗剪强度; l——孔柄长度; d——锚杆直径; C_a——孔柄段黏结强度,一般取$(0.30~0.35)C_u$。 式中第1、2项没有现场试验验证时可乘以0.75~0.95的系数,锚固段有张开裂隙或砂填裂隙时可乘0.50的系数。 沉积黏性土层中钻孔后应尽快扩孔、注浆,例如有砂填裂隙时水的软化作用很明显,使用水作为冲洗液,仅3~4h足可使C_u降低到最低软化值。扩孔后的C_u可达90kPa,如果连续扩孔之间局部塌孔,则可降低至60~70kPa。低塑性土层(塑性指数小于20)中扩孔较为困难

8) 浆体、岩土层黏结强度差异性

我国铁路标准规定:浆体、岩土层黏结强度分成了浆体与岩石、黏性土、粉土、砂类土等不同情况,并给出了相应的标准值,参考取值分类也比较详细。

欧洲标准 BS 8081 规定:浆体、岩土层黏结强度分成了浆体与岩层、非黏性土层、黏性土层三类,可见我国铁路标准分类要更细一些。欧洲标准有关浆体、岩土层黏结强度的具体规定情况如下:

(1)浆体与岩层黏结强度:大多数岩层中,"浆体弹性模量/岩体弹性模量"小于 10,地层/浆体界面黏结力的发挥很不均匀。岩石的风化程度能够明显影响极限黏结强度及荷载变形特征,黏结强度通常随着软岩或风化岩石的标贯击数的提高而提高。BS 8081 提供了数百个承载力拉拔试验结果,浆体与岩层界面的极限黏结强度范围为 0.24~6.37MPa。平均黏结应力随锚固段长度增加而单调减少,建议长度下限为 3m,最长为 6~10m。

(2)浆体与非黏性土层黏结强度:密实的砂砾层中界面黏结应力随锚固段长度增加而呈现先增加后减少的趋势,在松散及中密砂层中无此现象。胶结非常密实的细砂与软岩性状类似。对于 C 类锚杆,砂层中黏结强度可平均高达 500kPa,砂砾层中甚至高达 1MPa。砂砾中有效锚固段长度为 6~7m。

(3)浆体与黏性土层黏结强度:对于 A 类锚杆,在不同地层下黏结系数 α 的取值是有所差异的,如坚硬的伦敦黏土常用值一般取 0.30~0.35,随着地层强度的提高,该值可进一步上升到 0.48~0.60,当然此时设计时一般取小值。对于 D 类锚杆,该类锚杆的抗拔力按下式计算:

$$T_f = \pi D L f_u C_u + \frac{\pi}{4}(D^2 - d^2)(N_c C_{ub} + \sigma'_E) + \pi d l f_s C_{us}$$

式中:D——锚固段直径;

L——锚固长度;

C_u——锚固段地层平均不排水抗剪强度;

d——锚杆直径;

σ'_E——垂直于锚杆近端的有效应力(kN/m^2);

C_{ub}——锚杆固定段近端的不排水抗剪强度(kN/m^2);

C_{us}——沿锚杆长度上的平均不排水抗剪强度(kN/m^2)。

在 BS 8081 中给出的适用于伦敦黏土层的黏土强度计算参数,分别为 $f_u = 0.75~0.95$,$f_s = 0.3~0.6$,$N_c = 6.5$(一般在 6~13,或者更大)。

9) 浆体与钢筋束黏结强度

我国铁路标准规定应通过现场试验确定此黏结强度,当无试验资料时,可查阅黏结强度的参考值,该值区分了螺纹钢筋、带肋钢筋、钢绞线、高强钢丝等不同类型。

在欧洲标准 BS 8081 中,给出的浆体与钢筋束黏结值建议值通常不考虑钢筋束类型、钢筋束几何形状、灌浆覆盖层或灌浆强度的长度。出于这些原因,该标准同时建议进行现场试验测量黏结值。

第9章 桩及桩墙组合结构设计方法与算例

9.1 概述

抗滑桩是指由锚固段侧向地基抗力来抵抗锚固段以上侧向土压力或滑坡下滑力的横向受力桩。在桩间设置挡土板、重力式挡土墙或土钉墙，与桩共同组成的复合支挡结构称为桩墙结构。

9.1.1 桩及桩墙组合结构的分类

桩及桩墙组合结构可分为抗滑桩、锚索桩、桩板墙、桩及桩间重力式挡土墙(土钉墙)等类别，简述如下。

(1)抗滑桩

抗滑桩适用于一般地区、浸水地区和地震地区，可用于加固滑坡、山体及特殊路基；当滑坡推力大到单排抗滑桩不足以抵抗滑坡推力时，可设置多排抗滑桩；当滑体存在多层滑动面或多个剪出口时可分级设置抗滑桩。

(2)锚索桩

锚索桩由桩和锚索组成，在桩的悬臂段设置预应力锚索，使桩的变形受到约束，可以改善悬臂桩的受力状态，增强桩的抗滑能力，减小桩的截面面积和锚固深度。

(3)桩板墙

桩板墙是由桩和桩间挡土板组合而成的复合支挡结构。桩板式挡土墙的设置高度优于重力式挡土墙，主要用于高陡边坡填方及路堑地段，或用于替代比较高大的重力式挡土墙。

(4)桩及桩间挡土墙(土钉墙)

桩及桩间挡土墙扩大了圬工式挡土墙的使用范围，当边坡较高或岩土松散、稳定性较差时，采用桩墙组合结构可对边坡预加固，减少开挖所造成的干扰。桩及桩间挡土墙(土钉墙)主要用于路堑地段。

各种桩及桩墙组合结构如图9-1所示。

9.1.2 桩的破坏模式

桩的破坏主要有倾倒、断裂和变形过大三种模式，具体如下：

(1)倾倒

倾倒是指桩身向前倾斜，超过位移或承载力允许值的现象。当桩的锚固段长度不足、锚固段地基强度低于设计值或锚固段地基自身稳定性不足时，可能发生桩的倾倒破坏。

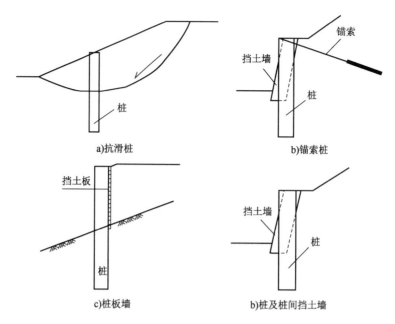

图 9-1 各种桩及桩墙组合结构示意图

(2) 断裂

断裂是指桩身出现水平横向或斜向裂纹,或者桩身明显断裂,其主要原因是桩身的抗弯或抗剪能力不足。当桩横截面尺寸较小、桩竖向主筋根数较少、主筋截断点位置不合理、箍筋直径偏小、箍筋间距偏大时,可能发生桩身断裂破坏。

(3) 变形过大

桩的变形控制位置主要是桩顶和桩锚固段顶面两处,《铁路路基支挡结构设计规范》(TB 10025—2019)规定,桩板墙的桩顶水平总位移限定值可采用悬臂段长度的 1/100 控制,且不宜大于 100mm,高速铁路路肩桩板墙桩顶水平位移不宜大于 60mm。

当锚固段地基的地基系数较低、桩横截面尺寸较小、桩锚固段长度较小时,容易出现变形过大的情况。

桩的破坏模式如图 9-2 所示。

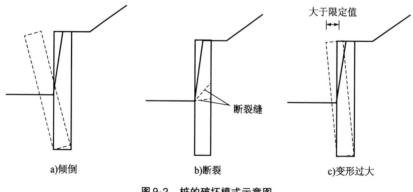

图 9-2 桩的破坏模式示意图

9.2 桩间挡土墙和挡土板设计

9.2.1 桩间挡土墙和挡土板土压力

挡土墙所受推力通常可按库仑土压力计算。桩间挡土墙与挡土墙的墙背土压力计算方法和压力大小有所不同,需要考虑抗滑桩之间土体的土拱效应。

桩墙组合结构的桩间净距一般为2～5m,墙高(自路基面算起)5～12m,桩间挡土墙的长高比小于0.8。苏联学者克列因早年根据模型试验的结果提出,当长高比(桩间净距与墙高之比)小于0.8,土压力可以乘以0.7～0.8的折减系数,这是桩后土拱效应作用的结果。中铁二院通过模型试验也得到了类似结论。土压力折减系数的取值要结合桩墙组合结构的类型、施工方法、施工顺序综合考虑,当桩间易形成土拱时,桩间挡土墙土压力折减系数可小于1.0,当不易形成土拱效应时,桩间土压力可不进行折减。桩间土拱效应如图9-3所示。

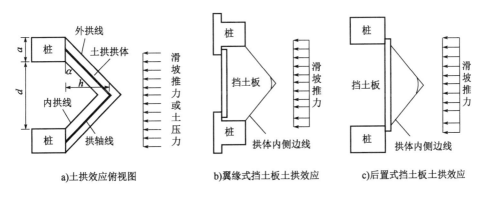

图 9-3 桩间土拱效应示意图

桩间水平土拱仅考虑端承拱,形状宜采取等腰三角形。拱轴线方程及土拱高度 h 可由图9-3中所示的桩截面宽度 a、桩间净距 d、拱轴线夹角 α 及土性系数 μ 确定。

$$h = 0.5\mu(d+a)\tan\alpha \tag{9-1}$$

9.2.2 桩间挡土墙和挡土板结构设计要点

挡土墙的结构设计参见第5章"重力式挡土墙设计",土钉墙的结构设计参见第7章"加筋类挡土墙(加筋土挡土墙、土钉墙)",以下主要说明挡土板的设计方法。桩与挡土板示意如图9-4所示。

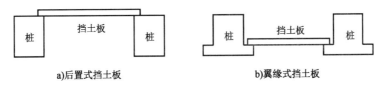

图 9-4 桩与挡土板示意图

1)墙背土压力的计算模式

根据土拱效应的作用大小,一般有两种情况。

(1)不考虑土拱效应

墙背为填方填筑的路堤式和路肩式桩板墙,因土拱效应较弱,可不考虑土拱效应。墙背土压力可按库仑主动土压力或折线滑面推力计算,设计时取其大值。

(2)考虑土拱效应

桩间重力式挡土墙、桩间土钉墙,以及前挂板式的路堑桩板墙的土拱效应较明显,可考虑土拱效应。

2)土压力计算的具体规定

作用在挡土板的荷载宽度可按挡土板的计算板长计算,桩间挡土结构的土压力可根据桩间岩(土)体的稳定情况按全部岩(土)压力或按部分岩(土)压力计算。挡土板的分类不宜太多,从上到下按一定的高度分级,板上作用的荷载取各级中最底层挡土板所对应的土压应力,按均布荷载分布。

3)挡土板的内力计算

挡土板均按简支梁计算,板背土压力按均布考虑。

挡土板内最大弯矩:

$$M_{\max} = qL^2/8$$

挡土板内最大剪力:

$$Q_{\max} = qL/2$$

式中:q——板背分布荷载(kPa);

L——板长(m)。

4)板结构构造要求

(1)挡土板可采用矩形板和槽形板。

(2)距两端各1/4板长处设直径5cm左右的吊装圆孔(兼作泄水孔)。

(3)槽形板距两端各1/3板长处设厚度10cm的横隔板。

(4)挡土板两端与桩搭接不小于30cm,板长根据该跨两端桩宽及桩间距而定。

5)挡土板的截面检算

挡土板按截面形式可分矩形板和槽形板。

挡土板检算方法参见现行国家标准《混凝土结构设计规范》(GB 50010)相关内容。荷载分项系数可参考桩的参数选用,裂缝检算时不计荷载分项系数。矩形板截面检算按矩形梁设计,槽板按T形梁设计,挡土板设计计算图示如图9-5所示。

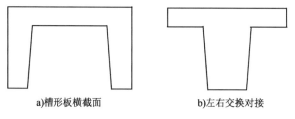

图9-5 挡土板设计计算示意图

9.3 基于铁路标准的桩结构设计

9.3.1 外力计算

1）土压力计算和滑坡、边坡推力计算

土压力计算和滑坡、边坡推力计算参见第 4 章"外力计算"。

作用在桩和挡土墙背上的主动土压力可按库仑理论计算,计算方法参见第 5 章"重力式挡土墙"。当按库仑主动土压力计算桩身推力时,计算结果应乘以 1.1～1.2 的土压力增大系数。如果桩上有锚索,宜采用 1.3～1.4 的土压力增大系数。

当桩背有列车活载时,桩板式挡土墙墙背上岩(土)产生的土压应力可采用库仑理论按式(9-2)计算,轨道结构及列车荷载引起的土压应力可根据弹性理论按式(9-3)计算(图9-6)。襟边宽可根据锚固段岩土的性质按有关标准或经验确定。

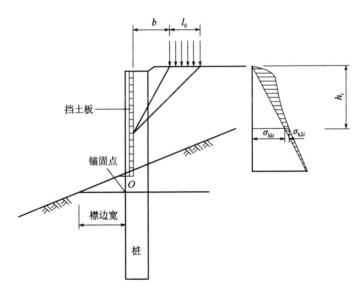

图 9-6 桩板式挡土墙悬臂段土压应力分布示意图

$$\sigma_{\text{h}1i} = \gamma_{\text{sd}1}\lambda_x \gamma\, h_i \tag{9-2}$$

$$\sigma_{\text{h}2i} = \frac{p}{\pi}\left[\frac{bh_i}{b^2+h_i^2} - \frac{(b+l_0)h_i}{(b+l_0)^2+h_i^2} + \arctan\frac{b+l_0}{h_i} - \arctan\frac{b}{h_i}\right] \tag{9-3}$$

式中：$\sigma_{\text{h}1i}$——岩(土)产生的土压应力(kPa)；

$\gamma_{\text{sd}1}$——土压应力计算模型不确定性系数,可采用1.1～1.2；

λ_x——岩(土)水平主动土压力系数,可根据边界条件、岩土力学参数等按库仑土压力计算求得；

γ——岩(土)重度(kN/m³)；

$\sigma_{\text{h}2i}$——轨道结构及列车荷载引起的土压应力(kPa)；

p——轨道及列车条形均布荷载(kPa);
b——荷载内边缘至墙背的水平距离(m);
h_i——计算点距路肩的垂直距离(m);
l_0——轨道及列车条形均布荷载作用宽度(m)。

2)锚索桩的变形协调和锚索拉力计算

锚索桩是超静定结构,计算内力时须考虑桩与锚索的联动效应。锚索以锁定拉力值 P 锁定后,当推力发挥作用使桩产生位移时,可计算出对应的桩身内力和锚头处位移。锚索锚头相应会产生与桩身相同的位移量 ΔS_0,锚索拉力会增加 $\Delta P_0 = \Delta S_0 EA/L$,锚索拉力值变为 $P_1 = P + \Delta P_0$。用 P_1 计算桩身内力和位移,桩身位移变为 ΔS_1,锚索拉力 $\Delta P_1 = \Delta S_1 EA/L$,锚索拉力值变为 $P_2 = P + \Delta P_1$。如此反复迭代计算,使最终的锚索拉力值趋于一个稳定值,该稳定值即为锚索的最终拉力值,设计时该值不得大于锚索的最大设计拉力值。上述式中:E 为锚索束的弹性模量(kPa);A 为锚索束的横截面面积(m^2);L 为锚索的自由段长度(m)。

9.3.2 抗滑桩内力及结构变形计算

当滑面以上桩体未设锚索时,滑动面以上的桩身内力可根据滑坡推力和桩前滑坡体抗力按悬臂梁计算。滑动面以下的桩身变位和内力,应根据滑动面处的弯矩和剪力,以及地基的弹性抗力按弹性地基梁进行计算。

1)滑动面以上桩身内力和变形计算

滑动面以上桩身内力和变位可按一端固定的悬臂梁计算,固定端考虑初始变形,初始变形取值为锚固段顶面的转角和位移。

(1)弯矩和剪力

滑动面以上桩所承受的外力为滑坡推力和桩前反力之差 E_x,其分布形式一般为三角形、梯形和矩形。内力计算时按一端固定的悬臂梁考虑。现以梯形分布为例,给出弯矩和剪力的计算公式,三角形和矩形分布时,只需将 T_1 或 T_2 的值改成零即可。

锚固段顶点桩身的弯矩 M_0、剪力 Q_0 和土压力分布,如图9-7所示。

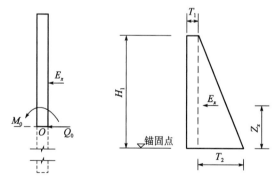

图9-7 土压力分布图形

$$M_0 = E_x Z_x \tag{9-4}$$

$$Q_0 = E_x \tag{9-5}$$

式中:Z_x——桩上外力的作用点至锚固点的距离(m)。

在土压力的分布图形中:

$$\left. \begin{array}{l} T_1 = \dfrac{6M_0 - 2E_x H_1}{H_1^2} \\[2mm] T_2 = \dfrac{6E_x H_1 - 12M_0}{H_1^2} \end{array} \right\} \tag{9-6}$$

当 $T_1 = 0$ 时,土压力分布为三角形;当 $T_2 = 0$ 时,土压力分布为矩形。

滑面以上桩身各点的弯矩 M_y 和剪力 Q_y 按下式计算

$$M_y = \frac{T_1 y^2}{2} + \frac{T_2 y^3}{6H_1} \tag{9-7}$$

$$Q_y = T_1 y + \frac{T_2 y^2}{2H_1} \tag{9-8}$$

式中:H_1——滑动面以上桩长(m);

y——锚固点以上桩身某点距桩顶的距离。

(2)水平位移和转角计算

水平位移:

$$x_y = x_0 - \varphi_0(H_1 - y) + \frac{T_1}{EI}\left(\frac{H_1^4}{8} - \frac{H_1^3 y}{6} + \frac{y^4}{24}\right) + \frac{T_2}{EIH_1}\left(\frac{H_1^5}{30} - \frac{H_1^4 y}{24} + \frac{y^5}{120}\right) \tag{9-9}$$

式中符号含义同前。

转角:

$$\varphi_y = \varphi_0 - \frac{T_1}{6EI}(H_1^3 - y^3) - \frac{T_2}{24EIH_1}(H_1^4 - y^4) \tag{9-10}$$

式中符号含义同前。

2)滑动面以下桩身内力和变位计算

在计算滑动面以下桩身内力、位移和侧向压应力时,可按弹性地基梁理论计算。桩的变形系数分为两种情况:当锚固段地基为岩层时,按 K 法计算,当锚固段地基为土层时,按 m 法计算,分别如下:

按 K 法计算时:$\beta = \left(\dfrac{K_H B_P}{4EI}\right)^{1/4}$,其锚固段换算长度为 βh。

按 m 法计算时:$\alpha = \left(\dfrac{m_H B_P}{EI}\right)^{1/5}$,其锚固段换算长度为 αh。

式中:β、α——桩的变形系数(m^{-1});

K_H——地基系数(kPa/m);

m_H——地基系数随深度增加的比例系数(kPa/m^2);

E——桩的钢筋混凝土弹性模量(kPa),$E=0.8E_c$;

B_p——桩的计算宽度(m);

I——桩的截面惯性矩(m^4)。

下面简单介绍几种计算方法,详细内容参见《铁路工程设计技术手册 路基》(铁道部第一勘测设计院主编,1992年)。

(1)普通 m 法

此方法根据弹性地基上的弹性梁受挠曲后得到的微分方程,运用幂级数解出的,梁的挠曲方程为:

$$EI\frac{d^4x}{dy^4} = -P \tag{9-11}$$

式中:P——土作用于桩上的水平反力(kN/m^3)。

假定桩作用在土上的水平压应力等于桩上各点的水平位移 x 与该点处土的地基系数 C_H 的乘积,即 $P = xC_HB_p$,由于 C_H 随深度 y 成正比变化,故:

$$P = xC_HB_p = m_HyxB_p \tag{9-12}$$

$$EI\frac{d^4x}{dy^4} = -m_HyxB_p \tag{9-13}$$

上式为桩承受水平外荷载后的挠曲微分方程。弹性桩的内力和变位如图9-8所示。

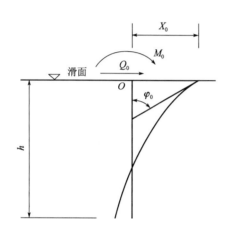

图 9-8 弹性桩的内力和变位

h-锚固段桩长;Q_0-锚固段顶点桩身的剪力;
M_0-锚固段顶点桩身的弯矩;X_0-锚固点位移;
φ_0-锚固段顶点桩身的转角

(2)普通 K 法

桩顶受水平荷载的挠曲微分方程为:

$$EI\frac{d^4x}{dy^4} + xK_HB_p = 0 \tag{9-14}$$

式中:xK_HB_p——地基作用于桩上的水平抗力。

引入变形系数 $\beta = \left(\dfrac{K_HB_p}{4EI}\right)^{1/4}$,即 $K_HB_p = 4EI\beta^4$

$$\frac{d^4x}{dy^4} + 4\beta^4x = 0 \tag{9-15}$$

通过数学求解,可得到滑动面以下任一截面的变位、侧应力和内力的计算公式。

(3)简化 m 法(无量纲解法)

当桩承受侧向水平荷载时,对桩、土共同作用的挠曲微分方程进行量纲分析,同时考虑了土的弹性模量随深度变化的各种线性和非线性函数关系,用渐近的试算法使计算结果符合实际情况。

由于此法考虑到土的弹性模量 E_s 随深度 y 变化的各种函数关系,如:

$$E_s = K_Hy^n \quad \text{或} \quad E_s = K_0 + K_1y + K_2y^2 + \cdots + K_ny^n$$

式中：K_i——常数。

故计算结果的适用性较广泛，其基本计算原理很简明，计算的精度也能满足设计要求。

9.3.3 预应力锚索桩内力及结构变形计算

预应力锚索桩是由锚索和锚固桩组成，由于在桩的上部设置预应力锚索，使桩的变形受到约束，大大改善了悬臂桩的受力及变形状态，从而减少了桩的截面及埋置深度。

预应力锚索桩最早应用于滑坡整治及基坑支护中，后来逐渐推广到高填方支挡（即锚拉式桩板墙、锚索桩板墙）及路堑高边坡预加固中。锚索桩可按横向变形约束地基系数法进行设计计算，简述如下：

1）计算假定条件

（1）假定每根锚索桩承受相邻两桩"中~中"滑坡推力或岩土侧向压力，作用于桩上的力主要有滑坡推力、岩土侧向压力、锚索拉力及锚固段桩周岩土作用力，不计桩体自重、桩底反力及桩与岩土间的摩阻力。

（2）将桩、锚固段桩周岩土及锚索系统视为一整体，桩简化为受横向变形约束的弹性地基梁，锚拉点桩的位移与锚索伸长相等。

2）锚索受力计算

锚索桩是超静定结构，计算内力时须考虑桩与锚索的联动效应。锚索以锁定拉力值 P 锁定后，当推力发挥作用使桩产生位移时，可计算出对应的桩身内力和锚头处位移。锚索锚头相应会产生与桩身相同的位移量 ΔS_0，锚索拉力会增加 $\Delta P_0 = \Delta S_0 \times EA/L$，锚索拉力值变为 $P_1 = P + \Delta P_0$，用 P_1 计算桩身内力和位移，桩身位移变为 ΔS_1，锚索拉力 $\Delta P_1 = \Delta S_1 \times EA/L$，增加锚索拉力值变为 $P_2 = P + \Delta P_1$，E 为锚索束的弹性模量（kPa），A 为锚索束的横截面面积（m^2），L 为锚索的自由段长度（m）。如此反复迭代计算，使得最终的锚索拉力值趋于一个稳定值，即为锚索的最终拉力值，设计时该值不得大于锚索的最大设计拉力值。锚索桩结构计算图如图 9-9 所示，具体计算过程如下。

假定桩上设置 n 排锚索，则桩为 n 次超静定结构。桩锚固段顶端 O 点处桩的弯矩 M_O 及剪力 Q_O 计算如下：

$$M_O = M - \sum_{j=1}^{n} R_j L_j \tag{9-16}$$

$$Q_O = Q - \sum_{j=1}^{n} R_j \tag{9-17}$$

式中：M——滑坡推力或岩土压力作用于桩身 O 点的弯矩；

Q——滑坡推力或岩土压力作用于桩身 O 点的剪力；

R_j——第 j 排锚索拉力；

L_j——第 j 排锚索锚拉点距 O 点的距离。

由位移变形协调原理，每根锚索伸长量 Δ_i 与该锚索所在点桩的位移 f_i 相等，建立位移平衡方程。

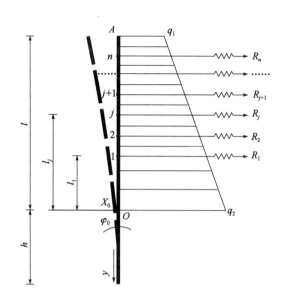

图9-9 锚索桩结构计算图示

$$\Delta_i = f_i \tag{9-18}$$

$$f_i = X_0 + \varphi_0 L_i + \Delta_{iq} - \sum_{j=1}^{n} \Delta_{ij} \tag{9-19}$$

$$\Delta_i = \delta_i (R_i - R_{i0}) \tag{9-20}$$

式中：X_0——桩锚固段顶端 O 点处桩的位移；

φ_0——桩锚固段顶端 O 点处桩的转角；

Δ_{iq}——滑坡推力(或岩土压力)作用于 i 点桩的位移；

Δ_{ij}——其他层锚索拉力 R_j 作用于 i 点桩的位移；

R_{i0}——第 i 根锚索的初始预应力；

δ_i——第 i 根锚索的柔度系数，即单位力作用下锚索的弹性伸长量。

$$\delta_i = \frac{l_i}{N \cdot E_g A_s} \tag{9-21}$$

式中：l_i——锚索自由段长度；

A_s——每束锚索截面积；

E_g——锚索的弹性模量；

N——每孔锚索的束数。

当滑坡推力(或岩土压力)为梯形分布时，在其作用下，i 点桩的位移为：

$$\Delta_{iq} = \frac{L^4}{120EI}\left[5q_1(3 - 4\zeta_i + \zeta_i^4) + q_0(4 - 5\zeta_i + \zeta_i^5)\right] \tag{9-22}$$

$$\zeta_i = 1 - \frac{L_i}{L}$$

$$q_0 = q_2 - q_1$$
$$\Delta_{ij} = R_j \cdot \delta_{ij} \tag{9-23}$$

式中:δ_{ij}——第 j 根锚索拉力 R_j 作用于桩上 i 点的位移系数。当 $j \geq i$ 时,$\delta_{ij} = \dfrac{L_j^3}{6EI}(2 - 3\gamma + \gamma^3)$,$\gamma = 1 - \dfrac{L_j}{L_i}$;当 $j < i$ 时,$\delta_{ij} = \dfrac{L_j^2 L_i}{6EI}(3 - \gamma)$,$\gamma = \dfrac{L_j}{L_i}$。

由地基系数法(简化为多层 K 法),可计算确定 X_0、φ_0。

$$X_0 = \frac{Q_0}{\beta^3 EI}\Phi_1 + \frac{M_0}{\beta^2 EI}\Phi_2 \tag{9-24}$$

$$\varphi_0 = \frac{Q_0}{\beta^2 EI}\Phi_2 + \frac{M_0}{\beta EI}\Phi_3 \tag{9-25}$$

式中:Φ_1、Φ_2、Φ_3——桩的无量纲系数;
　　　　E——桩的弹性模量;
　　　　I——桩的截面惯性矩;
　　　　β——桩的变形系数。

$$X_0 + \varphi_0 L = \left(\frac{\Phi_1}{\beta^3 EI} + \frac{\Phi_2}{\beta^2 EI}L_i\right)Q_0 + \left(\frac{\Phi_2}{\beta^2 EI} + \frac{\Phi_3}{\beta EI}L_i\right)M_0 \tag{9-26}$$

令:

$$A_i = \frac{\Phi_1}{\beta^3 EI} + \frac{\Phi_2}{\beta^2 EI}L_i \tag{9-27}$$

$$B_i = \frac{\Phi_2}{\beta^2 EI} + \frac{\Phi_3}{\beta EI}L_i \tag{9-28}$$

则:

$$X_0 + \varphi_0 L = A_i Q_0 + B_i M_0 \tag{9-29}$$

将上述相关公式联立,可得:

$$A_i\left(Q - \sum_{j=1}^{n} R_j\right) + B_i\left(M - \sum_{j=1}^{n} R_j L_j\right) + \Delta_{iq} - \sum_{j=1}^{N} R_j \delta_{ij} = \delta_{ij}(R_i - R_{i0})$$

整理得:

$$\sum_{j=1}^{n}(A_i + B_j L_j + \delta_{ij})R_j + \delta_i R_i = A_i Q + B_i M + \Delta_{iq} + \delta_i R_{i0}$$

令:

$$\xi_{ij} = A_i + B_i L_j + \delta_{ij} \tag{9-30}$$

$$C_i = A_i Q + B_i M + \Delta_{iq} + \delta_i R_{i0} \tag{9-31}$$

则:

$$\sum_{j=1}^{n}\xi_{ij}R_j + \delta_i R_i = C_i \tag{9-32}$$

解线性方程组(9-32),可确定各排锚索拉力 R_j:

$$R_j = \frac{D_K}{D} \tag{9-33}$$

$$D = \begin{vmatrix} \xi_{11}+\delta_1 & \xi_{12} & \cdots & \xi_{1j} & \cdots & \xi_{1n} \\ \xi_{21} & \xi_{22}+\delta_2 & \cdots & \xi_{2j} & \cdots & \xi_{2n} \\ \vdots & \vdots & & \vdots & & \vdots \\ \xi_{n1} & \xi_{n2} & \cdots & \xi_{nj} & \cdots & \xi_n+\delta_n \end{vmatrix} \tag{9-34}$$

$$D_K = \begin{vmatrix} \xi_{11}+\delta_1 & \xi_{12} & \cdots & \xi_{1(j-1)} & C_1 & \xi_{1(j+1)} & \cdots & \xi_{1n} \\ \xi_{21} & \xi_{22}+\delta_2 & \cdots & \xi_{2(j-1)} & C_2 & \xi_{2(j+1)} & \cdots & \xi_{2n} \\ \vdots & \vdots & & \vdots & \vdots & \vdots & & \vdots \\ \xi_{n1} & \xi_{n2} & \cdots & \xi_{n(j-1)} & C_n & \xi_{n(j+1)} & \cdots & \xi_n+\delta_n \end{vmatrix} \tag{9-35}$$

3) 桩身内力计算

锚索桩由于有锚索的拉力作用,其内力计算与抗滑桩有所不同。滑动面以上桩身内力可按一端固定的悬臂梁计算,设置锚索处施加锚索拉力为 R。

(1) 非锚固段 OA 桩身内力

令 $L_0 = 0$、$L_{n+1} = L$、$R_{n+1} = 0$,有:

当 $y = L - L_i$ 时,取 $K = n+1-i$ ($i = 1,2,\cdots,n$)

$$Q_y^- = Q(y) - \sum_{j=1}^{K} R_{n+2-j} \tag{9-36}$$

$$Q_y^+ = Q(y) - \sum_{j=1}^{K} R_{n+1-j} \tag{9-37}$$

$$M_y = M(y) \sum_{j=1}^{k} R_{n+1-j} [y - (L - L_{n+1-j})] \tag{9-38}$$

当 $L - L_i - 1 > y \geq L - L_i$ 时,取 $K = n+2-i$ ($i = 1,2,\cdots,n+1$)

$$Q_y = Q(y) - \sum_{j=1}^{K} R_{n+2-j} \tag{9-39}$$

$$M_y = M(y) - \sum_{j=1}^{k} R_{n+2-j} [y - (L - L_{n+2-j})] \tag{9-40}$$

式中:Q_y——桩身剪力;

M_y——桩身弯矩;

$Q(y)$——仅岩土压力作用于桩上的剪力;

$M(y)$——仅岩土压力作用于桩上的弯矩;

K——从桩顶往下数锚索支承点个数。

(2) 锚固段桩身内力

锚固段桩身内力计算与抗滑桩的内力计算相同。

9.3.4 桩的结构设计

桩的结构设计包括承载能力极限状态和正常使用极限状态设计两大类。其中,承载能力极限状态设计包括抗滑桩桩身截面的抗弯和抗剪、锚固桩桩身截面的抗弯和抗剪、翼缘板的抗弯和抗剪、挡土板的抗弯和抗剪等;正常使用极限状态设计包括锚固桩锚固段地基横向承载力检算、桩顶位移检算、在严重腐蚀环境下桩身最大裂缝宽度检算、挡土板最大裂缝宽度及挠度检算等,各功能项的作用效应与抗力设计值计算规定如下。

1)作用效应设计值

(1)抗滑桩桩身截面抗弯、抗剪作用效应设计值:抗滑桩桩身截面的抗弯和抗剪应按《混凝土结构设计规范》(GB 50010—2010)进行承载能力极限状态设计,一般地区和浸水地区常水位时作用效应基本组合应按式(9-41)计算,洪水位及其他偶然设计状况下作用效应偶然组合按式(9-42)计算,地震设计状况下作用效应地震组合按式(9-43)计算。

$$S_d = \gamma_G S_{Gk} \tag{9-41}$$

式中:S_d——弯矩或剪力等作用效应设计值;

γ_G——永久作用产生的弯矩或剪力等作用效应的分项系数,参见第6章;

S_{Gk}——永久作用产生的弯矩或剪力等作用效应标准值。

$$S_d = \gamma_G S_{Gk} + S_{Ad} \tag{9-42}$$

式中:S_{Ad}——偶然作用产生的弯矩或剪力等作用效应标准值。

$$S_d = \gamma_G S_{Gk} + \gamma_1 S_{Ek} \tag{9-43}$$

式中:γ_1——地震作用重要性系数,不宜与结构重要性系数重复采用,参见第6章;

S_{Ek}——地震力产生的弯矩或剪力等的标准值。

(2)桩墙组合结构锚固桩桩身截面的抗弯和抗剪、翼缘板的抗弯和抗剪、挡土板的抗弯和抗剪作用效应设计值计算参考第6章。

(3)桩墙组合结构锚固桩锚固段地基横向承载力检算、桩顶位移检算、在严重腐蚀环境下的桩身最大裂缝宽度检算、挡土板最大裂缝宽度及挠度检算的作用效应设计值计算参考第6章。

2)抗力设计值

(1)普通钢筋混凝土受弯构件的弯矩抗力设计值计算,不配置箍筋和弯起钢筋的一般板类受弯构件的斜截面剪力抗力设计值计算,配置箍筋或弯起钢筋的矩形、T形和I形截面受弯构件的斜截面剪力抗力设计值计算,轴心受拉构件的正截面受拉抗力设计值计算可参考第6章。

(2)地基强度校核,根据地基情况,强度校核可分为以下两种情况。

①对于较完整的岩质岩层及半岩质岩层地基。

桩的最大横向压应力σ_{max}应小于或等于地基承载力特征值(容许值),当桩为矩形截面时可按下式计算。

$$[\sigma_H] = K_{RH} \times \eta \times R \tag{9-44}$$

式中:K_{RH}——在水平方向的换算系数,根据岩层构造,可采用0.5~1.0;

η——折减系数,根据岩层的裂缝、风化及软化程度,可采用 0.3 ~ 0.45;

R——岩石单轴极限抗压强度(kPa)。

桩身作用于围岩的侧向压应力,一般不应大于地基的横向承载力特征值(容许强度)。桩周围岩的侧向允许抗压强度,必要时可直接在现场试验取得,一般按岩石的完整程度、层理或片理产状、层间的胶结物与胶结程度、节理裂隙的密度和充填物、各种构造裂面的性质和产状及其贯通等情况,分别采用垂直允许抗压强度的 0.5 ~ 1.0 倍。当围岩为密实土或砂层时其值为 0.5 倍,较完整的半岩质岩层为 0.60 ~ 0.75 倍,块状或厚层少裂隙的岩层为 0.75 ~ 1.0 倍。

②对于一般土层或风化成土、砂砾状岩层地基。

抗滑桩在侧向荷载作用下发生转动变位时,桩前的土体产生被动土压力,而在桩后的土体产生主动土压力。桩身对地基土体的侧向压应力一般不应大于被动土压力与主动土压力之差。

$$[\sigma] = P_p - P_a \tag{9-45}$$

式中:P_p——锚固段所受被动土压应力(kPa);

P_a——锚固段所受主动土压应力(kPa)。

对于埋式抗滑桩,当滑面无横坡或横坡较小时,如图 9-10a)所示,地基 y 点的横向承载力特征值(容许值)可按式(9-46)计算;当滑面横坡 i 较大且 $i \leqslant \varphi_o$ 时,如图 9-10b)所示,地基 y 点的横向承载力特征值(容许值)可按式(9-47)计算。

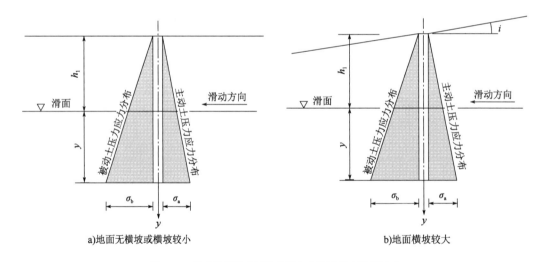

图 9-10 埋式抗滑桩土质地基横向容许承载力计算图式

$$[\sigma_H] = \sigma_b - \sigma_a$$
$$= \left[\gamma_h \tan^2\left(45° + \frac{\varphi}{2}\right) + 2c\tan\left(45° + \frac{\varphi}{2}\right)\right] - \left[\gamma_h \tan^2\left(45° - \frac{\varphi}{2}\right) - 2c\tan\left(45° - \frac{\varphi}{2}\right)\right]$$

$$[\sigma_H] = \frac{4}{\cos\varphi}\left[(\gamma_1 h_1 + \gamma_2 y)\tan\varphi + c\right] \tag{9-46}$$

式中:σ_b——被动土压应力(kPa);

σ_a——主动土压应力(kPa);

$[\sigma_H]$——地基的横向容许承载力(kPa);

γ_1——滑动面以上土体的重度(kN/m^3);
γ_2——滑动面以下土体的重度(kN/m^3);
φ——滑动面以下土体的内摩擦角(°);
c——滑动面以下土体的黏聚力(kPa);
h_1——设桩处滑动面至地面的距离(m);
y——滑动面至计算点的距离(m)。

$$[\sigma_H] = 4(\gamma_1 h_1 + \gamma_2 y) \frac{\cos^2 i \sqrt{\cos^2 i - \cos^2 \varphi_o}}{\cos^2 \varphi_o} \quad (9\text{-}47)$$

式中:φ_o——滑动面以下土体的综合内摩擦角。

对于悬臂式抗滑桩,当地面无横坡或横坡较小时,如图 9-11 所示,地基的横向容许承载力按下式计算。

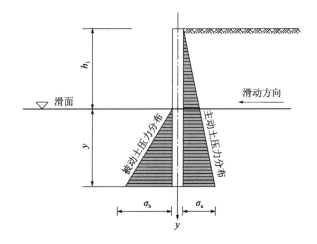

图 9-11 悬臂式抗滑桩土质地基横向容许承载力计算图式

$$P_{pk} = \gamma y_1 \tan^2\left(45° + \frac{\varphi}{2}\right) + 2c\tan\left(45° + \frac{\varphi}{2}\right) \quad (9\text{-}48)$$

$$P_{ak} = \gamma y_2 \tan^2\left(45° - \frac{\varphi}{2}\right) - 2c\tan\left(45° - \frac{\varphi}{2}\right) \quad (9\text{-}49)$$

$$\sigma_a = P_{pk} - P_{ak} \quad (9\text{-}50)$$

式中:σ_a——地基的横向容许承载力(kPa);
P_{pk}——锚固段所受被动土压力(kPa);
P_{ak}——锚固段所受主动土压力(kPa);
y_1——桩前地面至计算点的距离(m);
y_2——桩后地面至计算点的距离(m);
γ——土体的重度(kN/m^3)。

此外,在强度校核计算过程中,围岩在不同部位的极限抗压强度,一般都尽可能取代表样品做试验,其垂直承载力特征值(容许值)常取极限值的 1/4~1/10,对软弱或破碎岩层一般采用较大的系数,对坚硬岩层则取小些。如桩身作用于地基地层的侧向压应力大于围岩的允许强度,则需强调整桩的埋深或截面尺寸和间距,重新设计;但对围岩有随深度而逐渐增大强度的情况时,可允许在滑面以下1.5m以内产生塑性变形现象,而在塑性变形深度内围岩抗力采用其侧向承载力特征值(容许值),故对于一般土层或风化成土、砂砾状的岩层地基,也可只检算滑动面以下深度为$h_2/3$和h_2(滑动面以下桩长)处的横向压应力是否小于相应的容许压应力。

(3)抗滑桩锚固深度的计算,该计算除了满足强度校核要求外,还应满足锚固段顶面处桩的水平位移不宜大于10mm的要求(正常使用极限状态)。当桩的变位需要控制时,应考虑最大变位不超过容许值。根据多年的工程经验,对于完整的基岩,抗滑桩的锚固段长度约为总桩长的 1/4~1/3;对于全埋式土层抗滑桩,抗滑桩的锚固段长度约为总桩长的 1/3~1/2;对于悬臂式土层抗滑桩,抗滑桩的锚固段长度约为总桩长的 2/3。

9.4 基于欧洲标准的桩类挡土墙设计

在欧洲标准中,其嵌入式挡土墙与我国桩及桩墙组合结构在结构类型与具体设计方法上有诸多的相似,其主要的区别如下。

9.4.1 中欧标准主要受力分析方法差异

在欧洲标准中,其计算方法主要包括极限平衡法、弹塑性计算法,其中极限平衡法主要针对土质地基刚性桩计算,弹塑性计算法及数值分析多针对柔性桩计算。在受力分析手段上,包括理论分析与数值分析两类。

(1)极限平衡法

极限平衡法假定在嵌入式挡土墙的整个高度范围内,土体处于推力和阻力极限平衡状态。地基的全部强度均匀地围绕桩体某一点转动,从而发生失效,在此计算过程中板桩墙自身的刚度不参与其所受力的计算,如图 9-12 所示。该方法最为简单,但对于嵌入式挡土墙而言已经足够,并且可以对更为复杂的嵌入式挡土墙进行结构设计。

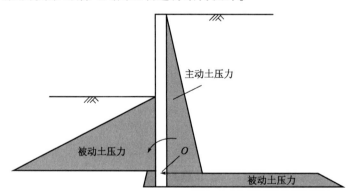

图 9-12 嵌入式挡土墙极限平衡法计算示意图

(2)弹塑性计算法

弹塑性计算方法将土体简化为一系列弹塑性弹簧,如图 9-13 所示,墙体上的力均是根据沿桩体的变形计算的。通过迭代计算,使力达到平衡,同时使运动与桩体的弹性特性保持一致。该方法将桩体各点处的形变和施加在同一点上的压力联系在一起,计算较为复杂,这需要使用程序计算。需说明的是,该方法与我国水平受力桩计算采用的 M 法、K 法在原理上是基本一致的,在此方法下,桩也可视为弹性地基梁。

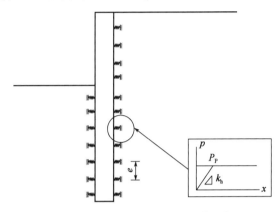

图 9-13　嵌入式挡土墙弹塑性法计算示意图

e-弹簧间距;Δk_h-弹性刚度;p-施加在该点上的压力;x-该点处的变形;P_p-该点弹性变形阶段的最大压力

(3) 数值分析法

嵌入式挡土墙同样可以使用基于有限元、边界元或有限差分技术的数值方法设计,如图 9-14 所示。随着土木工程专用有限元计算的普及,有限元计算将很快变得必不可少。

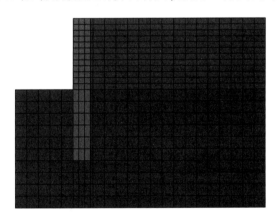

图 9-14　嵌入式挡土墙有限元计算示意图

以上三种设计方法中,弹塑性计算方法与我国现行的《铁路路基支挡结构设计规范》(TB 10025—2019)较一致,具体论述如下。

9.4.2　欧洲标准水平受力桩基内力和变位计算方法

弹塑性计算方法在锚固段桩身内力及结构变形计算时,采用温克尔(Winkler)弹性地基梁方法推导墙体嵌固段各点间的位移、转角、弯矩及剪力,与我国的简化 K 法相一致,但在地基系数选取、地基强度校核等方面,略有不同,这些不同之处将在第 9.4.3 节欧洲标准地基系数的选取中阐述。

桩顶受水平荷载的挠曲微分方程为：

$$EI\frac{\mathrm{d}^4 x}{\mathrm{d}y^4} + K_\mathrm{f} x = 0 \tag{9-51}$$

式中：K_f——地基作用于桩上的水平抗力模量，$K_\mathrm{f} = k_\mathrm{h} B_\mathrm{P} = p/x \cdot B_\mathrm{p}$；

B_P——桩截面计算宽度，$B_\mathrm{P} = 1.5B$；

E——基桩弹性模量；

I——基桩惯性矩。

引入变形系数 $l_{0i} = \left(\dfrac{4E_i \cdot I_i}{K_{f_i}}\right)^{\frac{1}{4}}$，即 $K_\mathrm{f} l_0^4 = 4 E_i I_i$。

$$\frac{\mathrm{d}^4 x}{\mathrm{d}y^4} + 4\frac{x}{l_{0i}^4} = 0 \tag{9-52}$$

可得到锚固点以下第 i 段截面的变形、转角、弯矩和剪力的计算公式：

$$\begin{cases} 变形: y(y) = C_1 \cdot A_i + C_2 \cdot B_i + C_3 \cdot C_i + C_4 \cdot D_i \\ 转角: \theta(y) = l_{0i}[C_1(C_i + B_i) + C_2 \cdot (D_i - A_i) + C_3 \cdot (A_i - D_i) + C_4 \cdot (B_i - C_i)] \\ 弯矩: M(y) = 0.5 K_{fi} \cdot l_{0i}^2 (-C_1 D_i + C_2 \cdot C_i - C_3 B_i + C_4 A_i) \\ 剪力: Q(y) = -0.5 K_{fi} \cdot l_{0i}[C_1(C_i + B_i) + C_2 \cdot (D_i - A_i) + C_3(D_i + A_i) + C_4(B_i + C_i)] \end{cases} \tag{9-53}$$

式中：C_1、C_2、C_3、C_4——与第 i 段相关的四个常量。

$$\begin{cases} A_i = \mathrm{ch}\left(\dfrac{z}{l_{0i}}\right) \cdot \cos\left(\dfrac{z}{l_{0i}}\right) \\ B_i = \mathrm{ch}\left(\dfrac{z}{l_{0i}}\right) \cdot \sin\left(\dfrac{z}{l_{0i}}\right) \\ C_i = \mathrm{sh}\left(\dfrac{z}{l_{0i}}\right) \cdot \cos\left(\dfrac{z}{l_{0i}}\right) \\ D_i = \mathrm{sh}\left(\dfrac{z}{l_{0i}}\right) \cdot \sin\left(\dfrac{z}{l_{0i}}\right) \end{cases} \tag{9-54}$$

在基桩几何尺寸一定、惯性矩相同且土质均匀的情况下，根据桩底的边界条件可推导出具体的计算公式。如当桩底为自由端时，可通过桩底 $M = 0 (\mathrm{kN} \cdot \mathrm{m})$，$Q = 0 (\mathrm{kN})$ 的条件，确定计算公式。

（1）顶部承受横向应力 Q_0 的基桩，任一截面的变形、转角、弯矩和剪力的计算公式：

$$\begin{cases} 位移: y(z) = \dfrac{2Q_0}{K_\mathrm{f} l_0} \cdot A^* \\ 转角: \theta(z) = \dfrac{2Q_0}{K_\mathrm{f} l_0^2} \cdot B^* \\ 弯矩: M(z) = Q_0 \cdot l_0 \cdot C^* \\ 剪力: Q(z) = Q_0 \cdot D^* \end{cases} \tag{9-55}$$

（2）顶部承受力矩 M_0 的基桩，任一截面的变形、转角、弯矩和剪力的计算公式：

$$\begin{cases} \text{位移}: y(z) = \dfrac{2M_0}{K_\mathrm{f} l_0^2} \cdot D^* \\ \text{转角}: \theta(z) = \dfrac{2M_0}{K_\mathrm{f} l_0^3} \cdot A^* \\ \text{弯矩}: M(z) = M_0 \cdot B^* \\ \text{剪力}: Q(z) = \dfrac{-2M_0}{l_0} \cdot C^* \end{cases} \quad (9\text{-}56)$$

式中无量纲系数 A^*、B^*、C^* 或 D^* 按下式计算，也可通过查表或查图获取系数值，图 9-15 为无量纲系数取值图，可以说明变形、力矩和剪切力按深度分布的情况。

$$\begin{cases} A^* = \mathrm{e}^{-\frac{z}{l_0}} \cos\left(\dfrac{z}{l_0}\right) \\ B^* = \mathrm{e}^{-\frac{z}{l_0}} \left[\cos\left(\dfrac{z}{l_0}\right) + \sin\left(\dfrac{z}{l_0}\right)\right] \\ C^* = \mathrm{e}^{-\frac{z}{l_0}} \sin\left(\dfrac{z}{l_0}\right) \\ D^* = \mathrm{e}^{-\frac{z}{l_0}} \left[\cos\left(\dfrac{z}{l_0}\right) - \sin\left(\dfrac{z}{l_0}\right)\right] \end{cases} \quad (9\text{-}57)$$

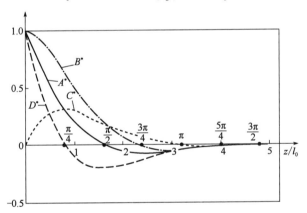

图 9-15 函数 A^*、B^*、C^* 和 D^* 的值

（3）当基桩顶部同时受水平力及弯矩的作用时，可将式（9-55）及式（9-56）叠加，求取锚固点以下各段的 $y(x)$、$\theta(x)$、$M(x)$、$Q(x)$ 值。

9.4.3 欧洲标准水平受力桩地基系数选择

地基系数的概念只是一种计算参数。该参数不是土体的固有特征，它取决于土体的可压缩性和荷载的几何形状，因此，水平地基系数 k_h 的数值多通过半经验规则和公式确定。欧洲不同国家标准所给出的地基比例系数计算方法有所不同，具体如下：

1）法国标准《Justification of geotechnical work-National application standards for the implementation of Eurocode 7-Retaining structures-Walls》（NF P94282:2009-03）

根据法国标准（NF P94-282:2009-03）采用支挡结构的抗弯刚度 $E_\mathrm{str} I_\mathrm{str}$ 和旁压模量 E_m 计算

土的水平地基系数 k_h。计算公式如下：

$$k_h = 2\left[\frac{\left(\dfrac{E_m}{\alpha}\right)^{\frac{4}{3}}}{\left(\dfrac{E_{str}I_{str}}{B_0}\right)^{\frac{1}{3}}}\right] = 2\left[\frac{\left(\dfrac{E_m}{\alpha}\right)^{\frac{4}{3}}}{(EI)^{\frac{1}{3}}}\right] \qquad (9\text{-}58)$$

$$EI = \frac{E_{str}I_{str}}{B_0}$$

式中：k_h——水平地基系数（MN/m^3）；

E_m——旁压模量（MPa）；

$E_{str}I_{str}$——支挡结构抗弯刚度（$MN \cdot m^2/m$）；

α——基于土体或岩体状态的经验系数，参见表9-1和表9-2。

不同土体的经验系数 α 建议值 表9-1

土体状态	泥炭土	黏土		粉土		沙土		砾石	
	α	E_M/P_{LM}	α	E_M/P_{LM}	α	E_M/P_{LM}	α	E_M/P_{LM}	α
超固结	—	>16	1	>14	2/3	>12	1/2	>10	1/3
正常固结	1	9~16	2/3	8~14	1/2	7~12	1/3	6~10	1/4
欠固结	—	7~9	1/2	5~8	1~2	5~7	1~3	—	—

不同岩体的经验系数 α 建议值（基于岩体破坏程度） 表9-2

岩体类型	α	岩体类型	α
完整、坚硬	2/3	严重破坏，风化	1/3
轻度破坏，未风化	1/2	变质岩	2/3

2）荷兰标准《板桩结构》（CUR 166）

表9-3列出了在荷兰（CUR 166）进行的试验中测量得到的水平反力系数的值。土的水平抗力割线模量测定值如图9-16所示。

荷兰标准水平反力系数 表9-3

岩体类型		$k_{h,1}$（kN/m^3）	$k_{h,2}$（kN/m^3）	$k_{h,3}$（kN/m^3）
		$p_0 < p_h < 0.5p_{pas}$	$0.5p_{pas} \leq p_h \leq 0.8p_{pas}$	$0.8p_{pas} \leq p_h \leq 1.0p_{pas}$
砂	松散	12000~27000	6000~13500	3000~6750
	中度密实	20000~45000	10000~22500	5000~11250
	密实	40000~90000	20000~45000	10000~22500
黏土	软	2000~4500	800~1800	500~1125
	硬	4000~9000	2000~4500	800~1800
	极硬	6000~13500	4000~9000	2000~4500

续上表

岩体类型		$k_{h,1}$ (kN/m³)	$k_{h,2}$ (kN/m³)	$k_{h,3}$ (kN/m³)
		$p_0 < p_h < 0.5 p_{pas}$	$0.5 p_{pas} \leq p_h \leq 0.8 p_{pas}$	$0.8 p_{pas} \leq p_h \leq 1.0 p_{pas}$
泥	软	1000~2250	500~1125	250~560
	硬	2000~4500	800~1800	500~1125

注：p_0 为静止土压力值（kN/m²）；p_{pas} 为被动土压力值（kN/m²）；p_h 为结构给定位移处的水平土压力（kN/m²）。

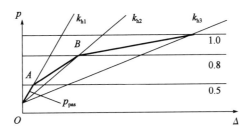

图 9-16 土的水平抗力割线模量测定值

3) 梅纳（Ménard）法

基于刚性板荷载作用下岩土材料的试验（旁压试验）测量结果，Ménard 得到下列表达式：

$$k_h = \frac{E_M}{\dfrac{\alpha \cdot a}{2} + 0.133(9a)^\alpha} \tag{9-59}$$

式中：α——Ménard 得出的岩土材料流变系数；
　　　a——以支挡结构底端深度为依据的特征长度，根据 Ménard 假设，位于坑底以下 2/3 桩墙嵌固深度（m）；
　　　E_M——长度 a 内压力模量的平均值（MPa）；
　　　k_h——水平反作用力系数（MPa/m）。

4) 施密特（Schmitt）法

施密特法采用土体的侧限压缩模量和支挡结构的抗弯刚度计算土的水平反力系数：

$$k_h = 2.1 \left[\frac{E_{oed}^{\frac{4}{3}}}{(EI)^{\frac{1}{3}}} \right] \tag{9-60}$$

式中：EI——结构抗弯刚度（MN·m²/m）；
　　　E_{oed}——侧限压缩模量（MPa）。

5) 查德森（Chadeisson）法

Chadeisson R(1961) 和 Monnet A(1994) 根据监测得到不同岩土体中基坑支护结构位移，以及计算得到的达到被动土压力时结构的位移量，推导出了计算土的水平反力系数的表达式：

$$k_h = \left[\frac{K_p \gamma \left(1 - \dfrac{K_0}{K_p}\right)}{20EI \quad 0.015} \right]^{\frac{1}{5}} + A_p c' \frac{\tanh\left(\dfrac{c'}{30}\right)}{0.015} \tag{9-61}$$

式中：EI——结构抗弯刚度（$MN \cdot m^2/m$）；
γ——土的重度（kN/m^3）；
K_p——被动土压力系数；
K_0——静止土压力系数；
c'——有效黏聚力（kPa）；
A_p——黏聚力影响系数（取值范围为 1~15）。

6）根据试验结果计算

（1）旁压试验

旁压试验（PMT）是可侧向膨胀的旁压器，对钻孔孔壁周围的土体施加径向压力的原位测试。通常情况下，对岩土体的侧向压力通过水压力来施加。试验过程中按照事先设定好的时间间隔来逐渐增大水压力。旁压试验可以提供旁压模量E_m和极限压力P_{LM}两种参数随土体深度z的变化曲线。

（2）扁铲试验

依据扁铲侧胀试验（DMT）计算水平反力系数，由下式计算得到：

$$K_H = \frac{M_{DMT}}{B}$$

式中：K_H——土的水平反力系数（MN/m^3）；
M_{DMT}——由扁铲侧胀试验得到的侧胀模量（MPa）；
B——支护结构特征长度（m）。

9.4.4　欧洲标准地基强度校核和桩身变位控制

1）地基强度校核

弹塑性共同变形法最早由捷克学者提出，现已在欧美和日本广泛使用。该方法的基本假设是结构周围的岩土材料是理想的弹塑性 Winkler 材料。材料性质由水平基床系数和极限弹性变形决定，其中水平基床系数描述了材料在弹性区域的变形行为。当超过极限弹性变形时，材料表现为理想塑性。该方法还采用以下假设。

（1）作用在结构上的土压力可能是主动土压力至被动土压力之间的任一值，但不能超出以这两种极限土压力为边界的范围。

（2）初始未变形结构上作用静止土压力。作用在桩体上的土压力如下所示：

$$\sigma = \sigma_r - K_H w$$
$$\sigma = \begin{cases} \sigma_a & \sigma < \sigma_a \\ \sigma_p & \sigma > \sigma_p \end{cases} \tag{9-62}$$

式中：σ_r——静止土压力；
K_H——水平地基系数；
w——结构的变形量；
σ_a——主动土压力；
σ_p——被动土压力。

以上计算过程需通过计算软件持续迭代，直到结构上每个地方的土压力都满足要求为止。

2)锚固点变位控制

由前文可知欧洲标准关于水平向地基系数 K_H 计算与国内标准不同,并不是在锚固段顶面处桩的水平位移小于 6mm 或 10mm 的试验情况下获取的,因此没有锚固点变形位移控制要求。

9.4.5 欧洲标准桩的配筋设计

基于欧洲标准的桩的配筋设计,请参考本书第 6 章,此处不再赘述。

9.5 设计算例

中国公路、铁路行业标准在计算抗滑桩时,根据地基土层性质不同,可分为岩层桩和土层桩,岩层桩普遍采用 K 法,土层桩普遍采用 m 法;欧洲标准使用抗滑桩(嵌入式挡土墙)时,多应用在基坑工程中,地基条件普遍为土质地基。综上,本节分别给出中国标准(岩层桩和土层桩)和欧洲标准(土层桩)的 3 种代表性算例。

9.5.1 基于中国标准的岩质桩板墙设计算例

1)已知条件

双线Ⅰ级特重型,荷载分布宽度 $L_o = 3.6$m,换算土柱高 $h_o = 3.2$m,路基面宽度 11.6m,则 $D = 0.4$m,$K = 11.6/2 - 0.4/2 - 3.6 - 0.8 = 1.2$m;

综合内摩擦角 $\varphi = 35°$,墙背摩擦角 $\delta = \varphi/2 = 17.5°$,墙背倾角 $\alpha = 0°$,重度 $\gamma = 19$kN/m³,地基横向容许承载力 $[\sigma_H] = 2000$kPa,地基系数 $K_H = 200000$kPa/m;

墙高(即挡土板总高度)$H_D = 15$m,地面点 A 与锚固点 O 之间的距离 $H_A = 2.5$m。桩间距(中~中)$L = 7$m。悬臂段长度 $H_D + H_A = 17.5$m;

混凝土等级为 C30,纵向受力钢筋采用 HRB400 钢筋,箍筋采用 HRB300 钢筋。

桩的截面形式:地面以下为矩形,桩截面宽 $b = 2.0$m,高 $h = 3.25$m,地面以上为 T 形变截面,桩顶截面高 0.75m,变截面点 B 至桩顶距离为 $0.8H_D = 0.8 \times 15 = 12$m,翼缘板高度及悬出宽度均为 0.5m。

2)土压力计算

(1)计算破裂角和土压力

本算例按库仑土压力方法计算,计算图示如图 9-17 所示。

(2)经试算破裂面交于Ⅱ线荷载外侧边缘

$$A_0 = \frac{1}{2}H_D(H_D + 2h_0) = \frac{1}{2} \times 15 \times (15 + 2 \times 3.2) = 160.5 \text{m}^2$$

$$B_0 = A_0 \tan\alpha + (K + D)h_0 = 160.5 \times 0 + (1.2 + 0.4) \times 3.2 = 5.12 \text{m}^2$$

$$\psi = \varphi + \delta - \alpha = 35° + 17.5° - 0° = 52.5°$$

$$\tan\theta = \frac{1.2 + 3.6 + 0.4 + 3.6}{H_D} = \frac{8.8}{15} = 0.5866667$$

$$\theta = \arctan\theta = 30.40°$$

$$E_a = \gamma(A_0\tan\alpha - B_0)\frac{\cos(\theta+\varphi)}{\sin(\theta+\psi)} = 19 \times (160.5 \times \tan30.40° - 5.12)\frac{\cos(30.40°+35°)}{\sin(30.40°+52.5°)}$$
$$= 709.727\text{kN}$$

$$E_{x0} = E_a\cos(\delta-\alpha) = 709.727 \times \cos(17.5°-0°) = 676.879\text{kN}$$

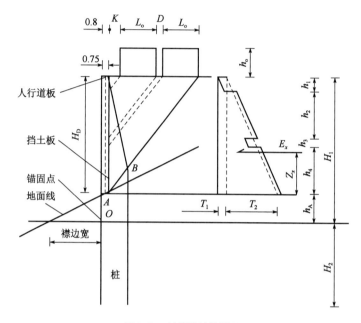

图 9-17 桩板墙计算图示

(3) 计算土压力合力作用点位置

$$h_1 = \frac{K}{\tan\theta - \tan\alpha} = \frac{1.2}{0.5866667} = 2.046\text{m}$$

$$h_2 = \frac{l_0}{\tan\theta - \tan\alpha} = \frac{3.6}{0.5866667} = 6.136\text{m}$$

$$h_3 = \frac{D}{\tan\theta - \tan\alpha} = \frac{0.4}{0.5866667} = 0.682\text{m}$$

$$h_4 = H_D - h_1 - h_2 - h_3 = 15 - 2.046 - 6.136 - 0.682 = 6.136\text{m}$$

$$Z_x = \frac{H_D^3 + 3h_0[h_2(h_2 + 2h_3 + 2h_4) + h_4^3]}{3 \times [H_D^2 + 2h_0(h_2 + h_4)]}$$

$$= \frac{15^3 + 3 \times 3.2 \times [6.136(6.136 + 2 \times 0.682 + 2 \times 6.136) + 6.136^2]}{3 \times [15^2 + 2 \times 3.2(6.136 + 6.136)]} = 5.382\text{m}$$

3) 锚固段长度和桩身内力计算

(1) 锚固段以上桩身内力计算

根据《铁路路基支挡结构设计规范》(TB 10025—2019),桩设计时采用 1.1 的荷载附加安全系数,则 $E_{x0} = 1.1 \times 676.879 = 744.567\text{kN}$。

A 点桩身弯矩及剪力:

$$M_A = E_x Z_x = E_{x0} Z_x L = 744.567 \times 5.382 \times 7 = 28051 \text{kN} \cdot \text{m}$$
$$Q_A = E_x Z_x = E_{x0} L = 744.567 \times 7 = 5212 \text{kN}$$

为简化计算,将土压力图形简化为梯形,A 点处桩身弯矩及剪力保持不变。
墙顶分布荷载大小为:
$$T_1 = \frac{6M_A - 2E_x H_D}{H_D^2} = \frac{6 \times 28051 - 2 \times 5212 \times 15}{15^2} = 53.093 \text{kN}$$

A 点分布荷载大小为:
$$T_2 = \frac{6E_x H_D - 12 M_A}{H_D^2} = \frac{6 \times 5212 \times 15 - 12 \times 28051}{15^2} = 588.747 \text{kN}$$

将悬臂段分为十等分,按悬臂梁计算各点的弯矩、剪力。
当计算点在挡土板桩段范围内时,设该点距桩顶距离为 y,则
$$Q_y = T_1 y + \frac{T_2 y^2}{2 H_D}$$
$$M_y = \frac{T_1 y^2}{2} + \frac{T_2 y^3}{6 H_D}$$

当计算点在挡土板以下和锚固点之间时,设该点距桩顶距离为 y,则
$$Q_y = Q_A$$
$$M_y = Q_A (y - H_D) + M_A$$

$y = H_1 = 17.5 \text{m}$ 时,作用于锚固段顶面的剪力和弯矩:
$$Q_0 = 5212 \text{kN}$$
$$M_0 = 5212(17.5 - 15) + 28051 = 41081 \text{kN} \cdot \text{m}$$

(2) 计算桩的锚固段长度及桩身内力

首先假定锚固段的长度为 H_2,检查锚固段顶面和桩底地基的横向压应力是否满足岩层的横向容许承载力,当横向压应力大于岩层的横向容许承载力时,加长锚固段长度,反之减少,再重新计算,直至横向压应力小于地基横向容许承载力为止。桩截面示意如图 9-18 所示。

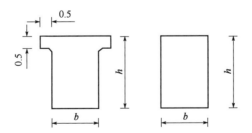

图 9-18 桩截面示意图(尺寸单位:m)

桩的截面惯性矩:
$$I = \frac{bh^3}{12} = 2.0 \times \frac{3.25^3}{12} = 5.721 \text{m}^4$$

采用的混凝土弹性模量:$E = 0.8 \times E_c$
桩的变形系数:

$$\beta = \sqrt[4]{\frac{K_H(b+1)}{4EI}} = \sqrt[4]{\frac{200000(2.0+1)}{4 \times 0.8 \times 30000000 \times 5.721}} = 0.181803 \mathrm{m}^{-1}$$

当桩底为自由端时,桩身内力和变位的计算公式如下(按桩底为自由端时的无量纲系数法计算):

$$x_y = \frac{Q_0}{\beta^3 EI}a_x + \frac{M_0}{\beta^2 EI}b_x$$

$$\varphi_y = \frac{Q_0}{\beta^2 EI}a_\varphi + \frac{M_0}{\beta EI}b_\varphi$$

$$M_y = \frac{Q_0}{\beta}a_m + M_0 b_m$$

$$Q_y = Q_0 a_Q + M_0 \beta b_Q$$

$$\sigma_y = K_H x_y$$

式中: x_y、φ_y——锚固段桩身距锚固段顶面为 y 的截面的位移、转角;

M_y、Q_y——锚固段桩身距锚固段顶面为 y 的截面的弯矩、剪力;

a_x、a_φ、a_m、a_Q——$Q_0 = 1$ 时引起桩身各截面变位和内力的无量纲系数;

b_x、b_φ、b_m、b_Q——$M_0 = 1$ 时引起桩身各截面变位和内力的无量纲系数;

β——桩的变形系数(1/m);

K_H——锚固段侧向地基系数(kPa/m);

I——桩的截面惯性矩(m^4);

b——桩的宽度(m)。

假设 $H_2 = 9.5\mathrm{m}$,将锚固段分为 10 等分,计算各截面的位移、转角、弯矩、剪力和横向压应力。

由表 9-4 可见,锚固段顶面和底面的横向压应力分别为 1969.4kPa 和 1078.8kPa,均小于地基横向容许承载力 2000kPa,桩顶位移 5.8cm,小于允许位移 10cm,故假设的锚固段长度满足要求。

桩身内力、位移和横向压应力 表 9-4

截面位置(m)	桩身位移(cm)	弯矩(kN·m)	剪力(kN)	横向压应力(kPa)
0.00	5.8	0	0	—
1.75	5.3	116	153	—
3.50	4.8	606	426	—
5.25	4.3	1678	820	—
7.00	3.8	3545	1333	—
8.75	3.4	6415	1967	—
10.50	2.9	10499	2721	—
12.25	2.4	16009	3595	—
14.00	1.9	23153	4590	—

续上表

截面位置(m)	桩身位移(cm)	弯矩(kN·m)	剪力(kN)	横向压应力(kPa)
15.75	1.5	31960	5212	—
17.50	1.0	41081	5212	1969.4
18.45	0.7	43594	311	1479.0
19.40	0.5	42089	-3273	1045.4
20.35	0.3	37742	-5700	666.9
21.30	0.2	31578	-7121	337.8
22.25	0.0	24490	-7665	50.0
23.20	-0.1	17259	-7437	-205.5
24.15	-0.2	10580	-6515	-438.3
25.10	-0.3	5084	-4951	-657.1
26.05	-0.4	1366	-2776	-869.0
27.00	-0.5	0	0	-1078.8

(3) 桩的配筋计算

材料的设计强度弹性模量见表9-5。荷载分项系数采用1.4，桩的结构重要性系数为1.0，荷载分项系数与桩的建筑结构安全等级两者的综合系数为 $1.4 \times 1.0 = 1.4$。

混凝土和钢筋的设计强度及弹性模量表　　　　表9-5

材料	设计强度(kPa)		弹性模量(kPa)
C30 混凝土	轴心受压	$f_c = 14300$	$E_c = 30000000$
	抗拉	$f_t = 1430$	
钢筋	HPB300	$f_y = 270000$	$E_s = 210000000$
	HRB400	$f_y = 360000$	$E_s = 200000000$

① 纵向受力筋的配筋计算

最大弯矩截面的配筋

$$M = 1.4 \times M_{max} = 1.4 \times 43594 = 61032 \text{kN} \cdot \text{m}$$

设截面有效高度 $h_0 = h - 0.06 - 0.1 = 3.25 - 0.06 - 0.1 = 3.09\text{m}$

$$\xi = 1 - \sqrt{1 - \frac{2M}{\alpha_1 f_c b h_0^2}} = \sqrt{1 - \frac{2 \times 61032}{1.0 \times 14300 \times 2.0 \times 3.09^2}} = 0.256358$$

钢筋直径为28mm，设计强度为360000kPa。

钢筋面积：

$$A_g = \frac{\xi f_c b h_0}{f_y} = \frac{0.256358 \times 14300 \times 2.0 \times 3.09}{360000} = 0.06293\text{m}^2$$

钢筋根数：

$$n = \frac{4A_g}{\pi d^2} = \frac{4 \times 0.06293}{\pi \times 0.028^2} = 102.2$$

取 $n = 103$。

纵向受力筋的排间净距采用 10cm,束间净距采用 10cm,竖向主筋混凝土保护层厚度采用 10cm,按三排钢筋排列,每排 12 束。根据钢筋排列,计算截面的有效高度,并与假设的有效高度比较,如差值大于 1mm,取计算值为假设值,按上述方法重新计算钢筋面积,直到满足要求为止。最终迭代计算得 $h_0 = 2.976$m,竖向主筋需 108 根。

②箍筋计算

正截面检算:不考虑受拉主筋的抗剪作用,仅配有箍筋的梁在均布荷载作用下的抗剪强度可按下式计算:

$$V_{cs} = 0.7 f_t b h_0 + f_y A_{sv} h_0 / S$$

式中:A_{sv}——箍筋截面积(m^2);
S——箍筋间距(m)。

$$S = \frac{f_y A_{sv} h_0}{V_{cs} - 0.7 f_t b h_0}$$

当 $V \leq 0.7 f_t b h_0$ 时,按构造配筋。当 $V > 0.7 f_t b h_0$ 时,将 $V_{cs} = V$ 代入上式,即可求出箍筋间距 S。

箍筋的间距要求如下:

当 $V \leq 0.7 f_t b h_0$ 时,$S = 400$mm。

当 $V > 0.7 f_t b h_0$ 时,$S \leq 300$mm。

斜截面检算:最大剪力截面距桩顶 22.25m,剪力值 Q_{max} 为 7665kN。

$$\frac{h_0}{b} = \frac{2.976}{2.0} = 1.488 < 4.0$$

$$V = 1.4 \times Q_{max} = 1.4 \times 7665 = 10731 \text{kN}$$

$$V_c = 0.25 f_c b h_0 = 0.25 \times 14300 \times 2.0 \times 2.976 = 21278.4 \text{kN} > 10731 \text{kN}$$

截面尺寸满足斜截面检算检算要求。

计算截面配筋率,混凝土提供的抗剪承载力:

$$V_{cs} = 0.7 f_t b h_0 = 0.7 \times 1430 \times 2.0 \times 2.976 = 5958 \text{kN} < 10731 \text{kN}$$

需配箍筋,箍筋直径取 20mm,有:

$$S = \frac{f_y A_{sv} h_0}{V_{cs} - 0.7 f_t b h_0} = \frac{300000 \times 2 \times \pi \times 0.01 \times 0.01 \times 2.976}{10731 - 5958} = 0.118 \text{m}$$

取箍筋间距为 11cm。

箍筋配筋率:

$$\rho = \frac{A_{sv}}{bS} = \frac{2 \times \pi \times 0.01 \times 0.01}{2.0 \times 0.11} = 0.0029$$

最小配筋率:

$$\rho_{min} = \frac{0.24 f_c}{f_{yv}} = 0.24 \times \frac{1430}{300000} = 0.001144$$

所以最大剪力截面处箍筋配筋率满足要求。

9.5.2 基于中国标准的土质抗滑桩设计算例

1）设计参数

已知桩长 $H=17\mathrm{m}$，滑面（锚固点）以上桩长 $H_1=6\mathrm{m}$，采用方形桩横截面短边长度 $b=1.75\mathrm{m}$，长边长度 $h=2\mathrm{m}$，桩间距 $a=6\mathrm{m}$。作用于桩上的外力 $E_x=1200\mathrm{kN}$，外力作用点至滑动面的距离与滑动面以上桩长之比 $\beta_1=0.333$。锚固段土层参数见表9-6。地基系数的比例系数 $m=10000\mathrm{kN/m^4}$，混凝土等级为C35。

锚固段土层材料参数 表9-6

土层	天然重度 $\gamma(\mathrm{kN/m^3})$	内摩擦角 $\varphi(°)$	黏聚力 $c(\mathrm{kPa})$
锚固段	21	28	6

2）滑动面以上桩身内力计算

已知作用于桩上的外力：$E_x=1200\mathrm{kN}$

悬臂段底端桩身弯矩 M_0 和剪力 Q_0 为：

$$M_0 = E_x Z_x = 1200 \times 2 = 2400\mathrm{kN \cdot m}$$

$$Q_0 = E_x = 1200\mathrm{kN}$$

桩上外力的应力分布图形为三角形，悬臂段顶端和低端外力为：

$$T_1 = 0$$

$$T_2 = \frac{6E_x H_1 - 12M_0}{H_1^2} = \frac{6 \times 1200 \times 6 - 12 \times 2400}{6^2} = 400\mathrm{kN}$$

将滑面以上桩长分为10等分，内力按一端固定的悬臂梁考虑，位移和转角计算结果见表9-7。

桩身内力、位移、转角计算结果 表9-7

桩深(m)	桩身位移(cm)	计算弯矩(kN·m)	计算剪力(kN)	横向压应力(kPa)	地基侧向容许应力(kPa)
0.00	2.248	0	0	—	—
0.60	2.128	2	12	—	—
1.20	2.007	19	48	—	—
1.80	1.887	64	107	—	—
2.40	1.766	153	191	—	—
3.00	1.646	299	299	—	—
3.60	1.526	517	431	—	—
4.20	1.407	821	587	—	—
4.80	1.288	1227	768	—	—
5.40	1.171	1747	972	—	—
6.00	1.055	2398	1200	0	27.2
7.10	0.851	3656	1047	93.6	82.8
8.20	0.661	4614	675	145.5	138.5

续上表

桩深(m)	桩身位移(cm)	计算弯矩(kN·m)	计算剪力(kN)	横向压应力(kPa)	地基侧向容许应力(kPa)
9.30	0.491	5099	201	162	194.1
10.40	0.341	5052	-278	150.1	249.8
11.50	0.212	4511	-686	116.6	305.4
12.60	0.101	3587	-968	66.9	361
13.70	0.005	2445	-1078	4.1	416.7
14.80	-0.081	1291	-981	-70.9	472.3
15.90	-0.161	378	-636	-159.5	528
17.00	-0.24	0	0	-263.9	583.6

3)桩的锚固段长度及桩身内力计算

圆形桩的截面惯性矩：

$$I = \frac{bh^3}{12} = \frac{1.75 \times 2^3}{12} = 1.1667 \mathrm{m}^4$$

采用的混凝土弹性模量：

$$E = 0.8E_c = 0.8 \times 31500 = 25200 \mathrm{MPa}$$

桩身内力和变位按 m 法计算，桩的变形系数为：

$$\alpha = \sqrt[5]{\frac{m(b+1)}{EI}} = \sqrt[5]{\frac{10000(1.75+1)}{25200000 \times 1.1667}} = 0.2478 \mathrm{m}^{-1}$$

假设 $H_2 = 11\mathrm{m}$，将锚固段分为10等分，计算各截面的位移、转角、弯矩、剪力和横向压应力，结果见表9-7。可见，锚固段顶面以下的横向压应力值小于地基横向容许承载力，故假设的锚固段长度满足要求。

4)桩的配筋计算

材料的设计强度和弹性模量见表9-8。荷载分项系数 $\gamma_G = 1.35$；材料分项系数材料分项系数 $\gamma_c = 1.4$，$\gamma_s = 1.1$。

混凝土和钢筋的强度标准值及弹性模量表 表9-8

材料	强度标准值(kPa)		弹性模量(kPa)
C35 混凝土	轴心受压	$f_{ck} = 23400$	$E_c = 31500000$
	抗拉	$f_{tk} = 2200$	
钢筋	HRB400	$f_{yk} = 400000$	$E_s = 200000000$

混凝土抗压强度设计值：

$$f_c = \frac{f_{ck}}{\gamma_c} = \frac{23.4}{1.4} = 16.71 \mathrm{MPa}$$

钢筋强度设计值：

$$f_y = \frac{f_{yk}}{\gamma_s} = \frac{400}{1.1} = 363.64 \mathrm{MPa}$$

(1) 纵向受力筋的配筋计算

最大弯矩：
$$M = 1.35 M_{\max} = 1.35 \times 5099 = 6883.65 \text{kN} \cdot \text{m}$$

竖向钢筋直径为 25mm，类型为 HRB400，受拉钢筋保护层厚度为 70mm。

界限相对受压区高度：
$$\xi_b = \frac{\beta}{1 + \dfrac{f_y}{\varepsilon_{cu} E_s}} = \frac{0.8}{1 + \dfrac{364.64}{0.0033 \times 2.0 \times 10^5}} = 0.515 \text{m}$$

最大配筋率：
$$\rho_{\max} = \xi_b \frac{f_c}{f_y} = 0.515 \times \frac{16.71}{363.64} = 0.02367$$

设截面有效高度：
$$h_0 = 2 - 0.07 - 0.0125 = 1.9175 \text{m}$$

与受压混凝土平衡的最大受拉钢筋面积：
$$A_{s,\max} = \rho_{\max} b h_0 = 0.02367 \times 1.75 \times 1.9175 = 0.07943 \text{m}^2$$

混凝土最大受压区高度：
$$x_{\max} = \frac{f_y A_{s,\max}}{\alpha_1 f_c b} = \frac{363.64 \times 0.07943}{1.0 \times 16.71 \times 1.75} = 0.9877 \text{m}$$

混凝土承受的最大弯矩：
$$\begin{aligned} M_{c,\max} &= \alpha_1 f_y A_{s,\max} \left(h_0 - \frac{x_{\max}}{2} \right) \\ &= 363.64 \times 0.07943 \times \left(1.9175 - \frac{0.9877}{2} \right) \\ &= 41120 \text{kN} \cdot \text{m} > M \end{aligned}$$

不需要配置受压钢筋，则：
$$\xi = 1 - \sqrt{1 - \frac{2M}{\alpha_1 f_c b h_0^2}} = 1 - \sqrt{1 - \frac{2 \times 6883.65}{1.0 \times 16710 \times 1.75 \times 1.9175^2}} = 0.066$$

钢筋面积：
$$A_g = \frac{\xi f_c b h_0}{f_y} = \frac{0.066 \times 16710 \times 1.75 \times 1.9175}{363640} = 0.0102 \text{m}^2$$

钢筋根数：
$$n = \frac{4 A_s}{\pi d^2} = \frac{4 \times 0.0102}{\pi \times 0.025^2} = 20.79 \quad (\text{取 } n = 21 \text{ 根})$$

配筋率：
$$\rho = \frac{A_s}{A} = \frac{0.0107}{2 \times 1.75} = 0.31\% > \rho_{\min} = 0.20\%$$

(2) 箍筋计算

① 斜截面检算

最大剪力截面距桩顶 6m,剪力值 Q_{max} 为 1200kN。

$$\frac{h_0}{b} = \frac{1.9}{1.75} = 1.088 < 4.0$$

$$V = 1.35 Q_{max} = 1.4 \times 1200 = 1620 \text{kN}$$

$$V_c = 0.25 f_c b h_0 = 0.25 \times 16700 \times 1.75 \times 1.9175 = 14009 \text{kN} > 1680 \text{kN}$$

截面尺寸满足斜截面检算要求。

②最大剪力截面配筋计算

混凝土提供的抗剪承载力:

$$V_{cs} = 0.7 f_t b h_0 = 0.7 \times 1570 \times 1.75 \times 1.9175 = 3688 \text{kN} > 1680 \text{kN}$$

按构造配置箍筋。

(3)裂缝检算

可以不进行裂缝宽度检算。

9.5.3 基于欧洲标准的土质抗滑桩设计算例

欧洲标准在基坑工程中普遍采用圆形截面桩,而中国标准在设计抗滑桩时多采用矩形截面桩,为与中国标准对比,本欧洲算例采用矩形桩。

1)设计参数

锚固段土层压缩模量 $E_{ode} = 24$MPa,其他参数同第9.5.2节算例。

2)滑动面以上桩身内力计算

滑动面以上桩身内力计算同第9.5.2算例。

3)桩的锚固段长度及桩身内力计算

圆形桩的截面惯性矩:

$$I = \frac{bh^3}{12} = \frac{1.75 \times 2^3}{12} = 1.1667 \text{m}^4$$

桩间距 $a = 6$m: $\frac{I}{6} = \frac{1.1667}{6} = 0.1944 \text{m}^4/\text{m}$

采用施密特法计算土的水平反力系数:

$$k_h = 2.1 \left[\frac{E_{oed}^{\frac{4}{3}}}{(EI)^{\frac{1}{3}}} \right] = 2.1 \left[\frac{24^{\frac{4}{3}}}{(31500 \times 0.19445)^{\frac{1}{3}}} \right] = 7.95 \text{MN/m}^3$$

欧洲标准桩身内力和变位的计算按弹性地基梁求解方法采用无量纲解法求解,与我国的简化 K 法相一致,桩的变形系数:

$$l_0 = \sqrt[4]{\frac{4EI}{k_h B_P}} = \sqrt[4]{\frac{4 \times 31500 \times 1.1667}{7.95 \times 1.5 \times 1.75}} = 9.16 \text{m}$$

各截面的位移、弯矩和剪力结果见表9-9。

桩身土的水平反力系数和结构内力的分布 表9-9

桩深(m)	桩身位移(cm)	计算弯矩(kN·m)	计算剪力(kN)
0	3.016	0	0
0.85	2.826	6.78	-24
1.70	2.636	54.42	-96
2.55	2.446	183.6	-216
3.40	2.257	435.24	-384.06
4.25	2.068	850.14	-600.06
5.10	1.881	1468.98	-864.12
5.95	1.698	2332.74	-1176.18
6.00	1.688	2387.22	-1194.42
6.01	1.684	2408.82	-1199.88
6.80	1.518	3328.2	-1089.54
7.65	1.345	4080.18	-694.08
8.50	1.181	4502.52	-307.2
9.35	1.024	4615.62	34.2
10.20	0.877	4456.68	333.6
11.05	0.739	4059.72	594.66
11.90	0.609	3452.7	799.08
12.75	0.485	2723.04	901.02
13.60	0.367	1948.68	905.1
14.45	0.253	1211.04	815.04
15.30	0.141	589.08	633.3
16.15	0.03	159.96	361.44
17.00	-0.081	0	0

4) 桩的配筋计算

材料的强度标准值见表9-10。荷载分项系数 $\gamma_G = 1.35$;材料分项系数 $\gamma_c = 1.5, \gamma_s = 1.15$。

混凝土和钢筋的强度标准值及弹性模量表 表9-10

材料	强度标准值(kPa)		弹性模量(kPa)
C35 混凝土	轴心受压	$f_{ck} = 23400$	$E_{cm} = 31500000$
	抗拉	$f_{tm} = 2200$	
钢筋	HRB400	$f_{yk} = 400000$	$E_s = 200000000$

(1) 纵向受力筋的配筋计算

混凝土抗压强度设计值:

$$f_{cd} = \alpha_{cc} \frac{f_{ck}}{\gamma_c} = 0.85 \times \frac{23.4}{1.5} = 13.26 \text{MPa}$$

钢筋强度设计值：

$$f_{yd} = \frac{f_{yk}}{\gamma_s} = \frac{400}{1.15} = 347.83 \text{MPa}$$

弯矩设计值：

$$M_{Ed} = 1.35 M_{max} = 1.35 \times 4615.62 = 6231.09 \text{kN} \cdot \text{m}$$

竖向钢筋直径为25mm，类型为HRB400，受拉钢筋保护层厚度为70mm。

$$d = 2 - 0.07 - 0.0125 = 1.9175 \text{m}$$

$$f_{ck} = 23.4 \text{MPa} < 50 \text{MPa}, \lambda = 0.8, \eta = 1.0$$

受拉钢筋最大配筋面积：

$$A_{s,max} = 0.04 A_c = 0.04 \times 1.75 \times 2 = 0.14 \text{m}^2$$

混凝土最大受压区高度：

$$\min\left(\frac{f_{yd} A_{s,max}}{\eta f_{cd} b}, 0.45d\right) = \min\left(\frac{347.83 \times 0.14}{1.0 \times 13.26 \times 1.75}, 0.45 \times 1.9175\right) = 0.8629 \text{m}$$

最大承受的弯矩：

$$M_{max} = \eta f_{cd} (\lambda x) b \left(d - \frac{\lambda x}{2}\right)$$

$$= 1.0 \times 13.26 \times 0.8 \times 0.8629 \times \left(1.9175 - \frac{0.8 \times 0.8629}{2}\right) = 14393 \text{kN} \cdot \text{m} > M_{Ed}$$

无需配置受压钢筋。

$$\xi = 1 - \sqrt{1 - \frac{2M}{\eta \lambda f_{cd} b d^2}} = 1 - \sqrt{1 - \frac{2 \times 6231.09}{1.0 \times 0.8 \times 13260 \times 1.75 \times 1.9175^2}} = 0.096$$

钢筋面积：

$$A_s = \frac{\xi \lambda f_{cd} b d}{f_{yd}} = \frac{0.096 \times 0.8 \times 13260 \times 1.75 \times 1.9175}{347830} = 0.0098 \text{m}^2$$

钢筋根数：

$$n = \frac{4 A_s}{\pi d^2} = \frac{4 \times 0.0098}{\pi \times 0.025^2} = 19.97$$

不考虑裂缝计算时可取 $n = 20$ 根，考虑裂缝计算时，假设 $n = 24$ 根。

配筋率：

$$\rho = \frac{A_g}{A} = \frac{0.01178}{2 \times 1.75} = 0.34\% > \rho_{min}$$

满足最小配筋率要求。

(2) 箍筋计算

$$V = 1.35 Q_{max} = 1.35 \times 1199.88 = 1619.84 \text{kN}$$

无腹筋混凝土构件的抗剪按第6.5节计算，并取最大值。

$$k = 1 + \sqrt{\frac{200}{193}} = 2.02, k = 2.0, \sigma_{cp} = 0$$

$$V_{\text{Rd,c}} = [C_{\text{Rd,c}}k(100\rho_l f_{ck})^{\frac{1}{3}} + k_1\sigma_{cp}]b_w d$$
$$= \left[\frac{0.18}{1.5} \times 2.0 \times (100 \times 0.02 \times 23.4)^{\frac{1}{3}}\right] \times 1.75 \times 1.9175$$
$$= 2902\text{kN}$$
$$v_{\min} = 0.035 k^{\frac{3}{2}}\sqrt{k} = 0.035 \times 2^{\frac{3}{2}} \times \sqrt{23.4} = 0.4789\text{MPa}$$
$$V_{\text{Rd,c}} = v_{\min}b_w d = 0.4789 \times 1.75 \times 1.9175 = 1607\text{kN}$$

取最大值：
$$V_{\text{Rd,c}} = 2902\text{kN} > 1607\text{kN}$$

按构造配置箍筋。

(3) 裂缝检算

钢筋与混凝土弹性模量之比：
$$\alpha_e = \frac{E_s}{E_{cm}} = \frac{200}{31.5} = 6.35$$

构件未配置受压钢筋，则混凝土开裂后的受压区混凝土高度：
$$\frac{x_{cr}}{d} = -\alpha_e\rho + \sqrt{\alpha_e^2\rho^2 + 2\alpha_e\rho}$$
$$= -6.35 \times 0.0034 + \sqrt{6.35^2 \times 0.0034^2 + 2 \times 6.35 \times 0.0034}$$
$$= 0.19$$
$$x_{cr} = 0.19d = 0.19 \times 1.9175 = 0.36\text{m}$$

受拉钢筋应力：
$$\sigma_s = \frac{M_k}{A_s\left(d - \dfrac{x_{cr}}{3}\right)} = \frac{4615.62}{0.0118 \times \left(1.9175 - \dfrac{0.36}{3}\right)} = 217.72\text{MPa}$$

由于：
$$\begin{cases} 2.5(h-d) = 2.5 \times (2 - 1.9175) = 0.206\text{m} \\ \dfrac{h}{2} = 1\text{m} \\ (h - x_{cr})/3 = (2 - 0.36)/3 = 0.55\text{m} \end{cases}$$

有效受拉区高度取上式的最小值，即 $h_{c,\text{eff}} = 0.206\text{m}$

有效受拉区面积和有效配筋率：
$$A_{c,\text{eff}} = bh_{c,\text{eff}} = 1.75 \times 0.206 = 0.36\text{m}^2$$
$$\rho_{p,\text{eff}} = \frac{A_s + \xi_1^2 A_p}{A_{c,\text{eff}}} = \frac{0.0118 + 0}{0.36} = 0.033$$

混凝土抗拉强度平均值：
$$f_{ctm} = 0.3 f_{ck}^{\frac{2}{3}} = 0.3 \times 23.4^{\frac{2}{3}} = 2.45\text{MPa}$$

对于长期荷载，$k_t = 0.4$；$f_{ct,\text{eff}} = f_{ctm} = 2.45\text{MPa}$

$$\varepsilon_{sm} - \varepsilon_{cm} = \frac{\sigma_s - k_t\dfrac{f_{ct,\text{eff}}}{\rho_{p,\text{eff}}}(1 + \alpha_e\rho_{p,\text{eff}})}{E_s}$$

$$= \frac{217.72 - 0.4 \times \frac{2.45}{0.033}(1 + 6.35 \times 0.033)}{200 \times 10^3} = 0.91 \times 10^{-3}$$

$$> 0.6 \frac{\sigma_s}{E_s} = 0.6 \times \frac{260.25}{200 \times 10^3} = 0.78 \times 10^{-3}$$

对高黏结强度钢筋 $k_1 = 0.8$,受弯时 $k_2 = 0.5$。

混凝土保护层厚度 $c = 70 - 25/2 = 57.5$mm,则裂缝最大间距为:

$$S_{r,\max} = 3.4c + 0.425 \frac{k_1 k_2 \phi}{\rho_{p,\text{eff}}} = 3.4 \times 57.5 + 0.425 \times \frac{0.8 \times 0.5 \times 25}{0.033} = 324.29 \text{mm}$$

裂缝宽度特征值:

$$\omega_k = S_{r,\max}(\varepsilon_{\text{sm}} - \varepsilon_{\text{cm}}) = 324.29 \times 0.91 \times 10^{-3} = 0.295 \text{mm} < \omega_k = 0.3 \text{mm}$$

$n = 24$ 根,满足计算要求。

9.6 对比分析

9.6.1 算例结果分析

中欧标准关于抗滑桩算例的对比结果见表9-11,下面将从桩身内力和桩结构设计方面详述中欧标准抗滑桩设计的差异性。

中欧标准抗滑桩算例对比结果 表9-11

标准	材料强度设计值(MPa)		锚固点位移(cm)	计算弯矩(kN·m)	计算剪力(kN)	弯矩设计值(kN·m)	剪力设计值(kN)	裂缝		箍筋
	混凝土	钢筋						未考虑	考虑(0.3mm)	
中国标准	16.71	363.64	1.055	5099	1200	6883.65	1620	21根	24根	构造配筋
欧洲标准	13.26	347.83	1.684	4615.62	1199.88	6231.09	1619.84	20根	24根	构造配筋

(1)中欧标准均采用相同土压力计算方法,故悬臂段根部最大剪力相同。

(2)中欧标准虽然均采用弹性地基梁计算,但由于地基系数选取及强度校核方法不同,所计算出的锚固段最大弯矩存在差异,中国标准较欧洲标准偏大10%左右。

(3)当不考虑裂缝计算时,中国标准所计算的配筋量略大,当取定相同裂缝计算宽度限值时(0.3mm),中欧标准配筋量一致。

9.6.2 中欧标准主要差异

中欧标准在桩身钢筋混凝土结构设计原则和方法上基本一致,但在桩身内力计算、具体材

料取值、作用组合、分项系数及结构设计中仍有一定的差别,具体如下:

1) 桩身内力计算

欧洲弹塑性计算方法在锚固段桩身内力及结构变形计算方面,与我国桩及桩墙组合结构锚固点以下的桩身内力及变形计算,都采用温克尔(Winkler)弹性地基梁方法推导锚固段各点间的位移、转角、弯矩及剪力,但仍有区别,具体见表9-12。

中欧标准锚固段内力计算对比　　　　　　　　　　　　　　　　　　　　　　表9-12

项目	欧洲标准 Eurocode 2、Eurocode 7	中国标准《铁路路基支挡结构设计规范》(TB 10025—2019)
锚固段计算	类似K法,但仍有不同,如超过被动土压力时,K_H值取0	岩层桩采用K法; 土层桩采用m法或c法
地基系数选取	根据土的压缩模量计算或采用试验获取	标准查表获取
锚固点变位要求	没有锚固点桩身变形位移要求	我国铁路标准也没有明确规定,但M值的选取是以锚固点处桩的水平位移小于6mm或10mm作为依据的

以上锚固段计算方法、地基系数选取、锚固点桩身变位及地基强度校核的要求不同,造成在相同地质条件下的抗滑桩锚固段桩身位移、弯矩及剪力均有所区别。本章算例中采用中国标准计算出锚固段最大弯矩较欧洲标准大,锚固点变形较欧洲规范小。

2) 材料参数

抗滑桩的材料参数选取与钢筋混凝土挡土墙一致,中欧标准对比可参见本书第6章。

3) 承载能力设计

抗滑桩的承载能力计算与钢筋混凝土挡土墙一致,中欧标准对比可参见本书第6章。

4) 正常使用设计

(1) 裂缝

在裂缝宽度计算上,中欧标准的计算原理基本相同均是采用黏结滑移-无滑移理论计算得到,但具体公式略有差异;在裂缝限值上,中欧标准计算抗滑桩时有所差异,详见表9-13。

中欧标准裂缝对比　　　　　　　　　　　　　　　　　　　　　　　　　　　表9-13

项目	欧洲标准 Eurocode 2	中国标准《铁路路基支挡结构设计规范》(TB 10025—2019)
裂缝宽度S	$\omega_k = s_{r,\max}(\varepsilon_{sm} - \varepsilon_{cm})$ $s_{r,\max} = 3.4c + 0.425\dfrac{k_1 k_2 \varphi}{\rho_{p,\mathrm{eff}}}$ $\varepsilon_{sm} - \varepsilon_{cm} = \dfrac{\sigma_s - k_t \dfrac{f_{ct,\mathrm{eff}}}{\rho_{p,\mathrm{eff}}}(1 + \alpha_e \rho_{p,\mathrm{eff}})}{E_s}$	$\omega_{\max} = (\varepsilon_{sm} - \varepsilon_{cm})l_{cr} = \varepsilon_{sm}\left(1 - \dfrac{\varepsilon_{cm}}{\varepsilon_{sm}}\right)l_{cr}$ $\alpha_{cr} = 1 - \dfrac{\varepsilon_{cm}}{\varepsilon_{sm}}; \varepsilon_{sm} = \psi\dfrac{\sigma_{sq}}{E_s}$ $l_{cr} = \left(1.9c_s + 0.08\dfrac{d_{eq}}{\rho_{te}}\right)$
裂缝限值R	参见表9-4-5	抗滑桩无特殊要求时,可以不进行裂缝宽度检算。处于严重的腐蚀性环境中时,则考虑进行裂缝宽度检算,如果对裂缝展开宽度不限制,将无法满足耐久性的要求。 桩墙组合结构最大裂缝宽度应按本规范附录F进行计算。最大裂缝宽度限定值可按现行《铁路混凝土结构耐久性设计规范》(TB 10005)规定采用,有经验时,最大裂缝宽度限定值可适当放宽,并采用适当的防腐附加措施

（2）变形

在挠度计算上，当欧洲标准采用简化方法计算时，与中国标准计算公式一致；在挠度限值上，中欧标准关于抗滑桩计算有所差异，欧洲标准挠度限值更为严格，详见表9-14。

中欧标准构件混凝土挠度计算对比 表9-14

项目	欧洲标准 Eurocode 2	中国标准《混凝土结构设计规范》（GB 50010—2010）
挠度 S	欧洲标准常将构件沿长度离散为多个区段，计算每个节点截面的曲率，根据构件的截面曲率-挠度关系，建立节点截面挠度的方程组式，解方程组得到节点的挠度。也可采用简化的方法，直接根据最大弯矩截面的曲率按下式计算 $$f=k\frac{M}{EI}l_0^2=k\frac{1}{r_e}l_0^2$$	中国标准在求得构件短期或长期刚度后，根据材料力学方法按下式计算构件的变形 $$f=k\frac{M}{EI}l_0^2=k\frac{1}{r_e}l_0^2$$
挠度限值 R	（1）为避免结构外观和功能可能会受到损害，对承受准永久荷载的梁、板或悬臂构件，挠度不超过跨度的1/250。可通过起拱来抵消部分或全部的挠度，但模板拱度不应超过跨度的1/250。 （2）应限制损坏邻近结构部分的挠曲。对于竣工后的结构，准永久荷载下的挠度控制为跨度的1/500。取决于邻近部分的敏感程度，也可考虑其他的限值	（1）抗滑桩一般允许有较大的变形，因此允许一般情况下不进行桩的挠度等检算。 （2）桩顶水平总位移限定值可采用悬臂段长度的1/100控制，且不宜大于100mm，高速铁路路肩桩板墙不宜大于60mm。挡土板跨中最大挠度限定值可采用挡土板计算跨度的1/200

此外中欧标准中钢筋混凝土结构的一些构造要求也有所不同，如保护层厚度等。

5）地基强度校核

中国公路、铁路行业标准在抗滑桩地基强度校核时，根据地基土层性质不同，可分为岩层桩和土层桩，岩层桩普遍采用K法，土层桩普遍采用m法，而中国建筑基坑采用弹性支点法；欧洲标准使用抗滑桩（嵌入式挡土墙）时，多应用在基坑工程中，地基条件普遍为土质地基，计算原理采用弹塑性共同变形法计算。中国公路、铁路行业在抗滑桩地基强度校核时与欧洲差别较大，而中国建筑基坑在抗滑桩地基强度校核时与欧洲相类似，但仍有区别，详见表9-15。

中欧标准抗滑桩地基强度校核公式对比 表9-15

项目	欧洲标准	中国《铁路路基支挡结构规范》（TB 10025—2019）、《建筑基坑支护技术规程》（JGJ 120—2012）
公路、铁路	采用弹塑性共同变形法。作用在桩体上的土压力如下所示：$$\sigma=\sigma_r-K_Hw$$ 当 $\sigma<\sigma_a$ 时，$\sigma=\sigma_a$； 当 $\sigma>\sigma_p$ 时，$\sigma=\sigma_p$	公路、铁路行业标准，分为岩层桩和土层桩； 岩层桩采用K法：$\sigma_y\leq[\sigma_H]=K_{RH}\eta R$ 土层桩采用m法：$\sigma_y\leq[\sigma_H]=\sigma_b-\sigma_a$
建筑基坑		建筑基坑标准采用弹性支点法模型计算：$$k_s=m(z-h)$$ $$p_s=k_sv+p_{s0}$$ $$p_s\leq E_{pk}$$

第10章 桩基挡土墙设计方法与算例

10.1 概述

10.1.1 结构的发展和适用条件

1) 桩基挡土墙的发展

桩基挡土墙是挡土墙与桩的组合形式,一般有托梁相连接,故也简称"桩基托梁",桩基来源于建筑桩基和桥梁桩基,主要用于解决承载力较低的矛盾,挡土墙一般为衡重式。桩基挡土墙一般设在路肩或路堤地段。

20世纪60年代的成昆铁路曾在陡峻山坡的路堤采用桩基挡土墙,90年代初期宝成铁路增建第二线工程建设中,陡坡路堤多处采用桩基挡土墙方案。随后桩基挡土墙在襄渝铁路、洛湛铁路、贵广高铁、成渝高铁、成贵高铁等多条铁路中得到应用,使用效果明显,技术可靠,节省投资。

2) 应用范围和适用条件

(1) 主要用于河岸严重冲刷、陡坡岩堆、稳定性较差的陡坡覆盖土、基岩埋藏较深、与既有线紧邻等地段路基。

(2) 当山坡较陡,覆盖土层稳定性较差,基岩埋藏又较深时,可采用桩基挡土墙。

(3) 在既有线陡坡路堤平行增建第二线,当采用挖台阶浆砌防护、预留土埂临时支护、跳槽开挖基坑等临时支护措施不能满足行车和施工安全时,可采用路肩式或坡脚式的桩基挡土墙。

10.1.2 桩基挡土墙的类型

常用的桩基挡土墙形式有桩基托梁重力式(衡重式)挡土墙和桩基悬臂式挡土墙两类,如图10-1和图10-2所示。

10.1.3 桩基挡土墙的特点

桩基挡土墙的特点是扩大了一般圬工式挡土墙的使用范围,当地面陡峻或地表覆盖为松散体,地表稳定性较差时,采用桩基挡土墙可将基底置于稳定地层中,以节约上部挡土墙截面,节省圬工,减少对坡体的干扰。

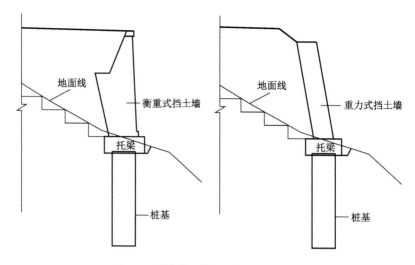

图 10-1 桩基挡土墙结构类型断面示意图

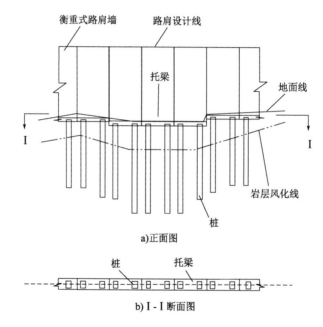

a)正面图

b) I - I 断面图

图 10-2 桩基挡土墙正面和断面示意图

10.2 桩基托梁重力式(衡重式)挡土墙设计

10.2.1 结构力传递

桩基托梁重力式(衡重式)挡土墙是将上部重力式(衡重式)挡土墙传来的荷载通过托梁

传递给下部的桩体,而桩体通过桩周围土的侧摩阻力及桩端土的端承力将荷载传递到周围的土体中去,托梁将桩连成一个整体共同承担上部传来的荷载。

在桩基托梁重力式(衡重式)挡土墙结构体系中,重力式(衡重式)挡土墙位于托梁上,两者之间完全固接,因此重力式(衡重式)挡土墙与托梁的平移动、垂直沉降及旋转,均会产生相应的联动,并影响到结构受力(土压力)的变化,但在设计计算时,一般不会考虑这种联动。重力式(衡重式)挡土墙的受力与设计计算按一般重力式(衡重式)挡土墙的受力与设计计算执行;托梁可按照弹性地基梁或一般连续梁、简支梁理论计算,由于挡土墙与托梁之间是完全固接,因此托梁顶部的受力与挡土墙底部竖向力、水平力及弯矩完全相等;桩身结构内力计算与设计可根据本书第 9 章及相关规范进行。

10.2.2 结构计算

1)挡土墙的土压力计算

托梁以上挡土墙的土压力计算和一般的挡土墙的计算一样,计算详见第 4 章"外部荷载"中第一节中的土压力计算。

2)托梁的内力计算

(1)传递到托梁上每延米的水平推力为:

$$E_m = E_{x1} + E_{x2} \tag{10-1}$$

式中:E_{x1}——上墙水平土压力;

E_{x2}——下墙水平土压力。

(2)传递到托梁上每延米的竖向力为:

$$N_m = E_{y1} + E_{y2} + W_q + W_t \tag{10-2}$$

式中:E_{y1}——上墙竖向土压力;

E_{y2}——下墙竖向土压力;

W_q——挡土墙自重;

W_t——衡重台以上第一破裂面和墙背之间土体的自重。

(3)传递到托梁上每延米的托梁顶中点弯矩为:

$$M_m = N_m e \tag{10-3}$$

或

$$M_m = N_m \frac{B}{2} + M_0 - M_y \tag{10-4}$$

式中:e——挡土墙合力偏心距;

B——墙底宽度;

M_0——挡土墙倾覆力系对墙趾的弯矩;

M_y——挡土墙稳定力系对墙趾的弯矩。

3)托梁的内力计算

(1)竖直面内的内力

如果不考虑地基反力的作用,可将托梁看成支承于桩上的连续梁或简支梁(每跨两个支点),这种方法比较保守;如果要考虑地基的反力,首先求出作用于梁上的荷载,按普通连续梁或简支梁计算支座和跨中的弯矩、最大剪力,再按弹性地基梁进行计算,这种方法更接近实际,但计算较复杂。

托梁的计算根据托梁下桩基的布置情况一般可分为按连续梁设计和按支端悬出的简支梁设计两种情况。

①按连续梁设计

连续梁模型的受力图示如图10-3所示。

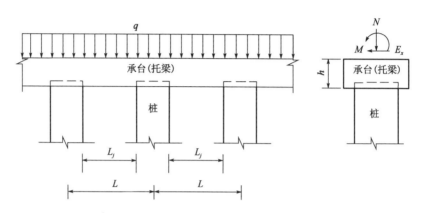

图10-3　桩基托梁挡土墙托梁以上外荷载分布图

M-由挡土墙传到每一跨(两桩中至中距离,长L)的弯矩,每延米弯矩乘以跨长L;E_x-由挡土墙传到每一跨上的水平推力,每延米水平推力乘以跨长L;N-由挡土墙传到每一跨上的竖向压力,每延米竖向力乘以跨长L

a. 如果忽略基底土的支承作用,按一般的连续梁计算托梁内力,计算图示如图10-4所示,支座弯矩、跨中弯矩、最大剪力计算式分别见表10-1。

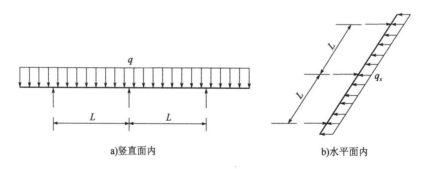

图10-4　连续梁内力计算简图

桩基托梁支端悬出简支梁内力计算公式　　　　　表10-1

内力位置	内力计算公式
支座弯矩	$M_0 = -qL_1^2/2$
跨中弯矩	$M_x = (qL_c^2)/24$
最大剪力	$Q_0 = qL/2$

注:L_c-计算跨度,$L_c = 1.05 L_j$;L_j-两相邻桩之间的净距;q-托梁底面以上的均布荷载;q_x-水平面以内的均布荷载,$q_x = E_x/L_0$。

当连续梁少于6跨时,应按实际的受力图式解方程求出精确解。水平面内的计算公式形式与上表一样,但 $q = q_x$。

如果考虑基底的支承作用,桩与托梁的交点视为固定,每一静跨之间按弹性地基梁计算。在水平面内的计算中,摩擦力近似地按均布考虑。计算出支座处的最大弯矩和剪力后,按文克尔假定(弹性地基梁的地基反力与沉降成正比)计算弹性地基梁。文克尔假定又被称为基床系数法,可归纳为两点:一是梁的每一点挠度与地基的变形相等,且两者之间没有缝隙存在,即梁的挠度曲线与地基变形相一致,在出现负地基反力时,也不发生分离,这一点在实用性上是可行的,因为结构重量对地基施加了一个初始预压力;二是假定地基的变形只与该点受力大小成正比,地基相邻点之间不存在相互作用,而是起着一系列独立弹簧似的作用。因此,地基的变形只发生在基底范围内,而基础以外的变形则等于零,这就不需考虑边载对基础地基反力的影响。弹性地基梁内力计算简图如图 10-5 所示。

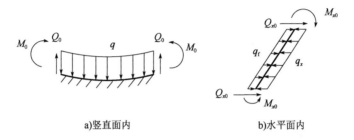

a) 竖直面内 b) 水平面内

图 10-5 弹性地基梁内力计算简图

b. 在均布荷载作用下,竖直面内梁中各点的挠度、转角、弯矩和剪力的一般解如下。

$$\left.\begin{aligned}
y(\varphi) &= y_0 F_1(\varphi) + S\theta_0 F_2(\varphi) - \frac{4M_0}{bkS^2} F_3(\varphi) - \frac{4Q_0}{bkS} F_4(\varphi) + \\
&\quad \frac{4M_0}{bkS^2} F_3\left(\varphi - \frac{L_j}{S}\right) - \frac{4Q_0}{bkS} F_4\left(\varphi - \frac{L_j}{S}\right) + \frac{q}{bk}\left[1 - F_1\left(\varphi - \frac{L_j}{S}\right)\right] \\
\theta(\varphi) &= -\frac{4}{S} y_0 F_4(\varphi) + \theta_0 F(\varphi) - \frac{4M_0}{bkS^3} F_2(\varphi) - \frac{4Q_0}{bkS^2} F_3(\varphi) + \\
&\quad \frac{4M_0}{bkS^3} F_2\left(\varphi - \frac{L_j}{S}\right) - \frac{4Q_0}{bkS^2} F_3\left(\varphi - \frac{L_j}{S}\right) + \frac{4q}{bkS} F_4\left(\varphi - \frac{L_j}{S}\right) \\
M(\varphi) &= bkS^2 y_0 F_3(\varphi) + bkS^3 \theta_0 F_4(\varphi) + M_0 F_1(\varphi) + SQ_0 F_2(\varphi) - \\
&\quad M_0 F_1\left(\varphi - \frac{L_j}{S}\right) + SQ_0 F_2\left(\varphi - \frac{L_j}{S}\right) - S^2 q F_3\left(\varphi - \frac{L_j}{S}\right) \\
Q(\varphi) &= bkS y_0 F_2(\varphi) + bkS^2 \theta_0 F_3(\varphi) - \frac{4}{S} M_0 F_4(\varphi) + Q_0 F_1(\varphi) + \\
&\quad \frac{4}{S} M_0 F_4\left(\varphi - \frac{L_j}{S}\right) + Q_0 F_1\left(\varphi - \frac{L_j}{S}\right) - Sq F_2\left(\varphi - \frac{L_j}{S}\right)
\end{aligned}\right\} \quad (10\text{-}5)$$

式中：b——梁底的宽度；

k——地基的基床系数；

$y(\varphi)$——梁上计算截面处的挠度，左侧端点处的挠度以y_0表示；

$\theta(\varphi)$——梁上计算截面的转角（弧度），转角与M_0的方向一致时取为正值；

$M(\varphi)$——梁上计算截面的弯矩；

$Q(\varphi)$——梁上计算截面处的剪力；

q——梁上的均布荷载；

S——梁的弹性特征长度，按下式计算：

$$S = \sqrt[4]{\frac{4E_c I}{bk}} \tag{10-6}$$

式中：E_c——混凝土的弹性模量；

I——梁的截面惯性矩。

梁的弹性特征值 β 按下式计算：

$$\beta = \frac{1}{S} \tag{10-7}$$

自梁上计算截面到梁左端的距离 x 按下式计算：

$$x = \varphi S \tag{10-8}$$

$F_1(\varphi)$、$F_2(\varphi)$、$F_3(\varphi)$、$F_4(\varphi)$——克雷洛夫函数，具体如下：

$$\left.\begin{array}{l} F_1(\varphi) = \mathrm{ch}\varphi\cos\varphi \\ F_2(\varphi) = \dfrac{1}{2}(\mathrm{ch}\varphi\sin\varphi + \mathrm{sh}\varphi\cos\varphi) \\ F_3(\varphi) = \dfrac{1}{2}\mathrm{sh}\varphi\sin\varphi \\ F_4(\varphi) = \dfrac{1}{4}(\mathrm{ch}\varphi\sin\varphi - \mathrm{sh}\varphi\cos\varphi) \end{array}\right\} \tag{10-9}$$

c. 在均布荷载作用下，水平面内梁中各点的内力和变位计算如下：

假设q_x为水平推力在水平面内沿梁长的分布，q_f为托梁底的摩擦力在水平面内沿梁长的分布，则：

$$\sum N = b \int_0^{\frac{L}{S}} p(\varphi)\,\mathrm{d}L \tag{10-10}$$

$$q_f = \frac{\sum Nf}{L} \tag{10-11}$$

式中：$p(\varphi)$——梁底地基反力，按基床系数法的假定，$p(\varphi) = ky(\varphi)$；

f——托梁底的摩擦系数。

如果$q_x < q_f$，则托梁在不会在水平面内弯曲。反之，托梁在水平面内的均布荷载为$q_x - q_f$，可按连续梁计算水平面内梁中各点的内力和变位。

②按支端悬出的简支梁计算

简支梁模型的受力图示如图10-6所示。

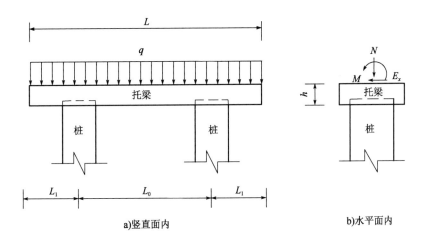

图 10-6　桩基托梁挡土墙托梁以上外荷载分布图

M-由挡土墙传到每一跨(一个托梁的长度L)上的弯矩,每延米弯矩乘以跨长L;E_x-由挡土墙传到每一跨上的水平推力;
N-由挡土墙传到每一跨上的竖向压力

a. 如果忽略基底土的支承作用,按一般的支端悬出简支梁计算,计算图示如图 10-7 所示,桩基托梁支端悬出简支梁内力计算公式见表 10-2。

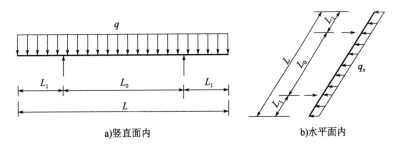

图 10-7　支端悬出简支梁内力计算简图

桩基托梁支端悬出简支梁内力计算公式　　　　表 10-2

内力位置	内力计算公式
支座弯矩	$M_0 = -qL_1^2/2$
跨中弯矩	$M_z = qL \times L_0/4 - q(L_0/2 + L_1)^2/2$
悬出端最大剪力	$Q_1 = qL_1$
L_0 范围内最大剪力	$Q_0 = qL/2 - qL_1$

注:水平面内的计算公式形式与表 10-2 相同,但 $q = q_x = E_x/L$。

如果考虑基底的支承作用,桩与托梁的交点视为固定,桩与桩之间、悬出端按弹性地基梁计算,如图 10-8 所示。水平面内的计算中,摩擦力近似按均布考虑。

b. 桩与桩之间,梁跨在均布荷载作用下,按弹性地基梁计算竖直面内梁中各点的挠度、转角、弯矩和剪力的一般解的公式在连续梁计算中已经介绍,悬出部分的计算公式如下:

$$\left.\begin{aligned}y(\varphi) &= y_0 F_1(\varphi) + S\theta_0 F_2(\varphi) - \frac{4M_0}{bkS^2}F_3(\varphi) - \frac{4Q_1}{bkS}F_4(\varphi) + \frac{q}{bk}[1 - F_1(\varphi)]\\ \theta(\varphi) &= -\frac{4}{S}y_0 F_4(\varphi) + \theta_0 F(\varphi) - \frac{4M_0}{bkS^3}F_2(\varphi) - \frac{4Q_1}{bkS^2}F_3(\varphi) + \frac{4q}{bkS}F_4(\varphi)\\ M(\varphi) &= bkS^2 y_0 F_3(\varphi) + bkS^3 \theta_0 F_4(\varphi) + M_0 F_1(\varphi) + SQ_1 F_2(\varphi) - S^2 q F_3(\varphi)\\ Q(\varphi) &= bkSy_0 F_2(\varphi) + bkS^2 \theta_0 F_3(\varphi) - \frac{4}{S}M_0 F_4(\varphi) + Q_1 F_1(\varphi) - SqF_2(\varphi)\end{aligned}\right\} \quad (10\text{-}12)$$

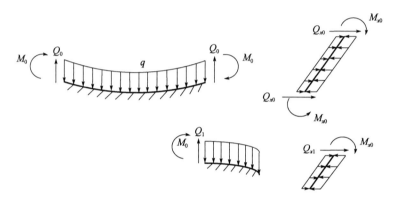

图 10-8 弹性地基梁内力计算简图

c. 均布荷载作用下,水平面内梁中各点的内力和变位计算如下,假设 q_x 为水平推力在水平面内沿梁长的分布,q_f 为托梁底的摩擦力在水平面内沿梁长的分布,则:

$$\sum N = b \int_0^{\frac{L}{S}} p(\varphi) \mathrm{d}L \quad (10\text{-}13)$$

$$q_f = \frac{\sum Nf}{L} \quad (10\text{-}14)$$

式中:f——托梁底的摩擦系数。

如果 $q_x < q_f$,则托梁在不会在水平面内弯曲。反之,托梁在水平面内的均布荷载为 $q_x - q_f$,可按支端悬出的简支梁计算水平面内梁中各点的内力和变位。

(2) 水平面内的内力

当托梁底部的摩擦力小于托梁上的水平推力或不考虑托梁底的摩擦时,应进行水平面内的内力计算;当托梁底部的摩擦力大于托梁上的水平推力时,不计算水平面内的内力。

4) 桩的计算

桩的计算不考虑托梁底的支承和摩擦,认为挡土墙的水平推力、竖直力及弯矩通过托梁全部传至桩顶。

(1) 桩顶以上的外力计算

桩顶以上弯矩、水平推力和竖向压力的计算式见表10-3。

桩顶以上的弯矩、水平推力和竖向压力的计算　　表10-3

内力	连续梁	支端悬出简支梁
弯矩	$M + E_x h$	$(M + E_x h)/2$
水平推力	E_x	$E_x/2$
竖向压力	N	$N/2$

(2) 桩身可按埋式桩、悬臂桩计算其长度和内力，锚固段按弹性地基梁计算，计算方法详见第9章"桩及桩墙组合结构"计算内容。

10.3 桩基悬臂式挡土墙设计

10.3.1 结构力传递

在桩基悬臂式挡土墙中，由于悬臂式挡土墙底板与桩顶之间也采用完全固接的连接方式，因此结构中的弯矩、剪力、压力等均是等值传递，具体过程为：上部竖向荷载通过挡土墙的底板传递到双排桩基，再由双排桩基扩散到地基土体和岩体；填土水平土压力通过挡土墙悬臂传递给底板与双排桩基，挡土墙部分与双排桩基连接成一个整体共同抵抗填土土压力和填土自重（图10-9）。

10.3.2 结构计算

1) 挡土墙的土压力计算

悬臂式挡土墙的土压力计算详见第6章"钢筋混凝土挡土墙（悬臂式、扶壁式）"土压力计算相关内容。

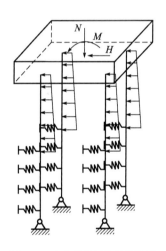

图10-9　框架结构计算模型简图

2) 底板内力计算

将结构分解为三部分：挡土墙悬臂段、挡土墙底板和桩基受荷段以及桩基锚固段，并进行如下假定：挡土墙底板为不发生变形的相对刚体且不考虑底板下部土体的支撑作用。

挡土墙底板的计算根据底板下桩基的布置情况可分为按连续梁设计（纵向）和按支端悬出的简支梁设计（横向）两种情况。

(1) 底板沿纵向按连续梁设计

桩基础悬臂式挡土墙底板以上外荷载分布如图10-10所示。

由于忽略基底土的支承作用，按一般的连续梁计算，见图10-11、表10-4。

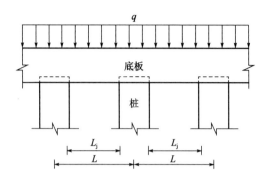

图 10-10 桩基础悬臂式挡土墙底板以上外荷载分布图(纵向)

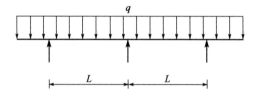

图 10-11 连续梁内力计算简图(纵向)

连续梁内力计算公式　　　　　　　　　　表 10-4

内力位置	支座弯矩	跨中弯矩	最大剪力
内力计算公式	$M_0 = -\dfrac{qL_c^2}{12}$	$M_z = \dfrac{qL_c^2}{24}$	$Q_0 = \dfrac{qL}{2}$

注:1. 当连续梁少于 6 跨时,应按实际的受力图式解方程求出精确解。

2. L_c-计算跨度,$L_c = 1.05 L_j$;L_j-两相邻桩之间的净距;q-挡土墙底板换算板带以上均布荷载。

(2)底板沿横向按支端悬出的简支梁计算

桩基础悬臂式挡土墙底板以上外荷载分布如图 10-12 所示。

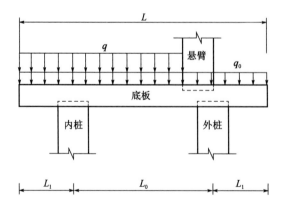

图 10-12 桩基础悬臂式挡土墙底板以上外荷载分布图(横向)

忽略基地土的支承作用,按一般的支端悬出简支梁计算,如图 10-13 所示。

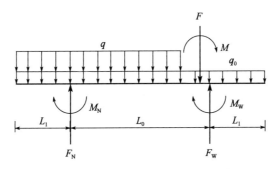

图 10-13 支端悬出简支梁内力计算简图（横向）

F、M-悬臂段传递的竖向力与弯矩；q-挡土墙底板横向换算板带踵板上部竖向均布荷载；q_0-底板自重均布荷载；
F_N、M_N-内桩桩顶轴力与弯矩；F_W、M_W-内桩桩顶轴力与弯矩

3）桩的计算

通过计算桩与板交界处的位移与桩顶刚度系数可分别求出内外排桩顶处的轴向力N_i、剪力Q_i和弯矩M_i。

(1) 外荷载作用下受荷段的内力计算

当桩基受荷段在桩周外荷载作用时，M_q、Q_q 为由于土压力作用，承受土压力的一根桩顶面作用于挡土墙底板上的力矩和剪力，如图 10-14 所示，该图表示的 M_q 和 Q_q 均为正值。

当计算 M_q 和 Q_q 时，将该桩上端视为刚性嵌固于挡土墙底板内，下端视为弹性嵌固于锚固点处。

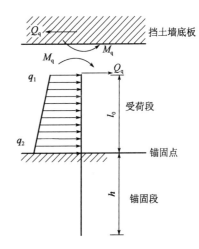

图 10-14 桩基受荷段计算模型图

$$\begin{cases} M_{l_0} = M_q + Q_q l_0 + \left(\dfrac{q_1}{2!} + \dfrac{q_2 - q_1}{3!}\right) l_0^2 \\ Q_{l_0} = Q_q + \left(q_1 + \dfrac{q_2 - q_1}{2!}\right) l_0 \end{cases} \quad (10\text{-}15)$$

当单桩于锚固点处承受弯矩M_{l_0}、横向力Q_{l_0}作用时：

$$\left.\begin{aligned} x_{l_0} &= M_{l_0}\delta_{QM} + Q_{l_0}\delta_{QQ} \\ \varphi_{l_0} &= -(M_{l_0}\delta_{MM} + Q_{l_0}\delta_{MQ}) \end{aligned}\right\} \quad (10\text{-}16)$$

联立可得：

$$\left.\begin{aligned} & M_{l_0} = M_q + Q_q l_0 + \left(\dfrac{q_1}{2!} + \dfrac{q_2 - q_1}{3!}\right) l_0^2 \\ & Q_{l_0} = Q_q + \left(q_1 + \dfrac{q_2 - q_1}{2!}\right) l_0 \\ & \left[\dfrac{M_q l_0^2}{2!} + \dfrac{Q_q l_0^3}{3!} + \dfrac{q_1 l_0^4}{4!} + \dfrac{(q_2 - q_1) l_0^4}{5!}\right]\dfrac{1}{EI} = M_{l_0}\delta_{QM} + Q_{l_0}\delta_{QQ} \\ & \left[M_q l_0 + \dfrac{Q_q l_0^2}{2!} + \dfrac{q_1 l_0^3}{3!} + \dfrac{(q_2 - q_1) l_0^3}{4!}\right]\dfrac{1}{EI} = -(M_{l_0}\delta_{MM} + Q_{l_0}\delta_{MQ}) \end{aligned}\right\} \quad (10\text{-}17)$$

通过上式解方程可求得M_q、Q_q、M_{l_0}和Q_{l_0}。对于内外排桩,计算的关键在于桩基土压力荷载的选取,由于双排桩基悬臂式挡土墙结构的适用性,受荷段土压力以传统土压力理论考虑。内桩内侧受主动土压力作用,桩间土受静止土压力作用,外桩外侧受静止土压力作用。

（2）桩基锚固段内力计算

由桩基受荷段内力计算可得单桩锚固点处的剪力Q_0和弯矩M_0,可按 m 法计算锚固段内力。但值得注意的是,此时锚固点位置抗力不为零(即$z_0 \neq 0$),m 法计算如图 10-15 所示。

当地面抗力不为零(即$z_0 \neq 0$)时,可将 m 法微分方程进行移轴处理后,仍按上述方法解答计算。若令$z' = z + z_0$,则相当于把坐标原点 O 上移距离z_0到点 O'。于是桩身弹性曲线方程为:

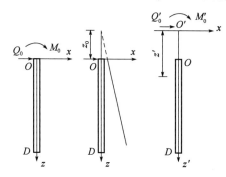

图 10-15　地面抗力不为零时 m 法计算图

$$EI\frac{\mathrm{d}^4 x}{\mathrm{d}z'^4} + mb_1 z'x = 0 \tag{10-18}$$

但上式为桩 $O'OD$ 的弹性挠曲方程式,$O'O$ 可视为虚拟桩段,对于 $O'OD$ 桩,由上面分析可得:

$$\left. \begin{aligned} x_{z'} &= \frac{Q_0'}{\alpha^3 EI}A_x + \frac{M_0'}{\alpha^2 EI}B_x \\ \varphi_{z'} &= \frac{Q_0'}{\alpha^2 EI}A_\varphi + \frac{M_0'}{\alpha EI}B_\varphi \\ M_{z'} &= \frac{Q_0'}{\alpha}A_m + M_0'B_m \\ Q_{z'} &= Q_0'A_q + \alpha M_0'B_q \end{aligned} \right\} \tag{10-19}$$

式中:$x_{z'}$——桩身截面位置为z'处的横向位移,z'由坐标原点 O'算起,余同。

在上式中令$z' = z_0$得:

$$\left. \begin{aligned} Q_{z' = z_0} &= Q_0 \\ M_{z' = z_0} &= M_0 \end{aligned} \right\} \tag{10-20}$$

联立可得:

$$\left. \begin{aligned} M_0' &= \frac{1}{\Delta}\left(\frac{Q_0}{\alpha}A_{mz_0} - M_0 A_{qz_0}\right) \\ Q_0' &= \frac{1}{\Delta}(-Q_0 B_{mz_0} + \alpha M_0 B_{qz_0}) \\ \Delta &= A_{mz_0}B_{qz_0} - A_{qz_0}B_{mz_0} \end{aligned} \right\} \tag{10-21}$$

(3)桩顶刚度系数的确定

桩顶刚度系数ρ_1、ρ_2、ρ_3、ρ_4，即桩顶顺垂直力、水平力、弯矩方向产生单位垂直位移、水平位移、转角时所引起的轴向力、剪力、弯矩，其值可参照《铁路桥涵设计规范》(TB 10002—2017)进行计算。由桩基锚固段内力计算可知，假设锚固段在锚固点位置受到的水平力与弯矩为Q_0和M_0，则锚固段：

$$\left. \begin{aligned} x_{z_0} &= \frac{B_{xz_0}A_{mz_0} - A_{xz_0}B_{mz_0}}{\alpha^3 EI\Delta}Q_0 + \frac{A_{xz_0}B_{qz_0} - B_{xz_0}A_{qz_0}}{\alpha^2 EI\Delta}M_0 \\ \varphi_{z_0} &= \frac{B_{\varphi z_0}A_{mz_0} - A_{\varphi z_0}B_{mz_0}}{\alpha^2 EI\Delta}Q_0 + \frac{A_{\varphi z_0}B_{\varphi z_0} - B_{\varphi z_0}A_{qz_0}}{\alpha EI\Delta}M_0 \end{aligned} \right\} \quad (10\text{-}22)$$

设：

$$\left. \begin{aligned} k_1 &= \frac{A_m B_x - B_m A_x}{\alpha^3 EI\Delta} \\ k_2 &= \frac{A_x B_q - B_x A_q}{\alpha^2 EI\Delta} \\ k_3 &= \frac{A_m B_\varphi - B_m A_\varphi}{\alpha^2 EI\Delta} \\ k_4 &= \frac{A_\varphi B_q - B_\varphi A_q}{\alpha EI\Delta} \end{aligned} \right\} \quad (10\text{-}23)$$

则可得到锚固点处水平位移x_1、转角φ_1与桩顶处剪力Q、弯矩M的关系式为：

$$\left. \begin{aligned} x_1 &= \left(k_1 + k_2 l - k_3 l - k_4 l^2 + \frac{l^3}{3EI} \right) Q + \left(k_2 - k_4 l + \frac{l^2}{2EI} \right) M \\ \varphi_1 &= \left(k_3 + k_4 l - \frac{l^2}{2EI} \right) Q + \left(k_4 - \frac{l}{EI} \right) M \end{aligned} \right\} \quad (10\text{-}24)$$

再设：

$$\left. \begin{aligned} \lambda_1 &= k_1 + k_2 l - k_3 l - k_4 l^2 + \frac{l^3}{3EI} \\ \lambda_2 &= k_2 - k_4 l + \frac{l^2}{2EI} \\ \lambda_3 &= k_3 + k_4 l - \frac{l^2}{2EI} \\ \lambda_4 &= k_4 - \frac{l}{EI} \end{aligned} \right\} \quad (10\text{-}25)$$

则：

$$\left.\begin{array}{l}x_1 = \lambda_1 Q + \lambda_2 M \\ \varphi_1 = \lambda_3 Q + \lambda_4 M\end{array}\right\} \quad (10\text{-}26)$$

解之得：

$$\left.\begin{array}{l}Q = \dfrac{\lambda_4 x_1 - \lambda_2 \varphi_1}{\lambda_1 \lambda_4 - \lambda_2 \lambda_3} \\ M = \dfrac{\lambda_1 \varphi_1 - \lambda_3 x_1}{\lambda_1 \lambda_4 - \lambda_2 \lambda_3}\end{array}\right\} \quad (10\text{-}27)$$

再根据单桩桩顶刚度系数的定义，分别令 $\alpha_i = 1$、$\beta_i = 0$ 与 $\alpha_i = 0$、$\beta_i = 1$，可得：

$$\left.\begin{array}{l}\rho_1 = \dfrac{1}{\dfrac{l_0 + \xi h}{EA} + \dfrac{1}{C_0 A_0}} \\ \rho_2 = \dfrac{\lambda_4}{\lambda_1 \lambda_4 - \lambda_2 \lambda_3} \\ \rho_3 = -\dfrac{\lambda_3}{\lambda_1 \lambda_4 - \lambda_2 \lambda_3} \\ \rho_4 = \dfrac{\lambda_1}{\lambda_1 \lambda_4 - \lambda_2 \lambda_3}\end{array}\right\} \quad (10\text{-}28)$$

故空间框架结构群桩刚度系数为：

$$\left.\begin{array}{l}\gamma_{bb} = \sum \rho_1 \\ \gamma_{aa} = \sum \rho_2 \\ \gamma_{\beta\beta} = \sum \rho_4 + \sum x^2 \rho_1 \\ \gamma_{a\beta} = \gamma_{\beta a} = -\sum \rho_3\end{array}\right\} \quad (10\text{-}29)$$

(4) 底板位移计算

根据求得的群桩刚度系数，可计算挡土墙底板垂直位移 b、水平位移 a、绕 O 点的转角 β。

$$\left.\begin{array}{l}a\gamma_{ba} + b\gamma_{bb} + \beta\gamma_{b\beta} - N = 0 \\ a\gamma_{aa} + b\gamma_{ab} + \beta\gamma_{a\beta} - (H - \sum Q_q) = 0 \\ a\gamma_{\beta a} + b\gamma_{\beta b} + \beta\gamma_{\beta\beta} - (M - \sum M_q) = 0\end{array}\right\} \quad (10\text{-}30)$$

(5) 桩顶外力计算

根据已知的底板位移与桩顶刚度系数可分别求出内外排桩顶处的轴向力 N_i、剪力 Q_i 和弯矩 M_i。

$$\left.\begin{array}{l} N_i = (b + \beta x)\rho_1 \\ Q_i = a\rho_2 - \beta\rho_3 \\ M_i = \beta\rho_4 - a\rho_3 \end{array}\right\} \quad (10\text{-}31)$$

由上式可计算作用于各单桩顶面(与底板连接处)的轴向力 N_i、横向力 Q_i 和弯矩 M_i,由于各桩受荷段直接承受土压力,桩顶处的剪力 Q 和弯矩 M 为:

$$\left.\begin{array}{l} Q = Q_i + Q_q \\ M = M_i + M_q \end{array}\right\} \quad (10\text{-}32)$$

4) 数值模拟计算

以兰渝铁路合川车站双排桩悬臂式挡土墙工点为例,选取典型断面简化为三维数值模型。该组模型为高填方路基段,墙后填筑体高度为 7.7m。结构墙高 9m,桩基长 17m,其计算模型介绍如下。

(1) 模型尺寸及计算参数

数值计算模型如图 10-16 所示。

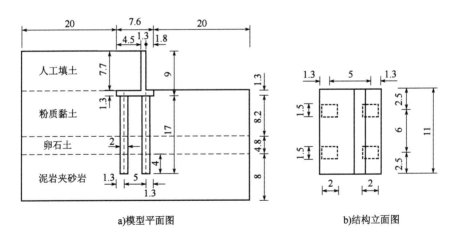

a) 模型平面图　　b) 结构立面图

图 10-16　数值计算模型图(尺寸单位:m)

该工点挡土墙结构为悬臂式挡土墙,悬臂尺寸为 1.3m×7.7m,底板尺寸为 6.4m×1.3m;桩体结构为矩形布置双排桩结构,截面尺寸为 2m×1.5m,桩长 17m,纵向桩间距 6m,横向排间距为 5m,桩体锚入基岩深度 4.3m。

数值计算模型的土体参数选取主要参照合川车站工程地质情况进行选取,选取参数见表 10-5。

模型土质及结构材料参数取值　　　表 10-5

土石名称	密度 ρ(kg/m³)	基本承载力(kPa)	黏聚力 c(kPa)	内摩擦角 φ(°)
人工填土(Q_4^{ml})	2100	150	20	25
卵石土(Q_4^{dl+el})	2200	300	15	38
强风化泥岩夹砂岩(J_{2s})	2300	300	200	40
C35 混凝土	2500	—	—	—

双排桩基悬臂式挡土墙三维模型及网格划分如图 10-17、图 10-18 所示。

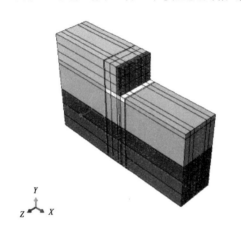

图 10-17　双排桩基悬臂式挡土墙三维模型图　　10-18　双排桩基悬臂式挡土墙三维模型网格划分

(2) 计算结果分析

结构内力主要包括结构悬臂段、双排桩体以及挡土墙底板的剪力和弯矩,其数值模拟及理论计算结果如图 10-19、图 10-20 所示。

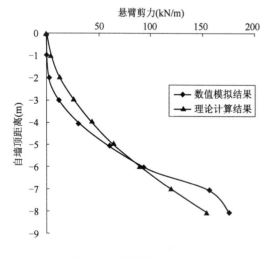

图 10-19　悬臂剪力分布曲线

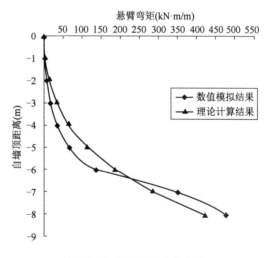

图 10-20　悬臂弯矩分布曲线

由结构悬臂段剪力、弯矩分布曲线可知,悬臂段剪力与弯矩均呈抛物线型分布,极值均出现在悬臂段底部,理论计算结果与数值计算结果相吻合,说明理论计算中悬臂段视为悬臂梁的假定正确。外、内桩剪力及弯矩沿桩长分布曲线如图 10-21～图 10-24 所示。

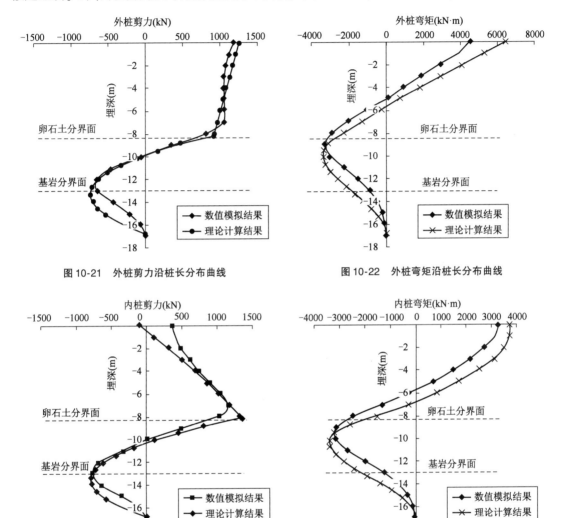

图 10-21　外桩剪力沿桩长分布曲线

图 10-22　外桩弯矩沿桩长分布曲线

图 10-23　内桩剪力沿桩长分布曲线

图 10-24　内桩弯矩沿桩长分布曲线

通过数值计算的结果可知,外桩弯矩极值位于桩顶处,剪力极值也位于桩顶处。内桩弯矩极值位于桩顶与锚固点处,剪力极值位于锚固段附近。桩基内力计算结果表明,桩顶处与锚固点处为构件受力薄弱环节,设计时应重点注意此类截面检算。底板剪力及弯矩的横向、纵向分布曲线如图 10-25～图 10-28 所示。

由底板剪力与弯矩图可知,底板内力分布复杂,横向剪力极值位于底板与内桩、外桩、悬臂段连接处附近,横向弯矩极值处于底板横向跨中偏内桩处以及悬臂连接处;纵向剪力极值位于底板纵向桩基连接处,纵向弯矩极值位于底板纵向桩基连接处以及跨中处。结构水平应力和竖向应力云图如图 10-29、图 10-30 所示。

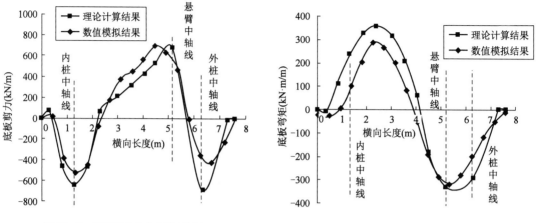

图 10-25　底板剪力分布曲线（横向）

图 10-26　底板弯矩分布曲线（横向）

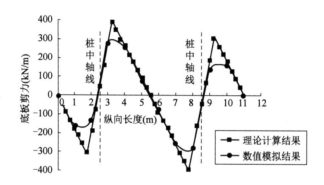

图 10-27　底板剪力分布曲线（纵向）

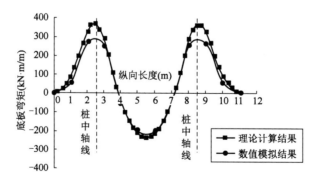

图 10-28　底板弯矩分布曲线（纵向）

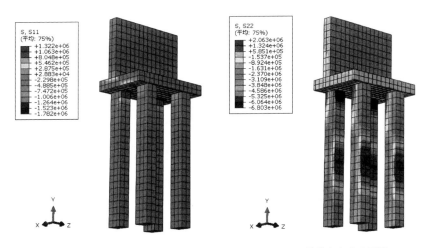

图 10-29　结构水平应力云图　　图 10-30　结构竖向应力云图

结构水平应力极值位于底板与桩基的连接处，底板既直接承受上部荷载，又起到传递荷载的作用，底板下侧在桩顶位置存在明显的应力集中。结构竖向应力极值位于桩顶与桩基锚固点附近，从应力分布可知，内外排桩两侧均存在明显的拉应力集中。挡土墙结构水平应力分布云图如图 10-31 所示。

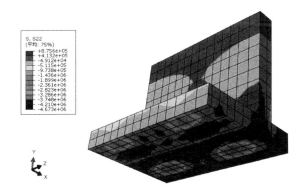

图 10-31　挡土墙结构水平应力分布云图

从结构应力云图中可以看出，上部挡土墙结构在悬臂段与底板连接处、底板与桩基连接处均存在明显的应力集中，下部桩基结构在桩顶位置与锚固点附近存在应力集中，上述截面均为结构设计应重点计算的截面。

10.4　设计算例

10.4.1　桩基托梁挡土墙算例

1）计算模型

选取衡重式挡土墙高为 10m，设计单线时速为 160km，作为本次计算的算例。

2) 结构受力计算

(1) 传递到托梁上每延米的水平推力、竖向力和弯矩

已知衡重式挡土墙高 $H=10\text{m}$,水平推力 $E_m=270\text{kN}$,竖直力 $N_m=870.9\text{kN}$,倾覆力系对墙趾的弯矩 $M_0=1237.4\text{kN}\cdot\text{m}$,稳定力系对墙趾的弯矩 $M_y=2122.3\text{kN}\cdot\text{m}$,墙合力偏心距 $e=0.474\text{m}$,墙底宽 $B=2.98\text{m}$。托梁顶部中线处弯矩为:

$$M_m = N_m \times e = 870.9 \times 0.474 = 413\text{kN}\cdot\text{m}$$

$$M_m = N_m \times \frac{B}{2} + M_0 - M_y = 870.9 \times 2.98/2 + 1237.4 - 2122.3 = 413\text{kN}\cdot\text{m}$$

托梁尺寸为 $1.5 \times 3.0 \times 12 = 54\text{m}^3$,重度 $\gamma = 25\text{kN/m}^3$,托梁上的均布荷载 q 为:

$$q = (870.9 \times 12 + 1.5 \times 3 \times 12 \times 25)/12 = 983.4\text{kN/m}$$

水平面内的均布荷载:

$$q_x = E_m = 270\text{kN/m}$$

(2) 托梁的内力计算

已知托梁的尺寸为 $1.5\text{m} \times 3.0\text{m} \times 12\text{m}$,$L=12\text{m}$,$L_1=2.5\text{m}$,$L_0=7\text{m}$。竖直面内均布荷载 $q=983.4\text{kN/m}$,水平面内的均布荷载 $q_x = E_m = 270\text{kN/m}$,托梁底部的摩擦系数 $f=0.3$,求托梁的最大剪力和弯矩。

因为 $q \times f = 983 \times 0.3 = 294.9\text{kN/m} > 270\text{kN/m}$,故托梁不会在水平面内产生弯曲,只进行竖直面内的内力计算。

支座弯矩:

$$M_0 = -\frac{qL_1^2}{2} = -\frac{983.4 \times 2.5^2}{2} = -3073\text{kN}\cdot\text{m}$$

跨中弯矩:

$$M_z = q\frac{L \times L_0}{4} - q\frac{(L_0/2 + L_1)^2}{2} = 294.9 \times \frac{12 \times 7}{4} - 294.9 \times \frac{(7/2 + 2.5)^2}{2} = 884.7\text{kN}\cdot\text{m}$$

悬出端最大剪力:

$$Q_1 = qL_1 = 983.4 \times 2.5 = 2458.5\text{kN}$$

L_0 范围内最大剪力:

$$Q_0 = qL/2 - qL_1 = 983.4 \times 12/2 - 983.4 \times 2.5 = 3441.9\text{kN}$$

(3) 桩的计算

①桩顶外力计算

托梁尺寸为 $1.5\text{m} \times 3.0\text{m} \times 12\text{m}$,每延米弯矩 $M_m = 413\text{kN}$,每延米水平推力 $E_m = 270\text{kN}$,求桩顶初始弯矩和剪力。

弯矩:

$$(M_m \times L + E_m \times h \times L)/2 = (413 \times 12 + 270 \times 1.5 \times 12)/2 = 4908\text{kN}\cdot\text{m}$$

剪力:

$$E_m \times L/2 = 270 \times 12/2 = 1620\text{kN}$$

②桩内力计算

桩身可按埋式桩、悬臂桩计算其长度和内力,锚固段按弹性地基梁计算,计算方法见第9

章"桩及桩墙组合结构设计与算例"。

10.4.2 桩基悬臂式梁挡土墙算例

1) 计算模型

选取内江北车站DK150+380断面工点为原型工点建立计算模型,该模型双排桩基悬臂式挡土墙结构中墙高9.5m,桩基长度20m,软土层厚度6m,结构桩基为直径1.5m的圆桩,桩间距为4.53m,内外排桩沿底板中轴线对称布置,其计算模型如图10-32所示。

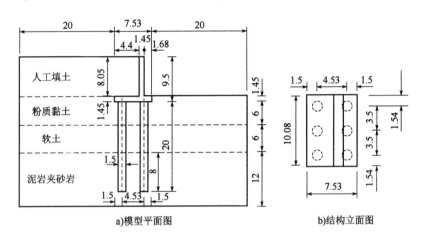

图10-32 计算模型

2) 结构受力计算与稳定性检算

(1) 挡土墙悬臂段受力

根据计算理论,假设挡土墙后侧填料参数为 $\gamma = 21 kN/m^3, \varphi = 25°, c = 20 kPa$,挡土墙悬臂段土压力选用库仑土压力理论计算,取挡土墙后侧填土表面均布荷载换算土柱高度 $h_0 = 1m$,则沿线路方向单位长度范围内挡土墙悬臂段土压力合力 E 为:

$$E = \frac{1}{2}\gamma H^2 K_a \left(1 + \frac{2h_0}{H}\right) = 240.36 kN/m$$

(2) 空间框架结构段受力

取双排桩基悬臂式挡土墙结构单跨范围内(沿线路方向长度 $L = 10.08m$)的下部空间框架结构进行计算,换算上部荷载为:

水平合力: $H = EL = 2422.81 kN$

竖向合力: $N = 14122.03 kN$

底板中心处弯矩: $M = -3125.91 kN \cdot m$

① 桩的计算宽度 b_1

$$b_1 = K_f \cdot K_0 \cdot K \cdot d = 0.9(d+1)K$$

桩间净距 $L_1 = 4.53m$,计算深度 $h_0 = 3(d+1) = 7.5m, n = 2$,故 $b' = 0.6$。

$$K = b' + \frac{1-b'}{0.6} \times \frac{L_1}{h_1} = 0.896$$

所以 $b_1 = 2.016$ m。

②桩变形系数 α

本例按铁路标准 $E = 0.8E_h = 2.6 \times 10^7$ kN/m^2，取锚固段 $m = 65500$ kPa/m^2

$$I = \frac{\pi d^4}{64} = 0.248505 \text{m}^4$$

$$\alpha = \sqrt[5]{\frac{mb_1}{EI}} = 0.4593 \text{m}^{-1}$$

桩在锚固以下深度为8m，虚拟段长度为4.38m，其计算长度为：

$$\bar{h} = \alpha h = 0.4351 \times 12.38 = 5.69 > 0.25$$

故按弹性桩计算。

③桩顶刚度系数 ρ_1、ρ_2、ρ_3、ρ_4 计算

$$\rho_1 = \frac{1}{\dfrac{l_0 + \xi h}{EA} + \dfrac{1}{C_0 A_0}} = 1.53 \times 10^6$$

经计算得 $l_0 = 12$m，$h = 8$m，$\xi = 0.5$，$A = 1.767$m^2，$A_0 = 18.3225$m^2，$C_0 = m_0 h = 1850000$。
由于 $\bar{h} = \alpha h = 0.4351 \times 12.38 = 5.69 > 4$，故取4，$\bar{z}_0 = \alpha z_0 = 2.0$。
经查表取 $A_m = 0.61413$，$B_m = 0.40658$，$A_q = -0.38839$，$B_q = -0.44914$，$A_x = 0.14696$，$B_x = -0.07572$，$A_\varphi = -0.47063$，$B_\varphi = -0.15624$。则求得：

$$\left.\begin{array}{l} k_1 = 1.44 \times 10^{-6} \\ k_2 = 5.94 \times 10^{-7} \\ k_3 = -5.94 \times 10^{-7} \\ k_4 = -4.31 \times 10^{-7} \end{array}\right\}$$

$$\left.\begin{array}{l} \lambda_1 = 1.67 \times 10^{-4} \\ \lambda_2 = 1.69 \times 10^{-5} \\ \lambda_3 = -1.69 \times 10^{-5} \\ \lambda_4 = -2.29 \times 10^{-6} \end{array}\right\}$$

$$\left.\begin{array}{l} \rho_1 = 1.53 \times 10^6 \\ \rho_2 = 2.38 \times 10^4 \\ \rho_3 = -1.74 \times 10^5 \\ \rho_4 = 1.74 \times 10^6 \end{array}\right\}$$

④群桩的刚度系数计算

$$\left.\begin{array}{l}\gamma_{bb}=9.17\times10^{6}\mathrm{kN/m}\\ \gamma_{aa}=1.38\times10^{5}\mathrm{kN/m}\\ \gamma_{\alpha\beta}=-1.03\times10^{6}\mathrm{kN/m}\\ \gamma_{\beta\beta}=5.73\times10^{7}\mathrm{kN/m}\end{array}\right\}$$

⑤桩基受荷段计算

桩基受荷段长12m,取内桩内侧受主动土压力荷载,内桩外侧与外桩两侧均受静止土压力荷载。假设挡土墙内侧地基加固后,多层地基土体取平均参数求解,则:

$$\left.\begin{array}{l}q_{1内}=76.25\mathrm{kN/m}\\ q_{2内}=-139.35\mathrm{kN/m}\\ q_{1外}=-42.05\mathrm{kN/m}\\ q_{2外}=-42.05\mathrm{kN/m}\end{array}\right\}$$

解平衡方程可得:

内排桩受荷段:$Q_q=14.41\mathrm{kN}$,$M_q=-503.01\mathrm{kN\cdot m}$。

外排桩受荷段:$Q_q=308.43\mathrm{kN}$,$M_q=-759.03\mathrm{kN\cdot m}$。

⑥计算底板底面形心 O 的位移 a、b、β

底板竖向位移:

$$b=\frac{N}{\gamma_{bb}}=1.54\times10^{-3}\mathrm{m}$$

底板水平位移:

$$a=\frac{\gamma_{\beta\beta}(H-\sum Q_q)-\gamma_{\alpha\beta}(M-\sum M_q)}{\gamma_{aa}\gamma_{\beta\beta}-\gamma_{\alpha\beta}^2}=1.19\times10^{-2}\mathrm{m}$$

底板转角:

$$\beta=\frac{\gamma_{aa}(M-\sum M_q)-\gamma_{\alpha\beta}(H-\sum Q_q)}{\gamma_{aa}\gamma_{\beta\beta}-\gamma_{\alpha\beta}^2}=2.30\times10^{-4}(°)$$

⑦计算作用在每根桩顶上的作用力

桩顶处轴向力:

$$N_1=\rho_1(b+x_i\beta)=3148.6\mathrm{kN}$$
$$N_2=\rho_1(b-x_i\beta)=1558.7\mathrm{kN}$$

桩顶处横向力:$Q_1=Q_2=\rho_2 a-\rho_3\beta=242.4\mathrm{kN}$

桩顶处力矩:$M_1=M_2=\rho_4\beta-\rho_3 a=-1690.6\mathrm{kN\cdot m}$

内排桩受荷段:$Q_q=14.41\mathrm{kN}$,$M_q=-503.01\mathrm{kN\cdot m}$

外排桩受荷段:$Q_q=308.43\mathrm{kN}$,$M_q=-759.03\mathrm{kN\cdot m}$

内排桩桩顶内力:$Q_内=256.79\mathrm{kN}$,$M_内=-2193.57\mathrm{kN\cdot m}$

外排桩桩顶内力:$Q_外=550.81\mathrm{kN}$,$M_外=-2449.60\mathrm{kN\cdot m}$

参 考 文 献

[1] 国家铁路局.铁路路基支挡结构设计规范:TB 10025—2019[S].北京:中国铁道出版社,2019.

[2] 中国铁路总公司.铁路路基设计规范(极限状态法):Q/CR 9127—2018[S].北京:中国铁道出版社,2018.

[3] 中华人民共和国住房和城乡建设部.混凝土结构设计规范:GB 50010—2010[S].北京:中国建筑工业出版社,2010.

[4] 《工程地质手册》编委会.工程地质手册[M].4版.北京:中国建筑工业出版社,2007.

[5] 中华人民共和国交通运输部.公路路基设计规范:JTG D30—2015[S].北京:人民交通出版社股份有限公司,2015.

[6] British Standards Institution. Eurocode 7:Geotechnical design-Part 1:General rules:EN 1997-1[S]. London:BSI Standards Limited ,2001.

[7] British Standards Institution. Eurocode 2:Design of concrete structures-Part 1-1: General rules and rules for buildings:EN 1992-1[S]. London:BSI Standards Limited ,2004.

[8] Andrew Bond, Andrew Harris. Decoding Eurocode 7[M]. London:Taylor & Francis ,2008.

[9] AFNOR. Justification of geotechnical work-National standards of the timplementation of Eruocode 7-Retaining structures-Walls: NF P94-281—2014[S]. La Plaine SaintDenis Cedex:AFNOR,2014.

[10] Cerema. Eurocode 7:Application Aux Murs[S]. Sourdun:Cerema,2017.

[11] Kerisel J, Absi E. Tables de poussée et butée des terres [M]. Paris:Presss des Ponts et Chaussées,1990.

[12] Kerisel J, Absi E. Table of soil pressure [M]. Bagneux Cedex:Setra,1998.

[13] British Standards Institution. Code of practice for strengthened/reinforced soils and other fills: BS 8006-1:2010[S].2010.

[14] 杨广庆,徐超,等.土工合成材料加筋土结构应用技术指南[M].北京:人民交通出版社股份有限公司,2016.

[15] British Standard Institution. Code of practice for ground anchorages: BS 8081[S]. London: BSI Standards Limited,2015.

[16] 铁道部第一勘察设计院.铁路工程设计技术手册:路基[M].北京:中国铁道出版社,1992.

[17] 陈立宏.欧洲岩土工程设计规范 Eurocode7 简介[J].岩土工程学报,2009,31(1):135-138.

[18] Schmitt P. Estimating the coefficient of subgrade reaction for diaphragm wall and sheet pile wall design[J]. Revue Française de Géotechnique, 1995(71):3-10.

[19] Chadeisson R. Parois continues moulées dans le sols[C]// Proceedings of the 5th European Conference on Soil Mechanics and Foundation Engineering. Paris, 1961:563-568.

[20] 国家铁路局.铁路路基设计规范:TB 10001—2016[S].北京:中国铁道出版社,2017.

[21] British Standard Institution. Code of practice for earth retaining structures:BS 8002—2015 [S]. London:BSI Standards Limited,2015.

[22] British Standard Institution. Code of practice for foundations: BS 8004—2015[S]. London: BSI Standards Limited, 2015.

[23] 李广信, 张丙印, 于玉贞. 土力学[M]. 2版. 北京: 清华大学出版社, 2013.

[24] 尉希成. 支挡结构设计手册[M]. 北京: 中国建筑工业出版社, 1995.

[25] 陈忠达. 公路挡土墙设计[M]. 北京: 人民交通出版社, 2001.

[26] 夏明跃, 曾进伦. 地下工程设计手册[M]. 北京: 中国建筑工业出版社, 1999.

[27] 李炼, 郭海强, 徐骏, 等. 折线形墙背土压力计算的扫描搜索法原理与应用[J]. 铁道建筑, 2021, 4(61): 84-89.

[28] 贺才钦. 折线形墙下墙墙背应力计算探讨[J]. 高速铁路技术, 2011, 2(4): 15-20.